ALOIS C. HUDAL

Römische Tagebücher

ARES VERLAG

+ Hudal

Alois C. Hudal

Römische Tagebücher

Lebensbeichte eines alten Bischofs

ARES VERLAG

Umschlaggestaltung: Ecotext-Verlag, Mag. G. Schneeweiß-Arnoldstein, 1010 Wien
Umschlagabb. Vorderseite: Päpstliches Institut Santa Maria dell'Anima
Umschlagabb. Rückseite: Peter1936F/Wikipedia, CC-BY-SA-4.0
Bildnachweis Innenteil: Archiv des Verlags

Bibliographische Information der Deutschen Nationalbibliothek
Die Deutsche Nationalbibliothek verzeichnet diese Publikation in der Deutschen Nationalbibliographie; detaillierte bibliographische Daten sind im Internet unter http://dnb.d-nb.de abrufbar.

Hinweis
Dieses Buch wurde auf chlorfrei gebleichtem Papier gedruckt. Die zum Schutz vor Verschmutzung verwendete Einschweißfolie ist aus Polyethylen chlor- und schwefelfrei hergestellt. Diese umweltfreundliche Folie verhält sich grundwasserneutral, ist voll recyclingfähig und verbrennt in Müllverbrennungsanlagen völlig ungiftig.

Auf Wunsch senden wir Ihnen gerne kostenlos unser Verlagsverzeichnis zu:
Ares Verlag GmbH
Hofgasse 5 / Postfach 189
A-8011 Graz
Tel.: +43 (0)316/82 16 36
Fax: +43 (0)316/83 56 12
E-Mail: ares-verlag@ares-verlag.com

Weiter Informationen finden Sie im Internet unter:
www.ares-verlag.com

ISBN 978-3-99081-001-9

Inhaltsverzeichnis

Vorwort des Verlages

Die Herausgabe der „Römischen Tagebücher“, der Lebenserinnerungen von Bischof Alois C. Hudal, ehemals Rektor an der deutschen Anima zu Rom, ist die Erfüllung eines Vermächtnisses, das der Leopold Stocker Verlag mit einem am 26.August 1955 mit dem Autor geschlossenen Verlagsvertrag übernommen hat. Zu den wesentlichsten Vertragsbestimmungen gehört, daß diese Lebenserinnerungen erst posthum veröffentlicht werden dürfen und die anfallenden Autorenhonorare an eine zu gründende „Bischof Alois C. Hudal-Stiftung“ zu überantworten sind. Durch eine testamentarische Verfügung wird es dieser Stiftung obliegen, bedürftige Grazer Hochschüler durch Stipendiengewährung wirtschaftlich zu unterstützen.

Bischof Hudal verstarb im Jahre 1963 während der Tagung des Zweiten Vatikanischen Konzils (1962—1965), in dem die bedeutendsten Probleme, die in unserem Jahrhundert den christlichen Kirchen gestellt wurden, zur Diskussion standen, Probleme, denen auch Abschnitte dieser Lebenserinnerungen gewidmet sind. Diese Umstände und nicht minder die zur Zeit des Todes Bischof Hudals noch vorherrschende politische Beurteilung der jüngsten geschichtlichen Vergangenheit waren es, die den Verlag veranlaßten, aus besonderer persönlicher Verantwortung dem Autor und den staatspolitischen Gegebenheiten gegenüber von einer Veröffentlichung des Manuskriptes vorerst Abstand zu nehmen. So wurde ein Zeitpunkt abgewartet, zu dem die Gedanken und Erinnerungen des Verfassers in zeitlich ausreichendem Abstand bereits der Geschichte zuzuzählen sind.

Wenngleich der Autor an der selbst übernommenen Aufgabe gescheitert ist, innerlich verbittert und zutiefst enttäuscht resignieren mußte, sind seine Tagebücher aber für die historische Wissenschaft und Forschung als einzigartige Dokumente zu werten, Dokumente, die die zeitgeschichtlichen Abläufe einer ohne Zweifel historisch wie auch kirchen- und staatspolitisch besonders interessanten Epoche aus der Sicht einer großen Persönlichkeit beurkunden, deren Wirken und Wollen aus lautersten und hohen ideellen Motiven veranlaßt waren.

Als von sehr wesentlicher Bedeutung soll gewertet werden — wie immer man als Leser auch zu den Ansichten und Überzeugungen des Verfassers stehen möge —, daß der Autor sich sehr bewußt mit den politischen Phänomenen seiner Zeit auseinanderzusetzen bemüht hat. Unter Einsatz seiner ganzen Persönlichkeit strebt er mit ehrlichem Willen einen Ausgleich zwischen politischer und religiöser Weltanschauung, zwischen Staat und Kirche während der Zeit des Dritten Reiches an. Aus dieser Sicht sollten daher auch nach Auffassung des Verlages Gedanken und Worte Bischof Hudals und seine Stellungnahme für einen Sozialismus christlicher Prägung auf nationaler Grundlage als seiner Meinung nach einzige wirkungsmögliche Gegenkraft zum Bolschewismus beurteilt werden.

Dem Autor war es nicht vergönnt, die mehrfach angesetzte letzte Überarbeitung seiner Lebenserinnerungen, die er mit seinen Tagebüchern als Grundlage verfaßte, abzuschließen. Damit sind geringfügige Ungenauigkeiten in Zeitangaben und gelegentliche Lücken bzw. Wiederholungen begründet, zumal seine ersten Überarbeitungen in verschiedenen Jahren und auch nur teil- bzw. abschnittsweise durchgeführt worden waren. Auch Unterschiede in Schreibstil sind hierdurch gegeben. Da sich der Verlag besonders gebunden fühlt, den dokumentarischen Wert der Tagebücher vollkommen unverfälscht und uneingeschränkt zu bewahren, wurde von den vertraglich vorgesehenen Ermächtigungen stilistischer Korrekturen und Überarbeitungen bewußt kein Gebrauch gemacht. Das Manuskript wurde weder gestrafft noch wurden Wiederholungen eliminiert, sondern lediglich unbedeutende Korrekturen grammatikalischer Art, die ganz offensichtlich durch die Übertragung in Maschinschrift entstanden waren, angebracht. Zur Erleichterung und zum besseren Verständnis für den Leser wurden die im Originalmanuskript in italienischer und lateinischer Sprache ausgedrückten Anmerkungen zusätzlich und ergänzend in deutscher Übersetzung vermerkt, soweit dies nicht vom Verfasser selbst erfolgte.

Die von Bischof Hudal im Manuskript seiner Lebenserinnerungen gewählte Form der Abkürzung sowohl für den rein weltanschaulich verwendeten Begriff des „Nationalen Sozialismus“ wie auch für den „Nationalsozialismus“ wurde in der von ihm gepflogenen Schreibweise „NS“ bewußt beibehalten. Der Verlag glaubt, mit dieser Vorgangsweise dem Werk als historischem Dokument am augenscheinlichsten und besten dienen zu können.

Möge diesem Buch in seiner tiefen Ernsthaftigkeit auch die richtige Beurteilung zuteil und so verstanden werden, wie dies in dem Geleitwort des Nachfolgers von Bischof Hudal als Rektor der deutschen Anima zu Rom, Weihbischof Jac. Weinbacher, ganz besonders zum Ausdruck kommt.

September 1976 *LEOPOLD STOCKER VERLAG*

Vorwort zur Neuausgabe

25 Jahre waren die „Römischen Tagebücher“ von Bischof Alois C. Hudal vergriffen, doch das Interesse an seiner Person und seinem Wirken ist nach wie vor ungebrochen. Nur selten kamen einzelne Exemplare des Buches antiquarisch auf den Markt und erzielten Höchstpreise.

Aus diesem Grund haben wir uns dazu entschlossen, diese „Lebensbeichte eines alten Bischofs“ neu im „Print-on-Demand“-Verfahren herauszubringen. Die Ausgabe wird vom Ares Verlag veranstaltet, der seit dem Jahr 2005 das politisch-historische Programm des Leopold Stocker Verlages weiterführt. Heute wird Bischof Hudal wieder positiver beurteilt als noch zu Lebzeiten. Unter anderem, weil allgemein bekannt ist, dass seine theologisch-philosophische Analyse „Die Grundlagen des Nationalsozialismus“ von den Behörden des Dritten Reiches verboten wurde (und in Österreich nach dem „Anschluss“ beschlagnahmt wurde), da Bischof Hudal in diesem Werk deutlich machte, dass die biologistischen Elemente der NS-Ideologie (die zu Antisemitismus und Rassismus führten) von der Katholischen Kirche keinesfalls toleriert werden könnten, sondern nur ein von diesen geistigen Strömungen gereinigter NS aus christlicher Sicht annehmbar sei.

Auch hat der neuseeländische General John Burns in seinen Memoiren geschildert, wie Bischof Hudal ihm und seinen aus einem Kriegsgefangenenlager geflohenen Kameraden in Rom Unterschlupf gewährte und ihnen so das Leben rettete. Sogar dem katholischen Informationsdienst „Kathpress“ war das 2002 erschienene Buch einen Bericht wert. Bischof Hudal und seine Bemühungen um Fluchthilfe nach 1945 erschienen nun in einem neuen Licht, schrieb „Kathpress“ in Übereinstimmung mit dem Vorsitzenden der päpstlichen Geschichtskommission, Walter Brandmüller.

Die im Ares Verlag erscheinende Quartalsschrift „Neue Ordnung“, begründet von Ernst Graf Strachwitz, hat Bischof Hudal und den Erinnerungen von General Burns einen Beitrag gewidmet, der am Ende des Buches wiedergegeben wird.

Graz, im Jänner 2018 *Mag. Wolfgang Dvorak-Stocker*

Zum Geleite

Der Autor des Buches, Bischof Dr. Alois Hudal, selbst hat zu seinen Erinnerungen — schon zu seinen Lebzeiten nannte er sie seine Memoiren — ein Vorwort verfaßt, das aus bekümmertem Herzen geschrieben die Gründe angibt, warum er diese persönlichen Erinnerungen der Öffentlichkeit übergeben will: das ehrliche, leider im letzten nicht immer erfolgreiche Sich-Abmühen um hochgespannte Ideale.

Wenn ich nun dem Werk auch ein Geleitwort mitgeben soll, so willfahre ich der Bitte des Herausgebers, weil ich mit Bischof Hudal doch viele Beziehungen hatte, besonders an dem Ort seines Wirkens in Rom, wo ich auch 1952 sein unmittelbarer Nachfolger wurde. Schon 1929 begegnete ich dem Rektor der Anima. Als Begleiter von Kardinal Piffl hatte ich bei Gelegenheit des österreichischen Pilgerzuges, der zum goldenen Priesterjubiläum Pius' XI. nach Rom gekommen war, damals zum ersten Mal die Ewige Stadt betreten. Kardinal Piffl eröffnete mir, daß ich ein Jahr später zum Studium des Kirchenrechtes nach Rom kommen sollte. Tatsächlich habe ich dann zwei Studienjahre unter Hudal in der Anima verbracht und blieb mit meinem Rektor all die Jahre verbunden, in denen ich die Romreisen von Kardinal Innitzer mitmachte, bis ich 1952 der Nachfolger des aus dem Amte geschiedenen Bischofs wurde. Am 6. August traf ich in seinem Haus in Grottaferrata einen seelisch erschütterten Menschen. Es ist mir gelungen, den Anschluß an seine nahezu dreißigjährige Tätigkeit zu finden. Daraus ergab sich ein enger Kontakt mit meinem Vorgänger alle die neun Jahre meines Rektorates.

So möchte ich die Leser dieser Erinnerungen bitten, die Erinnerungen eines Mannes gut aufzunehmen, so wie er es gut gemeint hatte.

Was seine Feuerseele an Bewunderung und auch an Tadel bringt, ist nicht immer auf die Goldwaage zu legen, aber das Wertvolle dieser Lektüre liegt darin, daß ein Mensch aus unmittelbarer Erfahrung spricht. Manchmal überschwenglich, manchmal kritisch schildert er unbewußt das Milieu, in dem er jahrzehntelang stand.

So manches hat er bei meinen Besuchen in Villino Pace erzählt und immer hinzugefügt: „Das werden Sie in meinen Memoiren lesen.“

In manchen Dingen ist er seiner Zeit voraus mit seinen Reformvorschlägen, so zum Beispiel in dem, was er über das Diakonat schreibt, die Behandlung der „Armen Brüder“.

Was ihn bewegte, hat er sich von der Seele geschrieben. Und so soll es auch verstanden werden.

Wien, 16. Februar 1970 — *† Jac. Weinbacher*
Weihbischof

Römische Tagebücher

1. Vorwort

Ungezählte Bücher sind über Rom geschrieben worden. Gelehrte, Politiker, Künstler und Religionsphilosophen haben alle in ihrer Art Rom mit leidenschaftlicher Liebe oder mit der Ablehnung des „affectus antiromanus[1]" betrachtet. Keine Stadt der Erde kann sich rühmen, daß eine umfassende Bibliothek von Büchern ihr geistiges Schicksal begleitet, das durch das Christentum zum weltanschaulichen Ideal von Millionen Menschen aller Kontinente geworden ist. Von Zola zu Veuillot, von Mommsen, der im römischen Christentum das zersetzende Element großer Staaten sah, um selbst ein religiös imperialistischer Machtfaktor zu werden, von Gregorovius, der alles Unheil nationaler Zerrissenheit im mittelalterlichen Italien und noch mehr in der deutschen Kaiserzeit nur der Vatikanpolitik zuschrieb, ohne dasselbe auch aus dem Relativismus aller menschlichen Entwicklungen zu erklären, bis zu Joseph Bernhart, der im Vatikan geradezu den „Thron der Welt" erblicken wollte („hart, eigengesetzlich wie die Natur, erbarmungslos Einzelschicksale für das Heil des Ganzen opfernd") haben sich Menschen verschiedenster Geistesrichtung bald an das weltliche, bald an das christliche Antlitz der Ewigen Stadt herangewagt. Niemand hat je die Seele Roms ausgeschöpft, niemand Mythos, Legende und geschichtliche Wirklichkeit dieser eigenartigen Stadt in ihren letzten Tiefen ergründet. Alle erlebten eine Art Geheimnis. Noch immer die Metropole eines längst versunkenen weltlichen Imperium Romanum, die entthronte Königin einer einst so stolzen Kultursendung Europas, und andererseits noch immer ein religiöser Leuchtturm, die letzte Zufluchtstätte der Humanität und des Naturrechtes, so unklar auch manche seiner Forderungen sein mögen, der Mittelpunkt eines christlichen Universalideals, einer in politischer Schau adeligen und bürgerlichen Weltbetrachtung. Nichts nimmt, so mannigfach die Urteile von Aus-

---

[1]) *„antirömischer (romfeindlicher) Affekt"*

ländern und Italienern besonders über das kirchliche Rom im Laufe der Jahrhunderte auch gewesen sind, dieser Stadt, die sich immer wieder aus allen politischen Wechselfällen des Unglückes wundervoll erhoben hat, den Ruhm, noch immer Sinn, Ausdruck und Mittelpunkt der europäisch-lateinischen Kultur und damit die einzige und wahre Metropole des sogenannten Abendlandes zu sein. Mit dem Fall Roms würde deshalb Europa aufhören, dieser Kontinent zu sein.

Das vorliegende Buch, das aus meinen römischen Tagebüchern in den langen Jahren meiner Tätigkeit als Rektor der deutschen Nationalstiftung der Anima niedergeschrieben wurde, hat nicht den Zweck, die Romliteratur um ein Geschichtswerk zu vermehren. Es sind nur schlichte Erinnerungen eines fast dreißigjährigen Aufenthaltes in der Ewigen Stadt, besonders in der kirchenpolitisch bewegten Zeit zwischen zwei Weltkriegen. In gewisser Hinsicht sind es Konfessionsbekenntnisse eines deutschen Bischofs mit Freuden und Leiden, Glück und Mißerfolgen. Keine eitle Selbstverteidigung wie manche Memoirenliteratur der Nachkriegszeit. Auch nicht eine „posthume" Rechtfertigung, noch weniger eine Anklage, sondern das Confiteor und Abendgebet eines Lebens, der Abschied von einem vergeblichen Versuch, dem bischöflichen Wahlspruch „Ecclesiae et Nationi[2])" entsprechend, ein Lebensprogramm gestalten zu können. Es schließt aber trotz vieler schmerzlicher persönlicher Erfahrungen nicht in pessimistischen Gedankengängen, sondern mit einem Treuebekenntnis zur Kirche der stillen, unbekannten und unbedankten Soldaten Christi, der schlichten Opferseelen, durch deren großen selbstlosen Idealismus die Kirche der Macht, Repräsentation, der Lehre und Politik, ihre Sendung in der Welt noch erhalten kann, und mit einem Treuebekenntnis zum Glauben an einen neuen nationalen Aufstieg der Jugend des deutschen Volkes aus tiefster Verwirrung der Begriffe: Nation, Vaterland und Ehre.

So ist dieses Buch, mit dem ich von Rom Abschied nehme, in mancher Hinsicht die Beichte eines Priesters und Bischofs über sein Leben voll Irrwege und Enttäuschungen geworden, eine Lebensbeichte, die er am Grabe seiner teuren, unvergeßlichen Mutter auf dem deutschen Friedhof im Schatten von Sankt Peter niederlegt.

---

[2]) *„für Kirche und Nation"*

Es ist aber auch ein Nachwort „ohne Maske“ zu meinem im Herbst 1936 mit Zustimmung des Reichskanzlers Adolf Hitler im Wiener Verlag Josef Günther in fünf Auflagen erschienenen Werk „Die Grundlagen des NS“. Gerade dieses Buch, dessen literarische und politische Auswirkung Propagandaminister Josef Goebbels mündlichen und schriftlichen Vereinbarungen entgegen unter dem Druck des Linkssozialistenflügels innerhalb der Parteigruppe Rosenberg in der deutschen Presse verhinderte, brachten mir ungeahnte Angriffe niedrigster Art in weltlichen und kirchlichen Kreisen, obwohl das letzte Wort in diesem Buch deutlich genug war: „Non possumus[3])“. Die Gedanken und Probleme aber, die mich seit 1933 zur Abfassung dieses Werkes veranlaßten, sind im Wirbel der weltgeschichtlichen Ereignisse, die seitdem über ganz Europa und besonders über Deutschland wie ein Orkan des Unheils hinweggebraust sind, von keinem meiner Gegner widerlegt worden. Ich kannte noch aus meiner altösterreichischen Studentenzeit die Entwicklung des NS in der deutsch-radikalen Bewegung innerhalb der habsburgischen Monarchie zu genau, um je an eine „Bekehrung“ im Sinne eines dogmatischen Christentums denken zu können. Parteien und noch mehr politische Bewegungen sind, selbst wenn sie nach außen als „christliche oder katholische“ gelten, keine religiösen Vereine oder Bruderschaften, auf die man ohne weiteres den Katechismus oder das Kirchenrechtsbuch anwenden kann. Sie sind vielmehr unter dem Druck der Masse und opportunistischer Machtpolitik in ständigem Fluß und in ständiger Gefahr, das Opfer des Radikalismus und der Intoleranz innerhalb ihrer eigenen Anhänger oder unter dem Einfluß ihrer Gegner im Ausland zu werden. Ich glaubte nie an ein „Brückenbauen“ oder gar Zusammenarbeiten mit Kreisen wie Rosenberg und Günther, vom Untermenschentyp Streicher gar nicht zu sprechen. Es handelte sich damals letzten Endes nur darum, zu verhindern, was auch ein vor kurzem erschienenes Memoirenwerk des ehemaligen deutschen Vizekanzlers von Papen in voller Klarheit betont, daß der linke, aus dem deutschen Sozialismus entstammende Teil der Partei die Oberhand gewinne und den rechten, national-bürgerlich und konservativ denkenden, in dem die besten Kräfte Deutschlands standen, immer mehr zurückdränge, um

[3]) *„wir können nicht!“*

schließlich die ganze Bewegung in einem national getarnten Kulturbolschewismus hineinzumanövrieren. So stellte mein Buch einen letzten Versuch vor der päpstlichen Enzyklika „Mit brennender Sorge“ (1937) mit reinstem und bestem Willen dar. Daß er damals gescheitert ist, zum Schaden der gesamten deutschen Sache, ist nicht bloß die Schuld des NS, sondern auch seiner vielen Gegner im Ausland, die jede religiös-rassische Befriedung in Deutschland mit Mißtrauen beobachteten und dagegen Minen legten, weil ihnen ein am Schlachtfeld vernichtetes, gedemütigtes, konfessionell gespaltenes und wirtschaftlich ausgeplündertes Deutsches Reich lieber war als ein siegreiches in der Organisationsform eines christlich gemäßigten NS. So war mein Buch nur ein Wagnis aus christlichem nationalem Mitgefühl für das Schicksal des Deutschtums. Ich habe mich wegen dieses Versuches noch 1944 vor den alliierten Behörden in Rom, die durch Emigranten und sogenannte Widerstandskämpfer gegen mich aufgehetzt wurden, in einer eigenen Denkschrift verteidigt, aber nichts zurückgenommen oder abgeschwächt und keine Zeile geändert. Für mich war schon vor 1936 einzig und allein die Erkenntnis bestimmend, die auch heute, da der Reichsgedanke für einige Zeit versunken ist, noch immer Wahrheit ist und es auch morgen sein wird, was immer das Schicksal in seinem Schoß für Deutschland noch vorbereitet, ohne dessen Einheit, Freiheit und nationalbewußte Haltung eine bessere Zukunft Europas undenkbar ist: Nationale und soziale Gedanken — allerdings von den weltfremden Geschichtskonstruktionen des Karl Marx geläutert — sind Ausdruck naturhafter, positiver und deshalb auch lebensformender Kräfte. Beide Gedanken können auf Grund der Zeitgeschichte unwesentliche Wandlungen erfahren, an sich aber sind sie die wahren Grundlagen einer kommenden Staats- und Volkspolitik und einer Neuordnung des Verhältnisses von Staat und Religion. Solange Menschen sich ihres Volkstums und der sozialen Verpflichtungen gegenüber der Gemeinschaft bewußt bleiben, werden diese Ideen nie ganz untergehen, sondern in den Herzen der Jugend, soweit diese nicht materialistisch vertiert ist, weiterleben.

Allein beide Gedanken sind ständig in Gefahr, in radikal extreme Richtungen zu entarten, denen nichts mehr heilig ist, um schließlich im Herrenmenschenkult im Sinne der heidnischen Antike und Renaissance im Barbarentum zu enden, das jede andere Nation wirtschaftlich aussaugt und unterdrückt, oder in der Diktatur einer politischen oder wirtschaftlichen Klasse, wenn sie nicht von der ethischen Lebensweisheit der Humanität und Religion, in Europa von jener des Christentums, eine Normierung, Abgrenzung und Mäßigung ihrer Endziele empfangen.

Nationalismus und Sozialismus werden immer konstruktive Kräfte im Aufbau von Völkern und Staaten darstellen, wenn die Nation und in erster Linie die Abeiterschaft nicht als das Opfer internationaler, durch nichts kontrollierbarer Großmächte (anonymer Kapitalismus, Zionismus, Geheimorganisationen welcher Art immer) sich versklaven lassen will. Nach meiner Überzeugung hatte deshalb der NS ebenso wie der Faschismus am Anfang eine providenzielle Aufgabe für die gesamte abendländische Kultur, den Kampf gegen den Ostbolschewismus*). Eine solche Sendung wird einem Volk und einer politischen Bewegung von der Geschichte nur einmal in Jahrhunderten zuteil. Allein die berufenen Männer innerhalb des NS haben gerade diese kulturpolitische Aufgabe, die weit über Deutschland hinausgriff, nicht erfaßt, besser gesagt, mißbraucht, sonst wäre die Bewegung wie eine geistige Weltmacht über alle Hemmungen in Europa hinweggeschritten, um diesen Kontinent neu zu gestalten, der schon, allein vom demographischen und geopolitischen Gesichtspunkt aus beurteilt, gegenüber dem Osten im Niedergang begriffen ist. Tiefer geschaut, wurde der NS zur Kulturwende Europas und zum Abschluß einer geschichtlichen Epoche des Kontinents, wie seinerzeit die napoleonische Ära. Es gab in ganz Europa kein Volk und keine Militärmacht, die das Vordrängen des Kulturbolschewismus so aufhalten konnte wie das deutsche Volk mit seiner seit 1933 glänzend ausgebildeten militärischen und politischen Organisation, mit der verglichen jene der übrigen Nationen und Staaten (Rußland ausgenommen) oft nur ein besseres Soldatenspiel versinnbildete. Bei meinen letzten Besprechungen, die ich auf Grund des Empfehlungsschreibens des Großherzogs von Mecklenburg über Ersuchen hoher konservativ eingestellter Kreise innerhalb der Waffen-SS mit dem Obersturmbannführer Dr. M. in Rom im November 1942, also vor dem Fall von Stalingrad, der zum

*) Vgl. die Worte Papst Pius' XI. und des Rektors der katholischen Universität in Mailand, des Franziskaners Gamelli (früher Linkssozialist).

Wendepunkt des Kriegsglückes wurde, und noch mehr im März 1943 in Rom führte, waren gerade diese Gedanken der Ausgangspunkt eines innenpolitischen Befriedungsplanes für Deutschland, der automatisch auch die Einkreisungspolitik, die von religiösen und rassischen Gedanken beherrscht im gesamten Ausland (mit Ausnahme von Argentinien und Spanien) gegen das Dritte Reich geführt wurde, zunichte gemacht. Mussolini (1942) hat in letzter Stunde durch einen Artikel des Sekretärs der italienischen Akademie Francesco Orestano in der von ihm gegründeten faschistischen Wochenschrift „Gerarchia" das religiöse Problem Deutschlands aufgerollt, weil der Kirchenkampf eine schwere Belastung auch für die italienische Partei bedeutete und jeden Versuch, über den Vatikan mit den alliierten Staaten Fühlung zu gewinnen, unmöglich machte. So versuchte auch ein allerdings sehr kleiner, aber geistig und charakterlich hochstehender Kreis innerhalb der SS ähnliche Ziele. Diese Versuche kamen leider viel zu spät, nachdem seit dem Beschluß in Casablanca die alliierten Staaten mit beiden Regimen keinerlei Verhandlungen oder Kompromisse mehr wünschten, sondern nur noch ihren Untergang als Ziel ihrer Kriegspolitik festgelegt hatten. Diesem Kreis einer innenpolitischen Befriedungsaktion stand Himmler, den ich bei einem Empfang in der deutschen Vatikanbotschaft kennengelernt hatte, nicht zu fern, da er selbst nach der Macht strebte. Als er ohne Erfolg blieb, vernichtete er, wie ein Fouché des Dritten Reiches, die Freunde von gestern, um jede Spur seiner eigenen „Treulosigkeit" auszulöschen. Ungeachtet der vorausgehenden schlechten Erfahrungen mit meinem Werke „Die Grundlagen des NS" drängte mich mein nationales und christliches Gewissen trotzdem, mit den konservativen Kräften innerhalb des NS in Berührung zu bleiben, so aussichtslos und verworren auch alles allein schon auf den ersten Augenblick hin erscheinen mußte; nicht mich aufdrängend, sondern darum gebeten, von niemandem kirchlicherseits amtlich beauftragt oder ermuntert, sondern nur aus einer inneren Gewissensnot beim Gedanken einer drohenden Katastrophe. Bei diesen Verhandlungen, deren Grundlage das neunte Kapitel dieses Buches schildert, handelte es sich zunächst nur um Tastversuche und um die Festlegung eines minimal kirchenpolitischen Programms für spätere Verhandlungen, bei denen gerade die Rassenfrage, das heißt die sofortige Einstellung der Judenverfolgung, einer der ersten Gedanken war, während das entscheidende Wort in allen rein religiösen Fragen, sobald man über diesen ersten delikaten Punkt hinweggekommen war, den maßgebenden Diözesanbischöfen Deutschlands bzw. dem Vatikan vorbehalten sein mußte. Es war nicht schwer, im Ausland Ende 1942 eine beispiellose Tragödie des deutschen Volkes vorauszusagen, wenn nicht innerhalb kürzester Zeit diese innere Befriedung durch neue Religions- und Rassengesetze in Deutschland verwirklicht werden sollte. Dazu kam, daß der römische Kurienkardinal Enrico Sibilia, der aus der Zeit seiner Tätigkeit als Apostolischer Nuntius in Wien Österreich besonders liebte, für Deutschland wenig Verständnis zeigte, mich über die Feloniebestrebungen der italienischen Minister Grandi, Ciano und besonders Aquarones, der die Verhaftung Mussolinis in der Villa Savoia vorbereitete, die ihn wiederholt in diesen kritischen Wochen der Kriegsführung besuchten, genau unterrichtete. Durch ihn erhielt ich die Abschrift eines propagandistisch vortrefflich verfaßten vertraulichen Briefes des letzten Außenministers der vorfaschistischen Ära, Conte Sforza, den dieser aus New York an König Viktor Emanuel geschrieben hatte. Dieser Brief kursierte damals unter Kurienkardinälen und hohen Kurialbeamten des Vatikans und vertiefte noch mehr die gespannte politische Atmosphäre, die ohnedies infolge der ständigen Kirchenkonflikte mit Deutschland wenig erfreulich war. Das Berliner Auswärtige Amt, das in Rom einen enormen Beamtenapparat unterhielt, kannte nicht die politische Tragweite dieses Briefes. Die Beschwichtigungshofräte gaben vielmehr ein völlig unrichtiges Bild von der Stimmung Italiens gegenüber Deutschland nach Berlin weiter. So scheiterten die bestgemeinten Versuche der Jahre 1942 und 1943, die maßgebenden Stellen des NS von ihrer völlig verfehlten Rassen- und Religionspolitik im Interesse des Reichsgedankens abzubringen, am Byzantinismus und Mangel an Zivilcourage der Berliner Sachreferenten, vielleicht noch mehr und in erster Linie am Kirchen- und Judenhaß in Hitlers Privatkanzlei, deren verantwortliche Leiter Christentum und Kirche mit der Leidenschaft von Apostaten und Dämonen ablehnten, weil sie überall nur jüdische Einflüsse erblickten. Durch Gottes Fügung wurden aber gerade diese letzten kirchenpolitischen Vermittlungsversuche zur Damaskusstunde meiner politischen Haltung, denn ich erkannte die Unfähigkeit höchster verantwortlicher

Stellen innerhalb der NS. Trotz der immer größer werdenden Not des Reiches und einer beispiellosen, immer wieder vom Religiösen her inspirierten Auslandspropaganda, die bereits den „Antichrist“ (!) in Deutschland kommen sah, neue Wege der Kultur- und Innenpolitik zu beschreiten, erinnerte ich mich der klassischen Worte des österreichisch-ungarischen Außenministers Graf Aehrental, der in seinen Erinnerungen über die deutschen Politiker auf Grund jahrzehntelanger diplomatischer Erfahrungen das folgende Werturteil hinterlassen hat: „Die Deutschen sind hervorragende Militärs und Organisatoren, aber in politischen Dingen von allen Göttern verlassen.“ Anläßlich meiner letzten Aussprache mit dem obengenannten Vertrauensmann der SS erkannte ich leider nur zu sehr die Richtigkeit dieser Worte. So löste ich mich blutenden Herzens von der Ideologie eines christlichen NS, aber auch vom politischen Traum eines kommenden föderativ aufgebauten Großdeutschen Reiches mit Berlin und Wien als führende Kulturmetropolen und mit Österreich als Brücke der Vermittlung zwischen deutscher, slawischer und romanischer Kultur im Donauraum, als einer Insel des Fortschritts für europäisch denkende Menschen, wie die geographische Lage meinem alten Vaterland Österreich bis 1918 diese große Sendung vorbezeichnet hatte. Sobald ich die Unmöglichkeit erkannt hatte, über den Weg einer rassischen und religiösen Befriedung die deutsche Reichsidee gerettet zu sehen, setzte ich mich für die politische Unabhängigkeit Österreichs ein. Aber nicht in der Form eines zweiten St.-Germain-Staates, noch weniger eines deutschfeindlichen Staates, sondern eines solchen, der auf der Gedankenwelt eines Seipel und Erzherzogs Franz Ferdinand ruht, für ein Commonwealth im Donauraum, als einer Burg mitten in der Brandung der politischen Spannungen kommender Jahrzehnte, von der einmal später in glücklicheren Zeiten der deutsche Reichsgedanke, wie er bis 1806 bestand, in modernen Organisationsformen neu erstehen könnte. Es sollte eine Revidierung des Jahres 1866 sein, das weder für Preußen noch für Deutschland oder Österreich ein Segen geworden ist. Leider ist auch diese Hoffnung gescheitert am Unverstand der Alliierten*), die geglaubt hatten, mit dem bolschewistischen Rußland als Kriegs-

*) Nicht wenige Bücher hoher amerikanischer Militärs bestätigen dies (vgl. Captain Russell Grenfell, „Uncoditional Hatred“, New York 1953).

verbündeten nach der Niederlage Deutschlands eine konstruktive Europapolitik beginnen zu können und eher mit den Kommunisten aller Länder zusammengehen wollten, als in einem Ultimatum das bereits schwach gewordene NS-Reich zu einer neuen Staatspolitik zu zwingen. So hatte der Krieg der Alliierten gegen Deutschland in letzter Schau sehr wenig mit Idealen zu tun. Er war kein Kreuzzug, sondern nur die Rivalität wirtschaftlicher Großkomplexe, um deren Sieg gekämpft wurde, ein sogenanntes „business", während die Schlagworte Demokratie, Rasse, Religionsfreiheit und Christentum als Köder für die Massen benutzt wurden. Alle diese Erfahrungen haben mich schließlich veranlaßt, nach 1945 meine ganze karitative Arbeit in erster Linie den früheren Angehörigen des NS und Faschismus, besonders den sogenannten „Kriegsverbrechern" zu weihen, die von Kommunisten und „christlichen" Demokraten verfolgt wurden, oft mit Mitteln, deren Methoden sich nur wenig von manchen ihrer Gegner von gestern unterschieden haben; obwohl diese Angeklagten vielfach persönlich ganz schuldlos, nur die durchführenden Organe der Befehle ihnen übergeordneter Stellen und so das Sühneopfer für große Fehlentwicklungen des Systems waren. Hier zu helfen, manchen zu retten, ohne opportunistische und berechnende Rücksichten, selbstlos und tapfer, war in diesen Zeiten die selbstverständliche Forderung eines wahren Christentums, das keinen Talmudhaß, sondern nur Liebe, Güte und Verzeihung kennt und Schlußurteile über die Handlungen des eigentlichen Menschen nicht politischen Parteien, sondern einem ewigen Richter überläßt, der allein die Herzen, Beweggründe und letzten Absichten überprüfen kann. Über diese letzte geleistete Hilfe, die mir bald an der römischen Kurie den Titel eines „nazistischen, faschistischen Bischofs" eintrug — „troppo tedesco[4])" —, bin ich schließlich als untragbar für die Vatikanpolitik gefallen. Ich danke aber dem Herrgott, daß Er mir meine Augen geöffnet hat und auch die unverdiente Gabe geschenkt hat, viele Opfer der Nachkriegszeit in Kerkern und Konzentrationslagern besucht und getröstet und nicht wenige mit falschen Ausweispapieren ihren Peinigern durch die Flucht in glücklichere Länder entrissen zu haben.

In der Einsamkeit der römischen Campagna wandern meine Ge-

---

[4]) *„zu sehr deutsch"*

danken in die Vergangenheit zurück, während die Kuppel von St. Peter wie eine trotzige Festungskrönung in der Unendlichkeit des Landes meine Blicke trifft. Je dunkler sich die Gegenwart gestalten will, um so weiter wandern die Gedanken in das Sonnenland der Kindheit und Jugend zurück. Sie grüßen den Morgen eines Priestertums voll Idealismus, sie grüßen auch jene Lebensstrecke, die mich, nachdem ich vielen Eitelkeiten den Abschied gegeben und die Welt völlig überwunden habe, von der Zeit hinweg an das lichte Gestade der Ewigkeit führen wird. So ist dieses Buch ein Confiteor verfehlter Hoffnungen und gescheiterter Versuche. Möge es trotzdem für die gebildete deutsche christliche Jugend dereinst ein Trostbuch sein, tapfer aus dem Dunkel der Gegenwart eines politischen Pharisäertums ins helle Licht reiner Menschlichkeit emporzustreben und die moderne Gewissenssynthese von Gottesfurcht, Nation und Sozialismus zu schaffen, stärker zu sein als ein grausiges Schicksal und zu glauben, daß ein Volk in Europa dazu berufen ist, das geschichtliche, wirtschaftliche, politische und kulturelle Glück dieses Kontinents neu zu gestalten, wenn Europa überhaupt noch eine Aufgabe zu erfüllen hat. Es ist das deutsche Volk, was immer seine Grenzen sein mögen. Es ist der nationalbewußte, christlich und sozial modern denkende deutsche Mensch mit seinem Fleiß, seiner Ordnungsliebe, Zähigkeit, Organisationsfähigkeit und Treue, aber auch mit seiner Sehnsucht nach den unvergänglichen Werten des religiösen Gedankens. Dieser Jugend von morgen sei dieses Buch geweiht.

Grottaferrata, Villino Pace, 1962

2. Nach Rom (Erste Eindrücke)

Der Weg nach Rom führte mich über drei denkwürdige Stätten, die erste war das Heiligtum von La Salette, ein einsames Dorf in der Dauphiné. Schon als Theologe interessierte mich gerade diese Marienerscheinung, so merkwürdig hart und lieblos die Worte der Madonna über Priester und Kirche klangen, ganz anders als jene von Lourdes und Fatima. Es ist die erste große Marienerscheinung im 19. Jahrhundert, deren Eindruck noch stärker wird, wenn man das Privatgeheimnis, das die Madonna dem elfjährigen Hirtenmädchen Melanie anvertraute, langsam überlegt, das teils im wirklichen, teils im gefälschten Wortlaut der Öffentlichkeit bekannt wurde, gebilligt, verurteilt, maßlos angegriffen, um schließlich als ein „Angriff auf die Ehre der Geistlichen jener Zeit" von höchsten kirchlichen Stellen versenkt zu werden. Ein Vergleich der Worte der Madonna mit jenen späterer Erscheinungen, besonders von Lourdes, kann aber auch zugunsten von La Salette ausfallen. Ein erschütternder Ernst, eine Sprache, die an die großen Bußprediger des Mittelalters erinnert, und eine prophetische Voraussage über die kommende religiöse Krise, wie sie deutlicher nicht sein konnte. Das alles gibt gerade dieser Marienerscheinung, die später gegenüber Lourdes stark in den Hintergrund gerückt wurde, eine Bedeutung, die unter allen Privatoffenbarungen den ersten Rang einnimmt. Es genügt, nur die folgenden Worte herauszunehmen (in deutscher Übersetzung):

„Der Stellvertreter meines Sohnes wird viel zu leiden haben, denn eine Zeitlang wird die Kirche großen Verfolgungen ausgesetzt werden; das wird die Zeit der Finsternisse sein, die Kirche wird eine furchtbare Krise durchzumachen haben.

Indem der heilige Gottesglaube in Vergessenheit gerät, wird ein jeder sich durch sich selber führen und über seinesgleichen stehen wollen. Man wird die staatliche und die kirchliche Gewalt abschaffen, alle Ordnung und alle Gerechtigkeit werden mit Füßen getreten werden; man wird nur noch Mord, Haß, Mißgunst, Lüge und Zwietracht sehen, ohne Liebe für Vaterland und Familie. Der Heilige Vater wird viel leiden. Aber ich werde mit ihm sein bis ans Ende und sein Opfer empfangen. Die Bösen werden ihm mehrmals nach dem Leben trachten, ohne seinen Tagen einen Schaden zufügen zu können; aber weder er noch sein Nachfolger ... werden den Triumph der Kirche Gottes sehen.

Die Inhaber bürgerlicher Gewalt werden allesamt ein und denselben Plan haben, nämlich jeden religiösen Grundsatz abzuschaffen und zum Verschwinden zu bringen, um Raum zu schaffen für den Materialismus, den Atheismus, den Spiritismus und für alle Arten von Laster.

Während dieser Zeit wird es geschehen, daß der Antichrist geboren wird, von einer hebräischen Nonne, einer falschen Jungfrau, die Verbindung hat mit der alten Schlange, dem Meister der Unreinheit; sein Vater wird Ev. sein; bei seiner Geburt wird er Lästerungen aussprechen, er wird Zähne haben; mit einem Wort, er wird der Fleisch gewordene Teufel sein. Er wird schreckliche Schreie ausstoßen, Wunder tun, sich nur von Unreinem nähren. Er wird Brüder haben, die, wenn auch nicht wie er Fleisch gewordene Dämonen, doch Kinder des Bösen sein werden; mit zwölf Jahren werden sie sich bemerkbar machen durch ihre heldenmütigen Siege, die sie davontragen werden; bald werden sie an der Spitze eines Heeres stehen, und die Legionen der Hölle werden ihnen Beistand leisten.

Die Jahreszeiten werden sich ändern, die Erde nur noch schlechte Früchte hervorbringen, die Gestirne werden ihren regelmäßigen Gang verlieren, der Mond nur noch ein schwaches rötliches Licht zurückwerfen; Wasser und Feuer werden der Erdkugel konvulsivische Bewegungen und schreckliche Erdbeben bescheren, darin Gebirge und Städte verschlungen werden (usw.).

Rom wird den Glauben verlieren und der Sitz des Antichrist werden.

Die Dämonen der Luft werden zusammen mit dem Antichrist große Wunder auf der Erde und in der Luft verrichten, und die Menschen werden immer verderbter werden. Gott wird für seine treuen Diener sorgen und für die Menschen, die guten Willens sind. Das Evangelium wird überall gepredigt werden, alle Völker und alle Nationen werden Kenntnis der Wahrheit erlangen!“

Eine andächtige Schar von Pilgern kniete im Heiligtum, als fühlte sie die Schwere dieser Worte, obwohl seitdem fast neunzig Jahre verflossen sind. Eine eigenartige Atmosphäre herber Frömmigkeit strömt von diesem Heiligtum aus, dessen Heilquelle seit 1846 ununterbrochen fließt und in dem das Wort des Täufers „Tuet Buße" im Munde der Madonna gleichsam einen zeitgemäßen Kommentar erhalten hat. Mit welcher Andacht beten hier die Pilger, wie ein grandioser Rahmen umschließen die Berge das Heiligtum!

Meine zweite Station war die Klosterzelle Savonarolas in San Marco zu Florenz. Unser Kirchengeschichtslehrer schilderte ihn als politischen Revolutionär und halben Ketzer. Sobald ich Pastors Papstgeschichte mit den tiefschürfenden Forschungen des Münchner Professors Schnitzer und des Italieners Guicciardini verglichen hatte, änderte sich dieses uns jungen Theologen aufgedrängte Urteil. Da ist wenig zu retouchieren, Kirche und Christentum werden nicht glaubhaft durch Worte, sondern in erster Linie durch Taten, sonst müßten wir in das Pharisäertum des Alten Testamentes zurückkehren, der Karikatur des Christentums in Alexander VI., dessen Leben den bereits überall gärenden Reformbestrebungen das beste Material für die Anklagen gegen die römische Kurie lieferte (obwohl sein Zeremoniar und Mitankläger, Jakob Burkart von der Anima, in nichts besser war). Wie sehr haben sich die Zeiten geändert! Wie viele edle heilige Papstgestalten hat allein die Kirche des 19. Jahrhunderts gehabt.

Savonarola, eine rätselhafte Figur der Renaissance, ein katholischer Prophet und wahrer Gottesmann, dessen Verurteilung ein Unrecht war und seine Rehabilitierung fordert, ein Idealist und Weltreformer, der scheitern mußte, wie Macchiavelli ihn treffend nannte „un profeta disarmato[5])", ein Träumer und Kämpfer für eine bessere Zeit. Sein Prozeß wurde in unwürdigster Form geführt mit Fälschungen, um ihn auf jede Weise zu „erledigen", genau wie seinerzeit jener der Jungfrau von Orleans. Wäre ein Alexander VI., ein Borgia, sein Hauptgegner, durch einen Beschluß des Kardinalkollegs rechtzeitig abgesetzt worden, hätte die ganze Kirchengeschichte einen anderen Lauf genommen; so mußte dieser arme Klosterbruder im Gewande des

---

[5]) *„ein entwaffneter Prophet"*

heiligen Dominikus schauerlich als Märtyrer seiner religiösen Überzeugung und als Opfer einer Zeitenwende enden, in der später andere das Strafgericht Gottes an der Kirche vollzogen haben — zum Schaden des gesamten Christentums, das heute, gespalten und zerrissen, nicht mehr die religiöse einheitliche Welt des Mittelalters verkörpert. Die vielen Fremden, die nicht bloß die Meisterwerke von Fra Angelico betrachten, stehen meist ratlos vor dem Bilde dieses Mönches, dessen Leben und Tod eine ständige Mahnung ist, Reformen rechtzeitig durchzuführen, bevor der grausame Arm der Geschichte eingreift, Böses und Gutes vernichtet und neue Wege weist.

Vor Rom muß man in Assisi — es war meine dritte Station — haltmachen, am Grab des Poverello, des Vertreters eines simplifizierten Christentums, wenn dieses Wort nicht mißverstanden wird. Vielleicht hätte Franziskus in sozialer Hinsicht die Welt, wenigstens Mitteleuropas oder Italiens, geändert, wenn es nach ihm gegangen wäre. Ein wahrer Nachfolger Christi als Weltverbesserer und merkwürdiger Kontrast zu seinem Zeitgenossen Innozenz III., der, um die überlieferte Ordnung nicht zu stören, den starken religiösen Individualismus dieses Armen von Assisi in feste kirchenrechtliche Formen spannen mußte, so daß, wenn man die ursprünglichen Absichten des Poverello mit seinen fast romantischen idealistischen Zielen betrachtet, anderes herausgekommen ist. Es sind die großartigen Leistungen seiner Ordensbrüder in späteren Jahrhunderten in Kunst, Wissenschaft, im Werke der Mission und in kühnen theologischen Spekulationen. Mit ihm ist auch sein eigenes Ideal untergegangen, um in einer gemäßigten, der Wirklichkeit entsprechenden Lebensform zu enden. So umfängt ein mystisches Halbdunkel sein Grab.

Während diese Gedanken mich begleiten — je näher ich Rom bin —, leuchtet im Glanz der Abendsonne wie ein in den Himmel gebauter Dom das Symbol aller katholischen Universalität die Kuppel von St. Peter. Ein Idealismus ohne Grenzen umfaßt meine Seele, als ich längst vor San Lorenzo ihre Umrisse am Horizont erkannte. Ein unbändiger Tatendrang erfüllte mich, den großen gesamtdeutschen Zielen zu dienen, die mein Vorgänger, der Gründer des Priesterkollegs der Anima, der Nordtiroler Alois Flir, das Mitglied des Frankfurter Parlaments, seinen Nachfolgern als heiliges

Erbe hinterlassen hatte. Ich will, wenn einmal das Schicksal in mein Leben eingegriffen hat, nicht umsonst als Österreicher und Deutscher nach Rom gerufen sein. „Den Besitzstand der altehrwürdigen deutschen Nationalstiftung der Anima gegenüber den Forderungen der Belgier zu retten, die eine Entschädigung für die im Weltkrieg zerstörte Universitätsbibliothek von Löwen verlangten, die Deutschsprechenden Roms aller Staaten zusammenzuführen oder wenigstens mitbauen zu können im Sinne einer kulturellen Schicksalsverbundenheit, die Seelsorge der Deutschen neuzuordnen, das während des Krieges völlig verwahrloste Kolleg modernen Ansprüchen anzupassen und die Anima bewußt zum Mittelpunkt und zur festen Burg der deutschen Katholiken Roms und Italiens auszubauen" — das waren Aufgaben und Pläne, wert, ein Leben für sie einzusetzen.

Als mir mitten aus dem engen Straßengewirr vom Glockenturm der Anima der deutsche Reichsadler des 16. Jahrhunderts einen Willkommensgruß zu entbieten schien, kannte deshalb meine Freude keine Grenzen. Ich war wieder in Rom, nach zwanzig Jahren. Noch waren die Straßen ungepflegt wie vor dem Ersten Weltkrieg, als wir sorglos unsere Studien machen konnten. Noch hatte der Reformdrang des Faschismus im römischen Stadtbild nichts geändert. Es war das alte Rom der Vorkriegszeit, verwahrlost, in vieler Hinsicht noch jenes der siebziger Jahre mit derselben zum bequemen Leben neigenden Menschenart, die das „vivere e lasciar vivere[6]" zum Grundsatz auch des politischen Denkens erhoben hatte. Als ich die Pforte der Anima überschritt, wühlte ein Gebet meine Seele auf, einst nach Jahren ruhig Antwort geben zu können auf jene Schicksalsfrage, die der erste Brief meiner teuren Mutter, den ich mit einem Strauß von Alpenrosen der Heimat auf meinem Arbeitstisch fand, in so wohltuender milder Form für meine Arbeiten in Rom an mich richtete, daß mein religiöser Idealismus durch nichts geschwächt werde und keine rauhe Lebenserfahrung jenes Bild zerstören möge, das ich mir vor dem Eintritt ins Priestertum erworben hatte. Im alten Höfchen der Anima, das mit seinen Skulpturen und Resten des mittelalterlichen Kirchenbaues noch aus den Tagen der lutherischen Reformation eine eigenartige Atmosphäre atmet, begrüßte

---

[6]) *„leben und (andere) leben lassen"*

mich als erster ein biederer Schweizer, der Freund von Liszt und Mitbegründer des italienischen Cäcilienvereines, der St. Gallener Priester Peter Müller, der vom Germanicum an die Anima als Chormeister übersiedelt war und hier eine weitausgreifende Reformtätigkeit auf dem Gebiete der Kirchenmusik entfaltete. Der Gruß dieses Schweizer Geistlichen war echt und aufrichtig. Ein deutscher Mann, der trotz seiner äußerlichen Italienisierung innerlich seiner herrlichen Heimat verwurzelt blieb. Er hatte seine Ausbildung an der Regensburger Kirchenmusikschule erhalten und brachte die große Überlieferung der Meister des 16. und 17. Jahrhunderts (Palestrina, Vittoria, Orlando di Lasso, um nur wenige zu nennen) auch nach Rom, wo die Kirchenmusik mit Ausnahme der Sixtinischen Kapelle niedergegangen und verweltlicht war. Seit 1870 leitete er einen Chor von dreißig Knaben, die in einem Konvikt der Anima lebten und die päpstliche Mittelschule Sant'Apollinare besuchten. Von der Anima aus wurde dieser Priester zum geistigen Anreger der gesamten Kirchenmusik in Rom. Von prächtigen Männerstimmen unterstützt, wurde dieser Knabenchor so berühmt, daß Scharen von Musikbegeisterten der Stadt Rom zu den kirchenmusikalischen Aufführungen in die Anima strömten, bei großen Jubiläen und Festlichkeiten der Stadt, bei Pilgerempfängen und Jahrhundertfeiern (besonders Papst Gregors I.). Im Quirinal, in der Sixtina und in St. Peter war dieser Chor, aus dem eine Reihe angesehener italienischer Musiker hervorgegangen ist, Gegenstand der Bewunderung. Die Meister des 16. Jahrhunderts und der Gregorianische Choral wurden nach der Regensburger Überlieferung gepflegt. Josef Sarto (der spätere Papst Pius X.), der als Bischof von Mantua in der Anima wohnte, lernte dortselbst den genialen Chormeister kennen und schrieb in einem Brief vom 9. November 1884 mit Bewunderung von den kirchenmusikalischen Überlieferungen der Nationalkirche (in deutscher Übersetzung):

„Monsignore Jacuzzider, der immer soviel Freude an der Musik hatte, kannst Du sagen, daß ich, obwohl ich um 11 Uhr heute morgen im Vorzimmer Seiner Eminenz des Staatssekretärs sein mußte, doch der heiligen Versuchung nicht habe widerstehen können, vorher noch zur Messe in die Kirche der Anima zu gehen. Ich habe das Asperges, den Introitus, das Offertorium im Cantus firmus zu drei Stimmen mit

Harmoniumbegleitung und den Rest im Cantus semifiguratus auch zu drei Stimmen, aber ohne Begleitung, genossen. Etwas ganz Wunderbares, besonders der Cantus firmus ist zum Sichdareinverlieben."

Eine eigenartige, glückliche Fügung war es, daß die von der Regensburger Schule ausgehenden Grundsätze über die Anima durch Peter Müller, dessen Freunde Lorenzo Perosi und Josef Sarto schließlich im Jahre 1903 zum päpstlichen „motu proprio" über die Reform der Kirchenmusik überhaupt führten. Die Namen Haberl, Mitterer gehören in diese glanzvolle Zeit der Anima hinein. Es war mein großer Kummer, daß ich, veranlaßt durch die überaus schwierige Finanzlage der Anima, nach dem Weltkrieg diesen Knabenchor im Jahre 1924 auflösen mußte. Im folgenden Jahre wurde Peter Müller, einer der bescheidensten und anspruchslosesten Priester, die mir untergekommen sind, im hohen Alter im deutschen Friedhof bei St. Peter begraben, während ein Stein in der Animakirche das Gedächtnis dieses genialen Kirchenmusikers kommenden Geschlechtern weitergibt.

Das Zusammentreffen mit einem Vorgänger, Prälat Brenner, der vom Schlag gerührt, aber noch geistig auf der Höhe in seinem bescheidenen Bette lag, war eine Seelenqual, denn er erfaßte die Schwere seiner Erkrankung nicht, die bald mit einer völligen Lähmung enden sollte. Er war ein befähigter, kluger Mann, aufgewachsen in der Habsburgermonarchie, zum Rektor der Anima durch Kaiser Franz Joseph ernannt, hoffte er auf seine Restauration mit der Wiederkehr des legitimen außer Landes vertriebenen Herrschers Kaiser Karl. Die Begriffe Nation und Deutschtum lagen ihm nicht. Die römische Kurie kannte er genau. Er fand sie dürftig und verbesserungswert im Menschenmaterial und Arbeitsrhythmus, allein er gab mir den Rat, daß es besser sei, nach außen alles zu loben, vieles nicht zu sehen, gegebene kirchliche Slogans wie ein Lautsprecher zu wiederholen, um der Gefahr der in Rom besonders verbreiteten „invidia clericalis[7]" zu entgehen, das weise Wort Talleyrands sei hier am Platze: „Surtout pas trop de zéle[8]". Ich habe diesem unglücklichen Prälaten, der vom kirchlichen Beamtentum sehr ge-

---

[7]) *„klerikale Eifersucht" (Streberei)*
[8]) *„Vor allem nie zuviel Eifer"*

schätzt war, alle priesterliche Liebe erwiesen, bis er eines Tages, da die Krankheit stationäre Züge aufwies, dem Rate der Ärzte folgend in seine Heimat zurückkehren mußte. Wenn nicht ein tückisches Schicksal ihn frühzeitig arbeitsunfähig gemacht hätte, wäre ihm eine große kirchliche Laufbahn sicher gewesen.

Mit seiner Abreise war die Verantwortung auf mich allein gekommen. Ich war nicht der erste Steiermärker in der Anima, wenn auch die geschichtlichen Beziehungen des Bistums Seckau zur deutschen Nationalstiftung in den ersten Jahrzehnten wegen des norddeutschen Übergewichtes (Paderborn — Rheinland) gering gewesen sind. Schon im Jahre 1500 wird im Priesterverzeichnis ein Markus Trost genannt, und zwei Steiermärker (Christoph von Zach 1502, Andreas Frühwirth 1907) waren in der Animakirche zu Bischöfen geweiht worden, deren feierliche Grundsteinlegung im Jubeljahr 1500 der Seckauer Bischof und kaiserliche Gesandte Matthias Scheidt vorgenommen hatte. Im päpstlichen Reformbreve der Anima vom Jahre 1858 wurde die Ernennung des Rektors in gleicher Weise wie jene der Bischöfe Österreichs zum ausschließlichen Recht des Monarchen. Auch als 1918 das Kaisertum untergegangen war, wollte Kardinalprotektor Merry del Val diese Richtlinie beibehalten, wenigstens was die Staatsangehörigkeit des Rektors betraf. So wurde ich als erster vom päpstlichen Staatssekretariat zunächst als Koadjutor mit dem Rechte der Nachfolge ernannt. Während die reichsdeutschen katholischen Laien der Gemeinde Roms diese Auffassung keineswegs bekämpften — mit dem Wegfall der Monarchie hatte der betreffende Paragraph des alten päpstlichen Breves den geschichtlichen Sinn verloren —, arbeitete gegen die Berufung eines Österreichers an das Rektorat der Anima überaus heftig der deutsche Jesuiten-Kurienkardinal Franz Ehrle unter Heranziehung mehrerer ähnlich gesinnter Geistlicher, zu denen der Rektor des Päpstlichen Bibelinstitutes, mein früherer Lehrer, P. Leopold Fonck S. J., gehörte, dessen Einfluß aber an der Kurie seit dem Tode Pius' X. zurückgegangen war. Wie mir der österreichische Gesandte, von Pastor, erzählte, bearbeitete Ehrle den Kardinalprotektor, um einen reichsdeutschen Priester der Kölner Erzdiözese, Emerich David, der Rektor des deutschen Campo Santo war, in die Anima zu bringen. Schließlich ging die Sache an Pius XI., der in der entscheidenden Audienz dem österreichischen Vatikangesandten erklärte: „Sollen auch Wir beitragen, das arme, klein gewordene Österreich zu verdemütigen?" Damit war die Entscheidung gefallen, während die Rechtsfrage selbst ungelöst blieb, ob künftighin nur Priester österreichischer Bistümer zu Rektoren der Anima ernannt werden sollen. Dieses Vakuum einer Rechtserklärung angesichts des veralteten päpstlichen Breves 1858 brachte mir zahlreiche Schwierigkeiten in der Leitung dieser ehrwürdigen Stiftung. Mein erster Besuch in Rom galt dem Geschichtsschreiber der Päpste und österreichischen Gesandten, Ludwig Freiherrn von Pastor, dessen Hand bei meiner Ernennung zum Rektor im Spiele war. Er wohnte bescheiden in einer besseren bürgerlichen Wohnung in der Via della Croce, die gleichzeitig der Sitz des österreichischen Geschichtsforschungsinstituts war. Das Österreich der ersten Nachkriegszeit war verarmt und ohne jede Möglichkeit großer internationaler gesellschaftlicher Repräsentanz. Universell gebildet, von umfassender Kenntnis der Geschichte und der Kunstdenkmäler Roms, päpstlicher als der Papst, der ihn als Gelehrten überaus hoch einschätzte, hatte Pastor, wie man mir im Wiener Außenministerium sagte, einen bedeutenden Einfluß im Vatikan, nach dem Urteil der Diplomaten fürchtete er sich geradezu vor seinem eigenen Schatten. Als ich ihn am frühen Morgen nicht rechtzeitig angemeldet in seiner Arbeit störte, war er zunächst nicht erfreut. Über seinem Arbeitstisch war der Wahlspruch, die leuchtende Devise dieses reichen deutschen Gelehrtenlebens: „Vitam impendere vero[9])". Seine unheimliche Arbeitskraft wurde auch durch engherzige Kritik nicht gemindert. Kehr, der Direktor des Preußischen Geschichtsforschungsinstituts, machte ihm den Vorwurf, daß seine Bücher nur eine Verherrlichung der Päpste, aber nicht eine Geschichte der Idee des Papsttums seien.

Was immer auch das Urteil darüber sein mag, es war ein Gelehrtenleben einziger Art, das in dieser Form nicht schnell wiederkehren wird. Wie war es möglich, in diesem ungeheuren Chaos von Urkunden aus vier Jahrhunderten mit ordnender Hand das Wesentliche vom Nebensächlichen zu scheiden, die große Linie nie zu verlieren und aus tausend Mosaiksteinchen buntester Details das Gesamtbild großer Zeitperioden und die Vollbilder markantester Persönlichkeiten derart souverän zu gestalten? Nur ein großer Idealist, der auf vieles im

[9]) *„Das Leben für die Wahrheit einsetzen"*

Leben verzichten konnte, war imstande, sein Leben restlos einer so gewaltigen problemhaften Aufgabe zu widmen. Ich dankte Gott, dieser Persönlichkeit meine Aufwartung machen zu dürfen. Eben hatte ihn ein gelehrter italienischer Franziskaner in einer wissenschaftlichen Arbeit öffentlich wegen seiner Stellungnahme zum Pontifikat des aus dem Minoritenorden stammenden Papstes Clemens IV. angegriffen, unter dem die Gesellschaft Jesu aufgelöst wurde, was die beiden Staaten Preußen und Rußland nicht zur Kenntnis genommen hatten. Man warf dem alternden Gelehrten, der die Höhe des gewaltigen wissenschaftlichen Schaffens überschritten hatte, Abhängigkeit von den Jesuiten vor, er arbeite nicht mehr selbständig. Deutsche Jesuiten aus München, die verschiedenen Abschnitten seiner Werke sozusagen die letzte Feile gaben, benützten nach dem Urteil der Gegner diese Möglichkeit, um in die letzten Werke Pastors ihre persönlichen Geschichtsauffassungen, das heißt jene des Jesuitenordens, hineinzubringen. Pastor beruhigte sich nur langsam wegen solcher Angriffe. Seine einzige Erholung waren Spazierfahrten, besonders auf die Via Appia antica, wo ich später wiederholt die Freude hatte, ihn mit Kardinal Ragonesi, dem früheren spanischen Nuntius, begleiten zu dürfen. Als Wahlösterreicher besorgte er gleichzeitig die diplomatischen Angelegenheiten des neuen Staates beim Heiligen Stuhl. Seine immer klassisch geformten politischen Berichte waren auserlesene Lektüre des Bundeskanzlers Seipel. Unter vier Pontifikaten lebte Pastor in Rom. Zahlreiche höchste Persönlichkeiten des kirchlichen und politischen Lebens sind mit ihm in engem Verkehr gestanden. So war vielleicht meine erste Bitte an ihn verständlich, aus der reichen Lebenserfahrung des Geschichtsschreibers einige Richtlinien für mein Wirken an der Anima zu erhalten, die fast sämtliche deutschen Diözesen bei den päpstlichen Kongregationen zu vertreten hatte. Er hatte gerade den Bericht eines spanischen Botschafters aus dem Ende des 18. Jahrhunderts in den Händen, der ein wenig günstiges Urteil über Rom enthielt. Er werde, so erklärte er mir, ihn nicht benützen, weil ihm das Ansehen der Kirche an erster Stelle stehe, auch wenn manche darüber anders denken. Es sei manches anders geworden, und längst könne man Äußerungen selbst eines heiligen Bernhard (Considerationes IV, 2) nicht mehr als richtig in allem anerkennen („Romani importuni ut accipiant, ingrati, ubi acceperint, docuerunt linguam suam grandia loqui, cum operantur exigua, largissimi promissores et parcissimi exhibitores, blandissimi adulatores et mordacissimi detractores, simplicissimi dissimulatores ecc.: Die Römer sind ungestüm im Verlangen und undankbar, wenn sie etwas erhalten haben. Ihre Rede ist groß, aber ihre Taten sind klein. Sie versprechen alles und halten nichts, süße Schmeichler und beißende Verleumder, arglistige Heuchler und nichtswürdige Verräter."). Ich brachte den Einwand, da ich diese Stelle zum ersten Mal gehört hatte, ob jemand, der solches geschrieben habe, heute noch heiliggesprochen werden könnte. Pastor, der äußerlich betrachtet wenig Gemüt zu besitzen schien und mir auch die Antwort auf diese Frage schuldig blieb, meinte dann: „Verlassen können Sie sich hier allerdings nur auf wenige, wenn es um Versprechen und Worthalten geht. Der Italiener ist stark Levantiner und diesbezüglich von der Moral des Ostens beeinflußt. Ausländer, vor allem Ordensleute, sind sehr erwünscht, wenn sie unbeachtet in stiller Zurückgezogenheit arbeiten. Die oberste Leitung ist italienisch und war es immer seit der Reformation, denn die Weltkirche ist auch die wesentliche Stütze der romanischen Kultur. Manchen Kurialisten fehlt auch das geschichtliche Denken und ein Sich-Hineinfühlen in die Gedankengänge anderer Nationen. Sie beherrschen aber vorzüglich das theologische System und besonders das Kirchenrecht. Ich sah manche Fehler in einem halben Jahrtausend der Papstgeschichte, die ich wie kein anderer durchforscht habe, aber ich liebe die Kirche wie ein guter Sohn seine Mutter, auch wenn sie mir nicht immer und nicht in allem ein Vorbild ist. Die römische Kirche ist mir Heimat und Vaterland. Mein letzter Herzschlag wird ihr gelten, denn ihr bin ich verschworen und ihr habe ich mein Leben und meine Forschungen geweiht".

Es waren herrliche Bekenntnisse, die mich mit größter Freude erfüllten. Als wir auf das wissenschaftliche Arbeiten zu sprechen kamen, gestand er mir seinen Unwillen, daß auch ihm trotz der mündlichen Zusage Pius' X. niemals eine Einsicht in das reiche Archivmaterial des Heiligen Offiziums gewährt worden war. Ein glücklicher Zufall vermittelte ihm aber die Kenntnis von nicht wenigen Urkunden dieser höchsten päpstlichen Behörde, die unter Napoleon nach Venedig und Paris verschleppt worden waren. So war es verständlich, daß manches in seinen Darstellungen im Urteil der Kritik als einseitig empfunden wurde. Daß er selbst an der römischen Kurie Gegner hatte, obwohl seine Papstgeschichte ganz in katholischer Schau geschrieben wurde, sah ich, als ich Kardinal De Lai, Sekretär der Konsistorialkongregation, den wichtigsten Berater Pius X., besuchte, der auch beim Pontifikatswechsel als Vertreter eines zentralistischen Kurses und wesentlicher Mitarbeiter am kirchlichen Rechtsbuch in großem Ansehen stand. Als wir zufällig auf die Papstgeschichte zu sprechen kamen, als ich ihm von meinem Besuche bei Pastor berichtete, meinte er: „Meno verità e più carità sarebbe stato meglio[10].“ Es war ein hartes Urteil über das wissenschaftliche Schaffen eines Mannes, der Jahrzehnte der Wissenschaft im Sinne des Papsttums verwendet und zahlreiche Angriffe von Nichtkatholiken geerntet hatte. Warum dunkle Seiten im Buche der Kirchengeschichte überschlagen? Warum eine idealistische Frisierung nach Art von Legenden und frommen Andachtsbüchern! Warum Kirche und Papsttum mit Wolken stützen, während doch beide auf ehernen Säulen ruhen und letzten Endes auch durch eine Darstellung der menschlichen Entwicklung mit Fehlern, Armseligkeiten und tief bedauernswerten Verfallserscheinungen (es genügt an das 9. Jahrhundert, Tuskulaner und an die Vor-Renaissance-Zeit zu erinnern) nichts vom Goldgrund göttlicher Führung verlieren können. Pastors Ruhmesblatt ist nicht bloß das monumentale Werk seiner Papstgeschichte, die kein Panegyrikus nach Art romanischer Darstellung ist, sondern daß er als Laie trotz vieler Tiefenblicke in das Dämonische und Untermenschliche auch in der Welt des Religiösen seinen Kindesglauben rein und unversehrt bewahrt hat. Das ist das Heldische in seiner Persönlichkeit. Feinde, Intrigen, lieblose Kritik, da er von seinem großen Gegner P. Ehrle als „integraler“ Katholik wenig geschätzt war, nichts war imstande, ihn von der Liebe zur Kirche zu trennen. Es war mir oft, als sehe er die Menschen nicht mehr, sondern nur die „civitas supra montem“[10a]) — das himmlische Jerusalem, die entmenschlichte, geläuterte Kirche.

Pastors Lebenswerk wird aber die Jahrhunderte überragen, auch wenn Nichtkatholiken und einzelne katholische Geschichtsforscher manche Abschnitte seiner Darstellung anders beurteilen, mehr vom Standpunkt einer natürlichen Entwicklung oder des Dämonischen, das auch vor dem Kirchenportal nicht haltmacht. Die Gefahren be-

---

[10]) *„Besser gewesen wäre: weniger Wahrheit und mehr Liebe“*

[10a]) „Stadt auf dem Berge“

gannen für ihn, als drei Fragen ein klares und, soweit menschliches Wissen ein sachliches Urteil überhaupt ermöglicht, ein solches forderten: Savonarola, dessen klassische Geschichtsdarstellung durch Schnitzer nicht überboten werden konnte — der Heilige gegenüber einem Alexander VI. —, der Ritenstreit in China, in dem Jesuiten, die weitblickende Männer unter sich hatten, und Dominikaner sich als Gegner gegenüberstanden —, in Wirklichkeit hatte diese Geschichte mit Religion nicht das Geringste zu tun; es war nur eine machtpolitische Frage der europäischen Protektoratsstaaten, für die China als Kolonie ein Geschäft war, dessen Betrieb nicht durch religiöse Neuheiten gestört werden durfte, und endlich die heikelste aller Fragen, die Aufhebung des Jesuitenordens durch Papst Klemens XIII. Hier mußte er, wie immer sein Urteil war, in einen Gegensatz kommen zu den Söhnen des Spaniers Ignatius und den bereits im Niedergang befindlichen Minoriten, die für den Papst als ihren Ordensbruder leidenschaftlich Stellung nahmen. Als dieser letzte literarische Kampf tobte, ohne je wirklich ausgefochten zu werden, da schließlich jeder Teil Gründe für und gegen sich hatte, trat Ehrle hinter den Kulissen in Erscheinung, um Pastors weitere wissenschaftliche Arbeit zu unterbinden. Die wahre Wissenschaft lebt aber nur von der Freiheit des Irrtums, und so habe ich mich niemals dazu hergegeben, Dienste gegen Pastor über Wunsch dieses Jesuitenkardinals zu besorgen. Schmerzlich berührte es mich, als eines Tages der Jesuitenkardinal Ehrle mich ersuchte, in geschickter diplomatischer Form auf Pastor einzuwirken, damit er seine wissenschaftliche Arbeit einstellen möge, „er sei nicht mehr auf der Höhe". Ich habe dem alten Kirchenfürsten erwidert: „Warum machen Sie denn das nicht selbst angesichts Ihrer hohen Stellung?" Es war unvermeidlich, daß Pastor, der in Rom als Vertreter des katholischen Integralismus betrachtet wurde, in einen Konflikt mit verschiedenen Mitgliedern der Gesellschaft Jesu kommen mußte, obwohl in München mehrere Jesuiten einen Großteil seiner Arbeiten besorgten. Das Kapitel über die Auflösung dieser bedeutenden Ordensgesellschaft war zu gefährlich, auch wenn er es noch so vorsichtig schreiben wollte. Es ehrt den genialen und wahrheitsliebenden Jesuitengeneral Ledochowski, daß er Pastor stets in enger Freundschaft verbunden war. Ich danke Gott, der Bitte Ehrles niemals entsprochen zu haben.

Spät abends besuchte ich den Kurienkardinal Andreas Frühwirth. Der Sohn einer schlichten Bauernfamilie aus dem Grenzgebiet Steiermarks wurde später einer der eifrigsten Vorkämpfer der deutschen Sprache und des Deutschtums im bedrohten Gebiet überhaupt. Er liebte Österreich und Deutschland und fühlte sich in dankbarer Erinnerung an seine Münchner Nuntiaturzeit auch als Anwalt deutscher Angelegenheiten und Wünsche in Rom. Seine besondere Sorge galt der Erhaltung einer deutschen Seelsorge und des Religionsunterrichtes in deutscher Sprache in den öffentlichen Schulen Südtirols. „Die päpstliche Kurie denke in einzelnen ihrer Vertreter zu realpolitisch, da es schließlich nicht wesentlich sei, in welcher Sprache das Christentum von einem Menschen aufgenommen werde." Er hatte eben einen Hilferuf der Brixener Bischöflichen Kurie gegen die nationale Unterdrückungspolitik der Faschisten an das Staatssekretariat weitergeleitet. Dann sprach Kardinal Frühwirth, der Mitglied mehrerer päpstlicher Kongregationen, darunter jener für die Riten, war, von den Heiligsprechungsprozessen. Ihm war es in erster Linie um jene für deutsche Heilige zu tun. Daß er mehrere Prozesse (so jenen für Albertus Magnus, die Mystikerin Margarethe Ebner) auch wegen des schleppenden Formalismus nicht weiterbringen konnte und daß im größten Tempel der Christenheit immer nur Romanen auf die Altäre erhoben wurden, als ob deutschen Menschen der Sinn für eine kanonisierte Heiligkeit abhanden gekommen wäre, das alles quälte ihn, auch wenn er andererseits zugab, daß die Kirche des deutschen Volkes an Seligen nicht Mangel hätte. Nach seiner Auffassung besteht bei den Beamten dieser Kongregation, von denen nur wenige die deutsche Sprache beherrschen, mehr Interesse für solche romanischer Länder, während deutsche Prozesse jahrzehntelang im Staub der Archive liegen. Die Weltkirche sei auf diese Weise in Gefahr, in Frömmigkeit und Heiligenkult eine romanische Farbe zu erhalten. Ich bewunderte diese Haltung des Kardinals, dem das römische Volk wegen seines ehrenhaften Lebenswandels den Beinamen eines „Santo" gegeben hatte. Er selbst war in gewisser Hinsicht nach dem alten Spruch „Vox populi, Vox Dei"[11]) bereits kanonisiert. Eine Stunde flog im Zuhören wie nichts dahin. Frühwirth war ein liebenswürdiger, stets hilfsbereiter, kluger Mann

[11]) *„Volkesstimme ist Gottes Stimme"*

ohne jede Präpotenz, der seine hohe Würde nicht eitel zur Schau trug. Er hatte sich in Rom sein deutsches Herz bewahrt. Nach dem Urteil italienischer Stellen hätte er als Nuntius versagt, da er die strengen Maßnahmen Pius' X. gegen die modernistischen Strömungen an deutschen Hochschulen nicht durchführte oder immer wieder milderte. Als ich auf dem Heimweg meine ersten Eindrücke in Rom überlegte und die Urteile dieser beiden Persönlichkeiten Pastor — Frühwirth vergegenwärtigte, war mir eines klar geworden: Beide waren römisch gesinnt im besten Sinne dieses Wortes, aber beide dachten und fühlten deutsch, der hochbetagte österreichische Kardinal mehr als Pastor.

Heute morgen standen im Programm die deutsche Botschaft und bayerische Gesandtschaft beim Heiligen Stuhl, der reichsdeutsche Jesuitenkardinal Ehrle und mehrere päpstliche Würdenträger des Vatikans. Allen war ich ein Unbekannter, der zum ersten Mal ihren Weg kreuzte. Der deutsche Reichskanzler Wirth, der gerade bei einem Empfang in der deutschen Botschaft Villa Bonaparte in der Via Piave, zu dem ich eingeladen war, anwesend war, kannte die Steiermark und meinte, in diesem Grenzlande sei das Deutschtum kein blutmäßiges Bekenntnis, sondern ein nationaler Daseinskampf, die Revolution zweier Rassen, ein seelischer Konflikt. Ich bemerkte aus dem Gespräch mit den beiden Chefs der diplomatischen Missionen, daß die Frage des staatspolitischen Rechtsschutzes der deutschen Nationalstiftung und die Verdrängung der Österreicher vom Rektorat der Anima beziehungsweise wenigstens die paritätische Leitung von abwechslungsweise Reichsdeutschen und Österreichern ihr Sorgenkind war. Beide, Diego von Bergen und Freiherr Ritter von Groenesteyn, die im Vatikan den Einfluß des Gesandten Pastor nicht untergraben wollten, da er ihnen wegen seiner Beziehungen manche wertvolle Auskunft vermitteln konnte, stammten aus der alten Diplomatenschule. Beide waren Grandseigneurs, treffliche Vertreter des Reiches und Bayerns. Ich hatte, nachdem der Einfluß des geistlichen Botschaftsrates Steinmann, eines Schlesiers, mit dem der Breslauer Kardinal Bertram manche Schwierigkeiten durchzukämpfen hatte, zurückgedrängt war, das Glück, mit beiden führenden Diplomaten in freundschaftliche Beziehungen treten zu können. Nach 1930 gab es zwischen uns keine Reibungen mehr. Wiederholt schützte mich besonders der bayerische Gesandte gegen die Hintertreppenpolitik des Jesuiten Ehrle. Wichtige geheime Gutachten für das Berliner Auswärtige Amt sind durch meine Hände gegangen, und ich war immer bestrebt, auch wenn ich keine amtliche Stellung dortselbst annehmen konnte, wie einst der Österreicher Johannes von Montel im Sinne einer gesamtdeutschen Haltung tätig zu sein. Der Weg führte mich zum Jesuiten Ehrle, der in einem bescheidenen Ambiente des südamerikanischen, von seinen Ordensbrüdern geleiteten Kollegs in den Prati wohnte. Eine hoheitsvolle Erscheinung, Gelehrter von Weltruf, huldvoll lächelnd mich zum Ringkuß zulassend. Sein Blick gefiel mir nicht, er hatte etwas an sich, das kein großes Vertrauen einflößen konnte. Von Pius X. wegen seiner Arbeit gegen die Gründung eines internationalen katholischen Geschichtsforschungsinstituts vom Vatikan ausgeschaltet, kehrte er nach dem Krieg wieder nach Rom zurück, wo er für seinen Nachfolger Achille Ratti Stimmung machte und schließlich den Purpur erhielt. Ehrle hatte, wie ich schon bei der ersten Aussprache bemerkte, keine feste nationale Haltung. Er schätzte Österreich nicht hoch ein, obwohl er wiederholt im Jesuitenkolleg von Feldkirch (Vorarlberg) die Verhältnisse beobachten konnte. Er hatte auch kein großes Verständnis für die nationalen Belange der Südtiroler. Es schien ihm selbstverständlich zu sein, daß diese armen, vom deutschen Mutterlande gegen die Versprechungen Wilsons abgetrennten Menschen ihre völkischen Forderungen der deutschen Jugenderziehung, des Unterrichts in der Muttersprache den Interessen der Weltkirche, in diesem Falle Italiens, unterordnen müßten. Er war Römer geworden, der delikaten Fragen und Problemen auf Umwegen auszuweichen suchte. Zwischen uns beiden hat seit dem Kampf um das Rektorat eine Isolierschicht bestanden. Ich klagte diesem Ordensbruder im Purpur meine Anfangsschwierigkeiten, da mit der Anima auch die Vertretung fast aller reichsdeutschen und österreichischen Bistümer bei den päpstlichen Verwaltungsbehörden verbunden war. Ehrle, der Rom aus einem jahrzehntelangen Aufenthalt kannte, gab mir aber einige treffliche Worte: „Italiener haben uns Deutschen gegenüber allerlei voraus. Sie nehmen nichts tragisch und nichts gründlich. Sie weichen, solange als möglich, grundsätzlichen Lösungen aus. Das ‚arrangiare, combinareund dilatare‘[11a]) ist ihre große Weisheit in

---

[11a]) *das „Arangierene, Kombinieren und Hinausschieben“*

der obersten Kirchenleitung. Sie lassen die Zeit arbeiten. Wir Deutschen müßten Gott danken, daß wir nicht zur Regierung der Kirche berufen wurden. Mit unserem Organisationsfanatismus, mit Statistiken und unserer nationalen Eigenart der Gründlichkeit des ‚andare in fondo'[11b]) alles ordnen zu wollen, Fragen und Probleme wissenschaftlich bis in die letzten Schlußfolgerungen auszudenken, eigene Auffassungen anderen aufzudrängen, hätten wir eine Weltkirche, die auf so viele Nationen Rücksicht nehmen muß, nur in die größten Schwierigkeiten gebracht. Der Deutsche ist religiös gründlicher als der Italiener, denn er sucht Probleme, wo sie nicht vorhanden oder nicht zu lösen sind, aber gerade seine Kritiksucht macht ihn nicht geeignet, einen so komplizierten Mechanismus, wie es der römische Katholizismus ist, ruhig und ausgleichend ohne Erschütterungen und gewaltsame Lösungen zu regieren."

Die Worte dieses alten Kirchenfürsten, der fast fünfzig Jahre in Rom, wenn auch in erster Linie unter den Bücherschätzen der Vatikanischen Bibliothek, verbracht hatte, sind mir eine große Lebensweisheit geworden, so betrübend ich ihren Hintergrund empfinden mußte. Leider hat später gerade dieser den Einflüsterungen nicht unzugängliche Kardinal mir hinter den Kulissen viele Schwierigkeiten in der Leitung von Kolleg und deutschsprachiger Gemeinde bereitet, da er sein Vorurteil gegen Österreich nicht ablegen konnte. Ich eilte durch das Quartiere del Rinascimento — die sogenannte Spina, die damals noch beide Borghi voneinander trennte, sie war noch nicht niedergelegt — zum Vatikan. Glanzvolle Kardinalspaläste, die noch im Verfall und ihrer Verwahrlosung vom Reichtum ihrer einstigen Bewohner zeugten, dagegen armselige menschenunwürdige Schaluppen — Slums, in denen dicht zusammengedrängt oft bis zu sechs Menschen in wenigen Räumen arbeiten, essen und schlafen mußten, manche vielleicht zufrieden mit ihrem niedrigen Lebenskomfort oder wenigstens lethargisch geworden, rückständig auf sozialem Gebiet. Es kann im 16. Jahrhundert, als die Erbauer der Paläste hochherzige Mäzenaten der Kunst waren, nur noch schlechter gewesen sein, als Luthers Schatten die verweltlichte Kirche zu stören begann. Traumverloren schreite ich durch dieses Viertel mit engen Gassen und dem finsteren Borgo, vorbei am Hause des Arztes

---

[11b] *„(den Dingen) auf den Grund gehen"*

Leos X., noch einige wenige Schritte und die Kolonnaden Berninis mit dem unvergleichlichen Petersplatz sagen mir, daß ich nunmehr auf heiligem Boden stehe, wo jede Kritik verstummen soll. Ich eile nach St. Peter. Phantastisch strömt das Licht von der Kuppel in alle Arme des Baues. Es ist schwierig, hier innig zu beten. Ich gehe von einem Grabdenkmal der Päpste zum anderen und blicke zur Decke. Die Raumwirkung ist befreiend von jeder irdischen Schwere. Ich suche einen stillen Winkel, um dem Apostelfürsten oder irgendwelchem der ungezählten hier begrabenen Heiligen betend meine Aufgabe in Rom als Leiter der deutschen Nationalstiftung anzuvertrauen. Heute empfing mich Kardinalprotektor der Anima Merry del Val, ihm und dem Geschichtsschreiber der Päpste Baron Pastor hatte ich in erster Linie meine Ernennung zum Rektor zu verdanken.

Fast jedes Institut in Rom hat einen Kardinalprotektor. Der erste in der Geschichte der Anima war der Neffe Papst Pauls II., Marco Barbo, 1469, der auch der Bruderschaft der Anima angehörte und die deutschen Verhältnisse aus der Zeit seiner Kardinalslegation kannte. Viele erlauchte Namen folgen in den Jahrhunderten — unter anderen, um nur einige Namen zu nennen, Otto Truchsess von Waldburg (Bischof von Augsburg), Madruzzo-Trint, Colonna, Scipione Borghese, Alessandro Albani, Harrach, Kollonitsch, Herzan. Einige von diesen waren auch beim Vatikan Protektoren der deutschen Nation, Deutschlands oder der österreichischen Erblande.

Merry del Val war eine wahrhaft fürstliche Erscheinung. Trotz gegenteiliger Behauptungen, die in Rom verbreitet wurden, eine Persönlichkeit von hoher Geistigkeit. Er war eine glückliche Mischung und Verkörperung des Spanischen, Englischen und der Romanität. Deutschland liebte er nicht seit den üblen Erfahrungen als Staatssekretär Pius' X. mit der Borromäus-Enzyklika und dem zurückgezogenen Modernisteneid der Theologieprofessoren. Beide mußten über Druck der preußischen Vatikanvertretung und des Berliner Auswärtigen Amtes zurückgezogen werden. Alles, was die spitze Zunge des römischen Pasquino („Merry del Val non val[12])" über diese Persönlichkeit sagte, war böswillige Kritik. Wohl konnte ein Großinquisitor des mittelalterlichen Spanien nach den Gemälden von El Greco und dem Roman Dostojewskys kein anderes Profil

[12]) *„Mit Merry del Val ist's nicht weit her"*

gehabt haben, in dem alles Würde und Strenge ohne Kompromisse war. Von diesem Fürsten der Kirche hätte ich, auch wenn ich ihm nicht zu Dank verpflichtet wäre, nur den besten Eindruck erhalten. Rede, Gesichtsausdruck, vornehme Erziehung, Würde und Liebenswürdigkeit wirkten harmonisch in ihm zusammen. Gegenüber so vielen anderen, die ich kennenlernen mußte, ein kirchlicher Grandseigneur auch in der aufrichtigen Gesinnung des Wohlwollens. Dem Wunsch seines Geheimsekretärs Monsignore Canali, der von Papst Benedikt XV., seinem Rivalen, bald nach der Wahl infolge des Wechsels der Vatikanpolitik aus dem Amt eines Substituten im Staatssekretariat entfernt worden war, konnte ich später nicht entsprechen. Er bat mich, die Geschichte Merry del Vals als Staatssekretär zu schreiben. Da wegen des Amtsgeheimnisses nur wenige Urkunden des Vatikanarchivs zur Verfügung gestellt werden konnten, mußte ich diese ehrenvolle Aufgabe ablehnen, um nicht einen Panegyricus ohne wissenschaftlichen Wert verfassen zu müssen. Merry del Val war auch eine wohltuende Ausnahme gegenüber den gewöhnlichen Kardinalprotektoren religiöser Institute in Rom. Er nahm diese Aufgabe nicht als eine Förmlichkeit, sondern als persönliche Verantwortung. Noch über Wunsch der österreichischen kaiserlichen Vatikanbotschaft zum Protektor der Anima ernannt, hat er nach 1923 wesentlich geholfen, die Rechtsansprüche der Belgier und Holländer zu klären.

Durch Kardinal Merry del Val wurde ich bald nach meiner Ernennung zum Rektor der Anima in die höchste römische Behörde, das Heilige Offizium, berufen, der ich stets in tiefer Dankbarkeit gedenke, nachdem ich die Ehre hatte, über 35 Jahre dieser als Berater angehört zu haben. Schwerwiegende Entscheidungen gingen in diesen langen Jahren durch unsere Hände. Verurteilung der Action francaise; Massenübertritte ganzer serbisch-orthodoxer Orte zum Katholizismus, um dadurch der gewaltsamen Ausrottung durch die Ustascha-Truppen des Kroatenführers Pavelič zu entgehen; Priesterweihe für zur Kirche heimkehrende protestantische Pastoren, die verheiratet waren und deshalb nicht zum Zölibat verpflichtet werden konnten; Befreiung verunglückter Priester, die als das Opfer von Beichtvätern und einer rückständigen Seminarerziehung trotz sexueller Schwierigkeiten in diesen Beruf hineingeraten sind — weitherzig, eines wahren obersten Seelenhirten war die Haltung

Pius' XII., wenn solche Fälle ihm vorgetragen wurden, meistens unerhörte seelische Tragödien — besonders in Italien zählte man mehrere Tausende; die Verurteilung des politischen Kommunismus, mehrere Werke des NS (Rosenberg, Bergmann); „prêtres ouvriers"[12a]) (ein eigener, meistens vergeblicher Versuch, die Arbeiterschaft der Kirche wieder zurückzuerobern); die Wiedereinrichtung des Diakonats ohne Zölibatszwang im Sinne der Urkirche; Bestrebungen der Wiener Nuntiatur, die Freimaurer über die Johannesloge von Österreich aus mit Rom zu versöhnen — Befürworter war der dortige Nuntius, der das Wesen dieser Bewegung verkannte, wie Berichte an das Staatssekretariat (1952—53) deutlich beweisen.

Dieses Crescendo in den Besuchen großer römischer Persönlichkeiten glitt etwas ab, als ich dem päpstlichen Majordomus Samper und dessen Stellvertreter, dem Maestro di Camera Caccia-Dominioni meine Aufwartung machen mußte. Ersterer, eine elegante Erscheinung von südamerikanischer Herkunft, war nicht minder liebenswürdig als der junge Mailänder Prälat, den Pius XI. nach Rom mitgebracht hatte und der bald sein vertrauter Freund geworden ist. Ersterer war ein Fremdkörper in dieser eigenartigen Welt, in die Ausländer sich selten ganz hineinleben können. Caccia-Dominioni liebte scherzend ein freies Wort. So unterbrach er mich lachend mit dem alten römischen Pasquinowort: „Cardinali sono come amici inutili e come nemici prepotenti[13])." Als ich von beiden weg in den Damasushof ging, fuhr gerade ein Stromlinienwagen, Type Maybach, eines ausländischen Vatikangesandten vor. Unwillkürlich dachte ich an die Worte, die einst Manzoni, der als guter Katholik nicht minder ein offenes Urteil über das politische Leben hatte, an seinen Verwandten Marchese d'Azeglio geschrieben hat: „Io trovo la cosa più inutile la diplomazia. Gli ambasciatori non sono che spie messe a origliare nelle anticamere. Questo poteva essere buono una volta, ma adesso che c 'è la stampa, cosa serve l 'ambasciatore? A ricevere uno schiaffo come Hübner*) o come Barrili, ad assicurare che tutto va bene in Spagna la vigilia della cacciata della regina[14]?)"

[12a]) *Arbeiterpriester*

[13]) *„Kardinäle sind gleich unnützen Freunden und präpotenten Feinden"*

*) Österreichischer Diplomat in Paris und Rom.

[14]) *„Die Diplomatie ist meines Erachtens das Allerüberflüssigste! Die Botschafter sind nichts anderes als Spione, dazu da, um in den Vorzimmern zu lau-*

Was würde er im Zeitalter der Demokratie sagen, da Diplomaten oft nur mehr Briefträger der gerade am Regierungsruder befindlichen politischen Parteien ihres Staates sind, abhängig nicht von den Monarchen, die eine Kontinuität des politischen Denkens verkörperten, sondern von ständig wechselnden Stimmungen der die Masse beherrschenden Zeitungsschreiber und die deshalb auch als Gesandte bestrebt sein müssen, die Personalpolitik des Vatikans nach opportunistischen Gesichtspunkten zu beeinflussen. In den langen Jahren habe ich nicht wenige Diplomaten in Rom kennengelernt. Mehrere waren ausübende Katholiken, andere liberal, religiös gleichgültig, Protestanten, Orthodoxe; auch Mitglieder der Loge konnten bei den eigenartigen Verhältnissen Südamerikas nicht fehlen. Diplomatische Rücksichten, Berechnung und politische Hemmungen sind für die Kurie unvermeidliche Begleiterscheinungen. Im Zeitalter der katholischen absolutistischen Monarchen, die den anderswo nicht verwendbaren Adel auf hohe Kirchenposten beriefen, mußte Rom nicht selten mit dem herrschenden Staatssystem gehen, wie es Rosmini in seiner Schrift „Die 5 Wunden der Kirche" in ergreifender Weise geschildert hat.

In republikanisch-konstitutionellen Staaten mit demokratischer Parteienbildung muß dieselbe Kirche im Interesse höherer Vorteile zu manchen Dingen schweigen und die am Ruder befindlichen Parteien stützen, weil der betreffende Botschafter oder Gesandte im päpstlichen Staatssekretariat seine Minen legt oder bremst, nicht selten unterstützt von trüben Kanälen des Weltjournalismus, während ein vom Staate unabhängiges, kämpfendes, sich auf eigene Füße gestelltes Kirchenwesen schon längst öffentlich gemeldet hätte. So gibt es kein Staatssystem, mit dem der Vatikan nicht verhandeln muß und mit dem er nicht Kämpfe und Auseinandersetzungen hat, um mitten im religiösen Verfall der Zeit vom weltanschaulichen Erbe der Vergangenheit wenigstens etwas retten zu können. In gespannter Erwartung begab ich mich zum ersten Mal in das päpstliche Staatssekretariat, um mich den beiden höchsten Beamten dortselbst, Pizzardo und Borgoncini-Duca, vorzustellen. Nachdem ich die

---

schen. So etwas mochte früher einmal einen Sinn gehabt haben; aber wozu dient jetzt, da es die Presse gibt, noch ein Botschafter? Um eine Ohrfeige zu bekommen wie Hübner oder wie Barrili, um — am Vorabend der Vertreibung der (spanischen) Königin — zu versichern, in Spanien sei alles in Ordnung?

übliche Wartezeit antichambriert hatte, wurde ich zuerst zum Sostituto des Kardinalstaatssekretärs vorgelassen. Die Aufnahme war höflich und liebenswürdig, wie es italienischer Sitte entspricht. Sie galt wenigstens nach den äußeren Eindrücken mehr dem Österreicher als dem Deutschen, denn die Tragödie des Kammerherrn und Geheimsekretärs Benedikt XV., Monsignore Gerlach von Baden, war noch nicht vergessen. Er hatte das Vertrauen seines hohen Herrn im Ersten Weltkrieg schmählich mißbraucht und war vom italienischen Gericht als Spion zu langer Kerkerhaft verurteilt worden. Pizzardo, ein ehemaliger Jesuitennovize, mit dem intuitiven Blick des Italieners, äußerst beweglich, fast feminin, machte nicht den Eindruck des profunden Kenners der Verhältnisse, sondern eines von anderen im Urteil abhängigen Menschen. Er war der Vertreter mancher Schichten römischer Kurialisten, deren Kirchenpolitik immer bereit war, Verträge und Annäherungen an die jeweilige politische Machtgruppe zu erreichen, während sie für den Fall eines politischen Wechsels ihre Leute auch im anderen Lager hatten. In dieser Haltung wurden sie von der wendigen Gesellschaft Jesu gestärkt, die, um ein klassisches Beispiel aus der neuesten Zeit herauszugreifen, in der Frage von Freimaurerei und Kirche kompromißfreudige Mitglieder (besonders in Frankreich und Amerika) hatte (P. Bertheloot) und deshalb überall für Demokratie, Persönlichkeitsrechte, Freiheit des Gewissens und Individuums (die alten zu Beginn des 19. Jahrhunderts verurteilten Auffassungen von Lamennais) eintraten, während andere wiederum eine ablehnende Stellung bezogen, so daß der Orden, wie immer die Sache schließlich endigen sollte, für alle Fälle etwas in Händen hatte, um durch Schwierigkeiten hindurchzukommen. Das Opfer sind die linientreuen Charaktere und Idealisten, denen das „salvarsi la pelle[16])“ nicht gelungen ist. Seine erste Frage war, wie weit Österreich schon im Ausbau der katholischen Aktion fortgeschritten sei. Ich mußte ihm leider erwidern, daß praktisch sich nur wenige damit beschäftigen können; niemand wisse recht, ob es sich nur um eine straffere Zentralisation der zahlreichen in Österreich seit Jahrzehnten bestehenden Vereine und Verbände handle oder um Neuorganisation der gesamten katholischen Front für politische Endziele, um, wie

---

[16]) *„die eigene Haut in Sicherheit bringen“*

Bischof Besson (Fribourg) es so geistreich formulierte, der „insufficience du Clerque e sufficience des laiques[16])“ nachhelfen zu können. Tatsächlich steckte damals Österreich ganz in den politischen und wirtschaftlichen Daseinssorgen, um diesen Rumpfstaat von Saint-Germain, der nicht recht leben, aber andererseits auch nicht sterben konnte, über die Wirtschaftskrise der unmittelbaren Nachkriegszeit für eine bessere Daseinsform hinwegzuretten. So kamen auch die Beschlüsse der ersten Katholikentage Österreichs über gewisse allgemeine Richtlinien ohne politische Zielsetzung nicht hinaus. Wesentlich günstiger war der Besuch bei Monsignore Borgoncini-Duca, dem späteren Nuntius in Italien. Er kannte Österreich vom Hörensagen aus den Berichten der Wiener Nuntiatur und katholischen Presse. Auch er war von feinen gesellschaftlichen Umgangsformen, wenn auch ein Vertrauensmann der deutschen Botschaft ihn mir als wenig zuverlässig geschildert hatte. Den Hauptpunkt des Tages bildete mein Besuch bei Kardinalstaatssekretär Pietro Gasparri. Äußerlich wenig gepflegt, fast vernachlässigt wie manche Vertreter des armen italienischen Landklerus, war er huldvoll, mir trotz seiner gewaltigen Arbeitslast eine lange Audienz zu gewähren, nachdem Gesandter Pastor mir geraten hatte, das Gespräch sofort auf das neue kirchliche Rechtsbuch zu bringen, dessen geistiger Vater Gasparri war. Sogleich erzählte er von den reichen Erfahrungen, die er im Verkehr mit den Konsultoren verschiedenster Nationen und mit den Mitgliedern der Kardinalkommission gesammelt hatte, deren Aufgabe die Festlegung der einzelnen Paragraphen des Codex iuris canonici war. Neben Merry del Val die interessanteste Persönlichkeit des Kardinalskollegs, war er von einer rührenden Bescheidenheit, ein einfacher, schlichter Mensch aus dem Bauerndorf Uscita in Umbrien, der mitten in der monotonen Hofetikette der Kurie seine Natürlichkeit bewahrt hatte. Während des Weltkrieges nahm er eine äußerst kluge Haltung ein, gegenüber den Bestrebungen von Erzberger-Flotow die römische Frage mit den Kriegszielen staatlicher Mächte zu koppeln. „15 Jahre habe ich freiwillig auf jeden Urlaub verzichtet, um das kirchliche Rechtsbuch zu vollenden, das ich bereits als Professor des Institut

---

[16]) *„der Unfähigkeit des Klerus und der Fähigkeit der Laien“ (nachhelfen zu können)*

catholique in Paris begonnen hatte, aber ich bin mir bewußt, daß nicht weniges darin einer Überarbeitung und einheitlicheren Begriffsfassung schon heute bedürftig ist."

Als ich 1930 ihm die Bitte des Dekans der theologischen Fakultät in Bonn, Professor König, unterbreitete, dem dortigen kirchenrechtlichen Seminar sein Lichtbild mit Unterschrift widmen zu wollen, holte er persönlich ein solches mit prächtigem Rahmen aus dem Salon und fragte mich so ganz natürlich: „Wie soll ich unterschreiben? Ich bin ja nicht mehr Staatssekretär!". „Eminenz" — unterbrach ich ihn — „unterschreiben Sie als solcher, denn Sie sind in die Geschichte als der bedeutendste nach Consalvi eingegangen." Er war von einer rührenden Bescheidenheit und demutvollen Einfachheit, dankbar bewegt, wenn man seine Riesenarbeit der Kodifikation des kirchlichen Rechtsbuches würdigte. Ihm merkte man es an, daß er die Ehrenstelle nicht gesucht, sondern daß eine höhere Fügung ihn dorthin gebracht hatte, wo seine ganze Lebensaufgabe ihre Erfüllung finden sollte. Da ich aus seinen Worten auch etwas von Liebe zu meinem unglücklich gewordenen Vaterland fühlte, suchte ich das Gespräch auf die Folgen des Friedensvertrages hinzulenken, der für die Dauer unhaltbar sei. Aufmerksam hörte der hohe Kirchenfürst mir zu, da er die Bedeutung Altösterreichs für den Katholizismus im Donauraum zu würdigen wußte. Schließlich meinte er — darin erwies er sich als Rechtsgelehrter und Realpolitiker — „Warum habt ihr Österreicher diesen Vertrag von Saint-Germain unterschrieben? Jetzt seid ihr leider gebunden." Dann fand er Worte herzlicher Teilnahme für das Schicksal der Habsburgermonarchie, die ich als durchaus aufrichtig empfinden konnte, auch wenn man in römischen Kreisen ihn einer besonderen Vorliebe für Frankreich beschuldigte. Als ich nach dieser bedeutsamen Audienz nochmals in das päpstliche Staatssekretariat zurückkehren mußte, um mich einigen untergeordneten, aber für die Anima wichtigen Beamten vorzustellen, meinte ein junger italienischer Monsignore: „Qui si fa la politica[17])."

Am Abend sprach ich mit einem katholischen Laien, der aus jahrzehntelanger Beobachtung diese halb religiöse, halb politische Welt kannte und vielleicht Enttäuschungen erfahren hatte — „questi sono

---

[17]) *„Hier wird die Politik gemacht"*

pronti di vendere la propria camicia[18])", war sein sonderbares Urteil. Und doch schlägt in dieser merkwürdigen Welt des Vatikans das Herz der römischen Kirche. In dieser Gralsburg des Glaubens an ewige Ideale in der Wüste moderner Zweifelsucht, mit dem schwerelosen, scheuen Lächeln der Beamten, die sich alle langsam ändern, je länger sie in einer Atmosphäre nicht selten gegenseitigen Mißtrauens leben müssen, klingen alle Sorgen, Kümmernisse und Siege des katholischen Gedankens aller Kontinente und menschlicher Armseligkeit zusammen.

Das Staatssekretariat ist mit dem Heiligen Offizium die wichtigste Zentralbehörde der römischen Kirche. In gewisser Hinsicht übertrifft es an Einfluß die letztere Kongregation, weil die Entscheidungen wesentlich von politischen Erwägungen des Augenblicks beeinflußt werden müssen. Keine Bischofsernennung, auch nicht jene der an sich dazu berufenen Konsistorialkongregation, kann ohne vorherige Fühlungnahme und Billigung seitens des Staatssekretariats erfolgen. Es ist natürlich, wenn man von Missionsländern oder von Staaten ohne bedeutendes politisches Parteileben und wenn man von Nordamerika absieht, daß jede Ernennung irgendwie mit den gerade herrschenden politischen Strömungen des öffentlichen Lebens einen Zusammenhang haben muß, um überflüssigen Schwierigkeiten aus dem Wege zu gehen. Die Vatikandiplomaten der einzelnen Staaten sind nicht minder interessiert, Komplikationen oder eventuell notwendige Epurationen des politischen Systems ihrer Heimat zu unterbinden, farblosen und konzilianten Vertretern eines sogenannten diplomatischen Christentums im Episkopat die Wege zu ebnen. Nicht wenige Dokumente der Botschafts- und Nuntiaturarchive des 19. Jahrhunderts könnten diese Behauptung geradezu als Dogma der kirchlichen Personalpolitik Roms erhärten, das durch Ausnahmen nichts von seiner Kontinuität verliert. Im Staatssekretariat werden auch die vom Heiligen Offizium, der obersten Stelle für das Gebiet des Glaubens und der Sitten, ausgearbeiteten Maximen, wenn sie nicht rein religiös-spekulative Wahrheiten von Theologenschulen beinhalten, auf ihre augenblickliche politische Tragbarkeit und Opportunität einer Veröffentlichung überprüft, um allen Schwie-

---

[18]) *„Diese sind dazu fähig (wenn es opportun ist), ihr eigenes Hemd zu verschachern"*

rigkeiten mit den Staaten auszuweichen. So kann heute etwas an sich absolut Richtiges als inopportun verurteilt werden, was übermorgen, wenn ein parteipolitischer Szenenwechsel eintritt, von der gleichen Stelle als eigene Auffassung vertreten wird. Klassische Fälle sind die Namen Bonomelli, Rosmini und jener des Demokratenführers Murri und Don Sturzo, um nur wenige zu nennen. Politik und Religion müssen, wo immer eine Bindung zum Staat besteht, ein Connubium eingehen, in dem Gegensätze nicht kompromißlos ausgetragen, sondern durch Taktik, Ausweichen und Abwarten klug gemildert werden. Ein Mikrokosmus ist deshalb die „casa del padre comune",[18a]) das Eigenartigste auf religiösem Gebiet, das die Geschichte in Europa hervorgebracht hat. „Denn welcher Kluge fänd' im Vatikan nicht seinen Meister", diese Worte des Gesandten von Ferrara im Drama Goethes haben auch für die Gegenwart ihre Bedeutung. Für Rom arbeitet als der mächtigste Kampf- und Bundesgenosse die Zeit. Der Vatikan kann warten, was Parteien, besonders aber Diktatoren und Totalitätssysteme nicht können, ohne an Prestige im Volke einzubüßen. Rom aber gewinnt, je langsamer es arbeitet. Gegenüber manchen Vorwürfen, die von verschiedenen Seiten erhoben werden, als ob gerade das päpstliche Staatssekretariat durch einen „sacro opportunismo[19])" Kämpfer und religiös führende Gestalten nicht vorwärtskommen lasse im Interesse des diplomatischen Christentums, das Kompromisse eventuellen Schwierigkeiten vorzieht, kann man vielleicht mildernd sagen, daß es einen anderen Weg heute nicht gibt. Die Kirche muß jenen klugen Weg des „minus malum[20])", oft des Augenblickserfolges, wählen, nachdem ihr nicht mehr wie im Mittelalter katholische Armeen und die Gerichtshöfe der Inquisition zur Verfügung stehen. Vielleicht hat Joseph Bernhart in seinem Buche über den Vatikan richtig geurteilt, wenn er schreibt: „Ein Bau von geordneten Gliedern in wuchtiger Geschlossenheit, einfach und gewaltig zugleich, so steht die Kurie vor den Augen der Welt und nötigt selbst ihren Feinden Bewunderung ab. Nur ist sie nicht das, wozu ihre Lobredner sie machen wollen, die ideale Verknüpfung gegensätzlicher Regierungsformen. Sie ist vielmehr die reinste Inkarnation des Absolutismus, gestützt nicht nur auf

[18a]) *„(das) Haus des gemeinsamen Vaters"*

[19]) *„ ‚heiligen' Opportunismus"*

[20]) *des „kleineren Übels"*

das Gottesgnadentum, die alte Idee der Monarchie, sondern vielmehr auf das Bewußtsein der Statthalterschaft Gottes auf Erden".

Zwei Erlebnisse. — Eine Feierlichkeit in St. Peter — meine erste Audienz bei Pius XI.

Ein Pontifikalamt des Papstes ist ein gewaltiges Schauspiel, ein Stück Mittelalter in jener Kirche zum Leben erweckt, deren Baugeschichte, äußerlich gesehen, den religiösen Spalt in Europa mitverursacht hat. Vor zwanzig Jahren konnte ich als Kaplan der Anima zum ersten Mal eine solche Feier erleben. Zuviel haben unterdessen Weltkrieg, Revolution und das Schicksal meines armen Vaterlandes in meiner Seele geändert, um mit gleichen Augen alles zu sehen. St. Peter wirkt an gewöhnlichen Tagen wie ein Museum, in das die Menschen hinein- und herausgehen aus Neugierde und kaum das allerheiligste Sakrament beachten. Der Barock wirkt wie Kulissenkunst eines übergroßen Festsaales. Künstlerischer und tiefer ist jener in den süddeutschen und österreichischen Stiftskirchen. Ein Gemurmel von Zehntausenden, die im Petersdome schon eine Stunde vor Beginn der Feierlichkeit versammelt sind, bildet die Einleitung. Fürsten, Grafen, Marchesi und Barone, die Überreste des europäischen Adels, haben eigene Plätze. Kein von allen Teilnehmern gesungener feierlicher Choral und kein gemeinsames Gebet bereitet die Seelen für den großen Festakt vor. Schon erklingen die silbernen Trompeten. Der Festzug, den Ordensgeistlichkeit eröffnet, setzt sich in Bewegung. Interessante Profile, nicht wenige scharfgezeichnete Gesichtszüge. Als der General der Gesellschaft Jesu, P. Wladimir Ledochowski, der schwarze Papst, vorüberzieht, richten sich viele Blicke auf ihn. Viele Zehntausende Ordensmitglieder aller führenden Nationen und in fast allen Staaten unterstehen seinem Kommando. Es ist der Generalstab der Kirche in vielen Dingen. Längst vergessen, überholt und als Unrecht bewiesen klingen heute die harten Worte des Hauptgegners der Jesuiten, Papst Klemens XIV., der in seiner Aufhebungsbulle 1773 schreibt: „Die Jesuiten haben in allen Jahrhunderten den Frieden der Weltkirche gestört."

Dagegen war einer der ersten Ratschläge, der mir bei meinem Eintreffen in Rom gegeben wurde, ein anderer: „Trachten Sie in Rom mit der Gesellschaft Jesu gut zu stehen, das kann ihrer

Stellung beim Vatikan nur nützen, sonst sind Sie verloren." Ich konnte demgegenüber darauf hinweisen, daß ich einer der ersten Schüler des vom deutschen Jesuiten Leopold Fonck gegründeten päpstlichen Bibelinstituts war und auch als erste wissenschaftliche Abhandlung in deutscher Sprache „Das Buch der Sprüche" dortselbst veröffentlichen konnte. Überdies zogen in meinem Geiste verschiedene hochangesehene Mitglieder dieser Gesellschaft vorüber, so Hummelauer, ein Bibelforscher mit selbständigem Urteil, die aus diesem Orden hervorgegangen sind, Hermann Muckermann, der intuitiv die Bedeutung der Rassenfrage und Eugenetik erfaßte, Lippert, der vornehme Essayist, der nicht Weniges in seinem geistvollen Stil Nietzsche zu verdanken hatte, und endlich Przywara, der Philosoph und Ästhet, dessen blendende Gedankengänge besonders die katholische Jugend der Nachkriegszeit begeisterten. In diesen Persönlichkeiten, zu denen später Karrer und Balthasar von Urs kamen, glaubte ich schon in Graz den geistigen Ausdruck der Gesellschaft erblicken zu können. In Rom wurde diese meine Beurteilung nicht geteilt. Sie galten als Außenseiter und nicht als Normaltyp eines Jesuiten.

Prächtige Gestalten sind im Festzug des Papstes die Ordensgeneräle der Dominikaner und Franziskaner. Trotz ihrer in die Zehntausende gehenden Mitgliederzahl können sie sich in der Weltkirche vor allem an der Kurie nicht so durchsetzen wie die Gesellschaft Jesu, obwohl Thomas von Aquin, Albertus Magnus, Bartholomäus Las Casas und Lacordaire nicht bloß für den Dominikanerorden, sondern auch für die gesamte Kirche Sterne ersten Ranges sind. Die Nachfolger des heiligen Thomas vertreten ein wundervolles theologisches System, einheitlicher, geschlossener und konsequenter als jenes anderer Orden. Wenn nicht die letzten Schlußfolgerungen im Mysterium enden, während der forschende Menschenverstand noch weiterschreiten möchte, wäre die Theologie eines Thomas von Aquin das großartigste System theologischen Denkens, das je eine Religion in Europa aufgestellt hat. Daß die Lehre von der ewigen Vorausbestimmung des Menschenschicksals nicht bei Zwingli und Calvin geendet hat, ist das Verdienst der Thomaserklärer, die rechtzeitig aufhören oder sich in die Geheimnisse Gottes flüchten. An uns schreitet vorüber die ehrwürdige Gestalt des Benediktiner-Abtprimas aus der freiherrlichen Familie von Stotzingen. Etwas vom großen antiken Menschentum der Römer lebt in der monumentalen einfachen Mönchregel eines Benedikt bis heute weiter. Unsterblich bleiben die Verdienste dieses Ordens und seiner Abzweigungen in der Kolonisation des deutschen Lebensraumes. Durch Jahrhunderte waren mehrere seiner Abteien in Italien (Farfa, Nonantula) Burgen und Festungen des Römischen Reiches Deutscher Nation. Gegenüber diesen drei alten Orden treten die übrigen, deren Generäle im Farbenreichtum der Trachten einander folgen, weniger hervor, so überaus verdienstvoll ohne Zweifel ihr Wirken im Gesamtorganismus der Weltkirche ist. Ihre manchmal eigenartigen Uniformen, die in romanischen Ländern entstanden sind und mit ihrer fremdartigen Ästhetik kaum in das moderne Stadtbild passen, gehen nach der Lebensgeschichte ihrer Gründer auf Anweisungen Christi oder seiner Mutter zurück.

Vorbei zieht das Heilige Kolleg. In würdig gemessenem Schritt folgen einander die Purpurträger: ehrwürdige Erscheinungen, vom Alter gebeugte Männer, die alle mehr oder weniger ein interessantes Leben hinter sich haben. Seit 1870 wurden sie immer stärker auf die Rolle hoher Verwaltungsbeamten oder vortragender Räte herabgedrückt, abhängig von Ordens- oder Weltgeistlichen, die ihre Referate besorgen, da sie in merkwürdiger Ämterkumulierung meistens vier bis sechs päpstlichen Kongregationen angehören und deshalb auch bei genialster Begabung unmöglich von einer Sitzung zur anderen das gewaltige Arbeitspensum auch nur flüchtig lesen können. Mit Ausnahme von Merry del Val, Gasquet, Billot, Ehrle und Frühwirth gehören alle der italienischen Nation an, die seit Jahrhunderten der römischen Kurie die Angestellten vermittelt, manche aus Süditalien oder Sizilien, wo nicht wenige Heilige geboren wurden, aber im Volke noch viel aus den Religionen der Antike mitgezogen wird. Mein Begleiter, der zum ersten Mal in Rom eine solche große Feierlichkeit mitmachen konnte, fragte mich etwas naiv: „Umfaßt dieses hohe Kolleg in seiner Zusammensetzung alle Nationen? Ist es der Ausdruck einer Weltkirche?“ (Pius XII. hat unter dem Druck der politischen Verhältnisse nach 1945 manches daran geändert.) Ich konnte ihn bald mit der Antwort beruhigen, die ich erst vor wenigen Tagen von einem der besten Kenner Roms erhalten hatte, dem ich ähnliche törichte Fragen vorlegen wollte. Im absolutistischen System der Weltkirche haben Kardinäle wenig zu reden, da ihre Meinung den Papst nicht bindet. Die letzte Entscheidung muß er selbst fällen. Er kann machen, was er nach seinem Gewissen und Urteil für gut findet. Eine Appellation oder irgendwelche Kontrolle im Sinne der Urkirche ist nicht mehr möglich. Deshalb spielt es keine Rolle, wer gerade den Purpur trägt. Die Urteile der Römer sind geistreich, aber hart. Ich höre sie über diese und jene Kardinäle, über den Spanier Merry del Val, den Engländer Gasquet, der die Nichtigkeitserklärung aller anglikanischen Weihen in Rom durchgesetzt hat, den Franzosen Billot, der die in romanischen Ländern besonders urgierte Herz-Jesu-Verehrung als dogmatisch fragwürdig erklärte und eine Vorliebe für eine geläuterte Action française hatte, den deutschen Jesuiten Ehrle, der seiner Würde bewußt, trotz des hohen Alters in aufrechter Haltung dahinschritt. Nichts würde sein Ordensgelübde verraten, irdische Ehren abzulehnen. Das Kardinalskolleg, das in den Jahrhunderten seines Bestandes, weil es (bis ins 19. Jahrhundert hinein) auch Nichtpriester unter sich hatte, auf eine bewegte Geschichte zurückblicken kann, die wissenschaftlich noch nicht geschrieben ist, ist heute gegenüber der großen Bedeutung im Mittelalter eine „umbra magni nominis[21])“, wenn auch religiös vorwärtsstrebende Kämpfergestalten und Persönlichkeiten von hoher Kultur in ihm immer vertreten sind. Ihr Privatleben ist opfervoll geworden, ohne Abwechslung, in manchen Dingen ein weiterlebender Barock entschwundener Zeiten. Mich fesselt nur mehr eines, die Gestalt des Papstes, die wie eine Erscheinung vergangener Jahrhunderte mit religiöser Begeisterung durch die Menge auf dem Tragsessel durch St. Peter zieht. Feierlich klingen Perosis Melodien „Tu es, Petrus“ durch die Kirche. Der Jubel hat kein Ende. Wie eine Symphonie von Musik, Religion und Kunst zieht der Ritus des päpstlichen Hochamtes an unserem Auge vorüber — alles ist Einheit, Harmonie, Zusammenklingen.

Als der letzte Segen erteilt wird, dieselben Posaunen erklingen, die Menge im Beifall jubelt, blicke ich hinüber, wo einst die Grabstelle der Mutter Heinrichs IV., Agnes, der Tochter des Herzogs Wilhelm von Aquitanien war, dem die Lombarden ihre Krone angeboten hatten. In der Petronillakapelle liegt sie begraben, unweit vom Papstaltar, an dem die feierlichen Zeremonien der Missa papalis sich vollziehen. Niemand beachtet mehr die letzte Erinnerung an

---

[21]) *„ein Schatten eines großen Namens“*

diese deutsche Mutter, nachdem ihr Grab verschollen ist. Beim Neubau von St. Peter wurde alles beseitigt, was den Architekten störte. So teilt Agnes das Schicksal der deutschen Päpste, deren Gräber in Sankt Lorenzo vor den Mauern, im Dom zu Florenz und in Ravenna verschwunden sind. Kein Gedenkstein erinnert mehr an ihre Namen. Sie sind ausgelöscht und leben nur mehr in den Büchern der Geschichte. Nur zwei Fürstlichkeiten der deutschen Nation, Agnes und Otto II., haben als die einzigen gekrönten Häupter aus der langen Geschichte des Römischen Reiches Deutscher Nation hier ihre Ruhestätte gefunden. Auch Agnes erlebte einst in St. Peter den Triumph eines Papstes, als ihr Sohn Heinrich IV. von der Kardinalskommission des Reiches und der Krone verlustig erklärt wurde. Schon beim Ausgang von St. Peter ruht Mathilde von Tuscien, die Gegnerin der Italienpolitik Heinrichs IV., der ihren großen Feudalbesitz bedrohte. Ein weiteres Stück deutscher Tragik. Wie wenn Hieroglyphen sich entziffern, sprechen diese Grabinschriften in die Gegenwart hinein.

Ein zweites Erlebnis. — Das erste Mal beim Papst. Erwartungsvoll schreite ich durch die vielen Säle des vatikanischen Palastes, bis die Glocke das Zeichen gibt, daß ich eintreten darf. Hinter einem schlichten Paravento noch einige Schritte, und ich knie vor dem Steuermann der Weltkirche. Eine wenig künstlerisch ausgeführte Glasmalerei auf dem Fenster hinter dem Thronsessel des Papstes stört den ersten Eindruck, das Geschenk einer Mailänder Firma. Schon auf dem Wege hörte ich, daß der gelehrte Papst mehr Prunk als echte Kunst liebe. Der Oberitaliener hat ein schärferes Profil als der Römer. Kraft, Arbeit und Energie sprechen aus dem Antlitz dieses Papstes. Die Gesichtszüge sind fast hart zu nennen. Der Römer ist der geborene „fra commodo[22])", der Fragestellungen ausweicht oder sie erst dann erledigt, wenn sie nicht mehr zeitgemäß sind und eine Verurteilung oder positive Einstellung der Weltkirche niemand mehr besonders aufregt. Das bekannte Wort „Roma lavora con piedi di piombo[23])" erklärt sich aus dieser römischen Vorliebe für ein ruhig dahinfließendes Leben. Der Rhythmus der

---

22) *„bequemer Bruder"*

23) *„In Rom geht man mit bleiernen Füßen voran" (Hudal dürfte jedoch hier falsch zitiert haben. Das römische Volkssprichwort lautet nämlich: „A Roma si va avanti con piedi di piombo!")*

Arbeit und der Dynamismus des Nordmenschen mit seiner Faustischen Unruhe liegen ihm nicht. Er will nicht überall „Ordnung machen“, kennt nicht den Fanatismus für die Wahrheit und nimmt deshalb auch vieles im Leben nicht tragisch. So bildet er das statische Element innerhalb der Weltkirche, das aber für eine so große, nur auf dem Glauben und ohne äußere Machtmittel aufgebaute religiöse Organisation eine Notwendigkeit ist. Pius XI. ist aus einem anderen Holze geschnitzt. Kühl und nüchtern, eine geborene Herrschernatur. Ein Mann mit Linie, Kirchenfürst durch und durch. Der Norditaliener mit der Tiara, der den Besucher trotz aller väterlichen Güte seine hohe Stellung fühlen läßt. Ein ragender Fels im Toben der Zeitgeschichte, kein Opportunist oder Diplomat im Sinne Talleyrands. Gegenüber dieser Säkularerscheinung machte der übrige Hofstaat einen wenig bedeutenden Eindruck. Die Frage dreht sich bald um meine Heimat, um Österreich. Ich hörte aus den Worten des Papstes viel Sympathie und spürte Wärme. Er war geboren, als Österreich noch Mailand besetzt hatte. Seine Verwandten standen im Dienste der alten Habsburgermonarchie. Die Namen Kardinal Geysruck, Erzbischof von Mailand, dessen Ernennung Wien nur mit Drohungen beim Vatikan durchgesetzt hatte, und Feldmarschall Radetzky bedeuten für ihn als Italiener Josefinismus, Knechtung und Fremdherrschaft. Er scheint aber das jetzige Österreich zu schätzen, das klein und machtlos geworden ist. Das Gespräch ging bald auf deutsche Belange über. Er sprach voll Bewunderung über deutsche Arbeit und Wissenschaft, nachdem er als Gelehrter so oft die Bibliotheken Deutschlands, Österreichs und Böhmens besucht hatte, und von der Genauigkeit und Disziplin des deutschen Menschen. Deutschland werde sich wieder aus der Katastrophe herausarbeiten. Dann zeigte er mir einen langen, vom Reichspräsidenten Hindenburg an ihn gerichteten Brief mit dem Dank der deutschen Regierung für alles, was der Vatikan nach dem Kriege auf karitativem Gebiete getan hatte. „Welche Persönlichkeit!“, rief er aus, als er die machtvolle Unterschrift des Generalfeldmarschalls betrachtete. Vielleicht liebt er Deutschland in seiner Not und Verdemütigung, ob auch in Glanz und außenpolitischer Größe, wenn es einmal national erwachen sollte? Ich konnte den Gedanken nicht loswerden, daß er Deutschland mehr bewunderte, als sich ihm seelisch nahe fühlte. Ich erinnerte ihn daran, den Namen „Achille Ratti,

Prefetto della Biblioteca Ambrosiana" eingetragen gefunden zu haben in der Bibliothek des Prämonstratenserklosters Strahov bei Prag und in einem ärmlichen Pfarrhaus des Ennstals, in dem er vor seiner Bergpartie auf den Dachstein in der Steiermark übernachtet hatte. Diese Audienz umfaßte kostbare Augenblicke, die mir unvergeßlich sind. Die Kirche hat in Pius XI. einen großen Führer erhalten, auch wenn die Wellen der Zeit den kleinen Kahn stürmisch emporhoben. Er ist mehr als jener „dolce Cristo in terra[24])", von dem italienische Zeitungen in einem eigenartigen Byzantinismus mit Catherina von Siena sprechen. Er ist eine durchaus männliche Erscheinung. Er weiß, was er will, und ist sich seiner Würde, aber auch des Bleigewichtes seiner Verantwortung in dieser Zeitenwende ganz bewußt. Er ist leidenschaftlich bemüht, das Ansehen des Vatikans zu mehren und dem Papsttum den Anschluß an die große Weltpolitik im Interesse der Weltkirche zu sichern. Mit tiefem Dank für die erste Audienz verließ ich von seinem apostolischen Segen beglückt sein Arbeitszimmer. Nur Pius XI. galten meine Gedanken. Alles andere ist Alltag und Schatten, der sich an die Sonne drängt. Die Eindrücke lassen mich nicht mehr zur Ruhe kommen. Dieser Papst mit seinen bald siebzig Jahren ist noch relativ jung zu nennen, trotz des langen Lebens eine unverbrauchte Kraft. Möge ihm in heiliger Eingebung die Gnade geschenkt werden, die Kirche aus der Vergangenheit zu einer glücklichen Synthese von Religion und nationalem Denken zu führen, wie es Millionen von Europäern heute wünschen. Unendlich groß ist seine Verantwortung. Er ist ein Märtyrer seiner Stellung, der erste Kreuzträger der Welt, darin wirklich der Vicarius Christi, umgeben von Rivalitäten der Staaten, Nationen und verschiedenen theologischen Richtungen innerhalb der Kirche. Wenn man die Bilder der Renaissancepäpste mit jenen des 20. Jahrhunderts vergleicht, welch ein Unterschied schon allein im Gesichtsausdruck einer milden Schwermut, die sich der Gefahren und Schattenseiten unserer Zeit, besonders des Niederganges des verinnerlichten religiösen Lebens, bewußt ist. „Oremus pro Pontifice nostro[25])!"

---

[24]) *(jener) „süßer (gütiger) Christus auf Erden"*
[25]) *„Beten wir für unseren Papst!"*

3. Der Kampf um die Deutsche Nationalstiftung der Anima — eine gesamtdeutsche Frage

Geschichte und Entwicklung der Deutschen Nationalstiftung der Anima sind in mancher Hinsicht, ähnlich wie jene der Benediktinerabteien Farfa und Nonantula, ein Beitrag zur Geschichte des deutschen Reichsgedankens in Italien. Aus kleinen Anfängen, großherzigen Schenkungen einer Familie Peter von Dordrecht in den heutigen Niederlanden, Diözese Utrecht, damals noch Suffraganbistum von Köln, des Kardinals Enkenvoirt, Freunde des Papstes Hadrian VI., ist die Anima bald durch kleine und größere Beträge aus allen Gauen des Römischen Reiches Deutscher Nation zur führenden Stellung einer Deutschen Nationalstiftung in Rom emporgestiegen. Im modernen staatspolitischen Begriff war der eigentliche Gründer also die Niederlande. Wenn sie ihre Stiftung für alle Mitglieder der damaligen „Natio Alemannorum" bestimmte, so dachten sie begreiflicherweise an die Landsleute ihrer eigenen Heimat (Westdeutschland, Rheinland und namentlich die Niederlande). Dietrich von Nieheim, der umstrittene Kurialist, kommt erst an zweiter Stelle, so verdienstvoll sein Wirken für die Anima war. Bewegt ist die Geschichte der Anima in den folgenden Jahrhunderten. Niederländer, Flamen, Belgier und zuletzt Italiener des zum Reichsfürstentum erhobenen Bistums Trient, Österreicher und Reichsdeutsche (im neuen Sinne der Staatsbürgerschaft) scheinen in ihren wechselvollen Schicksalen auf. Nicht alle Gebiete des Römischen Reiches Deutscher Nation, mit dessen Ursprung, Geschichte und Entwicklung die Pilgerstiftung „Unserer Lieben Frau der Seelen" in Rom eng verbunden ist, haben im Laufe der Jahrhunderte in gleich starker Weise auch an der finanziellen Entwicklung der Anima Anteil gehabt. Ein Blick in das Bruderschaftsbuch, das von 1464 bis 1601 reicht und mit ungefähr 3000 Namenseintragungen eine der wichtigsten Quellen für die Geschichte des Deutschtums in Rom bildet (gleichzeitig mit jenem des deutschen Campo Santo bei St. Peter [von 1501] und des päpstlichen Heiligen-Geist-Spitales), zeigt uns, wie mannigfach nach Stämmen, Landschaften und Bistümern gegliedert die deutschsprachige Katholikengemeinde Roms in allen Jahrhunderten gewesen ist. Die Anima war auf geschichtlich nicht ganz geklärtem Wege seit Kaiser Friedrich III. unter weltlichen Rechtsschutz geraten. Vielleicht war das kaiserliche Protektorat, das später Maximilian in einem eigenen Staatsdokument festlegte, ein durch die damaligen Verhältnisse verursachter Übergriff weltlicher Macht (15. Februar 1517) in eine rein religiös-kirchliche Stiftung. Mit dem Glanz und Niedergang der Habsburgerfamilie eng verbunden, haben alle großen Ereignisse der Reichsgeschichte immer wieder in der ehrwürdigen Marienkirche der Anima ein Echo gefunden. Feierlich wurden mit einem Te Deum in dieser Kirche der Sieg Wallensteins, die Schlacht bei Nördlingen und vor allem die Befreiung Wiens von den Türken (1683) der deutschen Gemeinde und den Römern in ihrer Bedeutung für die gesamteuropäische Kultur zum Bewußtsein gebracht. Das kaiserliche Protektorat hatte für die Anima zur Folge, daß sie unter dem Einfluß des Fürstenabsolutismus zur Hof- und Repräsentationskirche der Habsburger in Rom wurde, während die Bruderschaft als ursprüngliche Trägerin des Besitzes und auch des Stiftungszweckes nach der Mitte des 17. Jahrhunderts sich allmählich auflöste. Der Anima gegenüber konnte ihre Schwesterstiftung des deutschen Friedhofs bei St. Peter, auch wenn manche ihren geschichtlichen Ursprung bis auf die karolingische Zeit zurückführen wollen, nicht aufkommen, selbst nicht, als um die Mitte des 15. Jahrhunderts ein Würzburger Ordenspriester gegen die Italienisierung reformierend entgegenzuwirken suchte. Auch diese zweite deutsche Stiftung, die wie die Anima ursprünglich nur für Pilgerbetreuung bestimmt war, wurde in den unsicheren Zeiten des spätmittelalterlichen Roms unter Reichsschutz gestellt. So sind beide, als das Römische Reich Deutscher Nation 1806 sein Ende fand, mit oder ohne Zustimmung des Vatikans unter das weltliche Schutzrecht der österreichischen Kaiser gekommen, was schließlich auch in den päpstlichen Breven für die Anima (1859) und den Campo Santo (1876) feierlich anerkannt worden ist. Es kann geschichtlich nicht bestritten werden, daß dieses weltliche Schutzrecht auch seine großen Vorteile hatte, wenn man an die unsicheren rechtlichen Verhältnisse im Kirchenstaate denkt, die aus allen Botschaftsberichten leider nur zu klar ersichtlich sind. Jedenfalls wurde die Stiftung der Anima im kritischen Jahre 1870, als der neue italienische Staat religiöse Vermögen zur Bezahlung seiner Schulden nach Belieben einziehen wollte, durch die Überschreibung in den Catasto di Roma[26 a]) als „Ospizio reggio austriaco[b])" und als „Imperiali e Reali Stabilimenti[c])" vor den Zugriffen der geldbedürftigen neuen Herrscher Roms gerettet. Das Jahr 1918 hat mit dem Ende der Habsburgermonarchie diesem Schutzrecht ein Ende bereitet, um so mehr, als das Saint-Germain-Österreich ausdrücklich in der Präambel des Friedensvertrages erklärte, sich nicht als Nachfolgerin der Habsburgermonarchie betrachten zu wollen. So hatte auch Papst Benedikt XV. in einer Ansprache hervorgehoben, um den Weg für spätere Konkordate freizulegen, daß alle Rechte der früheren diesbezüglichen Herrscher in der Kirche nunmehr an den Apostolischen Stuhl zurückgefallen seien. Es war zu verständlich, daß nach dem Ersten Weltkriege, besonders aber nach der neuerlichen Ernennung eines Österreichers zum Rektor (1923), die Frage einer Neufassung des in vieler Hinsicht veralteten Breves von 1859 verschiedene Kreise interessieren mußte, nachdem der Text schon seit Jahrzehnten in vielen Teilen durch die Geschichtsereignisse überholt war und überdies geschichtliche Unwahrheiten enthielt. Tatsächlich hat das päpstliche Breve 1859 die berechtigten Ansprüche der Holländer nur teilweise anerkannt (in deutscher Übersetzung):

„Der zur Kirche S. Maria dell'Anima bestellte Klerus ist unter Deutschen zu wählen, die zur germanischen Nation gehören. Was die Belgier und Holländer betrifft, die ursprünglich das Recht hatten, in diesen Klerus zugelassen zu werden, so soll ihnen ein Entgelt gewährt werden durch Überweisung eines Jahreszuschusses aus den Einkünften der frommen Gründung, nämlich hundertzwanzig Scudi für einen Belgier und ebensoviel für einen Holländer, zu leisten an das belgische oder andere Priesterkolleg, jedesmal wenn sich dort von ihren diesbezüglichen Bischöfen ausgewählte und gesandte Personen befinden."

---

[26]) *a) das Grundbuch von Rom*
b) „königlich-österreichisches Hospiz"
c) „kaiserlich-königliche Besitzungen"

Belgier, Holländer und Luxemburger und nicht zuletzt Reichsdeutsche meldeten deshalb nach 1918 nicht zu Unrecht ihre Ansprüche, stammten doch die grundlegenden und ursprünglichen Stiftungen, denen die spätere Entwicklung der Anima ihre Bedeutung verdankte, aus den Niederlanden, die im 14. Jahrhundert zum Römischen Reich Deutscher Nation gehörten, ferner aus den Gebieten der Diözesen Paderborn, Kulm (Danzig) — Brixen und Trient können nicht übersehen werden —, um nur einige zu nennen. Dabei ist es schwierig, heute noch im einzelnen nachzuweisen, wie viele Beiträge aus anderen Diözesen Deutschlands und Österreichs geleistet worden sind. Selbst die diesbezügliche Archivarbeit des Rektors Lohninger (Linz) konnte darüber nicht unbedingte Sicherheit verschaffen. Nur das Österreich der Nachkriegszeit hatte eine neue Stiftung, die 1924 Kardinal Erzbischof Piffl (Wien) mit Geschenken von Schweizer Wohltätern gemacht hat. Sonst verdankte die Anima ihren wirtschaftlichen Weiterbestand nur den Kapitalien (Häusern), die vorausgehende Jahrhunderte hinterlassen hatten. Je mehr ich mich nach meiner Ankunft in Rom in die Geschichte der Anima auf Grund von Geschichtsurkunden vertiefte, um so rascher erkannte ich, daß tatsächlich in ihr ein Stück vom Römischen Reich Deutscher Nation erhalten ist, daß es also ein gesamtdeutsches Haus war, in dem, keinen Schlagbaum kennend, ungeachtet aller Treue zur römischen Kirche, deutscher Geist herrschen und kreisen muß; wo ein halbes Jahrtausend deutscher Auslandsgeschichte auf mich täglich einwirkt und so viele Grabdenkmäler meiner Vorgänger mich an des Reiches Herrlichkeit erinnern, will ich Sonderwünschen keinen Raum in meinem Herzen geben, sondern die Stiftung so leiten, daß sie ihrer Geschichte und Vergangenheit würdig sei. Schon einmal war in der alten österreichisch-kaiserlichen Zeit ein Rektor (Lohninger, Linz) über diese seine gesamtdeutsche Haltung gestürzt. Sollte mir vielleicht eines Tages ein ähnliches Schicksal bestimmt sein? Die Hauptfragen des Kampfes um die Anima betrafen besonders folgende vier ungeklärte Teile des obgenannten päpstlichen Breves, wobei bekannt ist, daß die römische Kurie aus Traditionalismus oder politischen Rücksichten nicht rasch grundlegende Urkunden ändert — diese Breven mit ihren stereotypen Formulierungen hinken deshalb gewöhnlich der Zeitgeschichte nach:

Die Rechtsansprüche der Belgier, Holländer und Luxemburger

Erstere forderten mehrere Häuser als Entschädigung für die während des Krieges zerstörte Universitätsbibliothek von Löwen. Eine gründliche Studie verfaßte der Direktor des Holländischen Instituts für Geschichtsforschung in Rom, Gisbert Brom, Verlag Löscher (Regensberg), Rom 1909. Jahre hindurch wurde dieser Streit weitergeschleppt, der die deutsche Nationalstiftung in ihrem Dasein bedrohte. Die zweite wichtige Frage war die Zusammensetzung des Verwaltungsrates der Stiftung, in dem bis 1918 immer auch ein Vertreter der kaiserlichen österreichischen Vatikanbotschaft war. Nicht minder wichtig als dritte Frage war jene der Staatsangehörigkeit des jeweiligen Rektors, beziehungsweise des Vorschlagsrechtes einer Kandidatenliste durch die Bischofskonferenzen Österreichs oder auch Deutschlands, ferner als vierte Frage die Neuordnung der Seelsorge der deutschsprachigen Katholiken in Rom. Bereits Papst Benedikt XV. hatte für die Neuordnung der Anima eine Kommission eingesetzt, die aus je einem Vertreter der vier stiftungsberechtigten Nationen und dem Rektor der Anima bestand; Sekretär war der frühere Uditore der Wiener Nuntiatur Monsignore Rossi-Stockalper. Es zeigte sich aber bald, daß die Ansprüche der drei erstgenannten Staaten leichter zu ordnen waren als jene des Vertreters der deutschen Vatikanbotschaft, dem es in erster Linie um seine Mitgliedschaft im Verwaltungsrat und um die Parität von Reichsdeutschen und Österreichern in der Besetzung des Rektorats zu tun war. Dabei konnte als Aktivposten österreichischerseits betont werden, daß die österreichischen Bundeskanzler Schober, Seipel und Dollfuß nach 1918 wiederholt mit bestem Erfolg bei der italienischen Regierung und auch beim Duce vermittelt hatten, um die Befreiung der Anima von der enormen Kriegsentschädigung als „Beni nemici stranieri[27])“ durchzusetzen (es handelte sich im Jahre 1921 um eine Summe von 1 Million Lire). Dank dieser hochherzigen Vermittlung, die über ausdrücklichen Wunsch des Kardinalstaatssekretärs Gasparri erfolgte, der dafür auch den Konsistorialadvokaten Patriarca einschaltete, wurde damals das Stiftungskapital von der höchsten zuständigen italienischen Finanzbehörde als esente[27a]) von dieser

[27]) *Güter feindlicher Ausländer*

[27a]) *ausgenommen*

außerordentlichen Kriegssteuer erklärt, während sonst die Anima als „Feindesbesitz“ dazu verpflichtet gewesen wäre. Übrigens hat auch das italienische Konkordat, der Lateranvertrag des Jahres 1929 die Rechtsstellung von ausländischen Stiftungen im Kriegsfalle nicht genügend geklärt. In meiner Denkschrift „Su i diritti dei Neerlandesi“, Rom 1923[28]) konnte ich auf Grund der sorgfältigen Vorarbeiten [Liber domorum „Animae“[29]), auctor Josephus Lohninger] wissenschaftlich genau die Herkunft der einzelnen Häuser und in erster Linie die Wünsche und Ansprüche der drei genannten Staaten als berechtigt nachweisen. Auf Vermittlung des Kardinalprotektors Merry del Val erfolgte bald darauf eine schriftliche Vereinbarung mit den Bischofskonferenzen von Mecheln und Utrecht, daß künftighin von der Anima jährlich ein Beitrag zum Unterhalt eines flamländischen Geistlichen im belgischen Kolleg gezahlt wird und daß ferner ein Holländer als Kaplan einen Freiposten in der Anima zur Verfügung haben kann. Für Luxemburg blieb die Gewohnheit der Zuerkennung eines Freipostens im Turnus mit reichsdeutschen und österreichischen Bistümern weiter erhalten. An den genannten vier Fragen waren begreiflicherweise auch Reichsdeutsche besonders interessiert. Da der Vatikan, wohl unter dem Eindruck der unsicheren politischen Verhältnisse Mitteleuropas, die Ausarbeitung eines neuen apostolischen Breves für die Anima hinausschob, waren nicht wenige staatspolitische Intrigen die Folge, obwohl eine rechtzeitige Verständigung zwischen den drei berufenen Bischofskonferenzen (Wien, Freising, Fulda) mindestens zu einer Parität beider Gebiete geführt hätte, was der Gerechtigkeit und in erster Linie dem Ursprung der Animastiftung entsprach. Seitdem die österreichischen Vatikanbotschafter Lebzeltern und Lützow die Anima von der Italienisierung befreit und eine deutsche Seelsorge dortselbst begründet hatten, war die Animakirche der selbstverständliche Mittelpunkt der Katholiken deutscher Sprache in Rom geworden*). Vollkommen klar war es, daß der Rektor des Priesterkollegs als solcher auch Rektor der Kirche und damit der erste rechtlich berufene Seelsorger war, wenn

---

[28]) *„Über die Rechte der Niederländer“ (im Originalmanuskript steht „Neerlandesi“, gemeint ist wohl „Niederländer“ = Neederlandesi)*

[29]) *„Buch der Anima-Häuser“*

*) Vgl. meine Bücher „Die deutsche Kulturarbeit in Italien“, Münster 1934, Verlag Aschendorff, mit genauen geschichtlichen Beilagen und Literaturverzeichnis, ferner „Die österreichische Vatikanbotschaft 1806—1918“, München 1952.

nicht seitens des Kardinalvikars (can. 480, par. 3) die beiden Ämter voneinander getrennt wurden, was die tatsächliche Auflösung jeder Disziplin des Hauses bedeutet hätte. Ebenso klar war es, daß die Anima keine eigentliche Pfarrkirche war, sondern nur eine außerordentliche Hilfsseelsorge darstellte, nachdem Nationalpfarren nur mit Zustimmung des Papstes gegründet werden können (can. 216). Die Reibungen und Schwierigkeiten in der deutschen Seelsorge in Rom gehen viele Jahrzehnte zurück und haben in den Jahren 1900 ff. begonnen, als die Frage der Ernennung eines eigenen Kardinalprotektors für die deutsche Auslandsseelsorge in Italien bei der Fuldaer Bischofskonferenz behandelt wurde. Die in meinen Händen befindlichen zahlreichen Briefe des damaligen österreichischen Vatikanbotschaftsrates Montel, die er darüber mit dem verdienten Rektor Antonio de Waal vom deutschen Campo Santo wechselte, zeigen die Problematik dieser und ähnlicher Protektorate, deren Bedeutung mehr vom diplomatischen Geschick der betreffenden Persönlichkeit als vom Text der meistens aalglatt formulierten Ernennungsbreven des päpstlichen Staatssekretärs abhängt. Übermäßige Begeisterung löste ein solches neues Protektorat auch bei den Bischöfen Italiens nicht aus, am wenigsten in Florenz, die dank der unklaren Textierung des Breves für den ersten Kardinalprotektor, Fürstbischof Kopp (Breslau), Eingriffe in ihre natürlichen Rechte als Ordinarii loci und eine Nebenregierung von außen befürchteten. Überdies sahen sie in nationalen Abspaltungen von der normalen Seelsorge eine Gefährdung des universellen katholischen Gedankens. Tatsächlich fehlte es nicht an üblen Erfahrungen in Sizilien mit den orientalischen Kirchenbehörden. Auch die Gründung einer Zentralstelle in Rom für die gesamte deutschsprachige Seelsorge in Italien war von nicht minder großer Bedeutung. So schreibt De Waal (1903) an den Vermittler dieser delikaten Angelegenheit, Montel:

„Und nun etwas eingehender auf mein großes Anliegen wegen der Seelsorge unserer deutschen Kolonien in Italien. Es muß durchaus eine Zentralstelle in Rom geschaffen werden, welche für das Ganze und das Einzelne sorgt, den Pfarrern ihre Anstellung gibt, über die zur Verfügung stehenden Gelder je nach Bedürfnis verfügt, neue Geldquellen findet, Unordnungen schlichtet und bessert, jährliche Rechenschaftsberichte einfordert usw., und ich möchte wünschen,

daß diese Zentralstelle dauernd an den Campo Santo geknüpft würde. Denn der Rector vom Campo Santo ist durch die materielle Verwaltung seines Hauses nicht derart in Anspruch genommen, daß er neben der Förderung der Studien und den anderen Obliegenheiten nicht auch Zeit fände, sich der deutschen Mission in Italien anzunehmen. Ich möchte Ihrem freundlichen Erwägen den Gedanken unterbreiten, ob es nicht gut wäre, den jedesmaligen Erzbischof von Köln zum Protector und obersten Chef des Werkes zu machen, schon darum, weil aus der Kölner Kirchenprovinz die meisten materiellen Mittel fließen und auch am leichtesten Priester zu erhalten sind, welche sich der Mission widmen wollen. Der Rector des Campo Santo wäre dann der Delegat des Kölner Erzbischofs und hätte demselben alljährlich einen Bericht vorzulegen, der dann auch in Fulda dem Episkopat unterbreitet werden könnte. Bei einer gewissen Freiheit der Hände hätte in allen wichtigen Fragen der Delegat sich an seinen Chef zu wenden. Eine solche Institution kann aber nur durch eine Verfügung des Heiligen Stuhles in Kraft treten, durch welche zugleich den Bischöfen in Italien bekanntgegeben wird, daß der Rector vom Campo Santo in päpstlichem Auftrag handelt, wenn er sich an sie wendet." Ferner schreibt De Waal (1903) an den Vermittler dieser delikaten Angelegenheit, Botschaftsrat Montel: „In dem Buch der Rückerinnerung steht auf jedem Blatt Ihr Name, denn Sie sind stets mit Rat und Tat zur Seite gestanden."

Schon von Anfang an stand aber der Wiener Kardinal Erzbischof Gruscha den Bestrebungen einer deutschen Seelsorge in Verbindung mit der Anima kühl und fast ablehnend gegenüber, um so mehr als im Ernennungsdekret nur die Rede war vom „Protector catholicorum Germanicorum" (also Reichsdeutscher) und das Protektorat auch einem reichsdeutschen Kardinal übergeben wurde (zuerst Kopp, dann die Kölner Erzbischöfe). 1904 erfolgte die Ernennung des ersten Kardinalprotektors in der Person des Breslauer Fürstbischofs Kopp. Es war der Erfolg der von De Waal an vier Bischofskonferenzen unterbreiteten Denkschrift. Der Wortlaut war folgender: (in deutscher Übersetzung):

„Aus dem Staatssekretariat vom 2. November 1904. Papst Pius X. hat in gütiger Erhörung der Bitten der preußischen Bischöfe, die zu einer erhöhten und wirksameren Seelsorge für die aufenthalts-

oder reisehalber in Italien weilenden Katholiken Deutschlands darum nachsuchten, daß eben diesen Katholiken durch päpstliche Machtvollkommenheit ein Protektor gegeben würde, zu solchem Amt Eminenz Kardinal Georg Kopp, Bischof von Breslau, erwählt. Da aber derselbe nicht leicht aus seiner Diözese die geistige Fürsorge für seine Mitbürger in Italien leiten kann, so hat der Heilige Vater des weiteren gewährt, ihm zu gestatten, auf einen Priester mit Wohnsitz in Rom und der Benennung eines Kommissars Teile seines Amtes zu übertragen. Von dieser päpstlichen Ermächtigung Gebrauch machend, hat daher Kardinal Kopp das Amt eines Kommissars dem Rektor des Deutschen Priesterkollegs in der Ewigen Stadt Antonio de Waal übergeben, und der Heilige Vater hat diese Wahl bestätigt. Hiervon mögen alle Kenntnis erhalten, für die es aus irgendeinem Grunde von Interesse sein kann. Kardinal Merry del Val."

Unrichtig beraten von der deutschen Vatikanbotschaft, suchte Kardinal Joseph Schulte nach dem Ersten Weltkrieg in der Anima eine deutsche Nationalpfarrei im Sinne des can. 216, par. 4, durchzusetzen, und zwar so, daß der Rektor der Kirche völlig ausgeschaltet und ein von Köln ernannter Priester die Seelsorgeverrichtungen als eine Art Pfarrer oder Curatus (nach norddeutschem Sprachgebrauch eine selbständige Seelsorge) durchzuführen hatte. Dabei war Kardinal Schulte beeinflußt vom Beispiel der Errichtung polnischer Nationalpfarreien in der Diözese Danzig, die Papst Pius XI. auf ständiges Drängen des polnischen und französischen Vatikanbotschafters genehmigt hatte. Die geschichtliche Entwicklung hat aber in kurzer Zeit diese letztere Einführung als einen tief bedauerlichen kirchlichen Mißgriff erkennen lassen. Sie war kein Segen, sondern wurde der Beginn einer nationalen Spaltung innerhalb Danzigs, durch eine vom Ausland (Warschau) ständig geförderte Radikalisierung des polnischen Bevölkerungselementes unter dem Deckmantel der Religion. Gegen diese Bestrebungen des Kölner Kardinals verfaßte ich 1924 eine eigene Denkschrift*) zur Verteidigung des geschichtlichen und kirchenrechtlichen Standpunktes der Anima, auch um die Unmöglichkeit von zwei Kardinalprotektoraten im gleichen Hause besonders hervorzuheben. Das zweite

*) Buchdruckerei Tyrolia, Bozen, 1924.

Kapitel hatte den Titel: „Die Stellung der Anima zum Protektorate der Assistenza religiosa dei cattolici tedeschi residenti in Italia[30]). Welche Rechte kommen dem jeweiligen Kardinalprotektor der Assistenza religiosa hinsichtlich der Anima und ihrer Seelsorge zu?" Geschichtlich hat sich dieses Protektorat so entwickelt, daß mit den in verschiedenen Häusern der Grauen Schwestern nach und nach infolge Anstellung eigener Hausgeistlicher auch Seelsorgestationen für die dort befindlichen deutschen Kolonien geschaffen wurden. Kardinal Kopp, der Protektor der Grauen Schwestern, ernannte diese Hausgeistlichen in den Häusern der Grauen Schwestern in Italien, die den Titel „Rektoren" führten, und übte so ein gewisses Protektorat über diese deutschen Seelsorgestellen in Italien aus. Am 22. November 1904 wurde Kardinal Kopp vom Papst zum „Protector catholicorum Germanicae nationis in Italia degentium[31])" ernannt, um diese neu erstandenen religiösen Sammelpunkte der deutschen Katholiken Italiens neu zu organisieren und ihre religiösen Aufgaben zu regeln. Bald darauf erfolgte durch einen Erlaß des Kardinals Kopp vom 8. Jänner 1905 die Bestellung des damaligen Superiors der Grauen Schwestern in Italien, De Waal, zu seinem Stellvertreter (Kommissär) für die Überwachung dieser Seelsorgestellen. Weder im päpstlichen Schreiben an Kardinal Kopp noch auch im Ernennungsdekret an De Waal ist von einer Einbeziehung Roms die Rede. Die Bestellungsurkunde für De Waal ist so gehalten, daß sie nur für die Seelsorgestellen außerhalb Roms gelten kann. Da der sonst hochverdiente De Waal aus nicht genügender Beachtung des Kirchenrechtes wiederholt seine Befugnisse überschritt, nahm auch der damalige Rektor der Anima, Lohninger, an der Konferenz der deutschen Seelsorger Italiens nicht teil (14. bis 17. September 1908). Er lehnte die Einladung zu dieser Konferenz mit der Begründung ab, daß die Anima bereits einen Protektor habe und in Seelsorgeangelegenheiten dem Kardinalvikar von Rom unterstellt sei. Es sei nicht Gepflogenheit, römische Institute, die bereits einen Kardinalprotektor in Rom haben, noch einem zweiten Protektorate außerhalb Roms zu unterstellen.

Verschiedene Mißhelligkeiten zwischen Seelsorgern der deutschen

30) *„Seelsorge für die deutschen Katholiken in Italien"*
31) *„Protektor der Katholiken deutscher Nation in Italien"*

Gemeinden Italiens in den Häusern der Grauen Schwestern, besonders die Eingriffe De Waals in fremde Rechtskreise, führten dazu, daß Kardinal Kopp das Protektorat der deutschen Seelsorge Italiens zurücklegte und gleichzeitig ihn von der Stelle eines Kommissärs dieser deutschen Seelsorge enthob. Nun wurde Kardinal-Erzbischof von Köln, Fleischer, vom Papste zum Protektor ernannt, da dieses Protektorat nicht an eine bestimmte Diözese gebunden war. Dieser gab der deutschen Seelsorge in Italien eine feste Organisation und verband, überzeugt von der besonderen Stellung der Anima, um allen Streitigkeiten ein Ende zu machen und weitere Übergriffe auszuschalten, das Kommissariat mit der Anima, als der ersten deutschen Kirche Roms und dem Zentrum des katholischen Lebens der Deutschen in Italien*).

Schlußergebnis:

Das rechtliche Verhältnis der Anima zum Protektorate der Assistenza religiosa ist auf Grund der Geschichte folgendes:

1. Beide stehen ohne rechtliche Beziehung nebeneinander, da die Anima in geistlichen Dingen auf Grund der päpstlichen Bullen unmittelbar dem Kardinalvikar von Rom unterstellt ist. In Rom ist der Rektor der Anima innerhalb der Kirche und des Hospizes auf Grund des Breves vom Jahre 1859 und außerhalb derselben auf Grund einer langjährigen Gewohnheit primärer deutscher Seelsorger, der dem Kardinalprotektor der Anima und dem Kardinalvikar unmittelbar unterstellt ist, ohne gleich den übrigen Rektoren der deutschen Gemeinden Italiens dem Protektorate der Assistenza religiosa rechtlich zu unterstehen. Das gleiche gilt für die ausschließlich für die Seelsorge an der Anima bestimmten Kapläne.

2. Wenn auch auf Grund der Geschichte dem „Protettorato della Assistenza religiosa[32])" gegenüber der Anima keine Rechte zukommen, so erscheint im Interesse einer einheitlichen Gestaltung der Seelsorge in ganz Italien ein Zusammenhang durchaus wünschenswert, und zwar in dem Sinne, daß der Rektor der Anima auf Grund der Berichte der Seelsorgekapläne an den jeweiligen Kardinalpro-

---

*) Vgl. seinen Brief vom 31. Oktober 1909; der gesamte diesbezügliche Briefwechsel befindet sich im Archiv der Anima.

[32]) *„Protektorat über die Seelsorge"*

tektor der Assistenza religiosa für die Bischofskonferenz von Fulda einen Jahresbericht über die religiösen Verhältnisse der deutschen Kolonie in Rom übermittelt*). Jedenfalls dürfte niemals, wenn der Kommissär für die deutsche Seelsorge in Italien eine andere Persönlichkeit wäre als der Rektor der Anima, ersterer irgendwelche Ingerenz auf die von der Anima zu leistende Seelsorge ausüben. Eine diesbezügliche Unterordnung der Anima wäre eine Rechtsverletzung und Verleugnung der ganzen Geschichte der Anima.

Als eine kirchenrechtlich lauwarm verfaßte Gegenschrift des Kardinals Schulte, die an alle deutschen Bischöfe geschickt wurde, trotzdem nicht von dieser Absicht einer Nationalpfarrei abrückte, ohne meine starken Gegengründe wesentlich zu widerlegen, trug ich die ganze Sache, die eine Gefährdung darstellte, in einer Sonderaudienz Papst Pius XI. vor, nachdem bereits früher Kardinalvikar Pompili die für alle Fälle schon ausgearbeiteten Statuten mit den Worten verurteilt hatte: „Un Curato tedesco non c'è a Roma[33]).“ Nach seiner mir gegenüber ausgesprochenen Auffassung schaffe ein solches Protektorat kein neues Recht, denn es gibt keine parallel laufende oder konkurrierende hierarchische Jurisdiktion. Es ist nur eine moralische und finanzielle Hilfe, praktisch überhaupt nur möglich, wenn der Ortsbischof dafür Verständnis hat und seine Zustimmung gibt. Die Antwort des Papstes war noch entschiedener: „Solange Wir hier sind, werden Wir niemals die Errichtung von Nationalpfarreien in Rom gestatten.“ Entmutigt von nicht wenigen Intrigen, die in dieser Sache von Geistlichen gesponnen wurden, wohl hauptsächlich, um die Tätigkeit eines Österreichers an der Deutschen Nationalstiftung unmöglich zu machen, schrieb ich an Kardinal Erzbischof Piffl nach Wien: „Ich will enttäuscht lieber meine Tätigkeit als einfacher Hochschullehrer in Graz fortsetzen, aber ich komme nicht mehr als derselbe zurück, denn die unfairen Formen dieses Kampfes haben meinen Idealismus und meine hohe Auffassung vom Priestertum als Träger von Wahrhaftigkeit und Gerechtigkeit geschwächt.“ Nur seinen ermunternden Worten

*) Manches, aber nicht das Wesentliche, dürfte durch das Dekret der päpstlichen Konsistorialkongregation (1951) über die Auswandererseelsorge überholt sein, jedoch kann man die nach Italien sich begebenden Deutschen nicht als Auswanderer im strengen Sinne des Rechtes bezeichnen.

[33]) *„Einen deutschen Seelsorger in Rom gibt es nicht“*

folgend, habe ich damals standgehalten. Ich habe in diesem unrühmlichen Kampfe, in dem sich auch groß- und kleindeutsche politische Auffassungen gegenüberstanden, die schwierige Lage von Geistlichen beobachtet, die als kirchenrechtliche Beiräte bei ausländischen diplomatischen Vertretungen beim Vatikan angestellt sind. Es sind moralische Zwittergestalten, da sie durch ihren Beruf zuerst der Kirche gehören, andererseits aber oft genug mit ihrem Staat in Widerstreit geraten müssen. Erst im Jahre 1930 wurde die bereits von Kardinal Fischer empfohlene Lösung neuerdings angewandt, indem der Rektor der Anima zum Kommissär des Kardinalprotektors der deutschen Auslandsseelsorge in Italien (Schulte, Köln) ernannt wurde. Diese Ordnung wurde auch im Frühjahr 1946 und im April 1948 mündlich und schriftlich vom Vorsitzenden der Fuldaer Bischofskonferenz (Kardinal Frings, Köln) beibehalten („Vertretung der deutschsprachigen Seelsorge Italiens bei den zuständigen kirchlichen und staatlichen Behörden"). Indem ich den Kölner Kardinal Schulte von der reichsdeutschen auf eine gesamtdeutsche Seelsorge umstimmen konnte (1930), verminderten sich Reibungsflächen und überflüssige Schwierigkeiten. Vorzügliche Hilfe haben mir in den folgenden Jahren die Generalsekretäre des Reichsverbandes katholischer Auslandsdeutscher (Scherter, Büttner) geleistet, durch deren Weitblick und diplomatisches Geschick eine große Tätigkeit entfaltet werden konnte, die hauptsächlich die deutschsprachigen katholischen Gemeinden in Mailand, Florenz, Neapel, Palermo, San Remo, Genua und Triest betraf. Das Ergebnis meiner langjährigen Erfahrungen waren zwei Denkschriften, die im Interesse der Geschichte im folgenden inhaltlich wiedergegeben seien (17. Jänner 1946):

Vorschläge für eine Neuordnung

Es kann darüber kein Zweifel bestehen, daß nach dem Zweiten Weltkrieg mit seinen für das gesamte Deutschtum katastrophalen Folgen im Ausland die Neuordnung der Auslandsseelsorge für die Katholiken deutscher Sprache eine dringende Notwendigkeit geworden ist. Diese betrifft nicht bloß die Frage des Protektorates, das mit dem Tode von Kardinal Schulte erloschen ist, sondern mit Beispiel die zielbewußte Ausbildung eines den neuen und überaus schwierigen Aufgaben der Auslandsseelsorge in jeder Weise gewachsenen Klerus, die finanzielle Sicherstellung, ferner die vollständige Entpolitisierung dieses Werkes.

Der augenblickliche Zustand aller Auslandsgemeinden ist trostlos. Von den vielen Unternehmungen ist nur ein Trümmerfeld übriggeblieben. Tatsächlich funktioniert ganz nur mehr die Seelsorge in Rom, wo auch trotz des Einmarsches der Alliierten im Juni 1944 der Gemeindegottesdienst niemals unterbrochen worden ist, sondern die Funktionen regelmäßig wie früher gehalten werden, teilweise unter gutem Besuch seitens der Gemeindemitglieder. In den anderen Städten Italiens, Mailand, Venedig und Florenz, ist alles auf ein Minimum reduziert. Genua, Palermo sind aufgelöst, Triest arbeitet so ungefähr weiter, in Neapel ist dasselbe Bild. Soweit die Auslandsgemeinden nicht bereits aufgelöst wurden, sind sie gespalten, jedenfalls durch den allgemeinen Deutschenhaß für längere Zeit auf kulturellem Gebiet zur Untätigkeit verurteilt.

Die Lage derselben wird dadurch um so delikater, weil unter den Deutschschweizern und Österreichern leider Gottes unter dem Einfluß der Alliierten eine große Zurückhaltung herrscht gegenüber allem, was mit Deutschland etwas zu tun hat. Bei letzteren ist die Möglichkeit nicht ausgeschlossen, daß vielleicht katholische Kreise, die Deutschtum mit Nazismus (!) verwechseln, auch auf dem Gebiete der Seelsorge eigene Wege im Ausland gehen wollen, was manchen Absichten der Alliierten entsprechen und deshalb ihre Förderung finden würde. Ich habe seit meiner Bestellung zum Kommissär im Jahre 1930 immer mit allem Nachdruck den in Italien tätigen deutschen Seelsorgern nahegelegt, nicht von einer deutschen Seelsorge zu sprechen, sondern nur von einer solchen der deutschsprachigen Katholiken, weil das Wort deutsch, besonders in Italien, fast nur im Sinne von reichsdeutsch ausgelegt wird, wodurch das ganze Werk eine wesentliche Einschränkung oder einseitige Richtung erfahren müßte.

Die wichtigste Schlußfolgerung aus den politischen Veränderungen des Zweiten Weltkrieges ist, daß die Auslandsseelsorge ganz und ausschließlich als ein rein kirchliches Werk unter die ausschließliche Autorität des Episkopates gebracht werden muß, um jeder Mißdeutung, als sei es eine Art „klerikaler" Pangermanismus, zu begegnen. Letzteres würde in allen Ländern jede segensreiche Arbeit schon im vorhinein lähmen und dieselbe ungezählten Intrigen aussetzen. Es ist deshalb ein Vorteil, daß in der Unklarheit eines politisch zerrissenen

Deutschland der Reichsverband der katholischen Auslandsdeutschen, dessen viele und große Verdienste niemand bestreiten kann, untergegangen ist.

Nach einer Tätigkeit von fast 25 Jahren im Ausland und nach über 15 Jahren Kommissariat für die deutschsprachigen Katholiken Italiens unterbreite ich deshalb den Hochwürdigsten Herren Bischöfen von Deutschland und Österreich die folgenden nur aus der Erfahrung gereiften Vorschläge mit der Bitte, dieselben auf der nächsten Bischofskonferenz zu überprüfen, um eventuell dem Heiligen Stuhl konkrete Anträge stellen zu können für eine Neuorganisation der Auslandsseelsorge. Diese muß allen Katholiken deutscher Sprache, welcher Staatsangehörigkeit sie auch sind, eine religiöse Betreuung ferne von ihrer Heimat sichern. Sie muß über allen politischen und parteilichen Veränderungen stehen, indem sie nur das Heil der unsterblichen Seelen, die Förderung der Liebe zur heiligen Kirche und zur Heimat und die karitative Arbeit als höchste Ziele vor Augen hat.

1. Finanzielle Sicherstellung

Beim Bonifatiuswerk, dessen Verlegung in eine größere Stadt Mitteldeutschlands aus praktischen Gründen zu empfehlen wäre, wird eine Sektion Auslandsmission errichtet, deren Aufgabe die Gründung und Erhaltung von Bonifatiusgemeinden für die Seelsorge deutschsprachiger Katholiken im Ausland ist. Sie untersteht zwei von den Bischofskonferenzen Deutschlands und Österreichs bestimmten Ordinarien, die auch bei den Bischofskonferenzen die offiziellen Referenten für die Auslandsseelsorge sind. Die finanzielle Sicherstellung der Auslandsseelsorger erfolgt durch die freiwilligen Beiträge der Kirchen in Deutschland und Österreich anläßlich des jährlichen Bonifatiussonntages, ferner durch einen Jahresbeitrag jeder einzelnen Diözese als solcher. Da die im Ausland lebenden Katholiken deutscher Sprache in ihrer Mehrheit wohl für längere Zeit wirtschaftlich nicht in der Lage sind, einen Priester zu erhalten, ist der Beitrag des Bonifatiuswerkes die einzige praktische Möglichkeit, den rein kirchlichen Charakter der Auslandsseelsorge zu wahren und anderseits, sobald wieder normale Valutenüberweisungen möglich sind, den Seelsorger unabhängig zu machen von manchen Verhältnissen, die man heute auf vielen Gebieten nicht vorausahnen kann. Mit jeder deutschen

Auslandsgemeinde müßte ferner ein Karitassekretariat verbunden werden, das mit den Zentralen in Freiburg und Wien arbeitet.

2. Das Protektorat

Das Protektorat über die Auslandsseelsorge übernehmen die Bischofskonferenzen Deutschlands und Österreichs, die dasselbe ausüben durch die beiden von ihnen gewählten Bischöfe, die auch die Sektion „Auslandsmission des Bonifatiuswerkes“ unter sich haben.

3. Ausbildung der Auslandspriester

Schon mit Rücksicht auf die delikate Lage des Deutschtums in den folgenden Jahren müßte die Auswahl der Priester nicht auf eine einzelne Diözese beschränkt bleiben, sondern sich auf alle erstrecken, Nord und Süd, einschließlich Österreich. Zweifellos werden die österreichischen Gemeinden als erste im Ausland ihre Organisation beginnen. Von entscheidender Bedeutung ist deshalb auch die Heranziehung und Vorbereitung solcher Priester für ihre sehr schwierige Aufgabe im Ausland. Es kann nicht dem Zufall überlassen werden, ob sich jemand freiwillig meldet, und ebenso kann niemand dazu befohlen werden, wenn er nicht zuvor eine gute pastorale Anweisung erhalten hat.

Aus diesen Erwägungen sollte das mit großem Weitblick vom verstorbenen Bischof Franz Geyer in Banz errichtete Werk besonders gefördert werden als Zentralinstitut für die Heranbildung dieser Auslandsseelsorger). Ein solches Werk kann aber besonders unter den heutigen schwierigen Verhältnissen des Deutschtums nur in Rom eine wahre Zukunft haben. Hier wird der Blick der jungen Priester erweitert. Sie haben die Möglichkeit, mit Mitbrüdern jener Länder in persönliche Verbindung zu treten, in die sie später geschickt werden. Sie können Sprachen lernen, um im Ausland dem betreffenden Klerus in der Seelsorge sich freiwillig (aushilfsweise) zur Verfügung zu stellen. Überdies wird es unendlich leichter sein, in den nächsten Jahrzehnten von Rom solche Priester hinauszuschicken als von Deutschland oder Österreich. Durch die Verbindung mit der Sektion Emigrazione in der Konsistorialkongregation würde das ganze Institut auch seine kanonistische Sicherstellung und Förderung durch den Heiligen Stuhl erhalten, wie auch die italienische Auslandsseelsorge*

---

*) Vgl. das bedeutende Werk „Mission de France“.

in reichem Maße dieses Wohlwollen empfindet. Die Ernennung der Seelsorger sollte am vorteilhaftesten durch die Konsistorialkongregation erfolgen, was die kirchenrechtliche Stellung dieser Seelsorger bedeutend stärken würde. Sollte dies nicht zu erreichen sein, dann wäre der Superior dieser religiösen Vereinigung zuständig im Einvernehmen mit den beiden genannten Bischöfen und dem Bonifatiuswerk.

Dieses Institut könnte provisorisch mit der Anima oder dem Campo Santo Teutonico verbunden werden, bis in Rom ein geeignetes Haus aus dem Erlös der in Banz verkauften Liegenschaften gekauft werden kann. Sobald sich die Verhältnisse ein wenig bessern, dürfte auf Vermittlung des Heiligen Stuhles eine solche Transaktion bei den alliierten Behörden angeregt werden können.

Die von Bischof Geyer gegründete Gesellschaft von Auslandsseelsorgern müßte neue Satzungen erhalten oder wenigstens eine gewisse Umformung im Sinne einer freien religiösen Vereinigung von Weltpriestern des Istituto secolare (can. 685 ff.), die sich durch ein Votum simplex für eine bestimmte Reihe von Jahren zur Arbeit in der Auslandsseelsorge verpflichten. Die Satzungen der Scalabrini dürften manche Anregungen geben, die aber dem deutschen Wesen entsprechend abgeändert werden müßten. Während des Romaufenthaltes müßte diesen Priestern oder Theologen ein genaues Studienprogramm vorgeschrieben werden, wobei der Besuch der Propagandahochschule besonders zu empfehlen wäre mit Rücksicht auf die dem Missionscharakter angepaßten Vorlesungen aus Pastoral.

Der junge Priester, der sich heute für eine so überaus schwierige Mission meldet, muß ein feines psychologisches Sicheinfühlen in die Mentalität anderer Nationen lernen, wenn er einer Welt von Gegnern des Deutschtums überhaupt gewachsen sein will. Ich würde vorschlagen, daß die betreffenden Priester dieses nach Rom verlegten Instituts sich dem Kardinalvikariat für die seelsorgliche Arbeit in der Bannmeile (sehr verwahrloste Bezirke wie Torrmarancia, Quadraro) an Sonn- und Feiertagen freiwillig zur Verfügung stellen, was hier den besten Eindruck machen würde. Mehrere junge nordamerikanische Priester, die in der Anima studierten, haben in diesen römischen Stadtvierteln wirklich apostolisch mehrere Jahre hindurch als freiwillige unbezahlte Seelsorgehelfer gewirkt. Wenn dieses Institut Theologen aufnimmt, müßten dieselben eventuell auf den Titulus missionum oder mensae communis[34]*) (can. 981, par. 2; 982, par. 2) geweiht werden, weil sie sich auch für immer der Auslandsseelsorge verpflichten.*

Die Auslandsseelsorge für die Katholiken deutscher Sprache hat in den nächsten Jahrzehnten gewaltige Schwierigkeiten zu überwinden, um das Zerstreute zu sammeln und verlorene Seelen zurückzugewinnen, nachdem jahrelang die Kirche die einzig mögliche Organisation für die Deutschen im Ausland sein wird. Sie hat aber auch eine andere wertvolle Aufgabe, durch Klugheit, wahrhaft apostolische Gesinnung und großen Seeleneifer mitzuwirken, um das harte Urteil des Auslandes über die sogenannte durch nichts zu beweisende „Kollektivschuld aller Deutschen" ohne Unterschied zu mildern. Das apostolische Breve des Jahres 1961 hat manche Fragen geordnet, nicht alle glücklich.

Nach dem Anschluß Österreichs im März 1938 nahm das Berliner Auswärtige Amt die einzig richtige Stellung durch die mir vom Vatikanbotschafter von Bergen übermittelte Erklärung ein, „daß die Anima trotz ihres nationaldeutschen Charakters eine rein kirchliche Stiftung werden soll, ohne Einmengung politischer oder diplomatischer Stellen" — diese Auffassung entsprach meiner wiederholt geäußerten Stellungnahme in dieser delikaten Frage, die durch den Untergang der Habsburgermonarchie wie ein Bleigewicht über dieser altehrwürdigen Stiftung lastete.

---

[34]) *Titel der Missionen oder Tischtitel (der kirchenrechtliche Ausdruck „titulus" ist der Nachweis der Existenzgrundlage, die nach kirchlicher Vorschrift für jeden Kleriker gesichert sein muß)*

4. Das österreichische und das reichsdeutsche Konkordat

Wie der napoleonischen Herrschaft in Europa folgte auch der Zeit des Ersten Weltkrieges eine Periode der Konkordate, um der religiösen Verwirrung einen Damm kirchlicher Rechtsbestimmungen entgegenzubauen. Zweifellos war aber in beiden Epochen für die betreffenden Staatsregierungen auch der Gedanke maßgebend, gegenüber dem sich nach französischem Muster vordrängenden Zentralismus einer deutschen Reichsidee durch religiöse Verträge mit dem Vatikan die innen- und vor allem die außenpolitische Unabhängigkeit zu markieren. Die beiden Konkordate Bayerns (1817, 1924) können von solchen politischen Nebenabsichten des Staatspartikularismus kaum getrennt werden. Merkwürdigerweise hatten gerade diese ein ähnliches Schicksal, so klug die Inspiratoren (Consalvi — Pacca — Pacelli) auch in der Festlegung der einzelnen Artikel mit Zusatzprotokollen gewesen sind. Das erste bayerische, vom Gesandten Häffelin in Rom mühsam durchgebrachte Konkordat, wurde bald darauf in wesentlichen Bestimmungen durch ein königliches Dekret durchlöchert. Das deutsche Reichskonkordat, in dem alle vorausgehenden (Bayern, Preußen, Baden) unverändert weiterleben sollten, bröckelte langsam ab und bestand am Ende kaum aus mehr als aus finanziellen Staatsbeiträgen. Die spätere Entwicklung zeigte, daß sie wie das alte österreichische Konkordat vom Jahre 1858 zu gut waren. Ebensowenig aber wie das Reichskonkordat ein Werk Hitlers war, für den Vizekanzler von Papen unterschrieben hat, ebensosehr reichen die Anfangsgründe des österreichischen längst in die Zeit vor dem Dollfußregime zurück, dessen Ministerkabinett wohl den gesamten Entwurf überprüfte und in einzelnen nicht wesentlichen Teilen ergänzte, ohne aber daß dieses autoritäre Staatssystem der eigentliche Autor dieses Kirchenvertrages gewesen ist, wie die sozialistische Wiener Presse aus Unkenntnis der Tatsachen und aus Gegnerschaft gegen den ihrer

„Demokratie“ widersprechenden „Klerofascismus“ später behauptet hat. Ausgangspunkt des österreichischen Konkordats war in erster Linie das Bedürfnis einer Neuordnung auf eherechtlichem Gebiet, da die vom Sozialisten Sever in Wien und Niederösterreich eingeführte Praxis, selbstherrlich vom Eheband zu lösen, nach katholischem Eherecht unmöglich war. Diese seine Vollmachten überschreitenden Dispensen erteilte er auf Grund eines aus der alten Habsburgermonarchie übernommenen Notparagraphen, der in erster Linie das Hindernis der Kultverschiedenheit (Ehe von Katholiken mit Nichtgetauften, meistens Juden) zum Gegenstand hatte. Nachdem Rom in katholischen Ländern nur selten solche Dispensen bis 1918 gewährte, traten dafür die staatlichen österreichischen Behörden bei Vorhandensein schwerwiegender Gründe ein. Sever aber machte, nachdem durch die Kriegsverhältnisse Zehntausende von Ostjuden nach Wien geflüchtet waren, wo sie das Wiener Bürgerrecht erhielten, einen zu weitgehenden Gebrauch von diesem Paragraphen, so daß seine Dispensen bald mehrere Zehntausende erreichten*). Ausgerechnet der deutschnational (großdeutsch) gesinnte Bundeskanzler und frühere Chef der Wiener Polizei, Schober, hatte unter seinen Bekannten einen ähnlichen Fall. Anläßlich einer Aussprache in der österreichischen Quirinalgesandtschaft unterrichtete ich ihn über die im italienischen Konkordat mittelbar, wenn man den Artikel 34 mit der Lupe liest und entsprechend kommentiert, vorgesehene fakultative Trauung vor Kirche oder Staatsbehörde je nach dem Gewissen der Brautleute. Damit konnte man zwar nicht Fälle der Vergangenheit ordnen, wohl aber für die Zukunft diesen sogenannten Severehen das Propagandistische nehmen, denn wer sich nicht in der Kirche als Katholik trauen lassen will, macht es vor dem Staate, nachdem beide Formen der Eheschließung bürgerliche Rechtsfolgen haben. Aus dieser unserer ersten Besprechung ergaben sich von selbst Gedanken und Pläne für eine Gesamtregelung der kirchlichen Fragen zunächst für die Katholiken als der Mehrheit der Bevölkerung und später staatlicherseits auch für eine solche der Protestanten, um den Grundsatz der Parität auch politisch zu unterstreichen, denn im alten Österreich war nach der einseitigen

*) Der oberste Wiener Verfassungsgerichtshof überwies die schwierige Frage der Kompetenz mit einem salomonischen Urteil vom Juli 1930 in das Parlament als dem gesetzgebenden Organ Österreichs.

staatlichen Aufhebung des Konkordates vom Jahre 1858 ein Rechtsvakuum entstanden, das 1918 beim Zusammenbruch der Monarchie einfach übernommen worden war. Die Hauptarbeit für den ersten österreichischen Konkordatsentwurf, der sich an die Verträge von Bayern und Italien als ungefähres Vorbild anlehnte, begann ich 1930 mit einer rechtsvergleichenden Studie vorausgehender Konkordate, die ich dem Staatssekretariat überreichte, während in diesem der Minutant Silvani (nach 1945 erster Wiener Nuntius) und der auf praktischem Gebiet hervorragende Grazer Hochschulkirchenrechtslehrer Prälat Haring die zahlreichen immer mehr sich häufenden Einzelfragen, die in Artikel und Paragraphen festgelegt werden sollten, geschichtlich und rechtlich ergänzten und revidierten. Ein treuer Mitarbeiter war auch bei diesen Vorarbeiten der kirchenpolitisch gewandte, langjährige Wiener Generalvikar, Weihbischof Kamprath, der für eine Reihe von Artikeln wertvollste Hinweise vermitteln konnte. Besonders galt dies der merkwürdigen Rechtslage nach der Angliederung des Burgenlandes an Österreich, denn im ersteren bestand das ungarische Eherecht weiter und damit die Möglichkeit, auf Umwegen in den übrigen Teilen Österreichs langsam die Unauflöslichkeit einer katholischen Ehe zu Falle zu bringen*). Die Schwierigkeiten betrafen ferner die in Österreich seit 1874 eingeführte und zur Gewohnheit gewordene Gemeinschaftsschule, die bei der überwiegenden katholischen Bevölkerungsmehrheit aber nicht jene Bedeutung haben konnte wie in der konfessionell gemischten Diaspora Deutschlands. Aber wie immer, hier standen sich Kirchenrecht (can. 1374) und eine gegenteilige, schon aus Finanzgründen nicht rasch zu ändernde Lage Österreichs radikal gegenüber, um so mehr als im Falle einer Änderung Protestanten, Juden und Konfessionslose (die Sozialisten hatten dafür die Organisation „Freie Schule" geschaffen) dasselbe Recht für sich gefordert hätten. So wurde der augenblickliche Zustand der österreichischen Gemeinschaftsschule im Artikel 6 des Konkordats (letzter Absatz) als gegeben festgestellt und die konfessionelle Schule als ein in Zukunft zu erreichendes Programm der Katholiken bezeichnet. Es war eine Kompromißlösung nach dem Grundsatz: „Quieta non

---

*) Vgl. österreichische Verordnung vom 29. Mai 1922. (In Italien war eine etwas ähnliche Lage im Verhältnis der Miniaturrepublik San Marino zum allgemeinen Ehegesetz.)

movere[35]).“ Hinsichtlich der Form des Eheabschlusses wurde die Rechtsgültigkeit der kirchlichen Ehen vereinbart (wie es bereits in der Monarchie der Fall war), ohne die Frage der Zivilehen zu berühren, die wie in Italien nunmehr als fakultiv vom Staate in Anspruch genommen werden konnten. Die Rechtsfrage des Religionsfonds (der in Österreich wegen der schlechten Verwaltung angeblich immer „passiv“ war), die alten Rechte des erzbischöflichen Stuhles von Salzburg gegenüber drei Suffraganbistümern (Graz, Klagenfurt, Brixen), ebenso die Neuordnung der Satzungen der Anima in der Form eines Kodizils wurden ausgeschaltet. Eine Neuheit war im österreichischen Konkordat ein Artikel über die Pressefreiheit für katholische Zeitungen und Zeitschriften. Letzterer hatte eine bewußte Spitze gegen den NS in Deutschland, in dessen Programm besonders eine solche Bestimmung nicht hineinpaßte. Viele Artikel des österreichischen Konkordates waren nichts anderes als Kodifikationen von Gesetzen und Bestimmungen (staatliche Ergänzungen des Unterhaltes der Weltgeistlichen), die bereits vor Dollfuß teilweise sogar mit Zustimmung der sozialistischen Arbeiterpartei (Kongrua) im Parlament genehmigt worden waren. Manche überflüssige kleinliche staatskirchenbürokratische Bestimmungen mußten über Weisung des Wiener Kultusministeriums eingeschaltet werden, während Kardinalstaatssekretär Pacelli mit Recht in einem solchen Staatsvertrag nur große Linien wünschte. Das österreichische Konkordat als ein Kompromißwerk setzte aber wie jenes von Italien auf eherechtlichem Gebiet, um nicht neuerliche Schwierigkeiten zu verursachen, eine allmähliche Angleichung des österreichischen staatlichen Eherechtes mit dem kirchlichen voraus; aber genauso wie in Italien zeigte es sich bald, daß der Wunsch der Vater des Gedankens war, denn nach der Ratifizierung erfolgte eine staatliche Erläuterung, die hinsichtlich der von Katholiken geschlossenen Mischehen eine andere Praxis voraussetzte. Versuche einer Neuumschreibung des betreffenden Konkordatsartikels sind im Wirbel der folgenden politischen Umwälzungen Österreichs untergegangen. Man kann nicht leugnen, daß die an der Abfassung dieses Vertrages beteiligten Staatsbeamten mit großer Gewissenhaftigkeit in Wien und später in Rom ihre schwierige Aufgabe erfüllt haben. Daß dieses Kon-

[35]) *„Nicht anrühren, was ruhig ist!“*

kordat, zu dessen Unterfertigung Dollfuß und Schuschnigg nach Rom gefahren sind, auch der Fertigung eines unabhängigen Österreichs dienen sollte, hätten die damals ausgeschalteten oder in Opposition stehenden Sozialisten objektiv anerkennen müssen, selbst wenn sie der augenblicklichen nichtdemokratischen Staatsform grundsätzlich ablehnend gegenüberstanden. Als die Ratifizierung im Sommer 1934 sich wegen einiger Schwierigkeiten hinausschob, sagte mir der damalige Substitut im Staatssekretariat, Josef Pizzardo: „Warum geht es nicht schneller voran? Nehmen Sie sich doch in Österreich ein Beispiel an Deutschland, wo rasche Arbeit geleistet wurde!“ In der Tat hatte der Reichstag in Berlin das deutsche Konkordat gebilligt, bevor noch allen Mitgliedern der genaue Text mit dem Kodizil zur Kenntnis gebracht oder überhaupt eine vorausgehende Stellungnahme ermöglicht wurde — der Unterschied zwischen zwei diktatorischen Staatsformen (!). Österreichisches und deutsches Konkordat haben inhaltlich und in ihren Fernwirkungen auf die Gegenwart manche Ähnlichkeit, obwohl sie in wesentlichen und grundsätzlichen Fragen verschieden geartet sind, das erstere ist wirklichkeitsnäher als das letztere.

Ursprungsmäßig geht das deutsche Reichskonkordat vom 20. Juli 1933*) auf einen Entwurf des Professors Delbrück zurück, des früheren Direktors des Deutschen Archäologischen Instituts in Rom, der als Fachmann des Auswärtigen Amtes in Berlin in Zusammenarbeit mit Politikern verschiedener Richtungen (die Anhänger des NS und Kommunisten waren damals dagegen) die großen Richtlinien festgelegt hatte.

Mehrere Bestimmungen der Weimarer Verfassung, die übrigens mit den Stimmen der Sozialisten gebilligt worden waren (Recht der Eltern oder Erziehungsberechtigten hinsichtlich des Religionsunterrichtes, Möglichkeit beziehungsweise Pflicht des Staates zur Errichtung von privaten oder konfessionellen Schulen bei gewissen Voraussetzungen), erleichterten die Ausarbeitung eines solchen Entwurfes, der sich wesentlich auf demokratische Staatsführung stützen konnte. So war auch das daraus hervorgegangene deutsche Reichskonkordat kein Produkt des NS, es lag vielmehr auf der Linie der

*) Georg Schreiber, „Zwischen Demokratie und Diktatur, Persönliche Erinnerungen an die Politik und Kultur des Reiches“, Münster, 1950.

Weimarer Verfassung, die ein Minimum religiöser Rechte für alle Konfessionen sicherstellte. Die innenpolitische Lage Deutschlands nach dem Jahre 1918 hatte, kirchenpolitisch betrachtet, manche Ähnlichkeit mit jener nach dem Wiener Kongreß. Eine die Reichsidee tragende Autorität fehlte, seitdem Kaiser Franz, der ständigen Intrigen der deutschen Kleinstaaten, besonders ihrer Herrscher, überdrüssig, die Reichskrone niedergelegt hatte. Der große nationale Gedanke war ausgeschaltet. Die einzelnen Königreiche und Fürstentümer erinnerten sich wieder ihrer früheren separatistischen Machtstellung im Deutschen Reich und suchten dieselbe irgendwie gegen die Zentralisierungsbestrebungen Berlins beziehungsweise Preußens zurückzugewinnen. Metternich spielte mehrere Jahre mit dem Gedanken eines Reichskonkordates, die beiden damals maßgebenden Kardinalstaatssekretäre Consalvi und Pacca waren geteilter Auffassung. Schließlich siegte über die Reichsidee, deren Träger Preußen war, der Separatismus der Länder, und es begann die Zeit ihrer Konkordate nach dem altbewährten politischen Grundsatz „Divide et impera[36])". Die Weimarer Verfassung, die eine spätere Regelung wichtiger Gebiete (Schule, Ehe) in Aussicht stellte, aber noch mehr die politischen Gegensätze, wie nicht zuletzt der Parteienkampf und der Mangel einer autoritären obersten Stelle im Reich, führten deshalb genau wie 1815 zum gleichen Ergebnis, nämlich zum Abschluß von Länderkonkordaten (Bayern 1924, Preußen 1929, Baden 1932).

Daß bald nach der Machtergreifung im Reiche durch den NS der Entwurf Delbrücks herausgeholt wurde, war zunächst nichts Überraschendes, da der NS in seinem ersten Stadium trotz der Giftzähne seines Programms (Art. 2 g, 3) ein erträgliches Verhältnis mit der Kirche nur wünschen konnte, schon um seinen Hauptgegner, die Zentrumspartei, zu erledigen. Mit großen Hoffnungen wurde gerade dieser Kirchenvertrag, der für viele ganz unerwartet kam, von national-konservativen Kreisen begrüßt*). So schrieb Erzbischof Gröber (Freiburg), der als Vertreter des deutschen Episkopates an den Verhandlungen in Rom teilnahm, im Buch „Handbuch der religiösen Gegenwartsfragen" (Herder-Verlag 1937): „Kirchenpoli-

---

[36]) *„Teile und (so) herrsche!"*

*) Im Nürnberger Prozeß hatte dieses Reichskonkordat merkwürdige Kommentare, vgl. von der Lippe, „Nürnberger Tagebuchnotizen", Frankfurt, 1951, 323/5.

tisch bewies der Abschluß des Konkordates, daß zwei ihrem Wesen nach totalitäre Gewalten dennoch (!) eine Einigung finden können, wenn die Gebiete sich sondern und Überschneidungen der Zuständigkeit auf freundschaftliche Art zu Gemeinsamkeiten oder Parallelen werden. Was die Bewertung des Konkordates betrifft, so war es, außen- und innenpolitisch betrachtet, die erste weittragende internationale Abmachung des neuen Reiches, was für Partei und Staat als ein moralischer Erfolg im Gegensatz zu den bisherigen vergeblichen Bemühungen des Weimarer Systems gebucht wurde und eine freudige Hinordnung des bekenntnistreuen Katholiken zum nationalsozialistischen Staate zur Folge haben konnte." Diese Worte finden eine Ergänzung in den folgenden eines Jesuiten: „Die Verhandlungen (in Rom) hatten einen um so rascheren Erfolg, als auf Grund des Ermächtigungsgesetzes kein Parlament (!) zu hören war, was die Konkordatsverhandlungen in Bayern, Preußen und Baden erschwert hatte. Die Konkordatsverhandlungen im Sommer 1933 waren nicht so sehr das Ergebnis eines Kräftespiels, als vielmehr die juristische Formulierung uralter (!) philosophischer Lehrsätze über das wahre Verhältnis der Kirche und Staat" (Ivo Zeiger S. J.).

Das Urteil unter den deutschen Katholiken über diesen Staatsvertrag, in gewisser Hinsicht ein Deus ex machina, war nicht eindeutig klar*). Den hoffnungsvollen Erwartungen standen Zweifel und Mißtrauen gegenüber. Manche bezeichneten das Reichskonkordat

*) Wie ein Anachronismus erschienen die scharfen Verurteilungen des NS seitens der Bischöfe 1923—1930 (vgl. das Buch des Jesuiten Jakob Nötges, NS und Katholizismus, Gilde-Verlag, Köln 1931). Die Losung für kompromißlosen Kampf gegen den NS hatte 1932 die Abhandlung des katholischen Geistlichen Seitz gegeben im Klerusblatt von Bayern (22. Juni 1932, Nr. 25, „Hitler und Kirche"). Sie folgte der Pastoralanweisung der Bischöfe Bayerns vom 12. Februar 1931, die eine unbedingte Ablehnung des kulturpolitischen Programms des NS enthielt. Das Reichskonkordat 1933 mußte notwendigerweise diese Stellungnahme als überholt betrachten. Die harte Linie des Widerstandes wurde später, als die ersten Schwierigkeiten sich zeigten, von den beiden Jesuitenschülern, den Bischöfen (Ehrenfried) von Würzburg und Eichstätt-Berlin (Preysing) geführt. Von ersterem wurde folgende Äußerung nach Rom berichtet: „Wir müssen den Krieg verlieren, sonst werden wir diese NS-Canaille nicht mehr los." In ähnlicher Weise betete sogar der protestantische Pfarrer Dietrich Bonhoffer, (im Original Bonhoefer) fanatischer Anhänger der bekennenden Kirche, vor einer internationalen (!) Kirchentagung in Genf um die Niederlage Deutschlands. Seine später veröffentlichten Briefe und Aufzeichnungen in der Haft (Lager Flossenbürg) in der Schrift „Widerstand und Erhebung" (Chr.-Kaiser-Verlag, München 1952) geben das Bild eines ideologischen Helfers der Feinde der deutschen Nation. Dagegen war der dritte Jesuitenschüler, Erzbischof Gröber (Freiburg), mit dem Berliner Nuntius Orsenigo ein Gegner kompromißlosen Kampfes und für Zugeständnisse bereit.

geradezu als die erste geistig-moralische Kapitulation vor dem NS, der nunmehr mit der Gloriole eines Förderers der Religion in die Arena des weltöffentlichen Urteils gehen konnte. Ein vom rein Politischen her geführter Kampf von Katholiken gegen den NS wurde damit im vorhinein fast unmöglich gemacht. Schon das liturgische, jeden Sonntag nach dem Gottesdienst für das Dritte Reich in der Kirche von den Gläubigen zu sprechende Gebet war ein psychologisches Hindernis. Zu weit gehend war aber die vom früheren Schriftleiter des Zentrumsblattes „Hildesheimer Zeitung", Wilhelm Karl Gerst (Frankfurt, 1949), geäußerte Auffassung, daß dieses deutsche Konkordat „ein Dolchstoß gegen die kompromißlosen politischen Gegner des NS innerhalb des Katholizismus" gewesen sei und diesen das Rückgrat gebrochen habe, daß die Weltöffentlichkeit über den wahren Charakter des NS getäuscht und zum Schluß jene Katholiken, die sich dem NS zugewandt hatten, 1945 zu Angeklagten vor den Spruchkammern gemacht wurden, daß ferner dieses Konkordat ein Sieg gewesen sei gegen den Kampf zwischen der integralen Haltung der Trierer (unter Pius X.), geführt von Bischof Korum, und der demokratischen Haltung der Mönchen-Gladbacher, mit anderen Worten der Frage einer Zusammenarbeit der katholischen Arbeitervereine mit ihren protestantischen Kollegen in christlich-konfessionellen Gewerkschaften und darüber hinaus mit den sozialistischen Arbeitern; ferner ginge es letzten Endes um die Frage, ob katholische Laien in ihren politischen Entscheidungen kirchlichen Vorschriften unterworfen sind oder nicht. Zweifellos wurde ein klarer, ehrlich und offen geführter „politischer" Kampf der Katholiken gegen das Totalitätssystem durch das Konkordat erschwert, aber Rom wollte nach den Erfahrungen mit dem Faschismus (Lateranvertrag und italienisches Konkordat) für alle Fälle retten, was zu retten war, ungeachtet der unsicheren Verhältnisse in Deutschland und ohne Rücksicht auf die augenblickliche Staatsform, die seit Leo XIII. für den Vatikan keine Rolle spielt, wenn die Interessen der Kirche gesichert sind. Die Opfer waren später nach der Niederlage des Dritten Reiches jene Katholiken, die geglaubt hatten, daß man mit den NS zusammenarbeiten könne — sie wurden vor alliierte Gerichte und deutsche Spruchkammern geschleppt, als „Nazi" bezeichnet und oft jahrelang wie Verbrecher und Aussätzige überall ausgeschaltet, obwohl sie nur dort logisch weiterdachten und arbeiteten, wo der Vatikan begonnen hatte — und doch wußte niemand, was nach 1934 im NS-Programm vor sich gehen sollte. Wurden die Giftzähne wirklich ausgezogen, oder war es nur Taktik der emporstrebenden Partei, um das Zentrum in einer vornehmen Art abzuwürgen, wie es Mussolini mit der italienischen katholischen Volkspartei gemacht hatte? Oder war das Reichskonkordat ein Blankowechsel seitens des Vatikans, um für spätere Auseinandersetzungen eine Rechtsgrundlage für Kämpfe oder Kompromißlösungen in Händen zu haben? Der Zweifel breitester Kreise innerhalb der deutschen Katholiken war mehr als berechtigt. Sie empfanden alles als Lähmung des politisch-demokratischen Kampfes, nachdem auch beim Sonntagsgottesdienst ein Gebet für das Reich vorgeschrieben war. Als ich im Herbst 1934 von Trier, wo ich im Hindenburggymnasium in der Görres-Gesellschaft einen Vortrag gehalten hatte über „Rom, Christentum und deutsches Volk", der mit gedämpftem Beifall wegen der nationalen Note aufgenommen worden war, bei Papst Pius XI. Audienz hatte, ersuchte er mich, ihm meine Eindrücke über das neue Deutschland zu schildern. Da ich wußte, daß er seiner hohen Würde und Verantwortung bewußt, stark Autokrat war und gegenteilige Meinungen nicht liebte, bat ich zuerst um die Erlaubnis, offen zu sprechen „sicut Episcopum decet[37])". Bald jedoch mußte ich bemerken, daß die von mir aus Deutschland mitgebrachten Stimmungseindrücke besonders über das Reichskonkordat ihn zu heftigem Widerspruch reizten. Er richtete sich von seinem goldgepreßten Lederstuhl auf mit den Worten, die ich nie vergessen konnte: „Was? Wir haben das Konkordat nicht verlangt. Es wurde uns aufgezwungen. Denken Sie doch, bevor der Text noch fertiggestellt war, wollte man in Berlin bereits den Reichsrat zur Beschlußfassung darüber einberufen" — im Vorzimmer warteten auf ihre Privataudienz Vizekanzler von Papen und der Freiburger Erzbischof Gröber! In der Tat, das österreichische Konkordat war unter ganz anderen Verhältnissen abgeschlossen worden. Es hatte nichts von der Gefahr des Politischen in sich, war wirklichkeitsnäher. Nichts in seinen Artikeln war gefordert, das nicht auch ein moderner Sozialist und Gegner des NS mit wenigen Änderungen oder Einschränkungen zugestehen konnte. Daß Hitlers engere Berater

---

[37]) *„wie es für einen Bischof geziemend ist"*

die Absicht hatten, diesen Kirchenvertrag, der über das NS-Schulprogramm (interkonfessionelle, also Gemeinschaftsschule mit Religionsunterricht) hinausging, sozusagen auch als moralische Visitenkarte für die Weltöffentlichkeit, die vom ganzen politischen Umsturz in Deutschland überrascht war, zu benützen, ferner um die zentralistische Reichsidee zu fördern und die einzige ihm wirklich gefährliche politische Partei, das konfessionell gebundene Zentrum, zu liquidieren; in ähnlicher Weise, wie sein Vorbild Mussolini es mit der katholischen Volkspartei Don Sturzos machte, „nachdem die kirchlichen Belange vertragsmäßig gesichert seien", ist naheliegend, doch kann diese Begleiterscheinung das Urteil über Inhalt und Bedeutung dieses Vertrages, der übrigens nicht mit Hitler, sondern mit dem als frei vom ganzen deutschen Volke gewählten Staatsoberhaupt abgeschlossen wurde, in keiner Weise ändern oder trüben. Es ist abwegig, wenn der ehemalige preußische Finanzminister Dr. Höpker-Aschoff erklärt, das Reichskonkordat sei von einer „Verbrecherbande" in der Absicht geschlossen worden, es nicht zu halten, — also (!) heute rechtsunwirksam.

Ich habe nach genauen Studien der kirchenrechtlichen Vereinbarungen dieses Reichskonkordates und mit ständigen Vergleichen zum österreichischen Vertrag denselben immer in einem NS-Staat als eine Unmöglichkeit empfunden. Niemals wäre im kaiserlichen Deutschland, noch weniger in der Weimarer Republik die Einführung einer konfessionellen Schule im gesamten Reich möglich gewesen, da der sozialistische und liberale Teil sich entschieden widersetzt hätten.

Lange konnte auch ich mich nicht vom Eindruck befreien, daß der im rheinischen Separatistenkampf gegen die Reichsidee kompromittierte, geistig hochbefähigte Ludwig Kaas, der letzte Vorsitzende der Zentrumspartei, dieses Konkordat in Rom auch befürwortete, um jenes System zu stürzen, das er am 30. Jänner 1933 durch das Ermächtigungsgesetz emporgebracht hatte und dem er in einem Glückwunschtelegramm, das auch im „Osservatore Romano" veröffentlicht wurde, des Himmels Segen wünschen konnte. Entweder war das Programm des NS in seinen kulturellen Forderungen den vatikanischen Kreisen unbekannt (was ich nicht annehmen möchte), oder sie kannten es. In beiden Fällen muß man sagen, daß dieses Konkordat das moralische Ansehen des NS im Urteil des Auslandes legitimierte und festigte. Die Schulfrage war aber längst vor dem NS in Deutschland in einer heillosen Verwirrung. Nicht der national-vaterländische Gedanke, der die konfessionellen tief bedauernswerten Gegensätze Deutschlands, von deren politischer Auswirkung Italien keine Ahnung hat, überbrücken wollte, um endlich ein einiges deutsches Reich und ein seiner nationalen Einheit bewußtes Volk zu schaffen, sondern individualistische, selbstsüchtige, konfessionelle und provinziale Erziehungsmethoden und Ziele verlegten den Weg zu einer modernen Gemeinschaftsschule wie in Österreich. So ist es auch zu keiner einheitlichen, nationalen politisch-kulturellen Linie gekommen, was den Feinden eines starken Deutschland nur erwünscht sein mußte. Man kann nicht leugnen, daß das Reichskonkordat von 1934 die weltanschaulichen Gegensätze im Reiche vergrößerte und nicht einigend wirkte. Ich bin überzeugt, daß Hitler die einzelnen Bestimmungen nie gelesen oder überdacht hat. So schmiedete man die besten Waffen, um die nationale Bewegung in ständiger Unruhe zu erhalten, da der sozialistische Flügel des NS niemals der Einführung der konfessionellen Schule in allen Teilen des Reiches zustimmen konnte (Hessen, Sachsen, Thüringen usw.).

Das deutsche Reichskonkordat wurde deshalb automatisch zur Kampfwaffe und sozusagen rechtlichen Grundlage gegen die Totalitätsansprüche der linksradikalen Richtung innerhalb des NS, der sich mit diesem Kirchenvertrag genau wie der Faschismus das eigene Grab geschaufelt hat. Niemals wäre auch das päpstliche Weltrundschreiben vom März 1937 „Mit brennender Sorge“, in dem die Kirche gegen den Kirchenkampf des NS Frontstellung bezog, so wirksam geworden, auch in Kreisen des deutschen Protestantismus, der Papst Pius XI. in mehreren Schreiben dafür dankte, wenn der Vatikan nicht diesen Rechtsvertrag in Händen gehabt hätte.

Die beiden Konkordate miteinander verglichen, ergibt, daß jenes für Österreich zweifellos realpolitischer war als das reichsdeutsche. Ersteres war organisch gewachsen, letzteres lebte in der Gedankenwelt der Weimarer Zeit, also gerade jener politischen Welt, die der NS seit 1920 heftig in Versammlungen, Zeitungen und Schriften als unvereinbar mit „deutscher Ehre“ bekämpfte. Inhaltlich entsprach das deutsche Reichskonkordat in der Hauptfrage (Schule, religiöse Erziehung) den demokratischen Grundsätzen der

Weimarer Verfassung, nach welcher das bereits vor 1918 in Bayern, Westfalen, Rheinland bestehende konfessionelle Schulsystem auf das gesamte deutsche Staatsgebiet theoretisch ausgedehnt werden konnte, weil die Durchführung von der freien Willensentscheidung der Eltern abhängig gemacht und so eine „demokratische“ Überzeugung bekundet werden sollte. Die Schwierigkeiten betrafen gerade dieses Gebiet, da der NS programmäßig ebenso wie die kommunistische Partei ein Staatsschulmonopol mit einer Gemeinschaftsschule (nach dem Beispiel Österreichs) anstrebte, um den konfessionellen Spalt zwischen Norden, Süden und Rheinland im Interesse nationaler Einheit in der Jugend durch eine weitgehende Toleranz zu überwinden. In letzter Schau war dieser Kampf ein solcher um Demokratie, Partikularismus, staatliche nationale Erziehungsdiktatur und die Reichsidee. So schuf das Reichskonkordat tatsächlich — solange der NS bestand — mit der Einführung der konfessionellen Schule in ganz Deutschland Schwierigkeiten, denn dieser Programmpunkt des Zentrums und gemäßigten deutschen Sozialismus widersprach bereits dem ältesten NS-Programm des Iglauer Parteitages 1913, das in München 1920 übernommen wurde: „Neugestaltung des Schulwesens im Sinne der Einheitsschule und Erziehung der deutschen Jugend im völkischen Geiste.“

Abschließend kann man sagen, daß Rom, soviel Menschliches und allzu Menschliches von allen Seiten in diese Verhandlungen hineingetragen wurde, beiden Konkordaten ein Grundgesetz verteidigt und gerettet hat: die Freiheit der religiösen, weltanschaulichen Erziehung nach Wunsch der Eltern und die Freiheit der Eheschließung nach dem Gewissen der einzelnen Menschen; Staaten und Parteien sind nur Vorübergehendes, ob sie christliche, nationale oder soziale Farben tragen. Selbst Nationen sind etwas Vergängliches. Bleibend ist nur die Sendung von Kirche und Religion und in erster Linie das Gewissen des einzelnen Menschen, nach dem sie einmal in der Ewigkeit zur letzten Rechenschaft gezogen werden.

Wundersam still ist es im Renaissancehöfchen der Anima. Wenn man in diese Weltabgeschiedenheit eintritt, lebt eine andere Zeit wieder auf. Versunkene Jahrhunderte beginnen von deutscher Vergangenheit zu sprechen, von Herrschern, die einst die römische Krone trugen und ungeachtet ihrer politischen Kämpfe mit den

Päpsten die Kirche als Ausdruck der Religiosität liebten und verteidigten. Drei Reichsadler grüßen noch aus dem 15. Jahrhundert.

Im traumhaften, kühlen Abendfrieden plätschert nur das Wasser, das aus einer Brunnenröhre in den antiken Römersarkophag rieselt. Anima — hier ist ein Stück Deutschland. Deutscher Geist in Rom. Möge es immer so bleiben! Das ist mein Abendgebet.

5. Ordens- und Weltgeistlichkeit

Um das katholische Rom tiefer kennenzulernen, ist ein Besuch seiner zahlreichen Ordenshäuser unerläßlich. Sie sind vielfach die Kraftstationen und die Phalanx der Weltkirche. Wer sachlich die Verhältnisse betrachtet, wird den Schwerpunkt der römischen Kirche, wenn man von der Politik absieht, nicht im Vatikan, sondern in den Generalaten, Hochschulen und Studienhäusern der großen Orden suchen. Der Vatikan selbst macht in erster Linie Personal- und Staatspolitik und überprüft die Verurteilung von Irrtümern nach ihrer politischen Opportunität, aber auch fast immer nur auf Grund der Gutachten von ausländischen und italienischen Ordensleuten. Die Arbeit des Vatikans ist die staatliche Politik im Blickfeld kirchlicher Interessen. Dagegen wird das große Gebiet rein theologisch-religiöser Fragen fast nur in Ordenskollegien vorbereitet, bis es in die zuständigen päpstlichen Behörden gelangt. Seit dem 19. Jahrhundert sind es nur mehr wenige Orden, die entscheidend an vorderster Front eingreifen, so die Gesellschaft Jesu für die gesamte Theologie und alle ihre Zweige, die Benediktiner für Liturgie und Kirchenmusik. In den Hintergrund getreten sind zum Schaden der theologisch-philosophischen Entwicklung die Söhne des heiligen Dominikus, deren geschichtliche Stellung auch im Heiligen Offizium als Generalinquisitoren der christlichen Welt zugunsten der Gesellschaft Jesu zurückgedrängt wurde. In langen Abständen folgen diesen Orden die anderen religiösen Gemeinschaften. In allen sind aber die eigentlichen Schwerarbeiter, mit rühmlichen Ausnahmen, nicht immer Italiener, sondern Ausländer, Deutsche, Holländer, Belgier, Spanier und in neuester Zeit auch Nordamerikaner. Aus dem stillen Selbstverzicht der Ordensleute und aus ihrem selbstverständlichen Hinweggehen über alle Freuden und bescheidenen Vergnügungen dieser Welt strömen Energien in die religiöse Gemeinschaft der Weltkirche, die kaum berechnet werden können. Die Gründer dieser verschiedenen Orden haben oft, solange sie lebten, ein wenig erfreuliches Schicksal gehabt (Camillus, Calasantius). Meistens begann ihre Gloriole erst, als sie gestorben waren. Fast jede dieser Ordensgenossenschaften hat als Ergebnis der eigenen theologischen Schularbeit ein besonderes religiöses Arbeitsgebiet, religiöse Andachtsformen oder Lieblingsdogmen, die sie mit mehr oder weniger Geschick zur Diskussion bringen. Während Minoriten und Franziskaner im Gegensatz zu ihren Rivalen, den Dominikanern, seinerzeit den Glaubenssatz der Unbefleckten Empfängnis verteidigten, war der Jesuitenorden tätig in der Verbreitung der Herz-Jesu-Andacht, der Dogmatisierung von Mariens Himmelfahrt und vor allem der Unfehlbarkeit des Papstes. Die Aristokratie des alten abendländischen Mönchsideals, das feierliche Hieratische, die Distanz gegenüber Politik und weltlichem Machtdrängen, verkörpert der Benediktinerorden, der in Sant' Anselmo am Aventin, auf einem auch für die deutsche Kaiserzeit bedeutsamen Boden, seine Generalabtskirche mit Kolleg und Sitz des Abtprimas besitzt.

Ich betrat die neue Kurie der Jesuiten im Borgo Santo Spirito. Ohne diese Gesellschaft würde der Kirche manche Vitalität fehlen. Ihre Mitglieder verfolgen die Weltereignisse von hoher Warte mit aufmerksamem Blick, immer die ersten, die über Geistesströmungen, die mit traditionellen Auffassungen nicht übereinstimmen, nach Rom berichten*). Seit ihrem spanischen Gründer, dessen Ordenssatzungen militärisches Gepräge haben, sind sie die Vorkämpfer einer religiösen imperialistischen Eroberungsidee. Religiös kompromißlos, sind sie politisch mehr für eine kluge opportunistische Taktik, die keine Brücke zu früh abbricht. Sie werden vielfach in nordischen Ländern, in denen weltanschauliche Kämpfe nie ganz ausgetragen worden sind, besonders seit der Trienter Kirchenversammlung als der lebendige Ausdruck einer romanischen Deutung des Christentums empfunden. So haben sie im ganzen wenig aufrichtige Freunde unter anderen Orden und noch weniger in der Weltgeistlichkeit, sondern fast überall offene oder verborgene Gegner, die nicht selten ihnen Zwiespältigkeit vorwerfen. Der Volksmund nennt, im Sinne der Bibel „os bilingue detestor[38])“ (Sprüche 8, 13), = anders Handeln als Sprechen „jesuitisch“. Der Gedankenvorbehalt, die Reservatio

*) Vgl. die Prozesse gegen Lamennais, Gioberti, Rosmini, Franz Xaver Kraus, Romolo Murri, Loisy, Bonaiutti, Schell, Holzhey, Prohaszka und andere.

[38]) *„einen doppelzüngigen Mund verabscheue ich“*

mentalis, das „Hinter-den-Kulissen-Arbeiten“ und ähnlich wenig sympathische Dinge werden als geschichtliche Belastung des Jesuitenordens von seinen Gegnern und Rivalen hingestellt. Ich habe nie Gelegenheit gehabt, diese schweren Vorwürfe von der Wirklichkeit als eine Charakteristik des gesamten Ordens bewiesen zu betrachten, wenn auch einzelne Mitglieder sich dieser Mittel bedienen mögen. Im Gegenteil, ich sah, daß ungeachtet ihrer negativen Haltung in nationaler Hinsicht [ihre Morallehrbücher kennen nur die Liebe zum Vaterland, aber nicht zur Nation*)] kein anderer Orden so viele zeitaufgeschlossene und weitblickende Mitglieder zählt. Die ruhmvollen Taten und Gestalten dieses Ordens sind vor allem jene, die einst in Südamerika auf sozialem Gebiet in die Geschichte eingegangen sind, bis sie durch ein in diesem Fall anfechtbares Gehorsamsgelübde, das spanische Affaristen deckte, „erledigt“ wurden. Ihr unsterbliches Verdienst in der Menschheitsgeschichte werden die Reductiones in den südamerikanischen Staaten bleiben. Hätte sich damals in Rom jemand gefunden, der tapfer einem Jahrhundert sozialer Reformen vorangeeilt wäre und diese geniale Gründung verteidigt hätte gegen absolutistische spanische Herrscher, gegen profitgierige katholische Geschäftsleute und Adelige, dann wäre vieles in der Arbeiterfrage anders gekommen. Es ist das grausamste und zugleich fortschrittlichste Kapitel in der Geschichte dieses Ordens, dessen Mitgliederzahl in wenigen Jahren 50.000 erreichen wird. In zäher Arbeit hat sich heute dieser Orden eine alle anderen beherrschende Stellung in der Weltkirche erobert. Ohne die Gutachten seiner Mitglieder in wichtigen Fragen geschieht an der Kurie fast nichts. Sie sind die geborenen Grauen Eminenzen, die immer opferfreudigen, stillen Arbeiter. Die ihnen fast angeborene Witterung für neue Zeitströmungen sichert ihre Erfolge. Wenn sie einst im 17. und 18. Jahrhundert an den Fürstenhöfen der Habsburger und Bourbonen die Rolle von Beichtvätern, Predigern und geistlichen Beratern übernommen hatten, so leiten sie heute in fast allen Diözesen der Welt als Seelenführer (Spirituale) die Erziehungsanstalten der Weltgeistlichen. Bibelinstitut, orientalische Kirchenkunde, das russische Kolleg zur Vorbereitung für die kommende erhoffte Missionierung im Sinne der Weissagung der Madonna von Fatima, wie auch Archäologie sind in ihren Händen. Als ich im Jahre 1930 in die oberste

*) Arreguy, Theologia moralis, und ähnliche.

päpstliche Kongregation, das Heilige Offizium, berufen wurde, traf ich nur zwei Berater aus dem Orden. In wenigen Jahren waren es sechs, von denen zwei das Geheimarchiv in Händen hatten. Ihre große Domäne ist aber die päpstliche Hochschule Gregoriana. Besonders im Pontifikat Pius' XII. kamen sie zu einem beherrschenden und kontrollierenden Machteinfluß im Staatssekretariat, in Kongregationen, Nuntiaturen und besonders bei den christlich-demokratischen Abgeordneten, die sich in Rom stets bei Jesuiten Rat holten. Auch die Verurteilung von Einzelgängern in Frankreich hemmte diese Aufwärtsentwicklung nicht. Sie sind unentbehrlich als Ratgeber der Kurienkardinäle geworden. Sie haben Vertreter bei allen wichtigen Kongressen, wenn kirchenrechtlich nicht anders möglich wenigstens als Observer, die nicht besonders auffallen. Sie sind in der UNESCO, in der ökumenischen Weltbewegung. Sie sind fast überall die berufenen Vertrauensleute und Berichterstatter der päpstlichen Nuntien, denn es gibt kein Gebiet, für das sie nicht gut vorgebildete Fachleute besitzen. Jeder Rassen- oder Nationalpolitik abhold, treten sie für ein universell geformtes Menschentum ein, in dem die naturhaften Grundlagen weitgehend überwunden sind. Die die Juden von der Aufnahme in die Gesellschaft ausschließenden Artikel ihrer Verfassung, an denen sie Jahrhunderte seit ihrer Gründung nach den traurigen Erfahrungen mit spanischen Konvertiten festgehalten haben, wurden nach dem Ersten Weltkrieg abgebaut. So haben sie immer und in allen Staaten Mitglieder bereit, die den Anschluß an die Zeit finden, alte Formen zerreden oder abbrechen, um neue zu verbreiten, die inhaltlich alt sind, aber das äußere Gewand geändert haben. Durch ein logisch zwingendes System in Moral und Dogmatik suchen sie eine Art Monopolstellung in der katholischen Theologie zu erobern, zum Ärger anderer Theologenschulen, deren Überlieferung älter ist. Je geschlossener aber die Systematik des Denkens wird, um so einfacher ist die Leitung der Menschen, denn niemand ist schwieriger zu erfassen als einer, der Probleme sucht und über Stacheldrähte hinaus will. Seit der Ordensgründung liegt eine militärische Mentalität mit strammem Korpsgeist in dieser Gesellschaft. Man wirft ihnen merkwürdige Dinge vor, übertriebenen Intellektualismus, Laxismus, Pelagianismus*), Über-

*) Vgl. die berühmte Abhandlung des Jesuitenkardinals Billot in der französischen Ordenszeitschrift „Etudes", 1920

wiegen des Verstandes, der Logik in der Religion, eine kalt rationalisierende Berechnung, als sei das Leben gleichsam eine mathematische Aufgabe, Christentum und Kirche eine wissenschaftlich beweisbare Sache, während beide auf weite Strecken Mysterium und demütige Unterordnung sind. Manche Anklagen und Vorwürfe sind übertrieben, das Ergebnis von Neid und Rivalität. An den päpstlichen Hochschulen zu Rom werden von ihnen jährlich mehrere tausend junge Kleriker aller Staaten und Nationen ausgebildet, die später meistens zu wichtigen, einflußreichen Stellungen in ihren Diözesen emporkommen. Zahlenmäßig und wissenschaftlich ist sie die angesehenste in der ganzen katholischen Welt. Hier wird die Frohbotschaft Christi in ernster Arbeit mit scholastisch-klarer Diktion in die festen Begriffe und Formen eines einheitlichen weltanschaulichen Systems gegossen, denn nur so erhält die katholische Jugend ein kompromißloses Weltbild, das im Vergleich zu den ständig schwankenden Strömungen der Zeitgeschichte etwas Abgeschlossenes und Unantastbares darstellt. Indem sie ferner die in ihren Ordenssatzungen festgelegte kritiklose Hörigkeit gegenüber Entscheidungen der römischen Kurie auch auf Weltgeistlichkeit und katholisches Laientum ausdehnen, schaffen sie eine Kampftruppe, die den großen und schwierigen Forderungen der Zeit besser gewachsen ist. Niemand kann aber die Gefahren leugnen, die daraus der Kirche eines Tages entstehen können, denn auch Religionen können einer gewissen Freiheit von Denken und Gewissen und auch einer in vernünftigen Grenzen gehaltenen Kritik nicht entbehren. Die Malaise führender katholischer Kreise in Frankreich, die Rom einer theologisch reaktionären Haltung anklagen, die Tatsache, daß auf biblischem Gebiete seit Jahrzehnten wegen der Gefahr, sofort verdächtigt zu werden, nichts Großes, neue Wege Weisendes mehr geschrieben wurde, sind vielleicht unerfreuliche Symptome, daß starke Persönlichkeiten, abgestoßen durch ein übertriebenes Konformistentum, zu passiven Elementen innerhalb der Kirche geworden sind, während aller Fortschritt in Staat, Gesellschaft und Religionen nur kühn vorwärtsstrebenden genialen Kräften und nicht Traditionalisten zu verdanken ist. Es ist aber unrecht, behaupten zu wollen, daß in dieser Ordensgesellschaft alle gleich eingestellt wären. Es fehlte ihnen niemals an Outsidern, die allerdings wie Hummelauer, Wasmann (Bibel und Entwicklungslehre), Hermann Muckermann, Rosa (Hauptschriftleiter der „Civiltà Cattolica"), Przywara, Karrer, Rahner ausgeschaltet wurden, weil eine so stark militärisch aus dem Geist ihres Gründers, eines Soldaten, geformte Organisation zu selbständige Persönlichkeiten für die Dauer nicht ertragen kann.

Selten kommen große Skandale vor, und die betrübenden Apostasien des P. Tondi (Italiener) in Rom und des Generalsekretärs (Spanier) der Marianischen Kongregation sind nicht imstande, die Verdienste des Ordens zu verkleinern. Kein Orden ist so umstritten, verfolgt, von vielen abgelehnt, aber andererseits so unentbehrlich für die Kirche. Wenn einst Königin Christine von Schweden, die Rom durch ihre Freundschaft mit Kardinal Azzolini kannte, zum Vertrauensmann Ludwigs XIV. erklärte, daß sie lieber einen souveränen Fürsten als diese Ordensgesellschaft zum Feinde haben wolle*), so hat der Engländer James Brodrick**) ein unvergleichlich richtigeres Urteil gefällt. Der beste Beweis ist, daß alle inneren und äußeren Krisen der Anfeindung und Bekämpfung der Gesellschaft nur zu einer neuen Stufe der Aufwärtsbewegung geworden sind. Großartige Gestalten, vor deren Arbeitseifer, Intelligenz und sittlicher Haltung auch der Nichtchrist und Nichtkatholik sich beugen kann, zeichnen diesen ersten Orden der Kirche aus. Trotzdem ich gerade in dieser Gesellschaft wegen meiner Stellungnahme zum Dritten Reich heftige Gegner hatte wie Friedrich Wilhelm Muckermann, Leiber (nach Goebbels „die vatikanische Blindschleiche"), Hermann und andere, die nach außen sich nicht zeigten, kann ich nur in Dankbarkeit dieses Ordens gedenken, da ich die Ehre hatte, als einer der ersten im Bibelinstitut in die Methode ihres wissenschaftlichen Arbeitens eingeführt zu werden.

Ein ganz anderes Format sind die Söhne des heiligen Dominikus, mit denen ich seit meiner Studienzeit als Mitglied des 3. Ordens mit dem Namen Hyazinth in geistlicher Verwandtschaft lebe. Mit 16 Jahren klopfte ich an die Pforte des Dominikanerklosters in Graz mit der Absicht, in diesen Orden einzutreten. Fast jeden Abend hatte ich mit meiner Mutter in der schönen Barockkirche am Münzgraben dem Salve Regina beigewohnt. Der damalige Provinzial P. Grisemann gab mir aber den Rat, noch die letzten vier Klassen

---

*) Wertheimer, Biographie 293.
**) „The Progress of the Jesuits", London 1946, Verlag Longmans.

der Mittelschule zu beendigen — so ist aus meiner Absicht, auch unter dem Einfluß des Vaters, nichts geworden. Ich habe aber stets gerade diesem Orden, der eine so große religiöse Geschichte in Europa und Übersee verkörpert, mein Herz zugewandt. So eng nach dem Urteil mancher Fachleute die Dominikaner oft in bestimmten philosophischen Fragen sein mögen, die ihren großen Lehrmeister Thomas betreffen, ebenso weitherzig sind sie immer in Bibelerklärung und auf dem großen Gebiete der sozialen Frage gewesen. Von Lagrange und Vincent zur modernen Bibelforschung protestantischer Gelehrter ist keine weite Strecke, wenn man die Schlußfolgerungen ziehen will. Ich hatte das große Glück, in der Ecole biblique zu Jerusalem die umstrittene Leuchte der fortschrittlichen katholischen Bibelwissenschaft, Père Albert Lagrange, kennenzulernen: „Hat Sie der Rektor des Päpstlichen Bibelinstituts, P. Fonck (S. J.), wirklich zu mir geschickt?“ war seine erste Frage. Ich konnte ihm versichern, daß ich, nachdem ich seine grundlegenden Werke (über den relativen Wert geschichtlicher Bücher des Alten Testaments) als Theologe studiert hatte, ein wahres Bedürfnis fühlte, ihm den Ausdruck meiner Verehrung und Dankbarkeit zu Füßen legen zu dürfen. Wie überragte doch dieser geniale französische Dominikaner alle seine Feinde an Geistigkeit, Weitblick und Tapferkeit des Urteils. Harmlos erschienen ihm gegenüber seine Kritiker und Gegner, die als Integralisten von der Vergangenheit lebten, ohne die Synthese von Religion und moderner Wissenschaft auf dem Gebiete der Bibelkritik zu finden. Lagrange meinte in seiner Aussprache mit mir, mit Dekreten könne man wissenschaftliche Fragen nicht lösen, noch weniger aus der Welt schaffen, sondern nur mit Forschung, denn die Wissenschaft sucht die Wahrheit und sonst nichts. Trotz der düsteren Inquisitionszeit, die diesen trefflichen Orden des heiligen Dominikus vor der Geschichte Europas belastet und die nach den Gesichtspunkten moderner Demokratie eine erste, in großem Ausmaß organisierte staatliche Ausnützung der Religion für politische Zwecke darstellte, liegt noch immer über diesem Predigerorden ein wundervoller Abglanz mystischer Gottesliebe. Allein die Namen Bartolomäus Casas und Lacordaire machen ihn in der religiösen Geschichte des 17. und 19. Jahrhunderts unsterblich. Dominikaner sind im religiösen Denken konsequenter als manche ihrer Rivalen im Jesuitenorden, die Kompromißlösungen vorziehen.

In dieser Farbensymphonie des katholischen Ordensstandes sind eine eigene Abart die Söhne des heiligen Franziskus, die in einer Art Zinskaserne beim Lateran ihren Mittelpunkt haben, nach der Versöhnung des faschistischen Italien mit dem Vatikan aber die Fundamente eines großartigen modernen Generalates bei St. Peter legten. Man kann in Assisi den Spuren des Poverello nicht folgen, ohne traurig und nachdenklich gestimmt zu werden. Es gibt in der religiösen Geschichte Europas kaum einen größeren Gegensatz als jenen zwischen Franz und Ignaz von Loyola. Was ist aber vom übermenschlichen religiös-sozialen Idealismus dieses Santo, der vielleicht zu den wenigen gehört, die Christus als „sozialen Erneuerer der Gesellschaft" im Armutsideal nachahmen wollten, übriggeblieben? Ein solcher Reformorden konnte allerdings in der ursprünglichen vom Gründer gedachten Art unmöglich neben dem Cäsarengeist eines Innozenz III. bestehen. Der geniale Nachfolger in der Leitung des Ordens, Frater Elia, der bereits im politischen Streit zwischen Papst und Friedrich II. vermittelnd eingreifen wollte, hat schließlich die hochgespannten Ideale eines Franziskus den Wirklichkeiten des Lebens angepaßt in einem Sinne, den ersterer bei seiner Gründung kaum hatte. Allein Elia wußte, daß die heroische Lebensgestaltung immer nur Sache von ganz wenigen bleibt und mit der Zunahme von Mitgliedern die schönen Ideale der Gründerzeit von selbst dahinschwinden. Denn auch das Religiöse ist von den natürlichen Gesetzen menschlicher Entwicklung nicht ausgenommen. (Vergleiche seine treffenden Worte „Volesse Iddio che la gente vedendo solo raramente i frati minori si miravigliasse che fossero cosi pochi")[39]) Übrigens hat auch das von Franziskus als Heilmittel der damaligen Gesellschaft gepredigte Armutsideal in keiner Weise die sozialen Verhältnisse der Arbeiterschaft geändert. So wie Franziskus sein Werk dachte, wäre es mit seinem evangelischen Armutsideal eine ständige Anklage nicht bloß gegen das mit Reichtümern gesättigte Bürgertum Italiens, sondern auch gegen die damalige politische Machtstellung der Kirche in Europa gewesen. So endete schließlich alles in einem verbürgerlichten schlichten Ordensideal, das aber trotzdem im Laufe der Jahrhunderte ungezählte Heroen des Geistes und der Heiligkeit gezeugt hat, aber keine revolutionäre soziale Wirkung mehr hervorrufen

[39]) *„Gebe Gott, daß die Leute nur selten den ‚Minderbrüdern' (Franziskanern) begegnen und sich dann wundern, daß es nur so wenige von ihnen gibt"*

konnte, sondern für die soziale Entwicklung des Abendlandes ungefährlich wurde. Wer in die deutsche Kaisergeschichte des späten Mittelalters zurückblickt, freut sich über die vaterländische nationale Haltung vieler geistig hochstehender Mitglieder dieses Ordens, besonders in Bayern.

Ich läute beim Generalat der Kapuziner in der Via Sardegna, diesem im ganzen deutschen Sprachgebiet, besonders in Süddeutschland und Bayern, so überaus beliebten demütigen Orden, der in der Geschichte keine wirklichen Feinde oder Rivalen zählt. Leider sind Kirche und Kloster, bautechnisch betrachtet, in Rom ein Attentat auf den Kunstsinn. Ein Haus ohne Seele. Das ist der erste Eindruck auch im Innern. Kalt wie ein Eiskeller. In weitem Abstand von den drei großen Ordensfamilien schreiten die Proletarier der Weltkirche, die Kapuziner, durch die Straßen Roms. Sie sind als Beichtväter und Missionare viel in Anspruch genommen. Ihre Moral stammt nicht immer aus den Büchern von Alfons Liguori, aber sie kennen das Volk und dessen Seele. Anspruchslos sorgen sie dafür, daß sich die Religiosität der Masse in besonderen Andachtsformen betätigt. Und wie viele andere Orden kommen nach diesen bis zu den modernen Kongregationen in oft sonderbaren Kostümen; besonders, soweit sie von Frauen gestiftet wurden. Mit fliegenden Mänteln, Gürteln, Rosenkränzen und merkwürdigen Abzeichen beleben sie das Stadtbild Roms. Ein stark feminin-sentimentaler Zug ist seit dem 19. Jahrhundert in der Religiosität unverkennbar. Es genügt, einzelne Feste des Breviers mit süßlich-unwahrscheinlichen Texten zu lesen. Nach dem Ersten und noch mehr nach dem Zweiten Weltkrieg haben einzelne neue Ordensgenossenschaften eine ungesunde Entwicklung durchgemacht*). Während das Volk gewöhnlich überall verarmte und teilweise in armseligen Baracken wohnen mußte, wurden großartige Bauten aufgeführt, die nicht immer notwendig waren, sondern dem Geltungsbedürfnis entsprachen, in jedem Falle aber auch gutgesinnten Menschen wegen der drückenden wirtschaftlichen Zeitverhältnisse breitester Volksschichten zum Ärgernis wurden.

Während die ältesten Orden aus einer Gegenwirkung gegen die reiche höhere Geistlichkeit des Mittelalters entstanden sind wie eine

*) Dagegen sind menschlich unwürdig die Verhältnisse der sogenannten vive-sepolte-Nonnen mit strenger Klausur (vgl. „Civiltà Cattolica", 1953).

Flucht in das Evangelium, sind heute fast alle mit wenigen rühmenswerten Ausnahmen große Unternehmungen, denn Spitäler, Pilgerbetreuung, Pensionen, Konvikte, konfessionelle Privatschulen sind Goldgruben. Dazu kommt, daß für Ordensleute im Falle von Krankheit und Alter gesorgt ist, während heute die wahren Proletarier innerhalb der Kirche die Weltgeistlichen sind, die Vertreter des Armutsideals in zahlreichen Städten und Diözesen. Es wäre leicht, dies durch eine freie Umfrage statistisch zu beweisen.

Alle neuen Orden und Genossenschaften streben von der Überwachung durch den zunächst berufenen Diözesanbischof weg, was teilweise eine notwendige Folge der internationalen Schichtung ihrer Mitglieder und andererseits der seit Pius X. auf diesem Gebiete besonders straffen Zentralisation in Rom ist. Die volle Unabhängigkeit in wirtschaftlichen und disziplinären Fragen, mit einem Worte, die Exemtion vom Ortsbischof, die das neue Kirchenrecht weitgehend begünstigt, ist ihr Ziel. Nach den kirchenrechtlichen Bestimmungen seit 1918 haben selbst Kardinalprotektoren keinen Einfluß auf die Finanzgebarung und die Innendisziplin exemter Orden (can. 499, par. 2). Rom greift in Zurückhaltung nur ein, wenn Schwierigkeiten als Skandale zu stark in die Öffentlichkeit gedrungen sind. Diözesanbischöfe erscheinen fast nur zuständig und verantwortlich, wenn schon unangenehme Dinge bereits die Öffentlichkeit beschäftigen. Der Ruf nach Reform ist deshalb auch in der Ewigen Stadt selbst bei Freunden des Ordensstandes nicht selten zu hören. Niemand geringerer als der Missionar, Jesuit Lombardi, hat diese Schattenseiten in einer öffentlichen Predigt in der Kirche Maria Maggiore 1950 gegeißelt — zunächst ohne äußeren Erfolg. Bereits in der „Civiltà Cattolica“ vom 19. März 1948 untersuchte R. Lombardi S. J. das Problem „Die Erneuerung der Orden“. „Wenn man vermeiden will, daß das gegenwärtige Mißverhältnis zwischen dem Einzelmenschen und den allgemeinen Strukturen zu einem gewalttätigen Umsturz letzterer führt, dann muß man den Mut haben, das Werk der Erneuerung friedlich und energisch anzugehen, solange noch Zeit ist.“ Gläubige wie Ungläubige sind sich heute klar „über die Notwendigkeit wagemutiger Revisionen im Leben der Kirche“. Der Geist der Ordensstifter darf nicht in starren Konventionen eingefroren werden. „Wehe deshalb einer starren Unveränderlichkeit, einem griesgrämigen Konservatismus.“ Diese Gedanken waren aber viel zu allgemein formuliert, um Ausgangspunkt einer Reform werden zu können. Orden, die sich überlebt haben, reformieren zu wollen, ist eine vergebliche Mühe. Nur die grausame Macht der Geschichte zerstörte immer wieder das, was berufene Kreise nicht getan haben. Besonders die Phantasiekostüme, die Moda religiosa, der sentimentale Feminismus, der aus Kleidern und neuen Andachten spricht, deren besondere Propagandisten manche modernen Kongregationen sind, beunruhigen in der Kirche selbst Geistliche, die sonst aus reicher Erfahrung der religiösen Abnormitäten der Geschichte sich bereits an vieles gewöhnt haben. Lange Zeit war Frankreich das Mutterland der Variationen und eines fast sentimentalen, durch weibliche Ordensgenossenschaften gepflegten Katholizismus, bis während des Zweiten Weltkrieges die Prêtres ouvriers[40]) in Paris, Marseille und in der Bannmeile der Großstädte mit einem ganz anderen Priesterideal des männlichen Heroismus sozialistischer Form nicht ohne Gefahren die Welt überraschten*). Die feierlichen Ordensgelübde, deren Ewigkeitsdauer einst Thomas von Aquin wie ein unabänderliches Dogma nach Art einer „religiösen Ehe" verteidigte, sind durch päpstliche Dispensakte längst brüchig geworden, was nur ein Segen ist, um Schiffbrüchige in rechtlicher Form ausschalten zu können, nachdem besonders in Dorfklöstern romanischer Länder die religiöse Ausbildung mancher Novizen und Aspiranten, die bereits mit zwölf Jahren eintreten, nicht ohne Schatten sein kann. Auf diesem Gebiet herrscht teilweise noch ein Gegensatz zum Ordensklerus nordischer Länder, der sich außer 14 Jahren Volks- und Mittelschule noch sechs Jahre der philosophisch-theologischen Ausbildung widmen muß. Viele liebe, edle Menschen habe ich trotz allem bei meinen wiederholten Besuchen in diesen Generalaten Roms und in ganz Italien gefunden, die der großen Gefahr einer Internationalisierung und national interesselosen Haltung gegenüber Heimat, Volk und Vaterland, die von diesen Generalaten oft kommen, glücklich entgangen sind. Die Gemeinschaft verlangt von allen Ordensmitgliedern gegenseitige Rücksichten gegenüber Mitbrüdern anderer Nationen. Amerikaner, Italiener und Franzosen haben meistens zum Unterschied von den Deutschen eine freiere nationale

---

[40]) *„Arbeiterpriester"*

*) Gilbert Cesbron, „Les Saints vont en enfer" (Roman, Paris 1952; Pierre Gordon, „Le Sacerdoce á trevers les âges", Paris 1950.

Sprache und Haltung, wenn es um ihre Heimat geht. Sie lassen sich nicht zu Zwitterwesen und Homunculi entwickeln, was die Gefahr jeder internationalen Atmosphäre, ob religiös oder staatlich, für schwache Charaktere bedeutet. Welch tiefe Liebe zur Heimat und zum Vaterland kann man da entdecken, sobald man in ein vertrautes Gespräch kommt! Ungeachtet der Klostermauern, die ihr Schicksal nach außen bergen, wird viel Zeit für nationale und politische Fragen verwendet. In einer vollständig internationalen Gemeinschaft haben nicht wenige unserer Landsleute in diesen Ordenshäusern Roms Deutschtum und Treue zum Volk bewahrt. Sie waren stille Träger des deutschen Gedankens in einer fremden, besonders während des Zweiten Weltkrieges nicht immer freundlich gesinnten Umgebung. Genug deutsche Ordensleute (selbst Jesuiten) habe ich in den bewegten Kriegsjahren gesprochen, die schmerzlich am Ambiente dieser internationalen Häuser in den Tagen des deutschen Schicksalskampfes gelitten haben, so wenig sie für Hitlers Vorgehen auf religiösem und rassischem Gebiete ein Wort der Entschuldigung finden konnten, allein des deutschen Volkes Glück und Unglück traf ihre Seele besonders schwer im Ausland. Es war ihnen nicht gleichgültig, ob Deutschland oder seine Feinde siegen würden. Ich habe andererseits nicht selten aus ihren Reden den tragischen Zwiespalt zwischen dem Enthusiasmus der ersten Hingabe in der Jugend und dem Erlahmen, Erstarren in späteren Jahren herausgefühlt. Das Menschliche und Natürliche bleibt auch ihnen nicht erspart. Wer möchte deshalb ihnen einen Vorwurf machen, nachdem ihr Leben ein ständiger freigewählter Kreuzzug der Vereinsamung sein muß! Was weiß auch der Mensch, der mit 16 Jahren in ein Kloster geht oder sich bindet, was das Leben später an ihn heranwirbelt? Man braucht dazu keinen Teufel und keinen Glauben an dämonische Kräfte. Die menschliche Natur allein ist ein Wunder von Überraschungen. Jeder trägt in sich von Natur aus Spannungen und Konflikte, je höher das Lebensideal und je unbedingter der Verzicht auf Glück und Familie ist. Ein alter deutscher Kamaldulensermönch aus Schlesien, dem ich in der deutschen Nationalkirche der Anima zu Neapel zum 50. Jubeltag seiner Gelübde die Festpredigt hielt, gestand mir, als wir zu einem Empfang beim deutschen Generalkonsul v. J. gingen, in vertraulicher Aussprache, daß er, je länger es dauere und das Alter mit seinen Mühen sich melde, um so schmerzlicher die Vereinsamung in seinem Ordensleben empfinde. Von Tag zu Tag trage er immer schwerer an der Last des heiligen Berufes und sehne sich nach dem baldigen Ende. Dieses Geständnis eines achtzigjährigen Mannes, der mehr als die Hälfte seines Lebens im Ausland verbracht hat, ergriff mich aufs tiefste.

Man kann aber heute sagen, daß die Weltpriester in manchen Ländern mehr als Mitglieder moderner Orden alle drei Gelübde halten — und dies unter unvergleichlich schwierigeren Verhältnissen. Der Wandel der Zeit hat Akzentverschiebungen gebracht. Das Leben in der Welt ist bedeutend unsicherer als jenes hinter Klostermauern. Es wird mehr Armut geübt und ertragen von Menschen, die niemals ein Gelübde abgelegt haben (das ihnen schließlich alle irdischen Sorgen abnimmt) als von solchen, die dem Rat des Evangeliums gefolgt sind. Die Keuschheit verpflichtet Ordens- und Weltgeistliche heute in ganz gleichem Ausmaß. Der Seelsorger kann nach dem Kirchenrecht seit 1918 (die grundlegenden Bestimmungen gehen auf Pius X. zurück und widersprechen der Rechtsauffassung vergangener Jahrhunderte) jederzeit ohne eigentlichen Prozeß von einem Ordinarius abgesetzt werden auf administrativem Wege aus Gründen, die ihm nicht einmal mitgeteilt werden müssen! So bindet ihn, abgesehen von der Priesterweihe, vieles in Gehorsam, nur schlechter, weil er nicht bequem in ein Kloster des Ordens sich zurückziehen kann, um wirtschaftlich bestehen zu können, sondern der „karitativen Gesinnung der zuständigen bischöflichen Behörde überwiesen wird." Der Weltpriester in einsamen Gebirgsdörfern und noch mehr jener in großen Arbeiterpfarreien verwirklicht ein ganz anderes Lebensideal des religiösen Heroismus der Armut mit ungezählten Gefahren, Schwierigkeiten und Versuchungen aller Art, denen der Ordensmann im heiligen Raum seines Klosters unendlich leichter sich entziehen kann. Priester der modernen „Betriebs"-Seelsorge mit den mannigfachen Agenden sind die wahren Märtyrer des Priesterberufes. Sie leben in Gefahren, ein Opfer zu werden, wenn sie nicht trotz der Überbürdung mit äußeren Arbeiten ein reiches Innenleben führen und jeden Monat einen ganzen Tag nur ihrer eigenen Seele und der persönlichen Frömmigkeit weihen, was mitten im Leben unvergleichlich schwieriger ist, als hinter Klostermauern geborgen zu sein. Diese Einkehrtage jeden Monat in einem Kloster wären mehr wert und viel bedeutender als jährliche Exerzitien, die nur zu oft wie ein künstliches Feuer ohne große Nachwirkungen erlöschen.

Das Weltpriestertum hat, wenn es nicht im harmlosen gesellschaftlichen Raum von „Hermann und Dorothea" seine Tätigkeit ausübt, sondern in Bannmeilen und in modernen Arbeiterpfarreien, viel mehr Heldenhaftes in sich als jenes gewöhnlicher Ordensgeistlicher. Sich mitten in den ständigen Gefahren der Welt jahrzehntelang rein und selbstlos zu bewahren, oft unbedankt den Mitmenschen dienen, wieviel Heldentum fordert es vom einzelnen. In diesen Kampf gehört besonders die Ehelosigkeit des Weltpriesters. Es genügt nicht, sich mit dieser Tatsache als einem geschichtlich gewordenen Kirchengebot abzufinden, das nun einmal nicht zu ändern ist, aber mit dem Urchristentum nichts zu tun hat. Es muß vielmehr der Ausgangspunkt einer heldenhaften Lebensgestaltung werden, sonst ist es sozial gesehen eine unbedeutende Sache. Die so aufgespeicherte Lebensenergie muß selbstlos zu einer um so größeren Arbeitsleistung den Mitbrüdern und den immer größer werdenden Aufgaben der Kirche zugewandt werden, denn Ehelosigkeit ohne entsprechende soziale Gegenleistung kann leicht zum religiösen Egoismus ausarten. Wie viele Schwierigkeiten, Verantwortungen aller Art trägt gerade in der Gegenwart ein Familienvater mit zahlreicher Nachkommenschaft, denen gegenüber die Sorgen des Priesters unvergleichlich geringer sind. Um so größer also die gerade aus der Ehelosigkeit, der Freiheit von Bindungen an Familie und Gesellschaft sich ergebenden Verpflichtungen. Zu diesen sittlichen Opfern kommt das soziale Problem der Weltgeistlichkeit, das in vielen Ländern (Deutschland und die Schweiz sind rühmenswerte Ausnahmen) nicht bloß oft betrübend, sondern wahrhaft beschämend ist — ein Problem, das der Ordensgeistliche, der sich bei Krankheit oder Arbeitsunfähigkeit bequem in sein Kloster zurückziehen kann, wo schon alles vorgesorgt ist, überhaupt nicht fühlt.

Die Proletarisierung der Weltgeistlichkeit, zum Beispiel Südamerikas (einschließlich mancher Bischofssitze), ist eine Tatsache, während die international organisierten Orden, besonders die modernen, auch wenn sie klein und fast in Armut beginnen, großkapitalistische Unternehmungen und Machtkomplexe sind, denen gegenüber Bischöfe machtlos sind. Diese von der modernen Finanz auch in Kirche und Religion herüberkommende Entwicklung öffnet neue Perspektiven, noch mehr, wenn einmal die „Istituti secolari[41])" sich entsprechend kapitalistisch zu entwickeln beginnen, ohne die gesetzliche soziale Fürsorge für Angestellte zu beachten. Und wieder wird die göttliche Vorsehung, das heißt die eherne Macht natürlicher Geschichtsentwicklung, durch Ereignisse wie im Ausgang des Mittelalters und in den Tagen der Reformation eingreifen, um Morsches und sozial Überflüssiges zu vernichten und das Ordensideal auf Jahrhunderte zurückzuwerfen. Solche Verfolgungen, in denen die angesammelten Reichtümer von Jahrhunderten untergehen, sind Gnadengeschenke Gottes an die Christenheit und nicht Teufelswerk, weil sie das beseitigen, was der Zentralapparat der Kirche aus Schwäche und Konnivenz nicht rechtzeitig zu reformieren verstand. Langsam wird auch das völlige Hinabsinken der Weltgeistlichkeit in das Proletarium einsetzen, so daß Sozialisten und Kommunisten wirtschaftlich betrachtet keinen Grund mehr haben, gegen diese Gesellschaftsschicht zu kämpfen, die vielfach ohne soziale Fürsorge gegen Krankheit, Alter, Unfall arbeiten muß, während die Vertreter der Orden und Kongregationen sorglos in Autos, Worte des Trostes und des Ausgleichs in einer besseren Welt hinterlassend, durch die Landschaft reisen. Wie vieles ist gerade, was den Weltklerus betrifft, auf die alte überwundene Grundlage der „Caritas" statt einer sozialen Gerechtigkeitsempfindung aufgebaut, denn wenn die Kirche einen jungen Menschen für immer in ihre Dienste nimmt, hat sie die heilige Rechts- und nicht eine bloße Liebesverpflichtung übernommen, dessen Existenz in sozial vorbildlicher Weise zu sichern. Gegenüber den schönsten Worten für Sozialprobleme und Sozialpolitik unter Laien, wie sie Rundschreiben und Ansprachen der Geschichte hinterlassen haben, kann man antworten: „Arzt, heile dich selbst" — mache zuerst dein Haus zu einer sozial musterhaften Einrichtung —, erst dann kommen die anderen in der Welt! Nachdem ein deutscher Priester, der in der Auslandsseelsorge mehrerer Kontinente jahrelang tätig war und vor allem die Verhältnisse Südamerikas genau kannte, mir überraschende Einblicke gegeben hat in die soziale Rückständigkeit nicht weniger Länder, unterbreitete ich die folgende hier in deutscher Übersetzung

---

[41]) *Bei den „Istituti secolari" (wörtlich: „weltliche Institute") handelt es sich um kirchliche Institutionen, die sozusagen „für den Dienst an der Welt" errichtet sind.*

gebrachte Denkschrift dem Heiligen Vater am 5. Juni 1949, die aber als praktisch undurchführbar, wenn auch mit lieben Worten beantwortet wurde, während der Sekretär der päpstlichen Konzilskongregation, Roberti, dem ich eine Abschrift übergab, mir sagte, daß der Zeitpunkt dafür noch nicht gekommen sei, aber man später sicher auf diese Pläne und Vorschläge zurückkommen wird:

„Es sei mir gestattet, eine Frage von schwerwiegender Bedeutung für den Säkularklerus, und das besonders in der veränderten Finanzlage unserer Zeit, ergebenst einer wohlwollenden Prüfung zu unterbreiten, nämlich die Gründung eines Internationalen Sozialfürsorgewerkes für den Klerus, vielleicht in Verbindung mit dem Finanzinstitut für religiöse Betätigungen (Opere di Religione), aber immer mit einer gewissen Selbständigkeit, weil internationalen Charakters, oder vollständig unabhängig, aber immer unmittelbar dem Heiligen Stuhle unterstellt.

Die Gründe für solch ein Hilfswerk sind mehr als auf der Hand liegend:

1. Der Weltklerus ist in vielen Diözesen (vgl. Südamerika) in fast allen Erdteilen in einen Proletarisierungsprozeß verwickelt. Das mittelalterliche System der Benefizien wird immer mehr durch die Grundsätze des modernen Wirtschaftslebens liquidiert; das Monatsgehalt eines in der Seelsorge beschäftigten Priesters ist lächerlich im Verhältnis zu den langen Jahren der Studien und geistigen Vorbereitung; in Krankheits- und Unglücksfällen ist fast nichts vorgesorgt, bei wenigstens 60 Prozent der Diözesen; das Heranrücken des Alters ist für den Säkularpriester ein Gegenstand schwerster Sorgen — und für die Bischöfe gilt das gleiche. Nicht selten fehlt auch — und das ist eine besonders schmerzliche Tatsache — beim Säkularklerus das Gefühl, mit Banden brüderlicher Solidarität und durch Pflichten gegenseitiger Hilfe untereinander verbunden zu sein. Sehr viele isolierte Diözesen haben auch keine ausreichenden Mittel, um dem Klerus zu helfen, der beim Eintritt von Arbeitsunfähigkeit nicht Werke der Barmherzigkeit, sondern verteilender Gerechtigkeit will. Die Folge davon ist, daß Priester von über siebzig Jahren noch in der Seelsorge tätig sein müssen, obwohl inzwischen eine neue Gene-

ration mit völlig veränderter Mentalität erstanden ist, die nicht von alten und außerhalb der modernen Strömungen lebenden Pfarrern geleitet werden will. Der Kodex des kanonischen Rechtes hat keine Altersgrenze für in der Seelsorge tätige Priester festgesetzt (eine Lücke, schon allein vom psychologischen Gesichtspunkt aus betrachtet); aber gesetzt auch, man träfe darin morgen eine Änderung mit einem neuen Paragraphen, wie wenige Bischöfe würden praktisch eine solche Ordnung durchführen können, bei allem Verständnis für ihre Notwendigkeit und Zuträglichkeit?

2. Welch ein Kontrast zum Regularklerus mit Armutsgelübden, bei dem alles vorgesorgt ist für die Fälle von Unglück, Krankheit und Alter. Sie ziehen sich in ihre Mutterhäuser zurück, die für sie sorgen müssen. Ohne Zweifel kann man heute leider sagen, daß der „Kapitalismus" von den Ordensleuten repräsentiert wird (die Konfessionsschulen und Kliniken sind „Gruben der Bereicherung"), während der Weltklerus, auch unter einem eifernden Ordinarius, im Kampf gegen die wirtschaftlichen Schwierigkeiten steht, ohne einen Schritt weiterzukommen. Bejammernswert sind viele Pfarrhäuser im Zustand völligen Verfalls, ein seltsamer Gegensatz zu den Bauten der religiösen Kongregationen (der männlichen wie der weiblichen), die mit allen Mitteln modernen Komforts ausgestattet sind! Ein mehr empfundener als äußerlich ausgesprochener Widerstreit breitet sich daher im Säkularklerus aus, dem es an einer Fürsorge (nicht der Barmherzigkeit, sondern verteilender Gerechtigkeit) fehlt, wie sie den veränderten Zeitumständen entspricht.

3. Es läßt sich nicht leugnen, daß das Herausfallen der Ordensleute aus der Amtsvollmacht der Diözesanbischöfe diesen Mißstand noch erhöht, denn auf Grund von Can. 617, par. 1 können sie sich immer dem Ordinarius entziehen, dessen Befugnis sich ganz erschöpft in derjenigen der Kongregation der Ordensleute, die, auch wenn sie von erstklassig genialen Persönlichkeiten geleitet wird, doch nie einen Diözesanbischof ersetzen kann, der inmitten der praktischen Probleme steht. Es genügen nicht die fünfjährigen Berichte, die sehr oft „post festum" kommen; der Heilige Stuhl sollte die Möglichkeit einer direkten Kontrolle haben, indem er durch Vermittlung des neuen Internationalen Sozialfürsorgewerkes für den Klerus auch bei verschiedenen Finanzproblemen der Ordensleute eingreift, welche verpflichtet werden müssen, mit einem Jahresbeitrage zu diesem Werke beizusteuern, von dem sie ja auch Vorteile genießen (Möglichkeit zu Darlehen für den Bau oder die Gründung von neuen Schulen, Sanatorien ausschließlich für den Klerus, Heimen für alte pensionierte Priester usw.).

4. Die in allen Diözesen hinter dem östlichen Vorhang aufs äußerste verarmte (einst wie in Ungarn, Böhmen sehr reiche) Kirche hat so viel verloren, daß sie, auch wenn morgen das bolschewistische Joch zerbrochen würde, nicht ohne große Unterstützung in Form von Darlehen aus dem Ausland wieder erstehen kann. In unserer Zeit — die Szenen in Ungarn und Böhmen können sich in anderen Erdteilen wiederholen — ist mithin die Gründung eines solchen Internationalen Fürsorgewerkes unumgänglich notwendig (Ausgleichsfonds), mit dessen Tätigkeitsbeginn Diözesen und Klerus aus der Abhängigkeit von nichtkirchlichen Banken und Finanzunternehmungen befreit werden.

5. Mit solch einem Fürsorgewerk würde das Gefühl internationaler Bruderschaft im Klerus der ganzen Welt einen starken Auftrieb erhalten. Keine Diözese wäre mehr in kritischen Augenblicken sich selbst überlassen; der gealterte Klerus fände in Heimen und Sanatorien der Diözesenverbände Pflege als würdiges und wohlverdientes Entgelt seiner in der Seelsorge geleisteten Tätigkeit. Bestehen in einigen Diözesen schon Fürsorgewerke für den eigenen Klerus, so mögen sie ohne weiteres ihre wohltätige Arbeit fortsetzen, aber sie werden in dem neuen internationalen Hilfswerk eine starke Rückendeckung finden, wie sie im übrigen alle ähnlich von Laien verwalteten Hilfswerke besitzen. Die wirtschaftliche Isolierung der Diözesen wird in unserer Zeit langsam zu ihrem Verfall führen. Ein inniger Verband dagegen in einem internationalen Fürsorgewerk, der seinen Sitz in Rom hat, im Zentrum des Katholizismus, sei es im Vatikan oder in einem der exterritorialen Paläste, wird für alle ohne Unterschied der Sprache und Rasse eine feste Burg sein, wenn seine Verwaltung gut modern ist, getragen von gesunden modernen Grundsätzen der Finanzwissenschaft und internationaler Gesichtspunkte.

6. Der Heilige Stuhl würde dadurch auch die Möglichkeit zu gewissen Unternehmungen erhalten (Bau von Häusern für die katho-

lische Aktion in verschiedenen Ländern), die heute fast unausführbar sind, weil Fonds dazu fehlen.

Gerade zusammen mit den zahlreichen Aufgaben des Heiligen Jahres würde die Gründung eines solchen Hilfswerkes den Anfang von Reformen für den Klerus auf einem Gebiete bedeuten, das so viele Empfindungen auslöst und sosehr einer modernen Lösung bedarf. Alle Diözesen und der Klerus würden so eine neue starke Verbindung mit dem Heiligen Stuhle erfahren, der seinerseits die verschiedenen Zweige der Diözesanverwaltung und der Ordensleute auch im Ausland besser kontrollieren könnte.

7. Mit einer kleinen Jahresabgabe „Solidaritätsfonds für den Klerus", die jeder Priester an seine Diözesankurie, bei der das Hilfswerk seinen amtlichen Vertreter haben wird, abliefern müßte, würden große Summen zusammenfließen, und zweifellos könnte im Lauf der Jahre durch Vermächtnisse, Gründungen, internationale Lotterien usw. ein bedeutendes Kapital angehäuft werden, das in kritischen Augenblicken die diesbezüglichen Diözesen unabhängig und frei machen würde gegenüber Staat und Parteien, weil sie eben materielle Stärkung erführen durch das Sozialfürsorgewerk für den Klerus. Lange Jahre hindurch habe ich dieses Problem studiert, und heute, während ich die katastrophalen finanziellen Folgen der politischen Umwandlungen in verschiedenen Ländern überblicke, die einst zu meinem Vaterlande gehörten (mit einer so reichen Kirche, daß sie nicht an die Möglichkeit anderer Zeiten auch nur hätte denken wollen!), halte ich es für meine Pflicht, mein Gewissen zu entlasten, indem ich die vorstehenden bescheidenen Gedanken und Vorschläge dem besonderen Wohlwollen Eurer Heiligkeit unterbreite mit der Bitte, ob sie vielleicht beachtenswert befunden werden möchten zu einer Überprüfung meines Vorschlages durch eine Kommission von Sachverständigen aus der Heiligen Konzilskongregation. Es ist meine tiefe Überzeugung, daß so ein grandioses Hilfswerk erstehen könnte, ein Werk, das, wenn es zu sagen gestattet ist, die zahlreichen anderen schon unter dem Pontifikat Eurer Heiligkeit errichteten Werke noch vervollständigen würde, diesmal zugunsten gerade des Weltklerus, der auch in den schwierigen Verhältnissen von heute an die souveräne Person des Statthalters Christi mit Gefühlen unveränderter Ergebung und nicht wankenden Gehorsams gebunden bleibt."

Die Antwort lautete (in deutscher Übersetzung):

„Die Ausführungen, die Sie am vergangenen 7. Juni einsandten über die Gründung eines Internationalen Sozialfürsorgewerkes für den Klerus, sind Ihrem Wunsche gemäß dem Heiligen Vater unterbreitet worden. Seine Heiligkeit hat gern den Geist brüderlicher Solidarität wahrgenommen, von dem der Plan eingegeben ist; gleichwohl habe ich den ehrenvollen Auftrag, Ihnen mitzuteilen, daß leider, auch nach einer aufmerksamen Überprüfung dieses Planes, seine Durchführung nicht als möglich erachtet wird."

6. Habent fata sua libelli [42)*)]

(„Die Grundlagen des Nationalsozialismus", Wien 1936, Günther Verlag)

„Veritas odium parit"
Augustinus, sermo X.

Tatsache ist zunächst folgendes:

Diejenigen, die Adolf Hitler als Reichskanzler, das heißt als Chef der am 30. Jänner 1933 gebildeten parlamentarischen Regierung den Weg bahnten, waren jene, die Anfang der dreißiger Jahre der NSDAP ihre Stimme gegeben hatten, vielfach auch schon Parteimitglieder geworden waren und die zusammen mit Millionen weiterer Stimmberechtigter am 5. März 1933 durch die letzte freie Reichstagswahl die damals noch immer parlamentarische Regierung Hitler bestätigt hatten. Die aber dem Diktator Hitler den Weg bahnten, das waren die Mitglieder des an jenem Tage gewählten Reichstages, die bald darnach dem sogenannten Ermächtigungsgesetz zustimmten. Über die zur Annahme dieses verfassungsändernden Gesetzes erforderliche Zweidrittelmehrheit verfügte die NSDAP nicht, auch

---

[42]) *„Bücher haben ihre Schicksale"*

*) Zeitgeschichtliche Dokumente

„Kardinal Faulhaber bedankte sich nach dem Konkordatsbeschluß namens der Fuldaer Bischofskonferenz in einem handgeschriebenen Brief bei Hitler und schloß: Uns kommt es aufrichtig aus der Seele: Gott erhalte unserem Volk unseren Reichskanzler."

Am 29. Mai 1933 sprach auf der großen Gedächtniskundgebung für Albert Leo Schlageter in Köln der Abt von Maria Laach, Dr. Ildefons Herwegen. Es mag angemerkt werden, daß der Abt zu diesem Zeitpunkt bereits seit Wochen dem abgesetzten Oberbürgermeister von Köln, Dr. Konrad Adenauer, seinem Duz- und Schulfreund, im Kloster Zuflucht gewährt hatte. Dr. Ildefons Herwegen führte in dem mit Hakenkreuzfahnen geschmückten Kölner Gürzenich aus: „Volk und Staat sind wieder eins geworden durch die Tat des Führers Adolf Hitler. Weil der Führer aus der Einsamkeit des Dienens und Opferns heraus, getragen von einem unbeirrbaren Glauben an das deutsche Volk, dieses wieder zu einem freudigen Bekenntnis zu sich selbst gebracht hat, ist er zu Millionen gewachsen. Auf den Glauben des Führers an das Volk antwortete die Gefolgschaft des Volkes. Die treue Gefolgschaft aller gegenüber dem Einen schafft ein neues Gemeinschaftserlebnis, das unser Volk zurückfinden läßt zu den letzten Wurzeln seiner Gemeinschaft: zu Blut, Boden und Schicksal!"

*

Aus „Stimmen der Zeit", Katholische Monatsschrift, 6. Heft, 1. Band, Mai 1939.

„Gedenke, Herr, unseres Führers, dessen geheime Wünsche Du vorauskennst. Schütze ihn mit Deiner unerschöpflichen Güte und Deinem Erbarmen, schenke ihm die Ruhe ständigen Friedens und den Sieg des Himmels für ihn und sein ganzes Volk".

(Fortsetzung der Fußnote auf Seite 108)

nicht mit den sonstigen Gruppen der sogenannten nationalen Rechten, die mit ihr am 30. Jänner 1933 auf parlamentarischem Wege die Regierung gebildet hatte. Dazu brauchte und fand man unter anderem die Stimme des Zentrums und der Staatspartei, das heißt der Demokraten (!), von denen nach 1945 manche unbeschadet dieser Vergangenheit als Mitglieder der Regierungsparteien im Bundestag oder an hohen Regierungsstellen standen. Man ging diesen Weg in den „Abgrund" weiter, und jetzt schloß sich auch die SPD nicht aus — wo waren damals die offen abgegebenen Gegenstimmen? —, indem man Hitler nach seiner außenpolitischen Rede im Mai 1933 das Vertrauen nicht versagte. — Dieses als realpolitischer Tatsachenbericht, der nicht abgeschwächt, noch weniger geleugnet werden kann.

Der Ausgangspunkt für die Abfassung meines Buches war der Abschluß des Reichskonkordates*).

Die Befürworter dieses Vertrages beurteilten den NS nach der ersten Zusammensetzung seiner Mitglieder, bevor noch ein Masseneinbruch der Sozialisten und Kommunisten eingetreten war, von denen in erster Linie die letzteren als religionsfeindliche Giftbazillen in den Ortsgruppen der Partei arbeiteten. Der NS war zunächst nur eine konservativ-nationale Bewegung zur Revision des Versailler Friedensvertrages. Man übersah nicht die Gefahren, die schließlich

---

(Fortsetzung der Fußnote von Seite 107) Aus einer Spiegel-Zuschrift in Nr. 24/61: „Wie könnte man dem Führer höchstes Lob spenden, wenn man sich als NS-Verfolgter fühlte?"

1936 — Hirtenschreiben vom 24. Dezember: „Die deutschen Bischöfe halten es für ihre Pflicht, das Oberhaupt des deutschen Reiches mit allen Mitteln zu unterstützen, die Ihnen aus dem Heiligtum zur Verfügung stehen ..."

1937 — „In der gegenwärtigen Schicksalsstunde unserer Nation stellen sich die Leiter der Kirche in besonderer Treue an die Seite der Männer des Staates ..."

1938 — Erklärung der österreichischen Bischöfe vom 18. März, unterzeichnet von Kardinal Innitzer, Fürsterzbischof Waitz, Fürstbischof Pawlikowski, Johannes Maria Gföllner und Michael Memelauer: „... Am Tag der Volksabstimmung ist es für uns Bischöfe selbstverständlich nationale Pflicht, uns als Deutsche zum Deutschen Reich zu bekennen und wir erwarten auch von allen gläubigen Christen, daß sie wissen, was sie Ihrem Volke schuldig sind.

1941 — Die katholische Kirchenzeitung für die Erzdiözese Köln am 20. April: „Es gibt nur wenige große Männer ... zu diesen großen Männern gehört unstreitig der Mann, der heute seinen 53. Geburtstag feiert — Adolf Hitler ... Am heutigen Tag versprechen wir ihm, daß wir alle Kräfte zur Verfügung stellen, damit unser Volk den Platz in der Welt gewinnt, der ihm gebührt ..."

Nürnberg (Ende der Fußnote, laut Original)

*) Vgl. das Buch von Peter Kleist, „Auch du warst dabei", Heidelberg, Verlag Kurt Vowinckel, 1952.

mit jeder Partei verbunden sind. Das Programm war trotz einiger verdächtiger Artikel (Christentum deutscher Art) weniger gefährlich, und die Reden Hitlers waren reich an Widersprüchen und opportunistischen Äußerungen. Man hoffte vielmehr auf dem Wege eines Kirchenvertrages für das ganze Reich, diese Gefahren zu bändigen, wie es der Vatikan mit dem Faschismus versucht hatte. Das war die Auffassung der um diesen Vertrag besonders verdienten Bischöfe von Freiburg, Osnabrück und des Weihbischofs Eberle, von denen der letztere persönliche Beziehungen zu hohen Stellen der Partei hatte. Für Österreich selbst war dieser deutsche Kirchenvertrag eine Belastung, denn der Kampf gegen den NS, der in seinem Programm die Vereinigung aller Deutschen in einem Reich hatte, machte nach dem Abschluß des Reichskonkordates den Kampf der Katholiken Österreichs zu einer rein politischen Angelegenheit, zu einer Ausnützung der Religion gegen geschichtliche Entwicklungen, die auf eine naturrechtliche Grundlage hinweisen können, denn so wie Italiener, Franzosen, Polen und Ungarn die Einheit in einem national geformten Reich erstrebten und schließlich auch erreichten, hatten auch die Deutschen dasselbe Recht. Für die reichsdeutschen Katholiken ergab sich aus dem Konkordat eine ganz natürliche Schlußfolgerung, zu sorgen, daß die in diesem erlangten konfessionellen Rechte nicht geschmälert werden, ferner jeden rein politischen (demokratischen) Kampf gegen den NS abzublasen und in die Partei einzutreten. Denn Gefahren kann man in einer Bewegung nur beseitigen oder verkleinern, wenn man als Mitglied in der betreffenden Organisation tapfer kämpft und nicht, wenn man von außen als Kritiker oder gar Mitarbeiter der Alliierten dagegenarbeitet. So war die Mitarbeit der deutschen Katholiken eine Gewissenspflicht geworden, um den Primat des Religiösen über das politische System zu erhalten.

Der Anlaß, der mich zur Abfassung meines vorher genannten Buches führte, war von selbst gegeben, als ich in meiner Eigenschaft als Kommissar für die deutschsprachige Seelsorge der in Italien lebenden Katholiken in Mailand, der zahlenmäßig größten deutschen Gemeinde Italiens, weilte und mir mehrere gebildete Reichsdeutsche folgende Gewissensfrage vorlegten:

„a) Welche Haltung muß ein deutscher Katholik gegenüber dem NS einnehmen angesichts der Tatsache, daß der Vatikan mit Hitler (die Unterschrift gab Vizekanzler Franz von Papen) einen Kirchenvertrag abgeschlossen hat? Kann ein deutscher Katholik, ohne mit seinem religiösen Gewissen oder seiner demokratischen Staatsauffassung in Konflikt zu kommen, sich den NS-Organisationen anschließen oder muß er nicht vielmehr im Sinne wiederholter früherer Weisungen der deutschen Bischöfe, Beschlüsse von Klerusversammlungen und polemischer Literatur außerhalb der Partei bleiben, die in mehreren Hauptvertretern einen Mythos altgermanischer rassischer Herkunft als Religionsersatz für die Jugend verteidigt? Kommt ferner ein deutscher Katholik, der sich vom NS fernhält, nicht in einen Widerspruch zum Optimismus, aus dem schließlich der Reichskirchenvertrag hervorgegangen ist?

b) Wie erklärt sich der Widerspruch, daß in Österreich der NS von den Vertretern der Kirche bekämpft wird, während der Vatikan mit derselben Partei (das Programm, für beide Seiten dasselbe, ist altösterreichischer Herkunft — Iglau 1913), die in Deutschland zur führenden politischen Macht emporgestiegen ist, einen Vertrag abschließt, der eine in Artikeln und Paragraphen festgelegte friedliche Zusammenarbeit ermöglicht, ein gewaltiger Zuwachs des moralischen Ansehens der Partei in der deutschen Öffentlichkeit und gleichsam die Visitenkarte vor dem Weltforum? Ist dieser Unterschied der Haltung derselben Kirche nur ein politischer Kampf (Verhinderung des Anschlusses von Österreich), oder ein solcher aus rein religiös weltanschaulichen Beweggründen?"

Es waren verfängliche Fragen, die aber damals wahrscheinlich Millionen gebildeter Laien bewegt haben, die sich mit niemandem darüber aussprechen wollten. Denn nicht mit Unrecht beschäftigten diese Fragen noch die Verteidigung Papens im Nürnberger Prozeß 1947*). Es war ein Gewissenskonflikt, an dem denkende Menschen nicht vorbeigehen konnten, denn niemand konnte oder wollte voraussetzen, daß der Vatikan gewaltsam durch kirchenpolitische Berater hineingedrängt wurde. Aus der Gewissensnot treuer, guter deutscher Katholiken, die sich in diesen zwei genannten Fragen spiegelte, ist mein Werk hervorgegangen, das wie seinerzeit Spenglers Werk „Der Untergang des Abendlandes" die großen Strömungen der Zeit — über allem politisch Zufälligen stehend — geschichtlich

*) Vgl. seine Erinnerungen „Der Wahrheit eine Gasse", Seite 431/432 München, Paul-List-Verlag 1952.

und weltanschaulich untersuchen sollte. Teilweise waren es die Gedanken, die ich bereits früher in mehreren Büchern*) und in meinem Vortrag vor der Görres-Gesellschaft in Trier (1934) sowie besonders anläßlich der Salzburger Hochschulwochen in meinen beiden Vorträgen „Der Vatikan und die modernen Staaten" (Innsbruck 1935) ausgesprochen hatte.

Mein Buch „Die Grundlagen des NS" sollte nichts anderes sein als eine geradlinige Weiterführung der in diesen Büchern vertretenen Ideen und kulturpolitischen Auffassungen. Dazu gehörte besonders folgende Stelle im Buch „Deutsches Volk und christliches Abendland" (Seite 24/25): „Wenn der NS den Gedanken der Rasse und des Blutes zu einem Ersatz des Christentums ausbauen will, dann hätten wir es hier mit der größten Häresie des 20. Jahrhunderts zu tun, die von der Kirche genauso, wenn nicht mit schärferen Mitteln verurteilt werden müßte, wie vor wenigen Jahren die Action française, mit der sie verschiedene Irrtümer gemeinsam hat, nur daß die Weltanschauung Rosenbergs stärker von Verneinungen durchdrungen ist und vor allem in der Jugend einen Christentumshaß entflammt, der über jenen Nietzsches hinausgeht."

Als ich im Herbst 1934 nach meiner Rückkehr aus Deutschland die ersten Vorarbeiten meines Buches begann, legte ich mir eine Bibliothek der gesamten katholischen und protestantischen Literatur an, soweit sie den NS behandelte und über die Dutzendware hinausragte, die den NS verdammte, ohne seine Geschichte zu kennen. In den seltensten Fällen fand ich eine objektive Haltung, oft war es nur ein Zerreden von Problemen; die meisten Urteile waren negativ in kleinbürgerlicher Schau von Intellektuellen, ohne Anerkennung vieler vernünftiger Forderungen des sozialen Programms des NS, das in manchen Punkten an die Lehren des katholischen, leider fast vergessenen Sozialreformers Freiherr von Vogelsang erinnerte. Ohne irgendwie leidenschaftslos die Zusammenhänge mit der Geistesgeschichte Europas im Sinn eines Confiteor für beide christlichen Konfessionen zu überprüfen, wurde je nach Belieben, was einem im NS nicht paßte, als „Kulturbolschewismus", als „satanisch" oder gar als „Ausgeburt des Antichrist" und in erster Linie als ein ganz

*) „Rom, Christentum und deutsches Volk" und „Deutsches Volk und christliches Abendland", beide Verlag Tyrolia, Innsbruck.

neues (!), in die Geschichte eintretendes „Heidentum“ bezeichnet. Das Schlagwort vom Antichrist mußte viel Gedankenarmut in der Polemik zudecken. Ich habe in meinem Werke die gesamte nazistische Literatur verwendet und alles, wie es ein Gelehrter und nicht ein Politiker macht, überprüft. Das Werk erschien schließlich, nachdem kein reichsdeutscher Verlag aus Furcht vor der Gestapo es übernehmen wollte, im Wiener Buchverlag Johannes Günther. Auch in Österreich mußte ich mit fünf Buchverlegern verhandeln, bis sich schließlich einer fand, der es übernahm. Ganz abgesehen von dem Zusammenströmen aufbauender und zerstörender Gedanken im NS fühlte ich auch selbst gerade als Österreicher den seelischen Konflikt der Katholiken, der mit jedem Tage heftiger wurde; denn während im Reich ein Konkordat geschlossen werden konnte, was immer auch beiderseits die Beweggründe sein mochten, wurde die gleiche Bewegung, und zwar zur gleichen Zeit, als „Neuheidentum“ in Österreich, Polen, Holland, Luxemburg und in der Tschechoslowakei bekämpft. Es gab nur eine Alternative. War der NS an sich ein neuerwachtes Heidentum, was nicht aus seinem amtlichen Programm, wohl aber zweifellos aus zahlreichen Reden und Büchern seiner Anhänger im linken Flügel geschlossen werden konnte, so war es auch unmöglich, mit ihm einen Kirchenvertrag zu schließen; denn Staat, Regierung und Partei zu trennen, war eine diplomatische Fiktion, ja jedermann wußte, daß diese Bewegung genau wie früher der Faschismus zur Alleinherrschaft emporstrebte und diese auch durch das Ermächtigungsgesetz erhalten hatte. In diesem Falle wäre eine rechtzeitige Verurteilung der besonders gefährlichen Lehren besser gewesen, um Klarheit zu schaffen, genau wie es früher mit der Action française gemacht wurde. So aber wurde der Kampf im Laufe der Jahre immer ärger, je stärker Partei und Staat im Dritten Reich zur Einheit verschmolzen, und die Gefahr immer größer, daß dieser unselige Zwiespalt und Kampf am Ende nicht nur den NS, sondern auch Deutschlands Schicksal treffen mußte, sobald die emigrierten Reichsgegner im Ausland sich mit den NS-Gegnern im Inland zu einer heiligen Allianz verbanden.

Diesen Schmerz nicht weniger nationalbewußter Katholiken, die Kirche und Volk in gleicher Weise lieben wollten, schrieb ich mir von der Seele. Ich mußte aber zugeben, das schwierige Problem Nation — Sozialismus stark nach den Verhältnissen in Italien mit seiner merkwürdigen Mentalität des „Combinare[43])“ und des „Akkomodierens[44])“ ohne Logik und Mut vor den letzten Konsequenzen und nicht nach dem deutschen, auf eine klare Auseinandersetzung drängenden Charakter beurteilt zu haben. Denn mehr als in Italien und romanischen Ländern überhaupt ist die Kirche gerade im Herzen Europas in Gefahr, aus dem vorwärtsdrängenden Leben der Nation ausgeschaltet zu werden. Andererseits drohte auch der Bewegung, der ich seit meiner Akademikerzeit innerlich in manchen Forderungen des Programms nahestand, ein allmähliches, schicksalhaftes Abgleiten in die antichristliche Welt des Ostens. Das kollektivistische Sozialprogramm öffnet viele Tore, die über das rein Wirtschaftliche hinaus in kulturell-weltanschauliche Gedankengänge und Gesellschaftskonstruktionen führen, wenn nicht vom Religiösen Bindungen mit der Vergangenheit bleiben. Die Beseitigung des starren Eigentumsbegriffes und der Aufbau einer neuen sozialen Organisation könnten auch, wie es Sowjetrußland versucht, ein Zeitalter herbeiführen, das keine Kirchen mehr zu benötigen scheint, weil für alle kulturellen Bedürfnisse in anderen Formen vorgesorgt ist und besonders die primitiven Forderungen der Masse „panem et circenses[45]“ den Sinn für übernatürliche, religiöse Werte langsam zerstören. Was bleibt innerhalb einer solchen neuen Gesellschaftsform für die Kirche übrig?

Viele Katholiken des Auslandes und der deutschen Heimat standen dem im NS entfesselten Phänomen fast verständnislos gegenüber. Sie gingen von der Voraussetzung aus, als hätte Hitler diese weltanschauliche Krisis verursacht, während alle diese Fragen Jahrzehnte früher im Gehirn aller zu selbständigem Denken erwachten Europäer irgendwie gärten. Der Mutterboden derselben war das Sudetenland, wo auch schon 1913 das erste NS-Programm verfaßt und veröffentlicht worden ist, längst bevor jemand von Hitler gesprochen hat. So ist die Bewegung teilweise aus der Los-von-Rom-Bewegung und dem ständigen nationalen Kampf gegen die tschechischradikalen Parteien herausgewachsen, deshalb belastet mit der Erbschuld eines Schönerer, Wolf, Iro, Türk und anderer Vertreter des deutschen Radikalismus. So betrachtet war es wahrhaftig eine deutsche Tragödie,

[43]) *(zwei Dinge geschickt) miteinander verbinden*
[44]) *(sich) anpassen*
[45]) *„Brot und Zirkusspiele!“*

als am 28. Oktober 1946 der letzte Sudetendeutsche seine Heimat verlassen mußte, vertrieben, beraubt und mit dem Kreuz der Emigration beladen. Der NS war andererseits in gewisser Hinsicht der Schlußstrich unter die Geschichte des deutschen Bürgertums, das nach dem Ersten Weltkrieg seine früheren Dogmen (Monarchie, liberale Staatsauffassung) immer mehr selbst atomisierte und schließlich vor dem vierten Stand, der im Sozialismus gesammelten Arbeiterschaft, die Waffen strecken mußte. Es fehlte dem bürgerlichen Deutschland nicht der Geist, wohl aber die Zivilcourage, die soziale Frage noch großzügiger zu lösen, als es später unter dem Einfluß des Sozialismus erfolgt ist. Der NS hat keine neue Lage geschaffen, kein einziger Gedanke war neu, alles war schon einmal dagewesen, wie die Bibel von allen Dingen sagt (Pred. 1, 10). Es wurden nur bereits vorhandene Forderungen mit deutscher Gründlichkeit in ein neues System gebracht. Deutschland stand damals am Scheideweg, entweder die Grenzmauer der europäischen Kultur, die im Grunde genommen keine ausschließlich germanische, sondern noch immer eine griechisch-römisch-antike, vom Christentum durchgeformte Weltanschauung verkörpert, gegen das vordrängende Asiatentum des russischen Ostens zu sein oder selbst ein Teil desselben zu werden. So wurde durch den NS der geistige Boden aufgerissen und gezeigt, daß in weiten Kreisen des Volkes die Wurzeln echt christlicher Lebenshaltung (Wahrhaftigkeit, Gerechtigkeit, soziales Denken) nicht sehr tief in das Reich der Seelen hineingewachsen waren. Ein nationaler Sozialismus könnte aber — innerlich von einem sozialen Christentum erfüllt — die letzte Revolte des Abendlandes vor seiner Kapitulation gegenüber dem panslawischen Messianismus Rußlands und dem nordamerikanischen Affarismus sein. Dabei war letzterer, auch wenn er die Religionen außerhalb der Politik stehen ließ und sie nur als Vorhut für einen „Kreuzzug" benützen wollte, noch materialistischer als die erstgenannte Welt: die Anbetung des „business[46])". Welch eine großartige Zukunft hätte Deutschland gehabt, wenn der NS die Stunde und Aufgabe einer weltgeschichtlichen Sendung erkannt hätte: die Verteidigung der höchsten Ideale, Gottesfurcht, Nation, Familie und Vaterland. Wenn ich in dieser Hoffnung mich geirrt und zuviel vom NS erwartet hatte, dann ge-

[46]) *(des) „Geschäfts"*

schah es aus dem Glauben nach der Tatsache des Reichskonkordates, mit dieser Bewegung wenigstens auf eine allgemeine christliche Linie über das streng Konfessionelle hinauszugelangen. Ich übersah, daß nicht bloß Rosenberg das an sich elastische Parteiprogramm vergiftete, sondern daß Hitler selbst nichts anderes war als der Fortsetzer der österreichischen Schönerer-Bewegung, die etwas vom Dümmsten war, was die neunziger Jahre der alten Habsburgermonarchie hervorgebracht haben. Es war die Halbbildung der Dörfer, Märkte, Kleinstädte, erstickte Hochschulstudenten und Lehrer, verkrachte Existenzen, die nur in der Politik weiterkommen konnten, weil sie in jedem anderen Berufe versagen mußten; sie lebten von Phrasen und Selbstüberhebung. Dazu kam ein Strom von Opportunisten aus allen früheren politischen Lagern, die das Wort der Bibel durchführten: „Schwimme nicht gegen den Strom" (Eccl. 4, 32). Diesen gegenüber war die österreichische sozialistische Arbeiterpartei, wenn man von ihrem törichten Religionskampf absehen konnte, eine geistige Elitepartei, die in Viktor Adler, Pernersdorfer, Bauer und Renner Ehrenmänner und Idealisten zählte.

Über der Eingangstür des Klosters von San Marco in Florenz ist ein Freskogemälde von Fra Angelico, das Christus darstellt, der als Fremdling und Pilger Aufnahme und Obdach sucht. So fragte ich mich in der geistigen Umwälzung der Nachkriegswelt, ob schließlich nicht auch in manchen der Kirche scheinbar fremden Strömungen dieser Zeit doch eine verborgene Wahrheit wirke, die Einlaß begehrt in das Ganze der christlichen Frohbotschaft und die, wenn sie gereinigt und richtig geordnet würde, sogar beitragen könnte, um die Verkündigung Christi zu großer geistiger Macht und Tiefe gegenüber dem wirklichen Antichristentum dieses Jahrhunderts zu erheben. Ob diese ganze Zeit nicht ein Confiteor und ein mahnender Ruf an die Christenheit aller Bekenntnisse in Europa ist, die naturgegebenen Werte der Nation und Sozialreform in ihre Religion besser einzubauen, um ihr Abtreten von der Bühne der Völkergeschichte zu verhindern? Ob es nicht besser ist, rechtzeitig mit großen Bewegungen aus der Gemeinsamkeit nicht weniger Ideen und Forderungen Berührungspunkte zu suchen, anzuerkennen, was gut und wünschenswert ist, und gleichzeitig auf vieles, was in anderen Zeiten als selbstverständlich erscheint, für den Augenblick aus Gründen der Taktik zu verzichten, oder solche Forderungen für spätere Zeiten zurückzustellen, statt in Kritik und Distanz zu leben, bis jede Anschlußmöglichkeit versäumt und illusorisch gemacht worden ist?

So ist mein Buch in letzter Schau aus der Absicht entstanden, das Terrain für einen Modus vivendi zwischen NS und den beiden christlichen Bekenntnissen im Reich vorzubereiten, da die künstliche, vom Ausland-Emigrantentum und zielbewußt vom Linksflügel innerhalb der NS herbeigeführte Spannung sich von Jahr zu Jahr vergrößerte und eine Verständigung notwendigerweise immer schwieriger, wenn nicht unmöglich werden mußte. Dabei war in den Jahren 1933—35 zu beachten, daß hinsichtlich der Religion drei Strömungen innerhalb des NS miteinander um die Vorherrschaft kämpften, was deshalb auch die erstrebte Befriedungsaktion überaus erschwerte.

1. Eine rein opportunistische, aber im Wesen gottlose, die den Slogan gewisser SS-Würdenträger prägte: „Die Geistlichen der beiden Bekenntnisse nicht bekämpfen, sondern bezahlen“ — mit anderen Worten, die aus dem Konkordat oder anderen Vereinbarungen sich ergebenden Finanzverpflichtungen durchführen, da langsam die Jugend von selbst anders denken wird. Tatsächlich wurden in manchen Teilen des Reiches diese Staatsbeträge, wenn auch oft verkürzt, weiter bezahlt, als ob sich nichts ändern sollte.

2. Die Richtung Goebbels', die keine religiösen Märtyrer schaffen wollte, sondern eventuelle Prozesse, die künstlich groß aufgemacht wurden und auf das Gebiet der „Amoral, Zersetzung der Widerstandskraft des Volkes oder der asozialen Haltung“, hinübermanövrierten. Diese Richtung war der Ausdruck der Heuchelei und gewissenlosen Berechnung, eine Art brauner nationaler Bolschewismus.

3. Die Taktik Rosenbergs und seiner Anhänger, die besonders in den NS-Ordensburgen die deutsche Jugend gegen religiöse christliche Gedanken „immunisierte“. Das Christentum wurde nicht bekämpft und nicht öffentlich verachtet, sondern als eine überwundene, langsam von selbst sterbende weltanschauliche Form des Semitismus und mittelmeerländischer Dekadenz erklärt. Priester, die noch in Mittelschulen Religionsunterricht erteilten, hatten das Gefühl, zu eiskalten Wänden zu sprechen. Die Schüler bewahrten die (überaus große) äußere Disziplin, hörten zu, aber die Worte fielen auf steinigen Boden.

So war das Christentum, welche dieser drei Richtungen auch später siegen sollten, in einen Daseinskampf auf Sein oder Nichtsein verstrickt, gleichgültig ob in der römisch-katholischen oder protestantischen Form. Letztere war noch mehr gefährdet, weil sie innerlich gespalten ohne feste, unerschütterliche Dogmen sich der Jugend präsentierte. Deshalb war dieser Versuch von 1936 ein letzter, dessen Gelingen oder Scheitern von weittragender Bedeutung für diese Bewegung und für ganz Deutschland werden mußte. Gegenüber all diesen weltanschaulichen Auseinandersetzungen, die mit deutscher Gründlichkeit geführt wurden, war der Faschismus eine harmlose, kleinbürgerliche Angelegenheit, ein politischer Barock, der nie eine Welt erobern konnte, weil er aus zu vielen Kompromissen gegenüber der Vergangenheit bestand. Die Fragen, um die es in erster Linie im NS ging (Rasse, Nationalismus, Staatstotalität), haben nach 1945 keine Lösung im christlichen modernen Sinne gefunden. Sie wuchern überall weiter und werden später nochmals in Europa und vielleicht auch anderswo eine Stellungnahme erfordern. Treffend wurden die Gefahren besonders dieser dritten Richtung dargestellt im Sammelwerk „Die Kirche und das Dritte Reich“ (Klotz-Verlag, Gotha 1932), in dem 23 führende protestantische Theologen ihre warnende Stimme gegen diese Vermischung von NS-Bewegung und weltanschaulichen Problemen betonten, ferner von Friedrich Heiler im Sonderheft der Zeitschrift „Hochkirche“ (München, Verlag Ernst Reinhardt, 1932 unter dem Titel „Katholizität und Nationalität der Kirche“). Heute noch danke ich Gott, daß ich im Heiligen Offizium das entsprechende Gutachten ausarbeitete, auf Grund dessen Rosenbergs Buch „Der Mythos“ auf den Index gesetzt worden ist.

Nach meiner Rückkehr aus Trier im Herbst 1934 trug ich Papst Pius XI. gewisse Bedenken national denkender Katholiken Deutschlands vor, die es merkwürdig empfanden, wie einen Widerspruch und doppeltes Maß, daß in Österreich dieselbe NS-Bewegung, die schließlich im Reich als konkordatsfähig anerkannt wurde, von der Kanzel, im Beichtstuhl, in Versammlungen der katholischen Aktion mit allen Mitteln religiöser Propaganda als „Antichristentum“ bekämpft wird. So vermischen sich hier weltanschauliche und rein politische Gebiete und Ziele. Diese verschiedene Taktik verwirre die Gewissen, wenn zum Beispiel in Holland reichsdeutsche Katholiken, die parteimäßig zum NS gehören, im Beichtstuhl nicht losgesprochen werden, während es in Deutschland erfolgen kann. Man sollte gerade vom Ausland aus, eventuell von Österreich, versuchen, eine grundsätzliche Bereinigung des schwierigen Fragenkomplexes herbeizuführen.

Damals berichtete ich auch zum ersten Mal in meiner Privataudienz Papst Pius XI. von meinen Vorarbeiten zu diesem Buche und nannte auch den ursprünglichen Titel „Die geistigen Grundlagen des NS“, den ich von einer ähnlichen Arbeit des italienischen Philosophen Gentile über den Faschismus entlehnt hatte. Ich wies auf die große Gefahr hin, daß der linke Flügel des NS zur Macht emporsteigt und damit jene Menschen, die jedes Christentum, besonders aber Rom, bedingungslos ablehnen. Der NS habe, wenn religiös geläutert, nach meiner Überzeugung eine providenzielle Aufgabe in Europa zu erfüllen gegenüber dem Vordrängen des Nihilismus aus dem Osten; denn der nationale Gedanke ist gut und ebenso der soziale. Beide bedürfen einer kräftigen christlichen „Injektion“, um nicht letzten Endes im hemmungslosen Barbarentum, in einem erbarmungslosen Staatskollektivismus mit der Herrschaft der Tyrannis des Haufens oder einzelner Cäsaren aus der Parteischichte zu enden. Der Papst unterbrach mich mit der Bemerkung: „Da haben Sie den ersten Fehler gemacht. Von Geist kann man in dieser Bewegung nicht sprechen. Sie ist ein massiver Materialismus“.

Um so befremdender war für mich diese erste Stellungnahme gegenüber dem erst im Werden befindlichen Buch, als Pius XI. eine starke, kampffreudige Persönlichkeit war, die zwar die Versöhnung Italiens mit dem Vatikan durchgeführt hatte, aber keineswegs mit dem Fascio durch dick und dünn zu gehen bereit war. Seine männliche Haltung, die einen offenen Bruch mit NS und Faschismus der schleichenden Vergiftung vorzog, wurde lediglich im Interesse einer friedlichen Entwicklung mehrmals durch das Dazwischentreten des Staatssekretariates und der päpstlichen Kongregation für außerordentliche Angelegenheiten (wenigstens bestimmter Mitglieder derselben) durchkreuzt und abgeschwächt, je mehr der Gesundheitszustand des Papstes zu wünschen übrig ließ. Alle diplomatischen Formulierungen und schriftlichen Proteste gegen den NS betrafen mehr die Randgebiete, nicht das Wesen, und drangen leider gerade in den gefährlichen Jahren 1934 bis Anfang 1937 oft nicht im genauen Wortlaut zur Kenntnis der deutschen Katholiken. Der Papst stand sichtbar unter dem Einfluß einer Abhandlung, die das Mitglied der französischen Akademie Georges Goyau in der Revue des deux Mondes über den NS und verwandte politische Strömungen der Nachkriegszeit, besonders über den Kemalismus, verfaßt hatte, der im neuen türkischen Staatswesen im Sinne eines laizistischen Staatssystems die Religion ausschließlich zur Angelegenheit der persönlichen Überzeugung gemacht und aus dem Staatsleben ausgeschlossen hatte. Ein lähmender Pessimismus sprach aus den Schlußworten des Papstes: „Wir glauben nicht an die Möglichkeit einer Verständigung, aber wir wünschen Ihnen alles Gute." — Er sollte recht behalten!

Mit vielen Schwierigkeiten und wiederholten Verhandlungen konnte mein Buch endlich erscheinen*), aber noch größer waren jene, die nunmehr nach seiner Veröffentlichung beginnen sollten. Ich suchte unterdessen auch den Boden in Rom vorzubereiten. Leider wurde die erhoffte objektive Diskussion in der deutschen und österreichischen Presse unterbunden, obwohl das Schicksal dieser Partei jenes Deutschlands werden mußte. Die österreichische katholische Presse war zu schwach für einen im großen Stil geführten Ideenkampf und die reichsdeutsche, früher mustergültig organisierte war schon niedergetrampelt. Es fehlte auch innerhalb des deutschen Bereiches der Gesellschaft Jesu ein P. Tacchi Venturi, der überaus verdienstvoll hinter den Kulissen viele Schwierigkeiten zwischen Vatikan und Faschismus durch seine persönlichen engen Beziehungen zu Mussolini zum Segen Italiens bereinigen konnte. Man sah schließlich auch gar nichts Gutes mehr im NS, nicht einmal im sozialen Aufbau der Arbeiterwelt, alles erschien nur mehr im Blickfeld des konfessionellen Kampfes, also gerade jener Seite, die Hitler nicht treffen durfte. Um auch in Rom den Boden vorzubereiten, machte ich dem Heiligen Offizium eine Reihe von Gutachten, die zur Verurteilung der Bücher von Rosenberg und Bergmann (Deutschgläubige Bewegung) führten. Während der „Mythos"

---

*) In nicht wenigen Teilen stützte sich später darauf folgendes Werk: Nathaniel Micklem, National Socialism and the Roman Catholic Church", Oxford, University Press 1940.

Dieses unter den Auspizien des Royal Institute of International Affairs erschienene Werk enthält zu zwei Dritteln einen gut dokumentierten Überblick über denjenigen Teil der Vorgänge zwischen nationalsozialistischer Bewegung und katholischer Kirche von 1933 bis 1938, der öffentlich bekannt geworden ist. Das erste Drittel bietet grundsätzliche Untersuchungen über die Weltanschauungspolitik des nationalsozialistischen Regimes, besonders mit Bezug auf den Katholizismus.

Rosenbergs über Holland angezeigt wurde, sind alle anderen Bücher von mir selbst übergeben worden, um Klarheit zu schaffen. Ein letzter Antrag, die Werke Nietzsches*) als Grundlage und Kampfursache der modernen Geistesverwirrung zu verurteilen, ist nicht mehr durchgedrungen, ebensowenig mein Vorschlag eines Syllabus; wäre letzterer aber, wie 1935 vorgeschlagen, erschienen, dann hätte vieles wohl eine andere Form angenommen. Leider wurden die Arbeiten der betreffenden Kommission ad acta gelegt, als sie die ersten Thesen aus den modernen Irrtümern zusammengestellt hatte. Dabei waren allerdings Schwierigkeiten nicht zu leugnen, denn zum Beispiel das Rassenproblem kann vom Religiösen allein nicht geordnet werden. Es hat auch mit dem so oft mißbrauchten Paulinischen Worte: „In Christus gibt es weder Griechen noch Juden ..." (Kol. 3, 11) nichts zu tun. Es sind zwei ganz verschiedene Gebiete. Die Geschichte des Mestizenwesens in Südamerika ist eine anschauliche Lehre für die Tatsache eines Naturgesetzes, das man mit Worten nicht erledigen kann.

Ich benutzte aber diese Audienz im Oktober 1934 (es sollte meine letzte sein), um dem Papst das folgende Gesuch zu unterbreiten, in dem ich die feierliche Verurteilung in der Form einer Enzyklika oder eines neuen Syllabus der drei folgenden Zeitirrtümer vorschlug, was zugleich eine klare Frontstellung gegenüber der Gruppe Rosenberg und Streicher bedeuten mußte:

1. Der totalitäre Staatsbegriff, der den Persönlichkeitswert des einzelnen Menschen unterdrückt, 2. der radikale Rassenbegriff, der die Einheit des Menschengeschlechtes auflöst, 3. der radikale Nationalismus mit der Preisgabe des Naturrechtes infolge der ausschließlichen Geltung des positiven von Nation und Staat dekretierten Rechtes. Zum letzteren gehörte besonders die von Macchiavelli durch Lenin, Stalin, Hitler übernommene Formel, die jede Rechtssicherheit und Vertragstreue zerstört: „Recht ist, was dem eigenen Volke nützt". Es war die erste derartige Eingabe eines Bischofs an das Heilige Offizium, und Papst Pius XI. war stark beeindruckt und bereit, diese Fragen durch die genannte höchste Kongregation überprüfen zu lassen. Vielleicht wäre manches dem deutschen Volk und Österreich erspart geblieben, wenn 1934 rechtzeitig der

*) Meine Schrift „Nietzsche und die moderne Welt" wurde vom italienischen Propagandaministerium am 27. September 1937 verboten.

Bannstrahl gegen diese Irrtümer geschleudert worden wäre, die so viel Unglück über Europa bringen sollten. Welche Gegengründe damals gewirkt haben, könnte nur ein Einblick in die Archive des Heiligen Offiziums und Staatssekretariates enthüllen! Vielleicht ist die pessimistische Haltung Pius XI. mit verursacht durch seine Enttäuschung mit dem Faschismus, dem er große Zugeständnisse auf dem Gebiet der Katholischen Aktion und der Jugendbewegung machen mußte. Ihm war die Lösung der römischen Frage gelungen, nicht aber jene einer modernen Synthese von totalitärer Staatsauffassung und Katholizismus*).

1935 begann das Heilige Offizium die ersten Arbeiten mit der Einsetzung einer Kommission, um die im Syllabus zu verurteilenden Thesen der Rassenlehre, des radikalen Nationalismus und der Staatstotalität herauszuarbeiten. Die Kommission, der mehrere Jesuiten der Gregoriana, der Sekretär der Studienkongregation, Prälat Ruffini, der kulturell hochstehende Dominikaner-General Gillet angehörten, arbeitete unermüdlich, allein schließlich fiel alles unter den Tisch, da Kardinalsekretär Marchetti-Selvaggiani einen offenen Kampf gegen den NS wegen seiner Rückwirkung auf Italien, dessen faschistische Partei in eine immer gefährlichere Abhängigkeit von Berlin geriet, nicht für opportun hielt. Damals vollzog sich bereits langsam der innenpolitische Wandel im Faschismus und dessen Spaltung in zwei Lager mit der Abschwenkung vom „klerikalen Dollfußsystem“ (Worte Mussolinis) zu jenem Hitlers. Man wollte nicht zwei große Feinde haben, dazu einen im eigenen Lande. So begann eine „Nadelstich-Politik“ des „Osservatore Romano“ mit oft von wenig Sachkenntnis zeugenden Angriffen gegen die Rassenlehre und auch gegen deutsches Volksbrauchtum (Polemik gegen die Einführung des Christbaums in Italien). Der Versuch der päpstlichen Studienkongregation, die katholischen Hochschulen zu wissenschaftlichen Arbeiten über diese drei Fragen zu veranlassen, hatte keinen großen Erfolg. Die diplomatischen Noten, die über die deutsche Reichsbotschaft nach Berlin gingen oder über den Apostolischen Nuntius dem Auswärtigen Amt übermittelt wurden, waren in einer minutiösen Stilistik geschrieben und klug verfaßt, daß sie, wie immer der Kampf

*) Vgl. das orientierende Buch von Wilhelm Solzbacher, „Pius XI. als Verteidiger der menschlichen Persönlichkeit; die Kirche und die Götzen unserer Zeit“ (Vita Nova Verlag, Luzern 1939).

ausgehen mochte, ein späteres „Quos ego“ ermöglichten. Sie waren Meisterwerke vatikanischer Strategie. Genau wie in dem von den Kommunisten besetzten Spanien während des Bürgerkrieges wurde auch in Berlin der Nuntius nicht abberufen. Er unterbreitete vielmehr im Namen des Diplomatischen Korps als dessen Doyen die Neujahrsglückwünsche an Hitler, obwohl unterdessen längst die Gestapo ihre Verfolgungen begonnen hatte, KZ-Lager gegründet, Synagogen niedergebrannt, Juden und politische Gegner des Systems barbarisch verfolgt wurden.

1937 mußte ich für Kardinal Canali, der selbst überbeschäftigt war, ein Votum ausarbeiten, das er als das seinige der Sitzung der Kongregation für außerordentliche kirchliche Angelegenheiten unterbreiten sollte. Darin schlug ich ihm vor, er möge für einen energischeren Kurs eintreten und vor allem die Abberufung des Berliner Nuntius fordern. Man wagte diesen Schritt nicht, obwohl er Klarheit geschaffen hätte. Der Weltkirche stand ein gewaltiger Apparat zur Verfügung, um einen groß angelegten Abwehrkampf zu beginnen. Es kam später zu einem Niederschlag im päpstlichen Weltrundschreiben „Mit brennender Sorge“ vom Frühjahr 1937.

„Nationalismus — Blutlehre — Totalität des Staates

Übergeben an Monsignore Assessore Canali des Heiligen Offiziums am 18. Oktober 1934 (in deutscher Wiedergabe).

Rom, den 15. Oktober 1934

Während meines diesjährigen Ferienaufenthaltes in Deutschland und Österreich habe ich die Gelegenheit benutzt, um in erster Linie die Entwicklung der modernen Rassen- und Blutlehre zu studieren. Ich konnte dabei die Tatsache feststellen, daß die diesbezügliche Literatur mit Schriften und besonders mit Artikeln in Zeitschriften und Tageszeitungen einen immer weiteren Umfang annimmt. Dank einer für die deutsche Sinnesart so charakteristischen Organisation und sorgfältigen Propaganda vermag diese Lehre leicht auch in die Zeitschriften der Syndikate (Deutsche Arbeitsfront) und der Hitlerjugend einzudringen. An den Sammelplätzen (Arbeitslager) dient die Rassen- und Blutlehre als Grundlage der kulturellen Erziehung (Weltanschauung). Langsam breitet sich diese Lehre aus über das gesamte intellektuelle Leben, derart, daß Geschichte, Kultur, Kunst und Religion in diesen Kreisen nur noch unter dem Gesichtspunkt der Rasse und des Blutes betrachtet werden. Auch das Radio ist bereits dieser neuen Theorie zur Verfügung gestellt worden, wie ich es mit eigenen Ohren am 11. Oktober in der für die Hitlerjugend bestimmten Abendstunde hören konnte, als von Berlin aus ein Vertreter der Rassentheorie mit aller Klarheit über folgende grundlegende Punkte Belehrungen erteilte:

1. Die wesenhaft im Blut liegende Rasse hat eine entscheidende Bedeutung für die Gestaltung der geistigen Kultur, der sozialen und politischen Lehren und der Religion jeglicher Nation. Je nach den Rassen unterscheiden sich auch diese Kulturgüter voneinander, eben weil sie ihren Ursprung aus der Rasse haben.

2. Die Gesetze der Rasse, die der Schöpfer selbst in die menschliche Natur hineingelegt hat, sind unabänderlich wie alle Naturgesetze. Keine Wissenschaft könnte sie abändern. Darum können sich auch verschiedene Rassen (nordisch-germanische, semitische, mongolische) nicht in einer allen Rassen gemeinsamen kulturellen Verständigung zusammenschließen.

3. Noch vor wenigen Jahren wußte die Wissenschaft nichts von der Bedeutung des Blutes als aufbauendes Element der Rasse und glaubte noch an die Möglichkeit internationaler Kulturen und Religionen, die für alle Nationen und Rassen gemeinsam und geeignet wären.

4. Wenn die Rassenlehre mit aller Konsequenz im Leben verwirklicht wird, dann wird es auch möglich sein, in Zukunft für die nordisch-germanischen Völker eine neue Kultur und ‚vielleicht' — so drückte sich dieser Professor im Radio vorsichtig aus — auch eine neue Religion zu schaffen.

Zum Schluß dieses Vortrages sang ein Chor der Hitlerjugend mit Orchesterbegleitung einen religiösen Choral, dessen Text lautete: ‚Heilig, heilig, heilig ist das Blut.'

Die große Gefahr dieser Lehre besonders für die Jugend leuchtet klar ein aus der kürzlich erschienenen Schrift eines der ersten geistigen Leiter der Bewegung, Dr. Johann Günther, Professor an der Universität München, über die Religion der nordischen Rasse (Fröm-

migkeit nordischer Artung, Verlag Eugen Diederichs, Jena 1934). In dieser Schrift lehrt der Verfasser, daß die aus der Rasse (Blut) und aus der erblichen Veranlagung im Menschen sich herleitenden Qualitäten nicht nur die physischen, sondern auch die geistigen und religiösen Seiten betreffen. So sind die Sprachen je nach den Rassen verschieden, aber auch die Religiosität und die Rechtsauffassung. In einem sehr geschickten Vergleich der verschiedenen semitischen und orientalischen Rassen mit der arischen (nordischen) gelangt der Verfasser zu folgenden Schlußfolgerungen:

a) Die arisch-nordische Religiosität kennt nicht die Begriffe der Erbsünde und der Erlösung, da sie in erster Linie eine Frömmigkeit ist, die nur das irdische Leben in Betracht zieht, im Sinne der Sophrosyne der alten Griechen, das ist die Harmonie aller natürlichen Kräfte im Menschen.

b) Die arische Religiosität kennt keinen Konflikt zwischen Körper und Seele, darum auch keine asketische Moral als Abtötung der Sinne, auch wenn sie einen wesentlichen Unterschied zwischen Körper und Seele zugibt. Der ganze Endzweck der Welt konzentriert sich allein darauf, das physische Erbteil der Rasse zu wahren, das Gott der Nation durch gesund befundene Familien anvertraut hat. So erklärt sich der Grundsatz der Auswahl der Ehegatten durch Ärzte, alle eugenetischen Tendenzen usw.

c) Der Tod wird nicht als ein Mahnmittel zu vertiefter Religiosität und Gläubigkeit betrachtet, sondern als eine einfache Phase des Lebens, weil mit dem Tode ein weiteres Dasein in einem anderen Leben beginnt. Dieses Leben nach dem Tode ist gleich dem der Lebenden, nur ruhiger, harmonischer und wie ein unendlicher Schatten. Der Tote bleibt ein Teil der Generationen (Sippenlehre).

d) Das charakteristisch Wesentliche dieser nordischen Religiosität ist eine Form des Pantheismus, eine Naturreligion mit heroischer Auffassung gegenüber dem irdischen Leben, zwecks seiner Umgestaltung. Während das Christentum und die orientalischen Religionen die Welt fliehen und sie verachten, macht sich die nordische Rasse die Welt untertan, um sie zu beherrschen und die Freuden des Lebens zu genießen.

Diese Lehre voller Widersprüche zur christlichen Religion findet sich auch in dem kürzlich erschienenen Artikel eines anderen geistigen Hauptes dieser Bewegung, veröffentlicht im amtlichen und wis-

senschaftlichen Organ der nationalsozialistischen Partei, ‚Nationalsozialistische Monatshefte, Lothar Tirala — München, Rasse und Weltanschauung, Heft 55 (Oktober 1934), Seiten 943 bis 950'.

So ist es also eine vorgetäuschte Behauptung, der Nationalsozialismus sei nur eine politische Partei, wie es zum Beispiel der Faschismus sein will, und er hätte nichts mit der Religion zu tun, oder erst recht, er gründe sich auf ein positives Christentum und habe die Religion in Deutschland gegen die Gefahren des Bolschewismus geschützt.

Außerdem ist es ein Irrtum, wenn manche, die weder die Literatur noch die Grundlagen der Bewegung kennen, sagen, es handle sich nur um einige wenige überspannte und radikale Elemente ohne allen Einfluß auf die Erziehung der Parteimitglieder. Tatsache ist, daß diese führenden Männer wie Günther, Tirala, Rosenberg entscheidende Stellungen in der kulturellen Heranbildung der Partei und besonders der neuen Generation innehaben. Günther spricht auf den großen Kongressen, Rosenberg ist oberster Leiter der Kulturabteilung der Partei und hält Reden in allen großen Städten Deutschlands, indem er stets, wenn auch mit großer Vorsicht, diese Blut- und Rassenlehre zu verbreiten sucht. Tatsache ist, daß diese Lehre besonders in den Schulen und Jugendorganisationen mit Beifall aufgenommen wird, da sie dem Stolz der Nation viele Wahrscheinlichkeitsmomente bietet.

Es ist eine Theorie, die die Grundlagen der christlichen Religion umstürzt und um so gefährlicher wird, als sie zur Zeit eines extremen Nationalismus verkündet wird, der schon an und für sich eine Häresie bedeutet, noch dazu unter dem Bestehen eines Totalitärstaates, der wie eine zweite große Häresie unserer Zeit der christlichen Auffassung des Staates zuwiderläuft. So vereinigen sich im deutschen Volk drei große Häresien, die für die christliche und insbesondere für die katholische Religion im Lauf der nächsten Jahre eine sehr schwere Gefahr heraufbeschwören werden. Nach dieser Lehre ist die christliche Religion ein orientalisch-semitisches Produkt und mithin ein Fremdkörper in der nordischen Rasse, die sich darum eine andere, aus der eigenen Rasse hervorgehende, Religion bilden will.

So kommt es zu einem neuen Heidentum, das in Formen wieder ins Leben gerufen wird, wie sie dem modernen Menschen angepaßt und angemessen sind, mit einem nationalen Mystizismus (ähnlich zum Beispiel dem Kult der Parteigefallenen in Italien mit eigenen Kapellen, als ob es sich um Heilige oder Märtyrer handelte) und mit einer Vergötterung des Blutes und der eigenen Rasse.

Die Verdammung der Bücher von Rosenberg und Bergmann seitens des Heiligen Offiziums war gewiß ein erster Schritt, scheint mir aber nicht ausreichend gegenüber einer Bewegung, die um so gefährlicher ist, als die beiden anderen falschen Lehren vom Nationalismus und vom Totalitärstaat sie begleiten und unterstützen.

Um nach diesen gemachten Erfahrungen mein Gewissen zu entlasten, sei es mir gestattet vorzuschlagen, es mögen nach einer Untersuchung von zuständiger Seite diese drei modernen Häresien: radikaler Nationalismus, Rasse und Blut als Grundlagen der Religion (Weltanschauung) und Totalitärstaat vom Heiligen Stuhl in feierlicher Form verdammt werden, sei es durch eine Enzyklika oder durch einen neuen Syllabus in der Form desjenigen von Papst Pius IX. In den besonders von diesen Häresien bedrohten Ländern müßten außerdem die Bischöfe damit beauftragt werden, daß die Katholische Aktion der betreffenden Diözesen, sobald der Heilige Stuhl seine Zensur gegeben, mit allen geeigneten und positiven Mitteln einen einheitlichen Kampf gegen diese geistigen Strömungen des modernen Lebens zu beginnen hat.

Wenn dem noch etwas hinzuzufügen gestattet ist, sei es mir erlaubt, für die Ausarbeitung eines Votums den hervorragenden Kenner des Gegenstandes zu empfehlen, der vor wenigen Jahren schon eine treffliche Schrift über die Rassenlehre veröffentlicht hat: P. Wilhelm Schmidt von den Missionaren des Göttlichen Wortes, Direktor des Päpstlichen Missionsmuseums in Rom.

Ich verbleibe Eurer Eminenz ergebenster Diener
gzt. Aloys Hudal
Bischof von Ela“

Ich habe seit 1934 trotz meiner Gesuche bei Pius XI. keine Privataudienz mehr erhalten und diesen erst fünf Jahre später auf seinem Totenbett im Sterbezimmer des Vatikans gesehen. Zu viele Kanäle einseitiger Berichterstattung bedrohen diese Welt, so daß man „erledigt“ werden kann, ohne je die Möglichkeit einer Rechtfertigung oder Selbstverteidigung zu erhalten. Wenn mich auch diese Audienz 1934 schmerzlich enttäuschte, glaubte ich doch, meine mühevollen Vorarbeiten nicht aufgeben zu sollen. Ich sah, daß alles Menschliche brüchig und von Zeitverhältnissen abhängig ist und daß die kluge, wiederholte Vermittlung des Jesuiten Tacchi-Venturi kein Sieg, sondern ein Zurückweichen der Kurie vor dem faschistischen Italien war.

Das wesentliche Schlußergebnis meines Werkes „Die Grundlagen des NS“ war folgendes:

Im NS sind zwei Strömungen vorhanden, eine linksradikale und eine rechtskonservative, die beide um die ausschließliche Vormacht in der Partei kämpfen. Es sind ferner zwei Ideen im NS zu finden, die an sich etwas Positives bedeuten: Nation und Sozialismus. Diese beiden sind aber, sobald sie von Gewissen und Religion getrennt werden, in Gefahr, in einer radikal-extremen Bewegung zu endigen, der nichts mehr heilig ist. Der übertriebene Nationalismus führt notwendig zur Lehre vom Übermenschen, einem Herrenvolke und im Sinne der heidnischen Antike zur Unterdrückung aller anderen Nationen; der Sozialismus aber führt, wenn er nicht von der Religion geregelt und gemildert wird, zur Diktatur des Proletariats, zum Klassenkampf und schließlich zur Anarchie. Deshalb mußte ich auf die mir von den deutschen Katholiken unterbreiteten Gewissensfragen antworten: Wenn der NS nur eine politisch-soziale Bewegung ist, die sich nicht solcher Mittel bedienen will, die dem Naturrecht und dem religiösen Gewissen widersprechen, dann ist für den Katholiken kein Grund, abseits zu stehen, sonst wäre auch der Abschluß eines Konkordates unmöglich gewesen; wenn aber der NS ein Religionsersatz sein will mit einem Mythos altgermanischer, rassischer Herkunft, dann kann die Kirche nicht schweigen, sondern sie muß jene Worte wiederholen, die sie so oft im Laufe der Jahrhunderte anderen Irrtümern gegenüber gesprochen hat: Non possumus — wir können nicht mittun!

Die Aufgabe der deutschen Katholiken mußte es deshalb sein, alles zu tun, um zu verhindern, daß der linke Flügel im NS aufwärtskommt. Sie mußten durch eine energische Stellungnahme erreichen, daß der NS sich christlichen Auffassungen über Volk, Familie, Staat und Persönlichkeit anpaßt. Nur auf diese Weise kann eine Katastrophe verhindert werden (vgl. mein Buch Seite 251).

Jedenfalls war in diesen Jahren die Gleichstellung von Nazismus, Bolschewismus und Kommunismus, wie es die Emigrantenpresse machte, trotz einzelner gefährlicher Programmpunkte (§ 24) noch nicht berechtigt. Wäre die Vernichtung des Christentums das eigentliche Programm des NS gewesen, dann hätte der Vatikan mit dem neuen Deutschland keinen Kirchenvertrag mit der Zusicherung konfessioneller (!) Schulen schließen können. Gerade diese hohe Stelle mußte den NS kennen und konnte nichts riskieren; denn gerade durch das Reichskonkordat, das religiös und wirtschaftlich überaus günstig für die Kirche war, wurde der NS in der großen Weltpolitik „hoffähig", er erhielt seine größte moralische Stütze im Urteil des Weltgewissens, ebenso wie seinerzeit der Faschismus. Während der Bolschewismus*) in Rußland bis zur Staatsverfassung vom Jahre 1936 (Kap. 10, § 124) die Religion in welcher Form immer als Opium für die Arbeiterschaft bezeichnet hatte, später wenigstens (mit Gesetz vom Jahre 1944) auf dem Ehe- und Familienrecht eine rückläufige Bewegung durchmachte, anerkannte der NS im früher genannten Parteiparagraphen ausdrücklich ein Christentum, so undogmatisch es auch von den meisten verstanden wurde. Ich konnte in meinem Werk feststellen, daß der NS nicht verglichen werden kann mit einer gewöhnlichen Partei. Er ist vielmehr eine Bewegung des liberalen Bürgertums, einzelner ihre Religion nicht mehr ausübender intellektueller Schichten, weniger eine solche der Bauernschaft oder Arbeiterwelt. Er ist in gewisser Hinsicht, abgesehen von der nationalen Reichsidee, in manchen seiner Schriftsteller das organisierte Schlußergebnis der kulturellen Dekadenzentwicklung innerhalb des deutschen Geisteslebens im 19. Jahrhundert, die an die Namen Hegel, Feuerbach, Nietzsche und Haeckel gebunden ist. Durch das „Non possumus" war alle Klarheit gegen Mißdeutung geschaffen. Mein Buch war nur ein Versuch, der am linksradikalen sozialistischen Flügel der Partei gescheitert ist, welcher, vom Furor teutonicus erfaßt, in Rom nur mehr den Dämon des Deutschenhasses aller Jahrhunderte erblickte. Ein letzter Versuch war es, die verantwortlichen Persönlichkeiten des NS zu einer Revision ihres Kirchen- und Rassenkampfes zu veranlassen, um eine antideutsche

*) P. Heinrich Falk S. J., Dozent für Russische Geistesgeschichte an der Philosophischen Hochschule „Berchmannskolleg" in Pullach, „Die Weltanschauung des Bolschewismus", „Stimmen der Zeit", Freiburg im Breisgau, Dezember 1951.

Front des Auslandes zu verhindern, nachdem das päpstliche Weltrundschreiben über NS und Kommunismus bereits in Rom vorbereitet wurde. Bald nach Veröffentlichung meines Werkes im Oktober 1936 brachte der „Osservatore Romano“, das halbamtliche Organ des päpstlichen Staatssekretariates, folgende gesperrt gedruckte Veröffentlichung:

„A proposito di un libro[47].“ Es war die erste amtliche Stellungnahme des Vatikans im Oktober 1936. „Von verschiedenen Seiten sind wir gefragt worden, ob die im Johannes-Günther-Verlag, Leipzig und Wien, ganz kürzlich erfolgte Veröffentlichung des Buches „Die Grundlagen des Nationalsozialismus“ in vorhergehendem Einverständnis mit dem Heiligen Stuhl geschehen ist, wie denn dies bereits verbreitet wurde. Auf Grund eingeholter Erkundigungen müssen wir diese Frage mit Nein beantworten, in Übereinstimmung mit dem, was der Autor selbst einer österreichischen Agentur erklärt hat: daß nämlich sein Buch von niemandem inspiriert und nicht in amtlichem Auftrag geschrieben worden ist“ — so die wörtliche Übersetzung.

Mit diesen Worten war das Buch, dessen Verfasser mit Rücksicht auf meine bischöfliche Würde nicht genannt wurde, abgetan.

Nach dieser halbamtlichen Ablehnung meines Buches ging ich schweren Herzens in den Vatikan zum Kardinalstaatssekretär Pacelli, dessen intime Freunde Prälat Kaas und der Jesuit Leiber, die Graue Eminenz genannt, waren. Ich wollte ihm sagen, daß meine Absichten bei der Niederschrift dieses Bekenntnisbuches völlig rein gewesen und von der Absicht, Kirche und Nation zu dienen, getragen wurden. Irdische Ehren und Anerkennung seien mir ferne gelegen. Ich beklagte mich dem Kardinal gegenüber besonders wegen der unfeinen Art der offiziösen indirekten Ablehnung meines Buches.

Darauf erwiderte er, daß Pius XI. eine viel schärfere Desavouierung [die Indizierung als „non opportuno“[48])] anbefohlen hätte und nur infolge des Dazwischentretens des Staatssekretariats mit Rücksicht auf meine bischöfliche Würde eine „mildere“ Form gewählt wurde. Ich verdankte wohl auch die Nichtindizierung der

---

[47]) *„Aus Anlaß eines Buches“*

[48]) *„nicht opportun“*

Tatsache, daß ich bereits eine Reihe von Jahren Konsultor des Heiligen Offiziums, der obersten päpstlichen Behörde und Instanz für die Verurteilung von Schriften, war. In der Geschichte des Heiligen Offiziums wäre es wohl noch nicht vorgekommen, daß ein Mitglied desselben indiziert wurde. Bischöfe, die nicht Konsultoren waren, mußten die Macht desselben nicht selten fühlen. Es genügt, an Bonomelli von Cremona und Prohászka von Stuhlweißenburg zu erinnern. In meinem Fall nahm man auch Rücksicht auf das neue Deutschland, denn eine öffentliche Maßregelung meines Werkes, das einen Ausgleich der höchsten Werte — Nation, Religion und soziales Denken — erstrebte, wäre nicht ohne Rückwirkung auf den beginnenden Kirchenkampf geblieben, sondern hätte ihn noch schärfer ausgelöst.

Ich wagte einen Zweifel zu äußern, ob der Papst mein Buch überhaupt gelesen hätte, doch erklärte der Kardinal, er müsse das ohneweiters bejahen. Pius XI. hätte die Gewohnheit, Bücher, die ihn interessieren, mehrere Tage auf seinem Arbeitstisch zu belassen, während andere von ihm gleich in seine Privatbibliothek eingereiht würden. Mein Buch habe er selbst längere Zeit im Empfangssalon des Papstes gesehen. Abschließend meinte er noch, daß der Papst an meiner guten Absicht nicht zweifle, allein das Buch ablehne. Der Papst sei besonders ungehalten, daß ich die kirchliche Druckerlaubnis nicht eingeholt hätte; allein darauf konnte ich leicht erwidern, daß ich absichtlich keine kirchliche Behörde mit einer solchen Verantwortung belasten, sondern ganz allein Erfolg oder Mißerfolg tragen wollte. Wer hätte auch den Mut gehabt, mir eine solche zu erteilen? Wem sollte ich diese Verantwortung übergeben? War es nicht besser, ganz allein für den Erfolg oder Mißerfolg einzustehen? Wien konnte mir nicht helfen, ohne sich politisch zu binden, und Rom, wo die Zeitfragen notwendigerweise oft durch diplomatische Rücksichten beurteilt werden? Trotzdem ersuchte ich nachträglich, als Kardinalerzbischof Innitzer in Rom weilte, er möge mir „helfen" und, wenn auch verspätet, sein „Nihil obstat[49]" erteilen. Er kam mir in jeder Weise entgegen, und so überreichte ich in freudiger Stimmung dem päpstlichen Staatssekretariat meine Eingabe mit der nachträglichen kirchlichen Druckgenehmigung. Kardinal Innitzer erklärte

[49]) *Es handelt sich hier um einen Fachausdruck des kirchlichen Rechtes, der die kirchliche Erlaubnis zur Veröffentlichung eines Buches bedeutet*

in seiner schlichten, undiplomatischen Art, daß er mein Buch über die Grundlagen des NS mit seinem Purpur decke! Der Arme, der als Sudetendeutscher selbst in einem Zwiespalt zwischen religiöser und nationaler Denkart lebte, kannte Rom wohl nicht. Ein Erfolg auf seine Vermittlung blieb aus. Ich erhielt auf diese Intervention des Wiener Erzbischofs vom Vatikan keine Antwort. Nun begannen, ermuntert durch die vatikanische Erklärung, für mich Schwierigkeiten aller Art. Ich hatte tatsächlich in ein Wespennest gegriffen von Emigranten, Deutschlandfeinden, Verrätern und „Widerstands"-Helden aller Länder. Christen, Kommunisten, Sozialisten und Demokraten fanden sich bald in einer einheitlichen Front zusammen, um jede religiöse Befriedung im vorhinein zu verhindern. Deutschland mußte vernichtet werden, und nichts konnte dafür bessere Dienste leisten als die unselige religiöse und rassische Politik führender Mitglieder des NS. Ein konzentrischer Angriff erfolgte gegen den „Nazibischof"; die Bibelforscher mit ihrem Organ in der Schweiz, die Zeugen Jehovas, „Der Aufbau", dieses merkwürdige Erzeugnis Chicago—New Yorks aus dem Kreise von Einstein, Thomas Mann, Fritz von Unruh usw., die gesamte Linkspresse bis nach Nordamerika war in die Schützengräben gestiegen, um die „Kultur" des „Abendlandes" zu verteidigen. Ein Heer von Emigranten aller Schattierungen im Auslande schürte das Feuer und mobilisierte die Kräfte gegen den „Brückenbauer" in Rom.

Mein Buch „Die Grundlagen des NS" wurde in der Tschechoslowakei staatlich verboten, in Deutschland zuerst erlaubt, dann indirekt verboten. Österreichische Bischöfe (Salzburg und Linz) erließen dagegen Kanzelerklärungen (später im März 1938, also wenige Jahre darauf, fielen sie ohne Schwertstreich und bedingungslos um, „weil die Sehnsucht eines Jahrhunderts in Österreich durch den Anschluß verwirklicht worden war"). In Holland schrieb die Presse der katholischen Partei dagegen, in Frankreich verhinderte die rote Volksfront eine geplante rein objektive Inhaltssendung über den Luxemburger Sender. Der päpstliche Staatssekretär Pacelli erklärte mir, wenn die Kirchenpolitik im Reich vatikanfreundlich würde, wäre auch das Urteil über mein Buch günstig. Papst Pius XI. war gegen die geplante italienische Übersetzung, die in Mailand erscheinen sollte; zuerst war sie gedacht unter den Werken „Vita e pensiero", später im Treves-Verlag, der aber schon wegen seiner deutschfeindlichen Haltung kaum dazu berufen war. Mein Buch wurde als zu milde und konziliant beurteilt. Der Rektor der katholischen Mailänder Hochschule, der Franziskanerpater Gemelli, schrieb mir, er könne es nicht ohne Zustimmung des päpstlichen Staatssekretariates veröffentlichen.

Anfang Oktober 1936 hatte ich noch von meinem Vertrauensmann Dr. von Ketteler*) in Wien folgende Mitteilung erhalten: „Der Führer erklärte: Ich bestimme, ob das Buch im Reich erscheinen darf oder nicht, und damit ist es in Ordnung. Ich lasse das Buch zu."

Hitler sprach bei diesem Anlaß „die Hoffnung aus, daß das Verhältnis von NS und katholischer Kirche in der Zukunft sich bessern werde. Es sei ihm nicht gelungen, mit der protestantischen Kirche im Reich zu einer Verständigung zu kommen, weil letzterer die Autorität einer starken Führung fehle. Um so mehr hoffte er auf eine Bereinigung der kirchenpolitischen Fragen gegenüber dem Katholizismus, wobei er schon damals daran dachte, das schwierige Problem vom katholischen Österreich aus aufrollen zu lassen."

Man kann nicht leugnen, daß dieser Gedanke eine gewisse Berechtigung hatte, denn in Österreich bestand seit den siebziger Jahren die Gemeinschaftsschule, um die in Deutschland noch immer gekämpft wurde. Im Reich war ferner bereits seit Jahrzehnten die obligatorische staatliche Zivilehegesetzgebung, um die andererseits in Österreich die politischen Parteien jedes Jahr im Parlament kämpften. So bestanden Ausgangspunkte einer gemeinsamen Bereinigung, sobald das NS-Parteiprogramm gewisse weltanschauliche Klarstellungen erfahren hatte oder wenigstens einige der radikalsten antichristlichen Elemente — fast alles Nietzscheanbeter oder Halbbolschewiken — mundtot gemacht wurden.

Reichsminister des Auswärtigen von Neurath, dem ich, weil ich ihn von seiner Botschaftertätigkeit in Rom kannte, ein Widmungsexemplar übermittelte, schrieb mir:

„Ich habe Ihr Buch mit großem Interesse gelesen und hoffe mit Ihnen, daß sein Inhalt mit dazu beitragen wird, den inneren Frieden in unserem deutschen Volk wiederherzustellen."

---

*) Er wurde am 13. März 1938, dem Tage des Einmarsches der reichsdeutschen Bataillone in Österreich, meuchlerisch von „Unbekannten" durch einen Revolverkopfschuß von rückwärts ermordet und seine Leiche in die Donau geworfen. Angebliche Beziehungen zum französischen Geheimdienst und Vorliebe für eine Wiedereinsetzung der Habsburger sollen die Anklagepunkte gewesen sein!

Der österreichische Bundeskanzler Schuschnigg, eine der vornehmsten politischen Gestalten, die mir untergekommen sind und dessen Stellung besonders delikat war, ist dessen ungehindert sehr sachlich in der Beurteilung meines Buches gewesen, als er mir für die Widmung eines Exemplares mit folgenden Worten dankte:

„Ich glaube Ihre Intentionen durchaus zu verstehen, wenn ich auch nicht verhehlen möchte, darauf aufmerksam zu machen, daß angesichts der besonderen österreichischen Lage eine kritische und bisweilen polemische Stellungnahme in Österreich sich nicht ganz vermeiden lassen wird. Ich werde jedoch, soweit dies nach den pressegesetzlichen Vorschriften zulässig erscheint, dafür Sorge tragen, daß jede Stellungnahme in den gehörigen Grenzen bleibt. Ich wiederhole, daß ich die Motive, die Sie leiten, sehr wohl zu würdigen weiß. Sehr viele Denkende werden sicher denselben Standpunkt vertreten, aber wir wissen ja alle, daß es ungleich schwerer ist, sich auch der großen Masse derer, die anderen Gedanken ablehnend gegenüberstehen, verständlich zu machen. Dazu kommt natürlich, daß die Wirkung des Buches, wie ich überzeugt bin, ungewollt in Österreich eine andere sein wird als im Reich. Im Meritorischen kann ich nur das eine wünschen, daß den Bemühungen, die im Geleitwort zum Ausdruck kommen, im Interesse unseres Volkes Erfolg beschieden sein möge."

Botschafter von Hassel, ein überzeugter Protestant, der dem NS gegenüber eine ablehnende Haltung einnahm, dankte mir mit den schriftlichen Worten:

„Ich bin mir der Bedeutung des Schrittes, den Sie getan haben, und des Wertes des Buches in vollem Umfang bewußt; ich werde es daher mit dem allergrößten Interesse lesen. Dem von Ihnen so mutig und willensstark angestrebten Ziel, ein gesundes und heilsames Verhältnis zwischen dem Reich und den christlichen Kirchen zu schaffen, gehören meine aufrichtigen Wünsche!"

Bei einer mündlichen Aussprache befürchtete er, daß ich „zwischen zwei Mühlsteinen zerrieben werden könnte, da auf beiden Seiten große Kräfte gegen jede Verständigung und Synthese von Religion,

Nation und Sozialismus arbeiten". Unter letzteren nannte er Judentum, Freimaurerei und Vatikan als wesentlich international eingestellte Kräfte, unter ersteren die altgermanische atheistische Richtung innerhalb der Partei.

Kardinalerzbischof Innitzer*), der mir auch nachträglich die kirchliche Druckerlaubnis erteilte, nahm eine auffällig günstige Haltung ein, indem er in einem Briefe bemerkte:

„Herzlich danke ich für die Zusendung Deines Buches; es hat sicher seine Mission und wird mit seiner Ehrlichkeit und Tiefe besondere Wirkung nicht verfehlen."

Der Duce ließ mir schriftlich durch einen höheren Beamten der italienischen Botschaft beim Heiligen Stuhl danken, welch letzterer allerdings — ich vermute, im besonderen Auftrage — die diplomatische Frage stellte: „Wie wird sich der Vatikan zu einem solchen Befriedungsversuch verhalten?"

Bemerkenswert ist folgendes Schreiben des Botschafters von Papen:

„Die ideengeschichtliche Untersuchung über die Grundlagen des NS, die Sie — davon bin ich tief überzeugt — mit Ihrem Herzblute geschrieben haben, hat mich höchst interessiert und bewegt. Es ist in der Tat der erste ernste Versuch, von der hohen Warte wissenschaftlicher Objektivität zur größten Bewegung der deutschen Gegenwart positiv Stellung zu nehmen. Niemand wäre besser dazu berufen gewesen als ein Grenzlanddeutscher, dem wie Ihnen das deutsche Schicksal in Europa am Herzen brennt, und zumal ein deutscher Bischof in Rom, der in der Stunde großer und weitreichender innerer Entscheidungen dem Frieden des deutschen Volkes in seiner Gesamtheit zu dienen sich bemüht. Fürwahr, eine Aufgabe, edelster Hingabe wert!

---

*) Bezeichnend für die schwüle Gewitterstimmung in den Jahren 1936/37 war der Brief des Wiener Kardinalerzbischofs Innitzer (14. Februar 1937): „Ich übersende die gewünschte Druckerlaubnis für das Buch, die aber nicht zu veröffentlichen ist, doch kannst Du Dich jederzeit darauf berufen. Ich habe mich über die moralische Rechtfertigung gefreut, und nun ist auch überall (?) schon Beruhigung eingetreten", dagegen hatte meine Besprechung im päpstlichen Staatssekretariat einen etwas bewegten Verlauf.
Meine Tagebücher, 30. November 1936.

Mit besonderer Sympathie würdige ich die Sachlichkeit, mit der Sie die starken positiven Kräfte aufgezeigt haben, die der NS dem deutschen Volke brachte, mit denen er uns der Ansteckung durch bolschewistische Ideen entriß, und den freien Mut, mit dem Sie die Folgen der Friedensdiktate geißeln, die Entnationalisierung und wirtschaftliche Erdrosselung, mit der Tausende unseres besten Blutes von der Scholle ihrer Väter verdrängt wurden oder den Zusammenhang mit dem geheiligten Boden der Heimat seelisch und faktisch verloren.

Wir alle sind zutiefst überzeugt, daß die große deutsche Einheits- und Erneuerungsbewegung Hitlers durch das Hineintragen unnötiger weltanschaulicher Auseinandersetzungen nur leiden könnte. Deshalb muß jeder Versuch auf das wärmste begrüßt werden, der in voller Klarheit der beiderseitigen Standpunkte eine Synthese von Nation und Christentum zu schaffen sich bemüht — eine Synthese, welche die Nation auf den unverrückbaren Grundfesten des Christentums neu verankert.

Als ich kurz nach der Machtergreifung des NS mich bemühte, das Verhältnis des Reiches zur katholischen Kirche grundsätzlich neu zu regeln, war der Gedanke für mich entscheidend, daß bei dem geistigen Umbruch der Nation die weltanschauliche Basis eines ‚positiven' Christentums weitgehend gesichert werden sollte. Darüber befand ich mich in vollster Übereinstimmung mit Hitler und dem Parteiprogramm. Inzwischen ist der weltanschauliche Kampf trotzdem in voller Stärke entbrannt — eine Überraschung nur für jene Zeitgenossen, denen das geistesgeschichtliche Ringen des letzten Jahrhunderts und alle darin aufgeworfenen Probleme fremd geblieben waren. Erstaunlich nur, daß auf seiten der Kirche bisher sowenig grundsätzliche Stellungnahme und eine die Komplexität der Bewegung umfassende Beurteilung erfolgt ist. Diesem Mangel ist nun abgeholfen. Daher muß Ihr Versuch mit besonderer Dankbarkeit begrüßt werden. Klarheit tut not, vor allem. Man muß wissen, daß — genau wie der NS-Staat niemals auf die politische Totalität verzichten wird — auch die katholische Kirche nie darauf verzichten kann, ihren Einfluß auch über Kirchenraum und Sakristei hinweg in aufbauendem, stützendem und helfendem Sinne auszudehnen. Ich gebe mich der Hoffnung hin, daß es auf seiten der Gegner gewürdigt werden wird, wenn ein deutscher Mann, zugleich ein katholischer

Bischof, von hoher Warte sein deutsches Herz und sein katholisches Gewissen sprechen läßt, um in dieser bedeutsamen Zeit dem ‚Reich aller Deutschen' im Sinne seiner geistlichen Mission zu dienen.“

Daß ich mit dem Schlußwort meines Buches „Non possumus[50])“ und mit dem Bekenntnis zu einem christlichen NS auf dem rechten Wege war, sagte mir immer wieder mein Gewissen, obwohl ich fast von keiner höheren kirchlichen Stelle ein Wort objektiver Wertung meiner Absichten erhalten hatte. Ein Parteigenosse der illegalen Bewegung in Österreich sagte, als wir in Wien darüber sprachen: „Sie werden die invidia noch erfahren!“ Ich mußte ihm leider recht geben; denn ich blieb in diesem Versuche ganz allein fast ohne Waffengefährten*). Nur einzelne junge Priester aus dem Reiche, besonders aus der Kölner Erzdiözese, sandten mir begeisterte Zustimmungsbriefe. Wo blieb in dieser schwierigen, für das Schicksal Deutschlands so entscheidenden Stunde einer seelischen kulturell-politischen Befriedung der deutsche, einst so machtvoll organisierte Katholizismus, auf den ich als junger österreichischer Priester immer mit großem Stolze hingeblickt hatte?

Aus dem Durcheinander der Urteile über mein Werk mögen nur einige gebracht werden, die so recht beweisen, wie sehr in dieser Zeit, in der es um das Ganze im deutschen Volk ging, Mut und Klarheit fehlten.

---

*) Eine rühmliche Ausnahme machte katholischerseits fast nur die „Augsburger Postzeitung“, die schon vor 1933 (Alphons Nobel, „Der Katholik im neuen Reich“) ähnliche Gedanken der unbedingten Notwendigkeit positiver katholischer Mitarbeit innerhalb des NS verteidigt hatte, um eine Tragödie zu verhindern; das entsprach den Worten des Wiener Kardinals Innitzer: „Die neuen Kräfte, die uns eine glücklichere Zeit bauen werden, kommen aus dem nationalen Gedanken, aus unserem deutschen Volkstum; hier in Blut und Heimat liegen die Quellen des Lebens und der gesunden Erneuerung, Vaterland und Volk ist alles. Wir stehen an einer Zeitenwende, in der vielleicht das deutsche Volk zum Kämpfer und Bahnbrecher einer neuen Zeit ausersehen ist. Kräfte sind am Werke, um eine neue Welt entstehen zu lassen. Damit aber etwas wirklich Schönes und Heiliges wird, muß die Liebe zum Vaterland im Bunde sein mit dem christlichen Glauben.“ Diese tatkräftigen Worte fanden ihr Echo in einer der Reden Hitlers im Reichstag: „Die nationale Regierung sieht in beiden Religionsbekenntnissen die wichtigsten Faktoren zur Erhaltung unseres Volkstums ... Sie sieht im Christentum die unerschütterlichen Grundlagen der Sittlichkeit des Volkes ...“ Selbst der später vom Ausland als politischer Emigrant heftig das Dritte Reich bekämpfende Jesuit Friedrich Wilhelm Muckermann mußte damals, überwältigt vom raschen und widerstandslosen Zusammenbruch der kommunistischen Gewaltherrschaft in Deutschland, gestehen: „Hier war unzweifelhaft der Staatsmann.“

[50]) *„Wir können nicht!“*

Maßgebend sind in jedem Falle die Urteile der NS-Parteistellen:

a) Das Braune Haus in München (Brief meines Vertrauensmannes vom 24. November 1936):

„Ich habe soeben eine zweistündige Unterredung mit dem Reichsleiter der Parteiamtlichen Prüfungskommission beendet. Von seiten der Partei sieht man in Ihrem Buch eine schwere Gefährdung, besonders wegen der darin aufgestellten Behauptung, daß innerhalb der Partei zwei Strömungen bemerkbar seien, die eine linksradikal mit absolut antichristlichem Moment, die andere, die religiös tolerant sei. Eine solche Diskussion könne man heute in Deutschland nicht erlauben, man stehe vielmehr auf dem Standpunkt, daß das Buch einige Jahre zu früh erschienen sei und später sicherlich wertvolle Dienste leisten würde. Die Partei wolle das Buch nicht verbieten, aber Diskussionen müssen vermieden werden."

b) Parteikorrespondenz, November 1936:

„Das Buch ist die erste objektive und leidenschaftslose Kritik des NS, es ist aber untragbar für die Partei, gefährlich und muß verwirrend wirken. Seine These von zwei Richtungen ist abzuweisen, abzulehnen ist vor allem, daß der Verfasser in der Rassenfrage keine Zugeständnisse kennt."

c) Rosenberg, Dezember 1936:

„Wir lassen uns nicht die Grundlagen der Bewegung von einem römischen Bischof untersuchen und kritisieren."

Besonders abgelehnt wurde von der Partei meine Kompromißlösung in der Rassenfrage, die die Anwendung der Rassenlehre wohl für das biologisch-hygienische, nicht aber für das geistig-kulturell-weltanschauliche Gebiet zugab. Ebenso wurde die Möglichkeit eines Konfessionalismus verurteilt, der über die Kirche noch hinausreicht. Diese Urteile zeigten immerhin, wenn man vom Christentumhasser Rosenberg, der das Unglück der Bewegung war, absieht, daß noch eine gewisse, wenn auch ganz kleine Möglichkeit bestand, sich über einzelne Fragen auszusprechen, so gering auch die praktischen Ergebnisse sein mußten, seitdem das Trio Streicher,

Rosenberg und Bäumler das Monopol der germanischen Weltanschauungsdeutung an sich gerissen hatte. In jedem Falle war der Beweis erbracht, daß mein Buch weit davon entfernt war, eine nazistische Propaganda betreiben zu wollen. Es sollte nur eine ehrliche, ruhige, jeder Emigrantenpsychose fernstehende wissenschaftliche Kritik des NS an den Maßstäben christlicher Moral und Staatsauffassung sein; denn ich war zutiefst davon überzeugt, daß diese Bewegung, wenn sie mit dem Christentum in Kampf treten sollte, das ganze deutsche Volk in eine beispiellose Tragödie hineinreißen mußte.

Ganz anders war die Aufnahme des Buches, das nur dem Frieden dienen wollte und in einem Bekenntnis zu einem christlichen NS endete, bei vielen hohen und höchsten katholischen Kreisen Deutschlands und Österreichs und beim offiziellen österreichischen Protestantismus. Letzterer fühlte sich schwer getroffen, da ich die weltanschauliche Verworrenheit innerhalb der NS-Partei auf das Konto der theologischen Auflösung des modernen deutschen Protestantismus setzte.

Als das Buch in den ersten Wochen bereits fünf Auflagen erreicht hatte, setzte ein Hagel von Angriffen aus allen Lagern gegen mich ein. Bis aus Mexiko und Australien kamen Briefe, in denen in heftig leidenschaftlicher Form besonders mein Bekenntnis zu einem christlichen NS abgelehnt wurde. „Würdelose Anbiederung, feiger Optimismus, Brückenbauer, Sonderaktion eines Außenseiters, Dolchstoß gegen die Kampffront des deutschen Katholizismus“ waren noch die mildesten Vorwürfe. Die Kampfesweise war ein Hohn auf echte Religion und eine Schmach für eine wahre christliche Apologetik. Ein Leser schrieb mir:

„Faschismus, Bolschewismus und NS sind dieselben Bewegungen, auch wenn nicht wenige italienische Bischöfe und Ordensgeistliche versuchen, mit Weihrauch und Weihwasser das im Faschismus enthaltene Gift wenigstens zu neutralisieren. Der Unterschied ist nur ein solcher der Farbe und des Grades. Wie werden Sie es zustande bringen, dem NS eine andere Zielrichtung zu geben? Jeder Versuch einer Verständigung muß scheitern; denn alle diese Bewegungen sind im tiefsten Wesen verstanden und beurteilen die Auflösung des Christentums.“

Ein anderer schrieb:

„Der Gedanke eines christlichen NS ist ein innerer Widerspruch wie jener eines christlichen Bolschewismus, weil die Bewegung wesentlich gegen das Christentum gerichtet ist."

Katholiken lehnten meinen Versuch ab, weil er zu weit, radikale Nationalsozialisten, weil er zuwenig weit gehe. Die ersteren sahen darin eine Gefahr, die Rechte der Kirche zu schmälern, die letzteren ein Mittel, den NS innerlich auszuhöhlen. Sehr bezeichnend war das Echo des Buches unter den Deutschen in Mexiko, von denen mir einer auf einer offenen Karte folgendes Bekenntnis ablegte:

„Wir brauchen kein Christentum, unsere Zukunft kann nur jene Lenins sein. Religion in jeder Form ist Opium und Krankheit."

Dagegen war ein Führer der Hitlerjugend in Australien begeistert, Christentum und NS in einer geschlossenen Front gegen Lenins Gottlosigkeit verbunden zu sehen. Während dieser Führer der Hitlerjugend in Australien mir rückhaltlos gestand, daß er immer so wie ich gedacht hätte, obwohl er selbst Protestant wäre, erklärte der andere in Mexiko, daß die Deutschen der Kirche in Europa den Untergang bereiten werden, daß er deshalb jede „Injektion religiöser Gedanken" in den NS als unvereinbar mit der Reinheit und Kompromißlosigkeit der Bewegung ablehne. Schon seitdem ich in einem Reichspostartikel die Juliverständigung 1936 zwischen Deutschland und Österreich vom kirchenpolitischen Standpunkt aus beurteilt hatte, um in der NS-Bewegung den rechten, konservativen Flügel zu stärken, war die österreichische Presse zum Angriff übergegangen. Dabei war etwas Groteskes, denn das älteste NS-Programm des Iglauer Parteitages vom Jahre 1913 hatte nicht Hitler, sondern der aus Polen 1902 nach Mährisch-Trübau eingewanderte Buchdrucker Burschowski (Jude?) ausgearbeitet, und die entscheidendsten Lehren (Rasse, Staatstotalität) waren viel mehr französischen und italienischen (Gobineau, Macchiavelli) als deutschen Ursprungs. Übrigens war auch bei der Gründung der Ortsgruppe Rom der NS-Partei ein jüdischer Zeitungsberichterstatter der Berliner Börsenzeitung wesentlich beteiligt. Die Wiener Regierung, die vielleicht das Juliabkommen abgeschlossen hatte, um Zeit zu gewinnen, reagierte zunächst mit der Polizeiaufsicht, die über mich im Kurhaus Warmbad Villach verhängt wurde. Die Bischöfe von Linz und Salzburg gaben eine öffentliche Erklärung ab, daß sie in ihrer Haltung gegen den NS nichts ändern werden. Ursprünglich war diese Erklärung für den gesamten Episkopat von Österreich geplant. Sie scheiterte am Widerstand des Kardinals Innitzer und des Klagenfurter Bischofs Hefter. Viele meiner Gegner haben nur wenige Seiten meines Buches gelesen oder einzelne Sätze aus dem Zusammenhang herausgerissen, um dieselben propagandistisch zu mißbrauchen. So kann man natürlich auch die Bibel, diese besonders leicht, für alle möglichen Zwecke auslegen. Nun stürzte sich auf mich die von deutschen Emigranten beeinflußte Presse Österreichs, der Tschechoslowakei (die Strasser-Gesellschaft in Prag), Hollands (Der Deutsche Weg), Polens (Der Deutsche in Polen), der Schweiz (die katholische Presse-Korrespondenz Kipa) und ein Luzerner Kreis von Zentrumsleuten um Waldemar Gurjan und Alexander Edgar, die Prager Presse, die ihre Weisungen von Freimaurern entgegennahm, während Kreise um den hochbefähigten, aber geltungsbedürftigen Jesuiten Friedrich Muckermann auf eine Indizierung des Buches in Rom hinarbeiteten. Ein ganzes Buch von Urteilen erhielt ich aus Genf (Internationale Presseagentur) und Holland. Überaus schmerzvoll war in erster Linie für mich die Haltung vieler Vertreter innerhalb der hohen deutschen Geistlichkeit. Hier war ein vollständiges Verkennen meiner Absichten und eine Unnoblesse, die ich nie für möglich gehalten hätte. Bischof Galen von Münster sagte mir in Rom, als wir auf dieses Buch zu sprechen kamen: „Sie täuschen sich. Mit diesen Leuten kann man nichts anfangen, denn sie sind mit Blindheit geschlagen. Eine solche Kanaille verdient nicht, daß man sich so in ernsten wissenschaftlichen Werken mit ihr beschäftigt." Seit dem Tode der hervorragenden Bischöfe Schreiber und Bares fehlten nicht Kämpfer wie die Bischöfe von München und Münster, wohl aber konstruktive, großzügige Persönlichkeiten mit Führereigenschaften, die wie seinerzeit der Breslauer Kardinal Kopp unter Bismarck manches übersehen mußten, um Größeres zu retten — und das war das Absacken des NS in eine bolschewistische Gedankenwelt. Ein Nachteil war überdies in dieser mit Dynamismus überladenen Zeit, daß nicht wenige verantwortliche oberste Kirchenstellen auch in Rom vergreist waren und die wesentlichen Probleme Europas über das Gehege des Kirchenrechtes hinaus nicht mehr sahen. Da die Kirche als Trägerin auch traditioneller Auffassungen gewiß nicht vom Augenblick leben kann, wurden bei dieser Lage übereilte Beschlußfassungen verhindert. Da aber die großen Bewegungen, die das geistige Antlitz Europas ändern wollen, wesentlich Frontkämpfergeist waren mit Forderungen, die teilweise auf naturrechtliche Voraussetzungen zurückgehen (wirtschaftliche und politische Lebensraumgestaltung, junge und absterbende Völker, Volksverbundenheit über jede Zerspaltung der Nation), war im vorhinein auch im kirchlichen Lager die Jugend für eine Aussprache und allenfalls für eine Verständigung besser berufen als Menschen, deren politische Begriffswelt stark mit der Gesellschaftslehre der Französischen Revolution zusammenhing. So stand einer von der Jugend getragenen revoltierenden Bewegung eine Religion und Kirche gegenüber, die in ihren Vertretern teilweise abgekämpfte Eindrücke auslöste. Zwischen nationalbewußter Jugend und römischer Kirche entstand so eine Kluft, die von der Linksrichtung des NS in zielbewußter Arbeit noch vergrößert wurde.

Eine Ausnahme in der Haltung gegenüber meinem Buche machten in Österreich Kardinalerzbischof Innitzer und Bischof Hefter. Niemand hatte vom deutschen Episkopat den Mut, mir auch nur mit einer Zeile den Empfang des Widmungsexemplars zu bestätigen, von einem Worte des Dankes nicht zu sprechen. Man verurteilte meine Absicht, durch dieses Werk den deutschen Katholizismus aus seiner negativen Haltung gegenüber dem NS und dem Reichsgedanken in eine positive nationale herüberzureißen, indem die Frage einer modernen Synthese von Nation und Christentum beziehungsweise Weltkirche zur Diskussion gestellt wurde. Man kann aber keine Synthese aufstellen, solange man in der Negation verharrt. Die Losung „positive Einstellung" hatte damals unseligerweise einen nicht immer üblen Beiklang, wie jene andere wenig glückliche Forderung vom „positiven Christentum". Um so bitterer empfand ich aber diese Beobachtung, wenn ich an die nationalbewußten, fast chauvinistischen Ansprachen italienischer und französischer Kirchenfürsten dachte, deren Wortlaut aus der Presse schließlich auch den deutschen katholischen Laien nicht unbekannt bleiben konnte. Gegenüber dem nationalen Geständnis eines Achille Ratti als Kardinalerzbischof von Mailand („Der Brenner ist die von Gott für Italien bestimmte Staatsgrenze"), der Kardinäle von Genua und Venedig und vieler französischer Bischöfe waren die Kundgebungen innerhalb des deutschen Katholizismus ohne ein befreiendes Wort, das den Weg in eine neue Zukunft der Nation aufreißen konnte. Es schien, als sei der deutsche Reichsgedanke mit dem Beginn des 19. Jahrhunderts im politischen Gewissen der deutschen Katholiken untergegangen. So erhielt ich im Oktober 1936 das erste, wenn auch in höflicher Form gehaltene Monitum durch den Unterstaatssekretär Monsignore Pizzardo, bis Briefe des Münchener Kardinals Faulhaber einen offiziellen Schritt der Kurie gegen mich als den „Hoftheologen der Partei" verlangten. Bezeichnend ist folgender Bericht über eine Aussprache, die Kardinalerzbischof Innitzer am 30. November 1936 im päpstlichen Staatssekretariat in der Frage meines Buches hatte: „Erzbischof Pizzardo nimmt eine abwartende Haltung ein, hat das Buch nicht gelesen und fragt, was eigentlich mit wenigen Worten der Hauptzweck des Werkes sei. Kardinalstaatssekretär Pacelli bedauert, daß es ohne kirchliche Genehmigung erschienen sei und steht ganz unter dem Einfluß der Briefe aus München, die, leidenschaftlich geschrieben, ein Strafverfahren des Vatikans gegen mich forderten. Die reine Absicht will Pacelli nicht leugnen, auch er habe das Buch nicht gelesen, weil er keine Zeit hat. Deshalb nimmt er eine abwartende Stellung ein. Kardinal Innitzer verteidigte mich energisch. Er decke das Buch mit seiner Autorität und betrachte es als wichtig, um eine religiöse und politische Befriedung vorzubereiten, ja er begrüße herzlichst im Interesse des deutschen Volkes jeden Schritt, der geeignet sei, eine Verständigung von NS und Christentum herbeizuführen. Der österreichische Episkopat habe in seiner Vollversammlung das Buch nicht verurteilt, wenn auch die Bischöfe von Linz und Salzburg ihre eigenen Wege gehen."

Es ist nicht ohne geschichtliches Interesse, heute darauf hinzuweisen, daß Kardinal Fürsterzbischof Piffl von Wien (ein Sudetendeutscher, der die nationalen Probleme aus persönlicher Erfahrung kannte) schon im Jahre 1932, kurz vor seinem Tode, die Bildung einer Arbeitsgemeinschaft zwischen Katholiken und Nationalsozialisten in Wien vorgeschlagen hatte, die später Hitler am 23. März 1933 veranlaßte, sich in der Krolloper zum geschichtlich gegebenen Christentum zu bekennen und auch in diesem Sinn den vielumstrittenen 24. Punkt des NS-Programms (das positive Christentum) auszulegen. Gerade diese Erklärung, die in ihrer grundsätzlichen Tragweite vom damaligen Generalvikar von Berlin und vom Kardinal Fürsterzbischof Bertram verfaßt wurde, ist eine der Voraussetzungen der Loyalitätserklärung der deutschen und später der österreichischen Bischöfe, ebenso die Voraussetzung des Konkordats zwischen Vatikan und Reich im Jahre 1933. Auch Seipel glaubte, daß es möglich sei, die NS-Ideologie mildernd zu beeinflussen, so daß sie mit dem Christentum irgendwie eine Verständigung ermöglicht (vgl. das schöne Buch „Hildegard Burjan", Müller-Verlag, Salzburg, 1950, Seite 170a).

Daß es nicht zu einer öffentlichen Verurteilung des Buches, das nur ein Versuch und nichts Weiteres war, in Rom gekommen ist, verdankte ich der Furcht vatikanischer Stellen vor dem Echo unter den national denkenden deutschen Katholiken. Vielleicht war teilweise auch die vorsichtige Haltung einzelner deutscher Jesuiten mitentscheidend. Besonders der Vertreter der deutschen Provinzen, P. Brust an der Jesuitenkurie, ist mit einem Mitgliede einer spanischen Missionsgesellschaft in der Via Giulia der einzige Ordensmann gewesen, der mir in einer offenen Aussprache seine Zustimmung gab. Ihr Urteil war: „Das Buch habe nur den einen Fehler, daß es fünf Jahre zu spät erschienen sei". Ich kann allerdings heute nicht sagen, wie ich mich gegenüber einer Indizierung meines Werkes verhalten hätte. Als Bischof wäre ich nicht der einzige gewesen, der solches erlebte. Bonomelli wurde mit einem Hirtenbrief, in dem er die Notwendigkeit verteidigte, die römische Frage zu liquidieren, von Pius X. sozusagen in Acht und Bann gelegt. Bei Bischof Prohaszka von Stuhlweißenburg waren Bücher unklaren, mystischen Inhalts die Ursache. Da niemand, der beim Heiligen Offizium als Schriftsteller angezeigt wird, die Möglichkeit hat, sich zu verteidigen, und in den seltensten Fällen vom Inhalt der Anklage unterrichtet wird, entsteht eine unmögliche Gewissenslage für wissenschaftlich ernst denkende Menschen, besonders wenn eine Verurteilung nur aus Gründen der „Opportunität" — ein sehr dehnbares Wort — erfolgen kann, wie es auch bei mehreren Schriften von Lamennais der Fall war. Es bleibt für den Priester nur die Alternative, entweder sich zu unterwerfen oder die Enthebung von Amt und Würden und damit eine öffentliche Entehrung auf sich zu nehmen. Wie sehr würde das Ansehen einer Weltkirche eine Reform auf diesem delikaten Gebiete des Index verlangen!

Hohe Mitglieder des NS sagten mir, „der Nachteil meines Buches sei, daß es um 5 Jahre zu früh erschienen sei und die Partei eine öffentliche Aussprache noch nicht zulassen könne."

Was sich in Luthers Zeiten abspielte, als Rom der gewaltigen Umwälzung im deutschen Geistesringen lange Zeit passiv gegenüberstand, um schließlich darüber Millionen guter Deutscher, die ihre Nation nicht minder als ihre Kirche liebten, zu verlieren, das wiederholte sich in diesen Tagen des Kampfes um eine altgermanische Renaissance im Sinne Nietzsches oder um eine moderne Synthese von Nation und Christentum; darin lag das Schicksal des deutschen Volkes: eine große Zukunft oder eine Tragödie, die vor der Religion nicht haltmachen konnte. Mit Pressepolemiken und reiner Ablehnung kann man gewaltige Revolutionen der Seelen nicht abhalten. Mit Methoden, die aus den Quaestiones mittelalterlicher Scholastik die modernen Gegner des Christentums „erledigen" möchten, ist nichts mehr anzufangen. Mit bloßem Argumentieren im luftleeren Raum, mit Pochen auf das Prestige der Eigenwerte und mit Schachzügen lassen sich neue Bewegungen nicht niederringen. Mit Andersdenkenden muß man sich auf dem Boden ihrer eigenen Ideen leidenschaftslos auseinandersetzen und soweit als nur tragbar die Begriffs- und Wortbildung ihrer Lehren heranziehen. Im politischen Leben ist ferner der Mut notwendig, vieles Unerfreuliche nicht zu sehen, um an große Bewegungen, die von Überspannungen infolge ihrer inneren Dynamik und revolutionären Herkunft sich niemals ganz freihalten, einen anderen Maßstab anzulegen als jenen normaler, ruhiger Zeitepochen. In jeder politischen Bewegung gibt es überdies Wandlungen, wie es am besten das Beispiel des Faschismus lehrt, dessen erstes Parteiprogramm vom Jahre 1919 in vielen Teilen (Absetzung des Königshauses, Einführung der Republik, Aufhebung des Adels und des Großgrundbesitzes, Verstaatlichung der wirtschaftlichen Großbetriebe und des Bankwesens, Trennung von Kirche und Staat) später aus innerer politischer Zweckmäßigkeit liquidiert wurde. Für den italienischen Staatsmann mit rein katholischer Bevölkerung ohne den hohen Prozentsatz Andersgläubiger, wie es im Reiche der Fall ist, war vielleicht eine solche Verständigung mit der römischen Kurie leichter, denn die Weltkirche, in der zahlreiche Elemente des romanischen Kulturkreises, wenn auch in anderen Formen, weiterleben, ist im Laufe der Jahrhunderte auch ein wesentlicher Bestandteil des Patrimoniums der italienischen Kultur und Nation geworden*).

Am Ruhm und Erfolg des Vatikans nimmt auch Italien teil. Es sind die geistigen Legionen Cäsars, die in den christlichen Missionären das Labarum der Ewigen Stadt in die Welt hinaustragen. Das Imperium Romanum und Sacrum begegnen sich. Unter nichtromanischen Völkern sind aber Gefahren und Spannungsmomente auf politischem und weltanschaulichem Gebiete bedeutend größer. Im Jahrhundert des Staatskultes und kollektivistischer Lebensordnung wird die Kirche als Verteidigerin persönlicher Menschenwerte von selbst in eine Defensive gedrängt. Sie muß sich mit einem Minimalprogramm abfinden, weil ihr sozusagen die Atmungsmöglichkeiten abgeschnürt werden. Hauptsache ist, daß ihr Licht, wenn auch oft nur innerhalb der Kirchen, für alle leuchte, die im Machtrausch der Technik und Organisation den Glauben an Seele, Geist, Persönlichkeit, Unsterblichkeit und Gott in den alten Formen bewahren wollen. Ich war also in das Spinnengewebe diplomatischer Berechnungen hineingeraten, wo die Probleme oft ohne jenes gründliche Studium, das der Nordmensch gewohnt ist, auch nicht „sub specie aeternitatis", sondern „temporis" behandelt werden und nicht selten auch ein hinreichendes Verständnis für die nationale Mentalität nichtitalienischer Völker fehlt. Der Vatikan fürchtete ferner, daß Botschafter von Papen auch in meinem Werke seine Hand im Spiel hätte; denn auf sein Schuldkonto wurden so ziemlich alle kirchenpolitischen Auseinandersetzungen, Reibungen und Mißerfolge nach dem Konkordat vom Mai 1934 geschrieben; Kardinal Sibilia bezeichnete ihn mir gegenüber geradezu als einen „primogenito del diavolo[51])"! Ich hatte es aber nicht notwendig, mich auch nur von irgend jemand zu einem solchen Werke und Versuch inspirieren zu lassen. Für mich war Botschafter von Papen geistig höher stehend,

---

*) Ein Beispiel dieses Verschwimmens von kirchlicher, politischer und nationalitalienischer Idee innerhalb des Faschismus war das vom Unterrichtsminister Giuseppe Bottai veröffentlichte Werk: „Pagine di critica fascista", Firenze, Le Monnier 1941. Die römische Weltkirche wird als Ausdruck der geistigen Haltung der Völker des Mittelmeerraumes beurteilt.

[51]) *„Erstgeborenen des Teufels"*

als seine Feinde und viele seiner Freunde es zugaben, wenn ihn auch vielleicht der Ehrgeiz zu Aufgaben führen konnte, in denen er trotz aller Anlagen in diesen verworrenen Verhältnissen des NS kaum einen wirklichen Erfolg erzielen konnte. Sein Verhängnis war, daß er als Vizekanzler Deutschlands auf den Rat von Zentrumsleuten den alten Reichskonkordatsentwurf dieser Partei holte, um ihn auf die NS-Bewegung zu übertragen, die ideenmäßig schon im ersten Programm von Iglau aus dem Jahre 1913 den Konfessionalismus in Schule und Vereinswesen als unvereinbar mit dem Aufbau eines neuen deutschen Reiches bezeichnet hatte. Besonders wertvoll war es für mich, im Ringen um den Sieg eines konservativen rechten Flügels innerhalb der Bewegung die Bekanntschaft mit dem eigentlichen Gründer des NS in Österreich, Rechtsanwalt Dr. Walther Riehl, in Wien gemacht zu haben, unter dessen Vorsitz bereits im Mai 1918 die deutsche Arbeiterpartei im Kellersaal des „Grünen Tores" in der Wiener Lerchenfelderstraße den Namen „Nationalsozialistische Arbeiterpartei" angenommen hatte. Walther Riehl schrieb mir, als er mein Buch gelesen hatte:

„Die eigentlichen Anfänge der Bewegung in Österreich zeigen deutlich, daß unter meiner Führung als erster Obmann der Partei von Mai 1918 bis September 1923 ein Gegensatz zwischen katholischer Kirche und NS überhaupt nicht bestanden hat und daß sogar zwischen Bundeskanzler Seipel und mir sehr gute Beziehungen bestanden. Ich erlaube mir, Ihnen das für die geschichtliche Beurteilung instruktive Buch ‚Dr. Walther Riehl und die Geschichte des NS' von Dr. Alexander Schilling einzusenden. Bitte auch zu beachten, daß die erste überhaupt geschriebene NS-Broschüre ‚Unser Endziel' von mir in den Jahren 1918 und 1919 verfaßt und verbreitet wurde, ohne einen Gegensatz zur christlichen Weltanschauung zu enthalten ... Die positive Einstellung Hitlers zum Christentum war gerade das Novum im reichsdeutschen NS. Ich selbst habe einmal meine Überzeugung ihm gegenüber, als wir noch Freunde waren, in die Worte gekleidet ‚Religionen kann man nicht wie Parteien nach Zeitbedarf heute noch gründen. Erschütterung der überlieferten Religion ist der Weg zum Bolschewismus, genauso wie die Erschütterung jeder Ideologie: Nation-Vaterland'. Im übrigen — auch Mus-

solini hat seinen Frieden mit Rom gemacht. Bei uns Deutschen geht es eben wie in allen Dingen spießiger und schwerer.“

Gerade das Geständnis dieses Mannes, der den NS genauestens kannte und unter der Tyrannis des linken Flügels seelisch litt, bestärkte mich erst recht, den Weg einer positiven Stellungnahme zu beschreiten, aber ich erkannte bald, daß mein wissenschaftlicher Versuch der Entgiftung des Kampfes notwendigerweise bei den dafür berufenen Stellen innerhalb des deutschen Katholizismus eine aktive kirchenpolitische Parallelarbeit zur Voraussetzung haben mußte, um nicht im Sande zu verlaufen. Letztere Arbeit ist nicht erfolgt. Wie ein tragikomischer Witz erfolgte noch ein letzter Schlag gegen mein Buch, als die russische Staatspolizei gleich nach dem Eintreffen der Alliierten 1944 in Wien dasselbe aus folgenden Gründen beschlagnahmen ließ: Der Verfasser hat eine Stelle aus der Rede des Genossen Molotow gebracht, die dieser 1934 vor dem Exekutivkomitee der 3. Internationale gehalten hat. „Die Weltrevolution ist in der größten Gefahr, wenn es zur ideologischen und organisatorischen Verständigung zwischen der katholischen und faschistischen Internationale kommen sollte. Die Komintern muß dieselbe verhindern, und auf deutschem Boden wird es zum Kampf zwischen diesen Mächten kommen“, ferner hat der Verfasser erklärt, „daß der Kampf gegen den Bolschewismus eine europäische Großtat sei.“

Heute, da seit diesem Kampfe um eine Wendung im NS Jahrzehnte verflossen sind, sieht man klarer, daß in einem staatlichen Totalitätssystem nur die Trennung von Staat und Kirche oder wenigstens deren begrenzte Autonomie die einzige Möglichkeit ist, um nebeneinander friedlich-schiedlich leben zu können. Die römische Kirche, so wie sie sich geschichtlich entwickelt hat, kann, da sie selbst Totalitätssystem geworden ist, nicht auf politische Tätigkeit verzichten. Während das Urchristentum wegen seiner eschatologischen Ideen dem Staat gegenüber indifferent war oder ihn teilweise sogar ablehnte, ist seit dem Verfall der politischen Organisation des Römischen Reiches an Stelle der Weltflucht als christlichem Lebensideal mitten im politischen Verfall Europas die weltanschauliche Totalität des Katholizismus getreten. Die Weltkirche Roms, die nicht bloß ein dogmatisch-religiöses Glaubenssystem, sondern eine staatsformende

Kraft mit dem wesentlichen Grundsatz der Vorherrschaft der katholischen Konfession ist, kann sich deshalb in demokratischen Staatswesen und in Zeiten nationalpolitischen Niederganges vortrefflich entwickeln, aber im Totalitätsstaat, wenn er nicht aus katholischem Geiste gebildet wird, wie Dollfuß es vergeblich versuchte und Franco es gegen eine Welt von Demokraten durchführte, nur eine stille, nach außen wenig in Erscheinung tretende Tätigkeit entfalten, wie der Sauerteig die Masse nur langsam durchdringt und ändert. Mit wenigen Worten, sie wird, wo eine solche Totalitätsstaatsform besteht, hinter sich keine Partei als brachium saeculare haben, sondern nur so weit stark sein, als ihre religiösen und sozialen Ideen im Volke durch eine moderne, den geänderten Verhältnissen entsprechende Seelsorge wirksam gemacht werden.

Als im März 1938, wenige Tage nach dem Anschluß, die deutsche Geheimpolizei in allen Buchhandlungen Österreichs mein Werk suchte, um es zu konfiszieren, sagte ich mir: „Also bist du den richtigen Weg gegangen; dein Gewissen ist rein, und so kannst du einst ruhig vor den Richterstuhl einer letzten höheren Macht treten, wenn zwei so heterogene Elemente wie NS und Vatikan dein Buch ablehnen, das erstere aus kompromißloser, das letztere aus opportunistischer Haltung*) oder weil noch keine Formel gefunden war für eine moderne Synthese von Nation, Religion und Staat.

So blieb alles ein vergeblicher Versuch, eine fehlgeschlagene große Hoffnung. Allein, Gott kann nicht nach tatsächlichen Erfolgen urteilen, sonst müßten Idealisten den Glauben an eine von oben gelenkte Völkergeschichte und an die Lenkung von Menschenschick-

---

*) Bezeichnend für die Mentalität Pius' XI. war übrigens auch dessen Haltung gegenüber meinem, mit Zustimmung des Vatikanbotschafters von Bergen unternommenen Versuch, anläßlich des Romaufenthaltes Hitlers im Mai 1938 eine Begegnung desselben mit dem Papst herbeizuführen, so wie seinerzeit auch Zar Alexander von Rußland trotz der kirchenpolitischen Kämpfe bei Papst Gregor XVI. in Audienz gegangen ist — jedenfalls nicht zum Schaden der römischen Kirche, auch wenn keine zu großen Erfolge erzielt wurden. Um das Terrain abzutasten, wurden die damals gerade in der Anima wohnenden Bischöfe K. und J. benützt. Pius XI., der bereits krank, verbraucht und schroff in seinem Urteil geworden war, (er sprach von einer „katholischen" Rasse) erklärte sofort: „Was, ich soll einen Menschen empfangen, an dessen Händen das Blut von Tausenden klebt? Was würde die Welt über einen solchen Papst sagen!" Als der Kirchenfürst J. auf manche Vorteile hinwies, die schließlich einer solchen Aussprache folgen könnten, und besonders die Begegnung Gregor XVI. mit dem Zaren von Rußland in Erinnerung brachte, erwiderte der Papst: „Sie kommen mir auch noch mit einer solchen Idee, obwohl Sie Kardinal sind!"

salen verlieren*). Die Probleme aber, um die es in diesen Jahren ging, sind nicht tot, auch nicht gelöst, sondern werden in nicht ferner Zeit wiederkommen. Es ist in letzter Linie die Form der Synthese der Religion — die ferne von rein politischen Zielen nur Dienerin der Seelen ist — mit dem nationalen und vom Marxismus geläuterten sozialistischen Programm für eine Wiedergeburt Europas; mit wenigen Worten, die Entpolitisierung von Religion und Kirchen und gleichzeitig die Entreligionisierung politischer Bewegungen und Parteien (Labour Party, Nordamerika), die ihr Programm auf sozial- und staatspolitische Aufgaben beschränken, die religiöse Einstellung aber dem Gewissen der einzelnen überlassen.

Sich für eine moderne Lösung der religiösen Frage innerhalb des NS eingesetzt zu haben, gilt heute nicht wenigen, die von der Niederlage Deutschlands Vorteil gehabt haben, als ein Verbrechen gegen die von ihnen verteidigte „Demokratie". Allein in diesem Versuch sich geirrt zu haben, ist jedenfalls ehrenvoller als die Haltung so vieler Feinde des großdeutschen Reiches, die hinter den Kulissen gearbeitet haben, um die militärische Front zu untergraben, den Einheitsgedanken der Deutschen zu zerstören und schließlich ganz Deutschland in das größte Unglück hineinzustoßen. Welchen Dank haben sie geerntet? Und trotz allem wird die Synthese von Nation, Sozialismus und Autonomie der religiösen Bekenntnisse, welcher Form und Farbe auch immer, Programm, Problem und Frage der kommenden Jahre sein.

Meine teure Mutter, die 86 Jahre alt war, las in meinen Augen nach schmerzlichen Erfahrungen den Beginn einer Tragödie. Sie wurde ganz still, als ich ihr mein Herz mit unsagbarem Schmerz über diese Enttäuschung meines Lebens ausgeschüttet hatte. Dann schlug sie das alte Gebetbuch mit den abgegriffenen Blättern für immer zu. Wohl betete sie auch später noch, allein sie war nicht mehr dieselbe wie früher. Ihr Herz ist darüber gebrochen, denn sie

---

*) Eine teilweise, leider verspätete Rechtfertigung gab meinen Bemühungen Kardinal Faulhaber, der mir im Februar 1946 als Gast der Anima erklärte: „Sie wurden zu Unrecht verurteilt." Und sein Sekretär, Monsignore Thalhammer, der von der Gestapo verhaftet wurde, berichtete mir die Worte des deutschen Polizeibeamten: „Haben Sie dieses Buch des römischen Bischofs gelesen? Wissen Sie nicht, daß es gegen unsere Partei gerichtet war?" Als die Alliierten 1944 in Rom mit ihrem Spionageapparat eintrafen, wurde mein Buch von drei Stellen (darunter zwei beauftragten Geistlichen) untersucht. Das Ergebnis war: „Es ist nur eine Kritik der Bewegung." So entging ich dem Abtransport in das KZ-Lager von Padulla.

fühlte es, daß nur die Rücksichtnahme auf ihr hohes Alter und ihren tiefen Christusglauben mich in den Monaten Oktober-November 1936 zurückhalten konnten, in einer öffentlichen Erklärung mein Buch, das mein politisches und weltanschauliches Bekenntnis war, zu verteidigen, entschlossen, unangenehme Folgen zu tragen und vom Rom des politischen Opportunismus Abschied zu nehmen. Ich konnte aber meiner teuren Mutter, die mit so reinen, durch nichts getrübten Augen die Kirche immer beurteilte und die mit ihren 86 Jahren an der Schwelle von Zeit und Ewigkeit stand, einen solchen Schmerz nicht antun. So schwiegen wir beide; aber es dauerte nicht lange — nicht ich brach darüber zusammen, wohl aber ist meine gute Mutter, deren körperliche Kräfte am Ende angelangt waren, ein Opfer geworden. Ein Schlaganfall lähmte sie an ihrem Geburtstage. Sie hatte noch die Kraft, mich zu umfangen und ihre müden Hände liebkosend auf mein Haupt zu legen, während sie sprach: „Mein Kind, ich sterbe nur deshalb schwer, weil ich dich in einer solchen Lage allein auf der Welt zurücklassen muß. Wenn ich alles geahnt hätte, dann allerdings hätte ich dir seinerzeit abgeraten, diesen Beruf zu ergreifen." Mit diesen Worten nahmen wir für immer Abschied. „Herr Jesus, ich bin bereit" waren ihre letzten Worte. Sie löschte aus wie ein Licht, um bei Gott zu sein, in den alles münden und jede menschliche Arbeit ihre letzte Sinndeutung erhalten muß. Ein seliges, aber schmerzerfülltes Lächeln des Glaubens, der Verklärung begleitete ihren Weggang in eine bessere Welt. Blutenden Herzens spürte ich, die seelische Heimat verloren zu haben, denn das Mutterherz ist der einzige Platz des Sohnes, den er nie verlassen darf. Meine Mutter war ein vornehmer Charakter von hochherziger Gesinnung für arme, leidende, verfolgte und unglückliche Menschen. Mit ihrer abgeklärten Lebensreife und rein menschlichen Güte, ihrem heiteren Gemüte und selbstlosen Wesen war sie der Schutzengel in allen Lagen meines Lebens geworden. Sie hatte einen Dorfglauben, den nichts verändern konnte. Auch viele Kümmernisse haben ihn nicht aus den Tiefen ihres Herzens gehoben. Sie sah in der Religion nur Christus und seine heilige Mutter, alles andere war ihr menschliches Beiwerk. Dieser alte Menschentypus, dem auch im Christentum Liebe und Gerechtigkeit Mittelpunkt und Wesen aller Frömmigkeit sind, stirbt langsam aus. Alle Briefe, die sie mir mit zitternder Hand in den letzten Jahren des Lebens geschrieben hatte, schlossen mit den Worten: „Gelobt sei Jesus Christus!“ Lautlos versinken am Sterbebett solcher Menschen alle äußeren nebensächlichen Dinge des Lebens in die Dämmerung einer anderen Welt.

7. Arme Brüder

„Das Größte aber ist die Liebe"
Paulus, Corintherbrief, Kap. 13.
„Magnum ingenium habere non est necessarium sed magnum cor.[52])"
(Augustinus)

Auf dem Petersplatz drängen sich Zehntausende. Ein strahlender Frühlingstag. Zum ersten Mal nach bald 100 Jahren wird eine Papstkrönung im Freien auf der Loggia der Basilika vollzogen. Ein Kardinaldiakon drückt dem Neugewählten die Tiara aufs Haupt. Unermeßlicher Jubel braust über Platz und Straßen. Aszetisch vergeistigt ist das Antlitz des Gekrönten, der mit natürlicher römischer Grazie um sich blickt. Der neugewählte Stellvertreter Christi hat ein gleichsam galvanisiertes Gesicht. Pinienschlank, totenbleich und abgemagert, ist er zweifellos eine hieratisch hoheitsvolle Erscheinung, die wundervoll präsentiert und wie eine Gestalt aus höheren Regionen wirken muß, wenn sie unter dem Beifallssturm des Volkes durch die Hallen von Sankt Peter getragen wird. Hundertfach erklingt der Chorhymnus „O Roma felix" — „Un bel Papa[53])" ist die Volksstimme. So müssen, nach den Marmorstatuen auf den Grabdenkmälern des 13. Jahrhunderts in Viterbo zu schließen, ein Klemens IV. und Hadrian V. ausgesehen haben, mit denen die deutschen Herrscher ihre weltpolitischen Auseinandersetzungen hatten, die sich um das Problem Kirche, Nation und Staat bewegten. Auf der Loggia wurde ein Innozenz III. gekrönt, der mächtigste aller Päpste, der die Kaiserkrone dem Welfen Otto IV. gab und wieder nahm, um den genialen Sohn Heinrichs VI., Friedrich II. aus Palermo auf den Kaiserthron zu rufen. Alles beugte sich vor ihm, selbst die Könige von England und Frankreich; nur die Hohenstaufen machten eine Ausnahme.

Auf der Loggia nahm ein Alexander VI. dem Kardinaldiakon die Tiara aus den Händen, während neben ihm ein Deutscher als Zeremonienmeister, Burkhardt von Straßburg, Rektor der Anima, den Entwurf für seine Tagebücher vom Niedergang kirchlicher Macht

[52]) *„Es ist nicht notwendig, ein großes Genie zu sein, sondern ein großes Herz zu haben"*
[53]) *„Oh glückliches Rom" — „Ein schöner Papst"*

und politischer Größe überdachte. Päpste kommen und gehen. Oft flüchtige Erscheinungen, ohne tiefe Spuren zu hinterlassen. Nur die Menschen blieben immer dieselben mit ihren Fehlern und Schwächen, Tugenden und Sünden. Das Antlitz der Welt ändert sich nicht viel. Sie war nie ganz christlich im Sinne des Evangeliums, auch damals nicht, als die Kirche die Politik Europas aus dem Glauben gestalten wollte, und sie wird es wohl nie werden; denn das Christentum ist eine Religion des Idealismus, die auf die Massen angewandt — von selbst sich zur Kompromißweltanschauung verdünnt. Die Gespräche der Zuschauer auf dem Petersplatz, soweit sie für den Sinn der Zeitgeschichte ein Verständnis haben, drehen sich um das Schicksal des Neugewählten. Wird es ein großes Pontifikat werden im Sinne Leos XIII? Ein wirklicher „Pastor Angelicus[54])", wie eine mittelalterliche Weissagung ihm den Namen vorgezeichnet hat? Alles an dieser Wahl ist außerordentlich. Die Kürze des Konklaves, die Wahl eines Staatssekretärs zum Papst, der vollständige Mangel eigentlicher Gegenkandidaten. Alle übrigen sogenannten „Papabili" sind unbedeutend, alt und nur Gelegenheitskandidaten, weit hinter dem unbestrittenen Sieger Pacelli. Keiner konnte sich mit ihm messen. Wurde der Weltkirche in diesen apokalyptischen Zeitläuften in Pius XII. eine überragende Führergestalt geschenkt? Kaum je konnte sich ein anderer besser auf diese hohe Würde jahrelang vorbereiten. Er beherrscht sieben Sprachen, hat die halbe Welt bereist, was für einen italienischen Geistlichen viel bedeutet. Er hat auch, was ihm zur Ehre gereicht, wie jeder höhere Geistliche in Rom nicht wenig Feinde. Gegenstimmen fehlen nicht. Er besitze zuwenig Menschenkenntnis, Energie und Entschlußfähigkeit, er sei Einflüsterungen zugänglich und von Jesuiten beherrscht, in deren theologischem System er von Jugend an erzogen wurde. Sein Vorgänger Pius XI. war von unbeugsamer Intransigenz, die sich mit zunehmendem Alter bis zur Härte steigerte, um gleich darauf von einer Resignation ohne jede aktive große Linie verdrängt zu werden. Pius XI. konnte andere Auffassungen nicht vertragen, ohne oft den Standpunkt des Gegners zu überprüfen. Seit 1937 war er überdies ein kranker, abgekämpfter, müder Mann, der unter der heillosen religiösen Verwirrung seiner Zeit litt und vergeblich nach einem Ausweg in

[54]) *„ein engelgleicher Hirt"*

der kirchenpolitischen Lage Deutschlands suchte. Wird Pius XII. neue Wege finden und beschreiten oder die ausgefahrenen Geleise seines Vorgängers nochmals gehen? Was wird sein erstes Rundschreiben in die Welt sein? Was die Losung dieses Pontifikats? Die Worte seines Wappens „Opus justitiae pase[55])“ sind ernst und sinnvoll. Die Zeit selbst ist aber ungeheuer groß und schwer. Luthers Umwälzung, die die Vormachtstellung Roms in Nordeuropa brach, ist mit ihr verglichen ein kleines Spiel. Gewaltig sind die Aufgaben, die, auch auf rein religiösem Gebiet, gerade diesem Papst gestellt sind. Die römische Kurie ist seit dem 16. Jahrhundert italienisiert, so daß man von einem Gewohnheitsrecht der italienischen Geistlichkeit auf die Leitung der Weltkirche sprechen könnte. Wer das päpstliche Jahrbuch in die Hand nimmt, wird als Ausländer, wenn er die römischen Verhältnisse nicht kennt, staunen, wie sämtliche päpstlichen Oberbehörden, diplomatische Posten und Delegaturen fast ausschließlich, jedenfalls zu 80 Prozent, vom italienischen Klerus besetzt sind. Wer nur oberflächlich das äußere Antlitz der römischen Kirche betrachtet, ohne in die Tiefe zu blicken, würde zu unrechten Schlußfolgerungen gelangen. Durch die immer größer werdende Zahl der Kurialbeamten und den Mangel allgemeiner Kirchenversammlungen, die, wenn sie überhaupt einen Sinn haben, nicht nur Abstimmungsorgane sein können, sondern ein Kontrollrecht über die Zentralbehörden ausüben müssen (jene des Vatikanismus kam über dogmatische Fragen nicht mehr zu jenen der Kirchendisziplin), und besonders durch die Kodifizierung des Kirchenrechtes im Jahre 1918 sind die Diözesanbischöfe gegenüber Rom auf die Stellung von höheren Verwaltungsbeamten herabgesunken, die im Kapitel zu Rom keine zu große Stimme haben. Seit Giobertis Schrift über den Primat der italienischen Nation hat auch der italienische Klerus sich ein oft einseitiges Denken über die Verdienste des eigenen Volkes innerhalb des Katholizismus angelernt, obwohl die italienische Religiosität nicht selten äußerlich ist und beim ersten Zusammenprall mit weltanschaulichen Auseinandersetzungen und anderen Auffassungen ins Wanken oder wenigstens in Unsicherheit hineingerät. Wird Pius XII. einen mutigen Schritt zu einer Reform der Kurie wagen? Einer meiner Begleiter, ein Laie aus dem diplo-

[55]) *„das Werk der Gerechtigkeit ist der Friede“ (im Manus wird der Ausdruck „pase“ verwendet, richtig müßte es wahrscheinlich heißen „pax“)*

matischen Dienst, der zum ersten Mal ein so großartiges religiöses Schauspiel einer Papstkrönung erlebte, meinte, das dogmatische System der Weltkirche sei angesichts der allgemeinen weltanschaulichen Verworrenheit zweifellos gut. Die Lehre könne man nicht antasten, nur eines vermisse er an vielen obersten Vertretern: die Menschlichkeit, die Selbstlosigkeit, das Hochherzige, die Noblesse der Gesinnung, eine Caritas, die Ausfluß wahrer Charaktermenschen sei, das Sich-Hinabbeugen zum Proletariat, auch zu den entgleisten, verurteilten und verlassenen Söhnen im Priesterberuf. Arme Brüder aus dem geistlichen Stand lösen schmerzliche Gefühle aus, von denen Laien keine Ahnung haben. Der Jesuit Lombardi hat für Italien allein die Zahl von 3000 abgesprungenen Geistlichen anläßlich seiner Predigt in der Basilika Maria Maggiore genannt (1950). Es hat solche vielleicht mit Ausnahme der kurzen Zeit des Urchristentums, in dem noch die Bruderliebe des Gründers glühte, in der Kirche immer gegeben. Die einen scheiterten an der ungenügenden Vorbereitung für diesen schweren Beruf, andere am Mangel menschlicher Liebe, am „comprendre et pardoner[56])", die meisten fallen über den Zölibat. Unter den armen Brüdern meine ich aber nicht nur wegen sittlicher Verfehlungen verunglückte Priester. Strandgut gibt es in allen Berufen, aber in keinem anderen ist ihr Schicksal so erschütternd und bemitleidenswert wie im katholischen Priestertum. Auf diese armen Brüder könnte man das Wort anwenden, das Zarathustra zu seinen Jüngern sprach: „Hier sind Priester. Geht mir still an ihnen vorbei und mit schlafendem Schwert. Auch unter ihnen sind Helden; viele von ihnen litten zuviel ..., aber ich leide und litt mit ihnen. Gefangene sind es mir und Abgezeichnete. Jener, den sie Erlöser nennen, schlug sie in Banden ... Ach, daß einer sie doch von ihrem Erlöser erlöste".

Der Mensch ist in vieler Hinsicht das Ergebnis seiner sozialen Umwelt, die bestimmend ist auf sein geistiges Weltbild und die Art, wie er sein Lebensprogramm sieht und bewertet. Vieles ist im Leben nur Reflex, Widerspiegelung oder Ausdruck gegebener wirtschaftlicher und gesellschaftlicher Verhältnisse. Unter anderen Zonen und Lebensbedingungen, in einem anderen Zeitalter wäre dieser oder jener etwas anderes geworden. Das Geständnis des römischen

---

[56]) *„verstehen (Verständnis haben) und verzeihen"*

Schriftstellers Plinius, das auch das Grabmahl des letzten ausländischen Papstes, Hadrian VI., in der Anima-Kirche schmückt, erhält so einen tiefen Sinn: „Quantum refert, in quae tempora vel optimi cuiusque virtus incidat[57]“. Wieviele Menschen verdammen wir aus der Enge unseres Blickes, aus dogmatischen und moralischen Überlieferungen. Menschen müssen es so machen, weil Weltanschauungen nur Bestand haben, wenn sie kompromißlos verteidigt werden. Gott allein kennt die Zusammenhänge des Lebens und weiß, durch welche Kette von Ursachen, Beweggründen, Leiden und merkwürdigen Zufällen ein Mensch gerade das und nicht etwas anderes geworden ist.

Der Mensch weiß in den seltensten Fällen, wie er in eine bestimmte Lebensaufgabe hineingeraten ist. Das Ausschlaggebende ist fast immer die Zeit, in der man lebt, die geistige Luft, die man als Kind atmet, die Umgebung, in der man aufwächst und die ersten Eindrücke empfängt. Familienrücksichten und Bindungen, gesellschaftliche Auffassungen und Vorurteile. Auch der „Zufall“ hat sein Wort zu sprechen, wenn man nicht das göttliche Wesen zur Rolle eines Marionettenregisseurs herabdrücken will. Unter anderen Verhältnissen wäre dieser oder jener etwas anderes und möglicherweise ein Heiliger geworden. Vielleicht hätte er auch in einem anderen Berufe Außergewöhnliches geleistet. So ist er ein Durchschnittsmensch oder nur ein braver Handwerker ohne Möglichkeiten großer Leistung geblieben. Arme Brüder sind mir auf meinem Lebensweg nicht wenige begegnet. Ich habe deshalb meine alte Mutter oft ersucht, für Menschen zu beten, auch wenn deren Namen ihr persönlich nicht bekannt waren. Wenn ich eingehend darüber mit ihr gesprochen hätte, wäre ihr sonst so starker Glaube an das Edle im Mitmenschen etwas schwächer oder hellsichtiger geworden.

Der römische Katholizismus hatte vom 19. zum 20. Jahrhundert sechs große, überragende Geister; Lamennais, Rosmini, Newman, Schell, Romulo Murri und Sturzo. Die beiden ersten und Romulo Murri, der Führer des politischen Modernismus und Mitbegründer der Democrazia cristiana in Italien, wurden das Opfer politischer Intrigen, bevor sie noch anfechtbare philosophische und religiöse Lehren verteidigten. Lamennais und Murri wurden priesterlicher

---

[57]) *„Wieviel kommt doch darauf an, in welche Zeiten die Tüchtigkeit eines Mannes — und wäre er auch der beste — fällt“*

Handlungen für unwürdig erklärt und aus der Kirche ausgeschlossen. Die anderen wurden in Rom verdächtigt und in ihrer wissenschaftlichen Überzeugung und Ehre angegriffen. Teilweise kamen sie mit Not an der vollständigen Verurteilung vorbei, Lamennais starb in der Vereinsamung, Romulo Murri hat noch am Totenbett die Rückkehr der vatikanischen Politiker vom Monarchen-Absolutismus zur Demokratie erlebt. Rosmini wird eine spätere Zeit auf die Altäre erheben — und doch waren diese kirchlichen Persönlichkeiten jene wenigen führenden Geister des Katholizismus im 19. Jahrhundert, von denen man sagen kann, daß sie mit neuen Ideen wesentlich dem geistigen Fortschritt der Menschheit über die Konfessionen hinaus gedient haben. Alle Genien des wahren Fortschrittes gleichen aber Meteoren, die brennen, um ihr Jahrhundert zu erhellen. Sie selbst sind meist unglückliche Wesen, denn indem sie das seelische Gleichgewicht ihrer Zeitgenossen stören, wecken sie Neid oder Bewunderung. Nichts ist aber schwerer als die Berge der geistigen Trägheit und des Traditionalismus zu versetzen, auf denen die menschliche Gesellschaft aufgebaut ist. Einen trefflichen Gedanken hat Thomas von Kempen in seiner „Nachfolge Christi" ausgesprochen: „Niemand läßt sich gerne weiter führen als sein Blick reicht." Besonders die religiöse Welt aller Völker wird mitgetragen von uralten Überlieferungen, Autoritätsbindungen, Spekulationen und mystischem Halbdunkel, über das niemand gern hinaus will.

Während ich in den Archiven die Urkunden für die Geschichte der österreichisch-ungarischen Botschaft beim Heiligen Stuhl seit dem Ende der römisch-deutschen Kaiserwürde im Jahre 1806 bis zum Auseinanderfallen der Habsburgermonarchie im Weltkriege sammele, stoße ich auf die Berichte der staatlichen Geheimpolizei Metternichs gegen den ersten armen Bruder, der mir in der Geschichtsforschung begegnet ist. Es ist der überragende Geist im Katholizismus des 19. Jahrhunderts, Lamennais, der auf sozialem Gebiete seiner Zeit um ein Jahrhundert voraneilte, bis auf Betreiben Metternichs als Gegenstoß der internationalen Diplomatie in fast allen europäischen Staaten ein Verbot seiner Werke erfolgte und schließlich auch der Vatikan seine sozial-politischen Auffassungen der Demokratie, mit denen das Zeitalter des Fürstenabsolutismus beendigt werden sollte, in einem Weltrundschreiben verdammte. Sein kirchlicher Gegner war der ehemalige Kamaldulensermönch

Papst Gregor XVI., der wohl die Gefahren seiner Zeit erkannte, aber politisch nicht den Weitblick hatte, um seiner Epoche sozial und politisch führend voranzugehen. So zerbrach Lamennais, dieser geniale, ins Ungemessene wirkende Inspirator, Romantiker und Bahnbrecher einer neuen Zeit, dessen Unglück es war, überall neue Probleme zu sehen. Seine religiöse Fehlentwicklung begann vor allem nach den persönlichen, bitteren Erfahrungen, die er von seinem Besuch in Rom nach Frankreich mitbrachte. Wie viele andere Persönlichkeiten haben in der Kirche Schiffbruch erlitten! Ein Lamennais war nicht bereits von Anfang das, was er später in schmerzlicher Enttäuschung über die geistige Enge und Schwerfälligkeit der Umwelt geworden ist.

Einem Geschichtsforscher Döllinger hatte die ganze Kirche Italiens niemanden gegenüberzustellen. Die Mehrheit im Heiligen Kolleg, die ungeachtet geschichtlicher Gegengründe auf dem Vaticanum Stimme und Entscheidung hatte, war in den Provinzseminaren Italiens erzogen, deren damaliger kultureller Zustand Leo XIII., nachdem er bessere Verhältnisse mit eigenen Augen als Nuntius in Nordeuropa gesehen hatte, mit Schrecken erfüllte.

Als Hermann Schell seine Reformgedanken nur aus Liebe zur Kirche in die Welt setzte, rührten sich an allen Ecken Theologen, die — tiefer geschaut — nur überlieferte Auffassungen weitergaben. Ein Steinhagel traf den frommen, bescheidenen deutschen Gelehrten, bis sein Herz darüber gebrochen ist, denn er wußte nicht, daß auch in der Weltkirche wie in jeder Organisation eine Schicht zuhause ist, die keine Störung ihrer Lebensauffassung verträgt. Die beiden Geschichtsforscher von Weltruf, Duchesne und Grisar, die altrömische Legenden und Reliquienkulte mit dem Rüstzeug moderner Wissenschaft fragwürdig machten, haben schlecht geendet. Ein Bischof Prohaszka von Stuhlweißenburg, dem wenige Kirchenfürsten seiner Zeit an sozialem Weitblick sich vergleichen können und der würdig wäre, statt vieler kanonisierter Ordensleute auf die Altäre der Weltkirche erhoben zu werden, wurde äußerst verletzend behandelt, bis er verstummte. Der Gedanke ist erschütternd, daß so viele wahrhaft große Geister, die ihrer Zeit um Jahrzehnte, wenn nicht mehr, vorangeeilt sind, fast immer in einer Verbitterung ihr Leben beschlossen haben. Es ist, als ob bedeutende, selbständige Persönlichkeiten in das Gehege juristischer Religion nicht hineinpaßten. Aber noch schmerzlicher wäre es, wenn man annehmen müßte, daß diese überragenden Genien der Religion auch einst in der Ewigkeit auf der unrichtigen Seite stehen müßten, während die große Menge von Durchschnittsmenschen, Traditionalisten und Gewohnheitschristen, die nie mit religiösen Problemen gerungen haben und denen die Welt an Fortschritten und Licht nichts zu verdanken hat, den eigentlichen Chor der Seligen bilden — eine solche sonderbare Welt, noch dazu, wenn sie eine Ewigkeit dauern müßte, wäre das merkwürdigste Finale der ganzen Menschheitsgeschichte — aber diese armen Brüder werden drüben nicht fehlen, sondern wie Sterne leuchten; denn Gott allein kennt die letzten Beweisgründe allen Handelns und Irrens. Für ihn kann nur die Reinheit des Willens im Kampf um Licht und Fortschritt und nicht menschliche Konstruktion die Grundlage des letzten Urteils bilden. Doch wozu in die vergangenen Jahrzehnte zurückgehen? Arme Brüder sind mir in den langen Jahren meines Romaufenthaltes nicht wenige begegnet. Solche, die durch schicksalhafte Verhältnisse aus dem normalen Geleise herausgeschleudert wurden, und andere, die wohl auf den Schienensträngen blieben, aber den Glauben an Liebe und Menschlichkeit verloren hatten.

Einen dieser armen Brüder lernte ich in Oberitalien kennen. Es war der frühere Prager Hochschullehrer August Rohling, ein hervorragender Kenner der jüdischen Geschichte. Er hatte das Unglück, seiner Zeit voranzueilen im Kampf gegen die Übermacht des Judentums und in der Feststellung gewisser Zusammenhänge der Entwicklung mancher Vertreter des Christentums mit der Talmudischen Theologie. Noch heute sind seine beiden Bücher „Der Zukunftsstaat“ (1894) und „Ein echtes Indexdekret“ (1898) lesenswert. Im Jahre 1931 ist dieser Vorkämpfer für die Freiheit der deutschen Nation von fremder Beherrschung in Armut und Vergessenheit gestorben. Er hat vielen Gedanken und Forderungen unserer Zeit die Wege geebnet. Er war Priester in Westfalen.

Einer der merkwürdigsten unter diesen armen Brüdern aber, der mir in Rom selbst begegnete, war der geistig hochbefähigte, aber völlig herabgekommene ungarische Politiker und Schriftsteller Viktor Beda, dem der damalige Großpönitenziar Dominikaner Kardinal Andreas Frühwirth eine Zentnerlast von Verschuldungen wie ein guter Hirte abnahm, um dem Siebzigjährigen einen friedlichen

Lebensabend zu schenken. Im Heiligen Jahr 1925 kam er nach Rom und wohnte in der Anima. Priestertum, aktiver Politiker und Journalist vertragen sich nicht. Paris wurde für den jungen Menschen, der sieben Sprachen beherrschte und einen ungeheuren politischen Scharfsinn entwickelte, ein Unglück. In engster Beziehung zu Lenin, Briand, Cailloux, Viviani und zahlreichen Ministern und Senatoren geriet er in die Fangarme der Freimaurerei und schlechter Boulevardweiber. Er wurde ihr Opfer. Ein Pariser Kriegsgericht verurteilte ihn bei Ausbruch des Weltkrieges wegen versuchter Spionage zugunsten der Mittelmächte. Er floh in einer abenteuerlichen Reise und mit Überwindung schwerer Mühsale über die Schweiz nach Deutschland. In Moskau besuchte er später seinen alten Bekannten Lenin und glaubte den Führer Neurußlands bewegen zu müssen, ausgerechnet nach Rußland katholische Bettelorden zuzulassen. Ein Gedanke, der nur einem großen Idealisten kommen konnte. In Rom angelangt, wurde er über meine Vermittlung bald ein geschätzter Mitarbeiter des „Osservatore Romano", dessen Artikelserie „Meine Begegnung mit Lenin" allgemeines Aufsehen erregte*). Dieser arme Bruder wurde leider für undankbare Aufträge und allzu weit gespannte kirchenpolitische Pläne und Hoffnungen in den baltischen Staaten verwendet, ohne greifbare Erfolge zu erreichen. In stiller Resignation verließ er Rom, wo er den Seelenfrieden gefunden hatte. Er hat mir vor seiner Abreise einen grandiosen Filmentwurf vorgelesen, den er auf Grund seiner persönlichen Eindrücke in der Arbeiterschaft Rußlands über das Absterben der Religion ausgearbeitet hatte. Es war erschütternd dargestellt, wie der religiöse Gedanke durch eine geschickte Staats- und Sozialkonstruktion unter der Jugend immer schwächer wird, bis er schattenhaft in völlige Bedeutungslosigkeit versinkt. Die Religion wird nicht mehr bekämpft, sondern als Ausdruck der Weltanschauung einer untergegangenen Gesellschaftsordnung geduldet. Der arme Bruder Beda ist unterdessen reich geworden; denn er durfte nach einem religiösen Wanderleben in San Remo in die ewige Heimat gehen. Sein Film wird in keinem Atelier, sondern nur von der Geistesgeschichte des nächsten Jahrhunderts gedreht werden. Mir bleibt er unvergeßlich.

---

*) Zu Beda sprach anläßlich seines Besuches in Moskau Lenin die merkwürdigen Worte: „Ich sehe für ein Jahrhundert nur eine Regierungsform, jene des Sowjetstaates der Arbeiterschaft, und nur eine Religion, die katholische."

Ein Gegenstück zu diesem Priester war ein Benediktiner, der früher Generalsekretär der christlichsozialen Bewegung Steiermarks und nach seinem Abfall der geistige Führer der Freidenkerbewegung Österreichs gewesen ist. Unseligerweise heiratete er eine Witwe mit mehreren Kindern. Als das kleine Vermögen verbraucht war, konnte er nicht mehr los, weil die Kinder dagegen Stellung nahmen. Unerwartet nach Weihnachten 19 . .[57a]) schrieb er mir einen Brief, er sei nach Jahren zum ersten Mal wieder bei der Christmette in der Kirche gewesen, und dabei habe ihm eine Stimme aufgetragen, sich zur Lösung seiner Seelennot nach Rom zu wenden; so bitte er mich um Vermittlung, um nach Jahren der Trennung — er gehörte einem sehr strengen Orden an — wieder die Sakramente empfangen zu dürfen und von der Zentnerlast seiner Sünden befreit zu werden. Es gelang mir, diese Sache bei der heiligen Pönitenziarie durchzuführen, wohl einem der ersten Fälle, unter der Bedingung gewährt, daß beide als Bruder und Schwester leben, er nicht in seiner Pfarre zu den Sakramenten gehe und ferner in einer Schrift gegen das Freidenkertum Stellung nehme. Letzteres hat er getreu gemacht, dann kam der NS, und darin scheint er untergegangen zu sein. Dieser arme Bruder! Es ist immer schlecht, wenn Ordensleute für Aufgaben gerufen werden, die nicht ihre Sache sind. Es gibt ein heiliges Recht der Zelle und Berufung. Gott ruft gewöhnlich nur einmal. Wir müssen seine Stimme hören, selten ein zweites Mal, fast nie öfters, denn nicht er bedarf der Menschen, sondern wir armen Sünder, besonders wir Priester, bedürfen seiner Barmherzigkeit und helfenden Liebe.

Ein ganz anderer Menschentyp trat mir im armen Bruder eines Chorherrenstiftes entgegen, der wegen wiederholter Vergehungen (§175) durch das Heilige Offizium, der obersten Sittenbehörde der römischen Kirche, aller geistlichen Rechte verlustig erklärt wurde, ohne von den Verpflichtungen dieses Standes hinsichtlich des Zölibats befreit zu werden. Jahre vergingen seit diesem Urteilsspruch. Er kränkte sich darüber zu Tode. Von einem Kloster wurde er in das andere geschickt. Überall war die erste Frage seiner Mitbrüder: Warum liest er als Geistlicher keine Messe? Mit dem Kainszeichen gebrandmarkt, zog er von Ort zu Ort, die Welt fliehend, die für ihn

---

[57a]) *Das genauere Datum wurde vom Autor offengelassen.*

keine Liebe und kein gütiges Wort mehr fand, sondern, sobald sie seine Vergangenheit und Fehltritte erfuhr, ihn nochmals verurteilte und verdammte. Wahrhaftig ein armer Bruder! Die Tragik dieses schweren Schicksals veranlaßte mich, für eine Revision des ganzen kirchlichen Prozeßverfahrens und besonders des Urteils an oberster Stelle einzutreten. Mein Vorschlag war, ihn von allen priesterlichen Handlungen und Verpflichtungen zu befreien, und ihm so zu einem vernünftigen bürgerlichen Berufe die Wege zu bereiten. Ich hatte keinen Erfolg, obwohl dieser bedauernswerte priesterliche Büßer mit einem Strom von Tränen seine Schuld bekannte und ein vernünftiges Lebensprogramm als Laie ihn vielleicht gerettet hätte. Dieser unselige Mensch, dessen Endschicksal mich jahrelang seelisch ergriff und immer wieder in meiner Erinnerung auftauchte, gehörte einem jener Chorherrenstifte an, deren Daseinszweck in unserer modernen Welt mit unaufschiebbaren sozialen Fragen schwierig geworden war. Sie beschäftigten sich mit Seelsorge wie viele andere alte Orden, die ihren ursprünglichen Gründungszwecken untreu geworden sind; denn zur Seelsorge sind in erster Linie Weltpriester berufen. Im übrigen leben diese halb klösterlich, halb säkularisiert eingestellten Menschen, ungestört von irdischen Sorgen, mit denen Familienväter und Alleinstehende in den Fabriken der Industriestädte niedergedrückt werden, ein ruhiges Dasein. Vom Aufstehen und den pflichtmäßigen frommen Übungen, die das Einerlei des Lebens unterbrechen, ist alles in einer guten Regel geordnet. Sie könnten von diesem Tränental in den Himmel hineinfallen, wenn nicht das allzu Menschliche von Zeit zu Zeit ihre Ruhe stören würde. Gewaltige Kunstschätze vergangener Jahrhunderte bewachen sie wie Konservatoren eines Museums der Archäologie. Die römische Kurie greift nur selten reformierend ein, wenn zum Beispiel Ärgernisse zu groß oder allbekannt werden. Sie baut überlebte Klosterformen nicht leicht ab, aus zarter Rücksichtnahme für die meist kanonisierten Gründer und schleppt durch Jahrhunderte innerlich überlebte, morsche Dinge mit, wie eine alte Frau sich vom Hauskram ihrer Jugend nicht trennen kann. Nur die weltliche Geschichte greift von Zeit zu Zeit mit ihren zerstörenden und aufbauenden Kräften erbarmungslos ein und vernichtet, was berufene Stellen noch erhalten oder nicht modernisieren wollten. Schon die Familiengeschichte dieses armen Bruders war merkwürdig genug. Der Chorherr N. stammte aus einer zerfallenen Familie. Der Vater sinnlich und schwermütig veranlagt. Die Ehe der Eltern ging früh in Brüche, wohl auch deshalb, weil die Mutter, von einem frommen Beichtvater beraten, aus Furcht vor einer Lebensgefahr im Falle einer dritten Geburt den Eheakt verweigerte oder mindestens derartig behinderte, daß der Mann verzichtete, um bald darauf mit einer ledigen Person zu verkehren, von der er noch im Alter von über 60 Jahren Kinder zeugte, die ihn mit heißer Liebe umfingen und seinen Lebensabend verschönten. Er starb, ohne sich je mit seiner ersten Frau versöhnen zu können; denn eine zweite, rein zivil geschlossene Ehe verriegelte jede Möglichkeit einer Wiederherstellung des in Brüche gegangenen ersten Familienlebens. Während die Kinder äußerlich den Eindruck gesunder Menschen machten, trug der Erstgeborene der außerkirchlich geschlossenen Ehe wie einen Nachtschatten ein Erbe mit sich. Er hatte oft gebeichtet, aber wie er mir bei seinem Besuch in Rom erklärte, sei ich der einzige Mensch, mit dem er sich außerhalb jeder sakramentalen Beichte offen aussprechen könne, ohne Scheu wie ein Mensch zum Menschen oder wie ein verunglückter, verlorener Sohn gegenüber dem Vater. Auch er war das Opfer eines weltfremden Beichtvaters geworden, dem er am Vorabend seiner Priesterweihe in der Generalbeichte seines Lebens mit großer innerer Erschütterung seinen Seelenzustand auseinandergelegt hatte. Diesmal war es ein Jesuit, der Spiritual des betreffenden Priesterseminars, also das Mitglied eines Ordens, der tiefer und lebensnaher als andere religiöse Gesellschaften in die Welt hineinschaut. Er werde diesen unheimlichen, perversen Trieb nicht los trotz Gebete und seelischer Kämpfe, er fürchte sich auf das Priestertum. Der Beichtvater sprach ihm Trost zu, denn alles werde sich durch die priesterliche Berufsgnade von selbst regeln. So wurde ihm die Hand aufgelegt. Wäre es nicht heilige Pflicht gewesen, ihn unter allen Umständen von einem so opfervollen Beruf abzudrängen? Wie würde die Urkirche in diesem Fall entschieden haben? Es ist ein Verhängnis, solchen Menschen ins Heiligtum hineinzuhelfen; denn die Übernatur kann nur bis zu einem gewissen Grad die Natur besiegen. Mit Bibelsprüchen („Ich vermag alles in dem, der mich stärkt") kommt man an die modernen medizinischen Kenntnisse des menschlichen Organismus nicht heran. Man könnte sagen, Erbfragen beschäftigten an der Wende des 20. Jahrhunderts noch nicht die entscheidenden kirchlichen Stellen, wenn es sich um die vorbereitende Prüfung der Ehe- und Priesterkandidaten handelte. Hätte aber auch ein offenes Bekenntnis der physischen Unmöglichkeit viel genützt gegenüber der Auffassung mancher Moralisten, daß es auf geistigem Gebiet keine eigentliche Vererbung gibt und daß die Natur unter allen Umständen im Gebet und Sakramentempfang überwunden werden kann? Jedenfalls ist dieser Unglücksrabe noch am Abend seiner Priesterweihe, bezwungen von der vulkanischen Kraft seiner merkwürdigen Erbanlage, in sein Laster zurückgefallen. Da sein Vater für ihn nicht mehr zu sprechen war, schämte er sich seiner Mutter, die sehr fromm war, von seiner Anlage etwas zu gestehen. Man kann es ihm kaum verübeln. Bekanntlich sprechen Kinder mit niemandem weniger über ihre geschlechtlichen Erfahrungen als mit Eltern und Geschwistern. Nur ein einziges Mal brachte er den Mut auf, seiner Mutter etwas anzudeuten: „Mutter, warum hat mit mir nie jemand von den Tiefen des menschlichen Lebens gesprochen? Muß ich darüber seelisch und körperlich zusammenbrechen?“ Er quälte sich ab mit aszetischen Übungen, den düsteren Verworfenheitsgefühlen und der Gewissenspein des Mittelalters, ohne zur Harmonie seiner Seele kommen zu können, da immer wieder gleich schwülen Gewitterentladungen die unteren Triebe und entfesselten Instinkte dazwischentraten. Die Beichtväter, die er konsultierte, stellten ihm das Erschreckende der Hölle vor Augen, ungeahnte Strafmöglichkeiten, die er aus Dantes Phantasie kannte, aber alles half nicht viel. Er erhob sich, um neuerdings zu fallen, bis ein Junge ihn durch hemmungslose Aussagen vor das Gericht brachte. Ein Ausdruck abgrundtiefer Melancholie war in den Augen dieses unglücklichen Priesters, in dessen Leben Schuldbekenntnisse, Selbstbedrohungen und ständig wiederholte Enthaltsamkeitsgelübde sich ablösten. Dabei war er eine durchaus aktive Persönlichkeit, voll Arbeitsdrang in Seelsorge, Religionsunterricht, Organisationen und Vereinen, ein schaffensfroher, junger Mensch. Wohin er auch als Priester gekommen war, erwachte neues Leben in den Pfarrgemeinden. Niemand hätte auch nur im entferntesten vermutet, daß er eine so erschreckende Tragödie über zwanzig Jahre seines Priestertums mitschleppen mußte; denn er trug geschickt eine Maske, die sein inneres Leid völlig verborgen hielt. Er führte ein merkwürdiges Doppelleben. Als er wie eine Maria von Magdala zu meinen Füßen mit einem Tränenstrom seine Lebensschuld bekannte, dachte ich an Christus, der im Gedanken an den verwesenden Lazarus tief erschüttert und bis in sein Innerstes getroffen war. Wie uns Johannes berichtet, brachte er zunächst kaum ein Wort hervor. Ich kannte bis dahin den Armen nur aus den kalten Aktenstücken seines Ordens und der zuständigen kirchlichen Behörde, der die Behandlung krimineller Vergehen, besonders solcher gleichgeschlechtlicher Art, von Geistlichen und Klerikern unterstellt ist, im Kirchenstil in Anlehnung an alttestamentliche Vorstellungen „crimen pessimum[58])" genannt. In dem Aktenbündel seines Ordens fand ich nur eine kurze Lebensgeschichte des Ordensmannes mit der ins einzelne gehenden Anzeige des jungen Mannes, mit dem er auf Grund gleicher Anlagen verkehrt hatte, bis irgendwelche Umstände, vor allem Erpressungsversuche am Kloster, alles an die Öffentlichkeit brachten. Das Urteil seiner Ordensobern und die Entscheidung Roms waren beigelegt, die in der gewohnten Formulierung lautete: „Zurückversetzung in den Laienstand unter Beibehaltung der Zölibatsverpflichtung und ohne jede Hoffnung einer späteren Wiederaufnahme von priesterlichen Verpflichtungen, besonders einer Seelsorgearbeit." Je länger ich diesen verunglückten Menschen betrachtete, um so mehr sagte ich mir: „Du armer Mitbruder, was fängt ein Geistlicher unter diesen Umständen in der Welt noch an? Du brauchst gewiß keine Kirchenbuße mehr. Wer soviel gesühnt und geweint hat, dem hat auch der Herrgott längst verziehen." Aber die Menschen sind hart im Urteil über solche merkwürdige Gestalten. Die Akten sind über ein Lebensschicksal rasch geschlossen. Wenn er geirrt hatte, büßte er es reichlich, ja überreichlich durch die Qualen der Reue über sein verfehltes Leben als Folge einer physisch-psychischen Anormalität. Er suchte die Rettung im Religiösen und nicht in jener Gelassenheit, mit der etwa die Antike diese dunklen Randgebiete von Krankheit, Erbe und menschlicher Armseligkeit betrachtete, aus denen es in den meisten Fällen keinen Ausweg, oft nur den Selbstmord gibt. Es scheint absurd zu sein, daß die geschlechtliche Begierde und Liebe einer männlichen Person von frühester Jugend und für das ganze Leben sich nur auf Menschen desselben Geschlechtes bezieht, und doch ist diese pathologische Erscheinung keine zu seltene,

---

[58]) *„das schlimmste Verbrechen"*

ohne daß man solche Menschen als eine Abart der normalen Menschen bezeichnen darf, wie es Hirschfeld versucht hat. Nur aus den persönlichen Bekenntnissen dieses armen Chorherrn war es mir möglich, in diese Abgründe seiner romanhaften Lebenstragödie hinabzuschauen. Daß er in den Priesterberuf hineingeriet, kam wohl auch von seiner tief religiösen Mutter. Er selbst schwankte zwischen Frömmelei und liberaler Lebensauffassung. In seinem Wesen war eine ungeheure Spannung, ein unheimlicher Drang, während er täglich in Gebet und religiösen Übungen himmlische Kraft zum Widerstand erflehte. Es half ihm nicht sehr viel. Offen schilderte mir dieser unselige Menschentyp, daß eine magische Gewalt trotz ständiger Gegengründe überlieferter sittlicher Auffassungen ihn immer wieder in die Arme lüsterner Urninge hineinriß, bis es kein Zurück mehr gab. Wer denkt, daß diese Tiefen geschlechtlicher Unterwelt in der Geschichte eine viel größere Rolle gespielt haben und noch spielen, als man gewöhnlich glaubt, daß diese psychopathologischen Erscheinungen teils vererbt, teils durch Lebensschicksale erworben sind (ständiger Abschluß vom Weiblichen, unrichtige Erziehung in Seminaren, Kadettenschulen, Bordleben der Marine, Noviziate in südlichen Gegenden mit klimatisch bedingter höherer Sexualtätigkeit). Die wissenschaftliche Forschung hat noch nicht das letzte Wort gesprochen, ob solche unglückliche Personen wirklich Merkmale der Geschlechtsdrüsen und Begattungsorgane des einen Geschlechtes besitzen, während das Gehirn in seinem sexual-motorischen Nervenzentrum zu einem Gutteil diejenigen des anderen aufweist. Scham, Kummer und ständige Sorge machten diesen armen Bruder zum Lebenspessimisten, während er äußerlich ein durchaus anständiger Charakter zu sein schien. Er führte in seiner klösterlichen Einsamkeit einen verzweifelten Heldenkampf gegen diese krankhaften Triebe. So war es ein Leben voll Qual und Angst. Er wollte lieber durch Selbstmord endigen, als immer wieder unterliegen. Tatsächlich wählte er auch später das erstere, wie nicht wenige dieser Urninge. Das alles gehört in das Gebiet menschlicher Tragik, die zum Schweigen zwingt. Der Zusammenbruch der ganzen Persönlichkeit ist aber, wie mir gerade dieser Fall eines Mitbruders sagte, immer die unausbleibliche Folge, denn der Hang zu dieser geschlechtlichen Befriedigung ist, wenn es sich nicht um eine einmalige kindliche Verirrung handelt, erfahrungsmäßig unheilbar. Der Betreffende — meistens sind es Menschen mit einem eindeutigen Gesichtsausdruck — gewöhnt sich derart an diesen falschen Ablauf des Geschlechtslebens, daß er darüber den Sinn für das andere Geschlecht verliert und nicht selten geradezu ein Weiberhasser wird. Nach den Forschungen des Hochschullehrers Krafft-Ebing gibt es nach dem heutigen Stand der medizinischen Wissenschaft keine Rettung. Am allerwenigsten sind die von der Kirche über solche unglückliche Wesen verhängten Strafen (Laienstand mit Ehelosigkeit) geeignet, eine Besserung herbeizuführen. Sie führen vielmehr in den meisten Fällen zum völligen Ruin, weil sie ohne Rücksicht auf die seelische und organische Verfassung dieser Urninge gefällt werden müssen. Es handelt sich nicht um ein moralisches, sondern um ein medizinisches Problem. Wie kann man auch derartige Wesen in die so oft jeder natürlichen Humanität, vornehmen Kultur und wahrer reiner Menschenliebe leeren Räume eines Klosters, besonders solcher für Korrigenden, einsperren! Ist es nicht auch im Interesse der Kirche und Religion besser, sie von jeder Verpflichtung für immer zu befreien und der Welt ganz zurückzugeben? Man könnte ferner fragen, ob eine Weihe unter diesen medizinischen Voraussetzungen als gültig betrachtet werden kann trotz guter dogmatischer und kirchenrechtlicher Gegengründe — die alte Kirche dachte anders —, nachdem für die Erfüllung der Zölibatspflicht schon vom Anfang an kaum Wahrscheinlichkeit vorhanden sein konnte. Ein Glück, daß die Zahl solcher bedauernswerter Menschen auch nach sorgfältigen Statistiken nicht übermäßig groß ist*). Die wirklichen Verhältnisse im südlichen Klima sind kaum feststellbar, da aus begreiflichen Gründen darüber ein Schleier gelegt wird. Um so leichter wäre es hier, eine andere Disziplin auf Grund ärztlicher Gutachten zu beginnen.

Er war der ärmste von den Brüdern, die mir auf meinem Lebenswege untergekommen sind. Der spätere Selbstmord dieses Mitbruders in den Fluten der Salzach hat mich damals aufs tiefste erschüttert. Ich habe für ihn in Rom eine Messe aufgeopfert, und es war mir dabei, als ob Engel diesen Lazarus auf ihren Händen ins Paradies trügen, während seine Richter ihm zuriefen: „Sage dem Herrn, daß auch wir hinüberkommen." Was an menschlicher Tragik einem

*) Vgl. die Schrift von Kaspar Wirz, „Urninge vor Kirche und Schrift", Verlag Max Spohr, Leipzig 1905.

solchen Leben innewohnt, trat mir noch mehr in diesem Phänomen in Erscheinung. Er ist mit dem Leben nicht mehr fertiggeworden. Trotz aller Moralbücher. Es war eine Flucht aus größter seelischer Bedrängnis. Nur Gott allein weiß, wie viele erloschene Planungen, verschüttete Werke und wie viele Bemühungen um Liebe und Menschlichkeit, wieviel Vereinsamung und erstickte Schmerzensschreie auf dem Wege zu diesem frei gewählten Tod ausgesät waren. Hat dieser Arme wirklich keinen Menschen gefunden, der mit Verständnis und hingebender Liebe mit ihm gerungen hat, um ihn aufrechtzuhalten? Keinen milden Seelsorger und wahren Freund, mit dem er in seiner Heimat sich vertrauensvoll aussprechen konnte? Die Kenntnis dieses Menschenschicksals und noch mehr ein Kongreß der in Italien abgefallenen Priester veranlaßte mich zu folgender Eingabe an das Heilige Offizium, die in deutscher Übersetzung folgenden Wortlaut hatte und nicht erfolglos war, wie die folgenschwere Entscheidung Pius XII. vom Karfreitag 1953 zeigen sollte.

„Rom, den 8. November 1948

Ein kleiner Zusatz und Vorschlag zum Bericht über den in den Tagen vom 12. bis 15. Oktober 1948 (!) in Rom abgehaltenen Kongreß von abgefallenen Geistlichen: Abgesehen von den kirchenfeindlichen Kundgebungen auf diesem Kongreß, der um so weniger sympathisch war, als er in der Hauptstadt des katholischen Glaubens abgehalten wurde, sind es zwei Umstände, die beeindrucken: Die Zahl der abgefallenen Priester (die statistische Angabe von 4000 dürfte wohl eine Übertreibung sein) und die Notwendigkeit einer gewissen Fürsorge für diese unglücklichen Mitbrüder, die, wenn auch nach dem Recht äußerlich vom Klerus Getrennte, wie verlorene Schäflein immer noch Gegenstand seelsorglicher Fürsorge bleiben, die wohl schwierig sein mag, aber höchst nötig und delikater Art ist.

Wenn das Werk der von Kardinal Spellman subventionierten Schwestern für alte, kranke und arbeitsunfähige Priester einer wirklichen Forderung der Menschlichkeit und Nächstenliebe entspricht, so dürfte in gewissem Sinn zweckdienlich und noch dringender ein geheimes Hilfswerk sein, das darauf ausgeht, abgefallene Welt- und Ordenspriester wenigstens zu einer ehrenhaften Beschäftigung und zu einem Leben katholischer Laien zurückzuführen.

In den letzten Jahrzehnten wurden so viele Kongregationen gegründet, fast immer mit der Bestimmung zur Arbeit in Schulen, Krankenhäusern, Kliniken usw., aber selten oder besser gesagt fast nie liest man in der Geschichte der neuen Hilfswerke, daß einer von diesen Gründern wenigstens im geheimen seine Hilfe der Fürsorge für einen seinem edlen und heiligen Beruf untreu gewordenen Klerus gewidmet hätte. So fehlt es an jeder wirklichkeitsgetreuen und nicht nur vorgetäuschten Statistik der Abfälle im Säkularklerus und in den Klöstern.

In den großen Metropolen leben ohne Zweifel verschiedene Dutzende von Expriestern, natürlich gemieden vom Klerus, zum Teil vielleicht auch nicht als solche bekannt. Wie viele aber von ihnen sind Anlaß fortgesetzter Ärgernisse oder Urheber von Angriffen in der Presse auf die heilige Kirche. Es genügt zu erinnern, daß die hauptsächlichen Wortführer und Mitarbeiter beim Zentralorgan der SS (Schwarzes Corps) und bei der schmutzigen Veröffentlichung ‚Männer um den Papst' in erster Linie abgefallene (!) Priester waren.

Der Unterzeichnete hatte die Genugtuung, zwei abgefallene Priester zur Kirche zurückführen zu dürfen (von denen der eine Leiter der Bewegung „Freidenker in Österreich" gewesen war), aber er mußte bei dieser Gelegenheit feststellen, wie viele Enttäuschungen, Schwierigkeiten und Hindernisse von allen Seiten sich einem solchen Apostolat entgegenstellten. Manchmal war es, als wollte der Teufel diese unglücklichen Priester nicht mehr aus seinen Krallen freigeben, sie, die Opfer der Leidenschaften, oft aber auch des Mangels an einer wirklichen und gesunden Vorbereitung in den Seminaren und Konventen für die schweren Aufgaben und Pflichten des Priesterberufes.

Es sei mir daher gestattet, ergebenst den Vorschlag zu unterbreiten, es möge ex mandato S. Officii in jeder Diözese vom diesbezüglichen Bischof sub secreto ein Geistlicher gewählt und bestimmt werden, der sich neben seinen normalen Tätigkeiten in delikater Weise und, ohne daß die Öffentlichkeit viel davon merkt, für den geistigen und liebevollen Beistand der im Bereich der Diözese wohnenden abgefallenen Priester einzusetzen hat.

Könnte dann das Heilige Offizium nach Verlauf einer gewissen Zeit einen Bericht von den Ordinarien erhalten (eine Statistik darüber, wie viele heimlich in antireligiösen Organisationen arbeiteten, welche die Gründe ihres Abfalles waren, welcher Art die Seminare und Ausbildung der jungen Menschen usw.), so würde das gesammelte Material zu weiteren Entscheidungen auch auf dem Gebiet der Heranbildung des künftigen Klerus dienen."

Die Tragödie mancher Priester greift ans Herz. Sie zerstört bei öffentlichen Ärgernissen das, was würdige Priester in mühevoller Arbeit aufgebaut haben, oft in wenigen Monaten — trotzdem kann die römische Kirche in der Forderung der Ehelosigkeit nicht leichten Sinnes nachgeben, ohne eine Türe zu öffnen. Zweifellos folgt dieselbe weder aus der Bibel noch aus der Disziplin der Urkirche, die dem religiösen Programm Christi näher stand als spätere Jahrhunderte. Es ist an sich schwierig, einen Rat Christi in eine allgemeine Verpflichtung auf einem so wichtigen Gebiet umzuwandeln. Noch weniger können die Worte Pauli an die Christengemeinde von Korinth, die er in der Überzeugung des baldigen Weltenendes geschrieben hatte, zur Begründung herangezogen werden, ohne der Bibel Gewalt anzutun. Es gehört vielmehr zu jenen geschichtlich gewordenen praktischen Einrichtungen der Erfahrung, die morgen beseitigt werden können, ohne dadurch das Christentum als religiöse Weltanschauung in seinem Wesen zu treffen. Allein einmal eingeführt, ist eine rückläufige Entwicklung schwierig, wenn nicht unmöglich. Katholische Laien, die ein ruhiges Urteil vom Leben haben und nicht Pharisäer sind, würden sich über eine Änderung der augenblicklichen Praxis der Weltkirche kaum aufregen. Keine Aufregung war, als das Nüchternheitsgebot vor der heiligen Kommunion von Pius XII. geändert wurde! Wie viele Geheimnisse und Intimitäten muß ein moderner Arzt für Geschlechtskrankheiten in unseren Tagen für sich behalten. Wieviel ein Jugendrichter, den das Amtsgeheimnis dazu zwingt. Der Beichtstuhl würde deshalb nicht leiden. Die Reaktion gegen jede noch so kleine Änderung käme vielleicht vom Ordensklerus, in dessen asketischem System Priestertum und Familienleben auch in der Weltgeistlichkeit schwer vereinbare Dinge geworden sind und dessen Moral sich oft mehr um das sechste Gebot dreht, als ob Fehler gegen die Nächstenliebe nicht unendlich schwerer wiegen würden, nachdem sie nicht im natürlichen Triebleben des Menschen ihre einfache Erklärung finden. Daß aber in dieser schwerwiegenden Frage für die Ostkirche machtpolitische Erwägungen hineinspielen, erfuhr ich bei meiner Aussprache mit dem serbisch-orthodoxen Metropoliten Letica von Sarajevo im September 1917. Er bedauerte, als wir von der Unionsgrundlage sprachen, daß die Ostkirche nicht schon längst die Praxis von Rom aus disziplinären Gründen übernommen hätte. „Nichts sei derart schwierig, als Pfarrer mit Familien und Kindern, auch wenn es kirchliche Interessen fordern würden, von einem Ort an einen anderen zu versetzen (!)". Letica war aus dem Mönchtum hervorgegangen. So gibt es keine Lösung in der Frage des Priesterzölibates in der Weltkirche, denn auch die fakultative Form würde Neid, Scheelsucht, gegenseitige Verdächtigung zur Folge haben und damit die ganze Disziplin erschüttern. Die Lösung könnte höchstens eine teilweise sein im Falle verunglückter Geistlicher, armer Brüder, und zwar auf Grund ärztlicher Gutachten, indem in besonders gelagerten Fällen die Rückkehr zur Auffassung der Urkirche gestattet wird, als das Mönchtum mit seinen Lebensidealen noch nicht einen bestimmenden Einfluß in der Gesamtkirche erobert hatte. Diese verunglückten Priester sind noch mehr als Opportunisten und Pharisäer in gewisser Hinsicht das dämonische Element innerhalb der Kirche, ein Hindernis für die Auswirkung göttlicher Gnade. Gemeinden, die das Unglück erlebten, von solchen Seelsorgern betreut zu werden, sterben langsam wie die Pflanzen ohne Sonne. Ergreifend waren für mich diesbezügliche Beobachtungen in einzelnen Diözesen. Wenn Priester abgefallen waren, dann wurden sie immer auch die wahren Verderber des katholischen Laientums, das schon früher nicht mehr die Religion ausübte, nunmehr aber an ihrem Beispiel eine Schützenhilfe erhalten hat. Viel Unheil in der Kirche geht auf diese Entgleisten und auf das Pharisäertum zurück. Priester, die ein starkes Innenleben führen, Männer des Gesetzes oder von Natur zu einer gewissen Isolierung veranlagte Menschen kommen über alle Krisen hinweg, die vom Biologischen kommen. So ist es vielleicht begreiflich, daß Ausnahmen vom Zölibatsgebot auch im Falle großer Ärgernisse von Rom grundsätzlich nicht leicht zugestanden werden. Manche würden, wenn diese Türe einmal geöffnet ist, den Weg eines öffentlichen Skandales wählen, nachdem sie nicht zu selten in Seminaren und Noviziaten eine dürftige Aufklärung über die Tragweite einer derartigen Verpflichtung und über das ganze Gebiet des sexuellen Lebens erhalten haben. Erschütternd wird aber dieses Kapitel trotzdem bleiben, wenn man an Ordensleute und solche des Weltklerus denkt, die wegen Vergehen in die Welt hinausgestoßen werden mit der Beibehaltung der genannten Verpflichtung, wie es in allen Dekreten mit der stereotypen Kanzleiformel heißt: „Firmiter remanente lege coelibatus[59])". Was macht in dieser Lage ein solcher Priester in der Welt? In Klöstern und religiösen Häusern ist sein Aufenthalt eine Unmöglichkeit, in Familien aber lebt er als laisierter Priester in einer ständigen Gefahr. So begreiflich es beim ersten Anblick erscheint, daß besonders Ordensgemeinden sich verunglückter Mitbrüder zu entledigen trachten, indem sie dieselben in die Welt hinausstoßen, ebenso fühlt man, daß in diesem Rechtssystem etwas nicht klappt. Aber trotz mancher Bedenken und Lehren der Geschichte kann man ruhig sagen, daß ein katholisches Priestertum mit täglicher Liturgie und Stundengebet, also Verpflichtungen, die aus dem monastischen Lebensideal übernommen worden sind, mit Familienaufgaben, so groß und ehrenvoll sie sind, kaum belastet werden kann, ohne etwas gerade dem römischen Christentum Eigenes, das heroische Lebensideal des Priesterberufes auszuscheiden. Nationalkirchen sind ohne Priesterfamilien undenkbar, aber eine Weltkirche mit verheirateten Geistlichen würde sich langsam ganz von selbst in völkisch gegliederte Eigenkirchen auflösen. Niemand kann die Schattenseiten und Gefahren des Zölibats leugnen, die Geistlichen und Laien zu bekannt sind, wie Kastengeist, Selbstsucht, Verständnislosigkeit gegenüber Ehekonflikten und sexueller Not, Härte bis zur Verkümmerung der Gemütskräfte, das Asoziale, ein Herausgehobenwerden aus der Sippe, Familie und damit aus dem Blutstrom des eigenen Volkes, die Gefahr einer anormalen Haltung zum anderen Geschlecht, denn die Ehelosigkeit beeinflußt den Charakter eines Menschen nicht minder stark als die Ehe. Der Weltpriester lebt in der Welt, die kein Kloster ist, und kann sich nicht durch idealistische Weltbetrachtungen von der Welt distanzieren. Dazu kommt, daß der überwiegenden Mehrheit der Menschen das Heroische und der Drang zu außerordentlichen Leistungen an sich nicht liegen. Es bedarf deshalb starker Charaktere, um die hohe Lebensauffassung der ersten Priesterjahre über alle Erfahrungen hinweg festzuhalten und zu bewahren. Welch herr-

[59]) *„wobei das Zölibatsgesetz unvermindert aufrechtbleibt"*

licher Beruf ist aber anderseits das katholische Priestertum, wenn alle Opfer, besonders der Verzicht auf Familienglück und weltliche Zerstreuungen, nur im Interesse der Gemeinschaft getragen werden. Wenn die im einsam durch die Welt ziehenden Priester aufgespeicherte Energie nicht im religiösen Egoismus sich verbraucht, sondern ganz großzügig apostolisch allen Menschen sich offenbart. Diese christlich-menschliche Wirklichkeit will unsere Zeit wieder sehen, edelstes Menschentum mit mehr natürlichen und gleichzeitig übernatürlichen Tugenden. Hätte die Kirche der Gegenwart eine Armee selbstloser Idealisten, die sich vollständig aufopfern für Arme, Unterdrückte und für das soziale Proletariat der Großstädte gegen die Übermacht kapitalistischer Gesellschaftsordnung, sie würde zweifellos nochmals Europa auch für ihre religiösen Ideen zurückerobern.

Ein anderer armer Bruder war der frühere Olmützer Domherr Baron Grimmenstein, der — auf reicher Pfründe lebend — täglich im Chor der alten Bischofskirche mit seinen adeligen Kollegen das Lob des Herrn sang. Er war ein deutschgesinnter Mann. Der Untergang der Habsburgermonarchie brachte ihn um Stellung, Vermögen und fast auch um seinen Beruf. Er flüchtete ins Ausland und lebte armselig in Pariser Obdachlosenheimen, bis er eines Tages den Weg nach Rom machte, in der Hoffnung, gerettet zu werden. Da aber die Urkunde, mit der ihm der Olmützer Erzbischof, sein Gegner, das Messelesen erlaubte, den ganzen unerfreulichen Lebensroman, wenn auch in lateinischer Sprache, enthielt, war Grimmenstein schon im vorhinein gekennzeichnet. Während er früher in einer Luxusvilla als glänzend bezahlter Kanonikus ohne Lebensziele und ohne Sorgen lebte, bewohnte er in Rom ein Armenzimmer, wo er sich selbst sein bescheidenes Essen bereitete, nachdem er täglich in der nächstgelegenen Kirche um 1 Uhr eine Messe für 20 Lire gelesen hatte, womit er den Lebensunterhalt bestritt. Langsam besserte sich sein Schicksal. Er konnte sein Recht in Rom schließlich durchsetzen und erhielt den Prälatentitel zurück. Eine Lähmung nach vielen seelischen Aufregungen machte aber aus ihm einen armen, beklagenswerten Menschen, den wir als Gebrochenen in die deutsche Heimat zurückbrachten, wo gute Freunde ihn bis zum Tode betreuen wollten.

Zwei andere arme Brüder könnten auch vieles erzählen, wenn ihre

Lebensschicksale nicht unserer Zeit zu nahe stehen würden. Der eine war Fürsterzbischof Graf Paul Huyn von Prag, Primas von Böhmen, der bereits im Dezember 1916 in petto zum Kardinal ernannt, aber nicht als solcher veröffentlicht wurde, da der Vatikan während des Krieges keinen Staatsbürger der Mittelmächte öffentlich auszeichnen wollte. Der Umsturz brachte Graf Huyn, der glückliche Tage erlebt hatte, um alles, bis ihm seitens der Prager erzbischöflichen Kurie nach langen Verhandlungen durch den damaligen Apostolischen Nuntius Maglione in Bern eine Pension vermittelt wurde. Dann versank er in den pozzo der Laterankirche mit dem Titel eines Patriarchen von Alexandrien. Als Grandseigneur von Brünn und Prag an Gesellschaften und Empfänge gewöhnt, lebte er in Rom in einem armseligen Zimmer unweit der Staatsgefängnisse am Tiberstrand. So habe ich ihn zum ersten Mal besucht. Er wurde ein treuer Freund der Anima. Später beging er einen großen Fehler, denn er ließ sich, obwohl Ausländer, vom Kardinalvikar Marchetti-Selvaggiani als apostolischer Visitator für eine allgemeine Kirchenvisitation heranziehen, die nach 40 Jahren wieder einmal in Rom durchgeführt wurde. Im Feuereifer und mit der Genauigkeit eines Deutschen glaubte er, auch auf römischem Boden gleiche Methoden anwenden zu können. So wuchs die Zahl seiner Feinde im italienischen Klerus, bis er eines Tages teils auch als Opfer einer anderen, viel größeren Unvorsichtigkeit „zur Strecke gebracht wurde", verleumdet, bekämpft und von allen verlassen, ohne ein Wort des Dankes Rom für immer verlassen mußte. In seiner schwierigsten wirtschaftlichen Lage hat über mein Ersuchen das Berliner Auswärtige Amt eingegriffen und die Bezahlung seiner Pension aus Reichsmitteln übernommen.

Noch ärger ging es einem anderen Altösterreicher. Es war der Bischof von Triest, Aloys Fogar, der das Opfer des vatikanischen Unterstaatssekretärs Pizzardo wurde. Letzterer zitterte vor jedem faschistischen Parteisekretär. Bischof Fogar, der den Großteil seines Vermögens unter die Armen von Triest verschenkt hatte, weigerte sich, der Aufforderung der Parteihierarchen von Triest zu entsprechen, die Gebeine des italienischen Nationalheros und Attentäters Oberdan, der übrigens nicht italienischen, sondern slawischen Ursprungs war, anläßlich ihrer Überführung in das faschistische Sacrarium von Triest feierlich einzusegnen. Aus den Polizei- und

Ordinariatsakten war ersichtlich, daß Oberdan kurz vor seiner Hinrichtung das Kruzifix anspuckte, das ihm ein Gefängnisgeistlicher zum Kusse angeboten hatte. Die völlig nackten männlichen Kriegerfiguren am Denkmal konnten überdies kaum der Gegenstand einer religiösen Weihe sein. Unverzüglich wurde Fogar als armer Bruder von seinem Posten durch den Vatikan enthoben mit der Begründung, daß er „geistig nicht mehr seiner Stellung gewachsen sei". Mit dem harmlosen Titel eines Erzbischofs ausgestattet, um nach außen die Sache für spätere Zeiten etwas zu verschleiern, wurde er in die Wüste geschickt. Es war jene selige Zeit, in der nicht wenige italienische Prälaten der römischen Kurie, die aus Opportunismus den Sinn für „demokratische" Gesinnung verloren hatten, um die Gunst faschistischer Parteibonzen in den Provinzstädten Italiens buhlten. Ein Beispiel war der Gründer der Katholischen Mailänder Hochschule, Franziskanerpater Gemelli (früher überzeugter Sozialist), der mit Worten höchsten Lobes den Duce Italiens erherrlichte. Nach 1944 sattelte er um!

Damals wohnte noch ein anderer armer Bruder bei uns, ein ehemaliger Germaniker, der Prager Erzbischof Franz Kordač, der mit dem Bischöfen gegenüber präpotenten päpstlichen Nuntius Ciriaci, der das alte Österreich als eine Art Kolonialgebiet des Vatikans betrachtete, in einen heftigen Kampf geraten war. Selten ist mir ein sozial derartig modern denkender Kirchenfürst begegnet wie dieser Primas von Böhmen, dessen bischöfliches Mensalgut in die Millionen ging und der, als er seine Stelle aufgeben mußte, nichts hinterließ als die Tränen der Armen und Angestellten seiner Verwaltung, denen er nicht Fürst, sondern Vater war. Auch er ist seiner Zeit vorangeeilt und mußte es büßen. Ihm schadete auch seine durchaus gerechte Einstellung gegen deutsche Belange in seinem riesigen Bistum und die Distanz, die er als oberster Seelsorger von zwei Nationen allen parteipolitischen Konstellationen gegenüber sich erlaubte.

Und noch einen lieben Bruder muß ich nennen. Es ist wieder ein Altösterreicher, diesmal ein glänzender Parlamentarier und politischer Organisator, der frühere Dompropst von Görz und Landeshauptmann von Friaul, Prälat Faidutti, der jahrelang auf seine bescheidenen Pensionsbezüge wartete, deren Auszahlung rachesüchtige italienische Mitbrüder durch falsche Anzeigen beim faschistischen

Parteisekretär dieser Stadt immer wieder verhinderten. So lebte er nur von Almosen und Messestipendien des deutschen Ordensgenerals der Barmherzigen Brüder in Rom. Obwohl er als „Austriacante[60])" galt, wurde er eines Tages für eine kirchenpolitische Aufgabe in Litauen herangezogen. Dort schuf dieser geistig ungemein gewandte Prälat, der viele Beamte im Staatssekretariat an Weitblick und Kultur übertraf, die Grundlagen für das spätere Konkordat in Kaunas. Als die Arbeit fertig war, wurde nicht er Nuntius, sondern ein harmloser Minutante aus dem Staatssekretariat italienischer Nationalität. So hat auch dieser arme Bruder, gekränkt ob solcher Behandlung, in der Fremde ein frühes Grab gefunden.

Der letzte wahrhaft arme Bruder, der nie meinem Gedächtnis entschwinden wird, ist der Wiener Kardinalerzbischof Theodor Innitzer. Er wurde in den Strom der Geschichte zuerst als Minister für soziale Fürsorge, dann als Oberhirt der großen Erzdiözese hineingezogen, ohne je ein über den Durchschnitt hinausragendes Führertalent gewesen zu sein. Von allerlei Elementen mißbraucht und dem Vatikan für den Wiener Erzbischöflichen Stuhl in Vorschlag gebracht, war er im Grunde seines Herzens schon von seiner Sudetenheimat her ein echter Grenzlanddeutscher, der beim Zusammenbruch des Ständestaates, bei dessen Geburt er Taufpate war, im Hotel „Imperial" in Wien durch einen Kniefall vor Hitler für den österreichischen Katholizismus retten wollte, was noch an kirchlichem Erbgut zu retten war. Das war zu stürmisch, zuwenig glaubhaft nach seiner politischen Vergangenheit. Die Umkehr erfolgte viel zu spät und machte den Eindruck des reinen Opportunismus. Ein Sturm der Entrüstung tobte aus allen Emigrantenkreisen des Auslandes gegen ihn und den österreichischen Gesamtepiskopat, als die Erklärung bekannt wurde, die dem Wahlkampf im Reich die Parole gab. Wohl am schimpflichsten benahm sich der Vatikansender, dessen Kommentar über die „Knochenerweichung" vom Jesuiten Friedrich Mukermann verfaßt war und durch den römischen Zeitungsvertreter Ludwig Heinz, jüdischer Nationalität, noch am gleichen Abend der „Stampa Estera" übergeben wurde. Ich habe den Kardinal, der telegraphisch „ad audiendum verbum[61])" von

---

60) *„österreichfreundlich"*
61) *„zum Anhören des Wortes" (des Papstes)*

Pius XI. nach Rom befohlen wurde, auf diesem schweren Canossagang in den Vatikan begleitet. Ich habe im Vorzimmer der Privatbibliothek des Papstes versucht, ihn zu festigen und Linie zu halten, allein die Drohung des Papstes, ihm den Purpur zu nehmen (wie er es mit dem Jesuiten Billot gemacht hatte), raubte diesem armen Kirchenfürsten den Mut, für seine Überzeugung einzustehen. Büßend und sühnend mußte er im Purpur wie ein Heinrich IV. mehrere Stunden im Vorzimmer des Papstes stehen, bis er endlich zur Audienz vorgelassen wurde, um den Kopf gewaschen zu bekommen. Lautlos sind wir in die Anima zurückgekehrt. Er brachte kein Wort über die Lippen. Zusammengebrochen und enttäuscht flog er in einem Sonderflugzeug des Reiches, das eigens von Venedig abkommandiert wurde, begleitet vom SS-Mann P. der deutschen Botschaft nach Wien zurück. Unterdessen wartete Hitler auf den Bericht über die Stellungnahme des Vatikans gegenüber einer Gesamtbereinigung der kirchenpolitischen Fragen, die von Österreich aus versucht werden sollte (!). Ob es je ganz ehrlich gemeint war, hatten viele Österreicher Grund zu bezweifeln, die den Reichskommissar Bürckel kannten, dem die Durchführung des Auftrages von Hitler anvertraut wurde. Am Morgen nach dem Abflug des Kardinals brachte der „Osservatore Romano" eine Erklärung, die den österreichischen Episkopat vor der ganzen Welt bloßstellte und den rücksichtslosen Kampf des NS gegen die Kirche in Österreich einleitete.

Doch zu diesen armen Brüdern, die ich den Gebeten meiner Mutter so empfohlen habe, damit sie verstehen, auf wie viele Proben ein Geistlicher gestellt werden kann, will ich noch zwei anschließen, obwohl sie den Ehrentitel „Arme Brüder" vielleicht nicht ganz beanspruchen können. Der erste ist der Zentrumsführer, Prälat Ludwig Kaas, den hohe Mitglieder innerhalb des NS den „Dämon des Vatikans" nannten. Der andere ist ein polnischer (!) Klosterbruder, der im Auftrag der Studienkongregation im Mai 1938 das Kolleg der Anima visitierte, während Hitler Italien besuchte. Ich habe Kaas, der aus einer politischen Laufbahn durch die Zeitereignisse hinausgeschleudert wurde, gerade in Rom immer bedauert, obwohl er hier einst als Germaniker und Konviktor unserer Anima seine Studien gemacht hatte. An Kardinalstaatssekretär Pacelli durch alte Freundschaftskomplexe gebunden, hatte er in den Jahren

Oben: „Santa Maria dell' Anima" — im Herzen Roms
Unten: Hof der Anima-Kirche

1933—39, die in der Auseinandersetzung zwischen NS und Vatikan von entscheidender Bedeutung waren, einen maßgebenden Einfluß auf die römische Kurie, bis er über Druck von Berlin auf ein ehrenvolles Nebengeleise geschoben wurde. Hinter Kaas stand wie ein Schatten das denkwürdige, später vergeblich als Fälschung verleugnete Telegramm vom 10. März 1919, das von der alten Bischofsstadt Trier an den damaligen Vorsitzenden der rheinischen Zentrumspartei mit begeisterten Wünschen für die Republik Rheinland geschickt worden war. Wer einmal in die Politik hineingeraten ist, wird dieselbe nicht mehr los. Dieses Wort bewahrheitete sich auch an der geistig hochbefähigten Persönlichkeit dieses Zentrumsprälaten. Ruhmlos ist seine Partei, die auf siebzig Jahre teils hervorragender Arbeit zurückblicken konnte, von der Bühne deutscher Geschichte abgetreten. Seine letzte große Tat war, nachdem er für das Bevollmächtigungsgesetz gestimmt hatte, das Hitler die ganze staatliche Gewalt mit unübersehbaren Folgen übergab und diesem ein Glückwunschtelegramm aus Rom zur Machtübernahme gesandt hatte*), das deutsche Reichskonkordat.

Dagegen war ein harmloser armer Bruder der Apostolische Visitator der Anima. Es gehört zu den Sitten päpstlicher Kongregationen, Bischöfe und bischöfliche Anstalten mit Vorliebe durch Ordensleute visitieren zu lassen. Das Vertrauen der römischen Kurialbeamten zum Episkopat ist infolge der Furcht einer Wiederkehr des Episkopalianismus gering. Viele Geheimberichte stammen fast nur aus den Händen der Religiosen. Wer die Akten der Konsistorialkongregation bis 1846 durchblättert (bezeichnend ist der Fall des Regensburger Bischofs Seiler im Urteil von Klemens Maria Hofbauer), wird dieses oft feststellen können. Auch im Falle der Anima wurde ein Klosterpater geschickt, und zwar ausgerechnet ein Pole aus dem Orden der Karmeliter, der schon bei seinem ersten Besuch, den er mir machte, aus seiner Feindschaft gegen Deutschland kein Hehl machte. Es ist zweifellos ein Mißgriff, Ordensleute für solche Aufgaben heranzuziehen, denn viel ordensmäßige Weltbetrachtung fließt ganz von selbst in die Urteile und Entscheidungen solcher Visitatoren hinein. Meistens leben sie seit dem 15. Lebensjahr kastenmäßig von der Welt abgeschlossen in Seminaren, Klöstern und

---

*) „Osservatore Romano" (Januar 1933).

Sommervillen bis zur Weihe oder feierlichen Ordensprofeß ohne unmittelbaren Kontakt mit dem eigentlichen Leben. So entsteht ein Weltbild, das in der Zelle geboren für Italien paßt, aber niemals, wenn es auf deutsche Verhältnisse angewandt wird, wo der Klerus anders erzogen wird. Wer die Geschichte der Pariser Universität im Mittelalter durchstudiert, wird den Unterschied der Erziehung von Welt- und Ordensgeistlichkeit noch besser verstehen. Wie viele gegenseitige Anzeigen und Verketzerungen machten die Spätscholastiker, nur um ihr System durchzusetzen. Der Gegner mußte „erledigt" werden, um irgendwelchen philosophischen Satz leichter durchzubringen. Dieser arme polnische Bruder, der aber in seiner geistigen Ausbildung seine anderen Ordensbrüder übertraf und auch fließend Deutsch sprach, richtete, um den Mißbrauch der Religion für Politik besonders kraß zum Ausdruck zu bringen, folgende Fragen an die Priester des Animakollegs:

„Sind Sie für den Anschluß Österreichs an Deutschland?

Waren Sie in der Maxentiushalle, als der Führer dortselbst sprach?

Haben Sie beim Einzug Hitlers in Rom auf der Straße Beifall gespendet?

Sind Sie für die deutsche Rassengesetzgebung?"

Und so weiter ...

Dieser Arme wird in der Geschichte der Anima keine Spuren hinterlassen, denn er hilft die Worte des Papstes Julius III. bewahrheiten, als ein portugiesischer Mönch ihn bemitleidete, weil er mit der Herrschaft über die ganze Welt belastet sei: „Ach, wenn Ihr wüßtet, mit wie wenig Verstand die Welt regiert wird, so würdet Ihr Euch wundern."

Darf ich wohl diesen armen Brüdern, die mir in so vielen Varianten begegnet sind, mein eigenes Leben in Rom anschließen? Ich denke dabei nur an das Schicksal meiner Bücher und meiner Einstellung gegenüber dem NS. Das große Werk „Die Grundlagen des NS" wurde, wie teilweise früher ausgeführt, in der Tschechoslowakei staatlich verboten, in den österreichischen Diözesen Linz und Salzburg, deren Bischöfe merkwürdigerweise als erste im März 1938 kompromißlos umgefallen sind, abgelehnt als „ein Hineinmengen in die Autorität der allein dafür zuständigen Oberhirten", in Holland begeistert begrüßt von der Mussartsbewegung, die — wenn auch in verschiedenen Programmforderungen liberal — das Christentum als Erziehungsfaktor nicht ausschalten wollte, ebenso leidenschaftlich zurückgewiesen von den anderen konfessionellen Parteien, in Deutschland von Adolf Hitler in der persönlichen Aussprache meines Vertrauensmannes zum Verkauf zugelassen und von den hohen kirchlichen Stellen Münchens als „Dolchstoß eines Hoftheologen der Partei gegen den reichsdeutschen Katholizismus" zurückgewiesen, in Rom mit der Indizierung bedroht, während die oberste Bücherprüfungskommission des NS bereits einen Monat nach Ausgabe des Buches den Weiterverkauf im Reich „als gefährlich für die Partei" untersagte und der Leipziger Börsenzeitung des deutschen Buchhandels ausdrücklich verbot, das Erscheinen des Werkes anzuzeigen, ohne es aber auf den Index der Partei zu setzen. Als wenige Tage nach dem Anschluß 1938 die deutsche Gestapo ihre Hausdurchsuchungen in Österreich begann, war mein Buch das erste, das in allen Buchhandlungen geholt und verbrannt wurde, so daß heute fast keine Exemplare mehr vorhanden sind. Am 24. Juni 1938 wurde schließlich bei der Sonnwendfeier des NS in Innsbruck und Bregenz mein Werk mit mehreren anderen Schriften auf dem Scheiterhaufen von der Hitlerjugend als „national gefährlich" verbrannt — es war ein grotesker Zufall, daß gleichzeitig auch die päpstliche Enzyklika „Mit brennender Sorge", die Pius XI. über den kirchenpolitischen Streit in Deutschland an die Welt gerichtet hatte, dem Feuer des Furor teutonicus zum Opfer fiel. Es war für mich eine Genugtuung, in so vornehmer Gesellschaft parteipolitisch, aber nicht wissenschaftlich erledigt zu werden. Wieviel Mühe und Liebe hatte ich auf die folgenden Werke aufgewendet, die ebenfalls der Bücherinquisition des NS nicht standhalten konnten.

1. Rom „Christentum und deutsches Volk", Innsbruck 1935,

2. „Deutsches Volk und christliches Abendland", Wien 1935. Besonders die folgende Stelle wurde mir schon kurze Zeit nach Erscheinen vom deutschen Botschaftsrat Dr. B. in einer längeren Aussprache als für den NS untragbar genannt (Seite 24/25):

„Wenn der NS den Gedanken der Rasse und des Blutes zu einem Ersatz des Christentums ausbauen will, dann hätten wir es mit der

größten Häresie des 20. Jahrhunderts zu tun, die von der Kirche genauso, wenn nicht mit schärferen Mitteln, verurteilt werden müßte wie vor mehreren Jahren die Action française, mit der verschiedene Irrtümer gemeinsam sind, nur daß die Weltanschauung Rosenbergs stärker von der Verneinung durchdrungen ist und vor allem in der Jugend einen Christentumshaß entflammt, der über jenen von Nietzsche hinausgeht."

3. „Der Vatikan und die modernen Staaten", Innsbruck 1935. Der Anlaß zur Verbrennung dieses Buches waren vor allem folgende Worte (Seite 60):

„... *viele Katholiken hoffen, daß die päpstlichen Rundschreiben noch ihre Krönung erhalten durch eine weitere Enzyklika gegen die drei Hauptströmungen und -gefahren unserer Zeit, die im radikalen Nationalismus, in der Rassenlehre und Staatstotalität gegeben sind.*"

Es war der wesentliche Inhalt meiner Vorträge anläßlich der Salzburger katholischen Hochschulwochen im Sommer 1934. Ein sonderbares Schicksal wollte es, daß gerade dieses Werk gleichzeitig in seiner italienischen Übersetzung von Faschismus und vom päpstlichen Staatssekretariat verurteilt wurde. Der Prorektor der päpstlichen Akademie für die Ausbildung der künftigen Kirchendiplomaten, Prälat Savino, ein Neapolitaner, bat mich um die Erlaubnis, mein Buch in das Italienische zu übersetzen, „da es seinen Schülern in der kirchlichen Diplomatie nützlich sein könnte". Ich gab ohneweiters die Erlaubnis und verzichtete im vorhinein auf jedes Entgelt. Die schriftliche Druckerlaubnis wurde vom Kardinalvikariat in Rom erteilt. Kaum waren die ersten Exemplare ausgegeben, telefonierte man aus dem Staatssekretariat dem Übersetzer, „man verstehe nicht, wie man einem solchen (!) Buch die kirchliche Druckerlaubnis erteilen konnte, nachdem es nicht opportun sei, über diese Fragen heute zu schreiben". Gleichzeitig nahm auch das faschistische Ministero di Cultura populare gegen das Buch Stellung. Als ich den Presseattaché der österreichischen Gesandtschaft in Rom, Ministerialrat Fr., um Vermittlung ersuchte, zeigte man ihm im Ministerium das Werk als Corpus delicti mit zahlreichen Bemerkungen des staatlichen Zensors in Rot- und Blaustift. Hier trafen sich sonderbar zwei große Mächte, die in Italien durch den Lateranvertrag und das Konkordat in einer politischen Zweckehe miteinander verbunden waren und deshalb im Interesse des Friedens jede grundsätzliche Stellungnahme zu jenen Fragen verhinderten, um die es in dieser geistigen Auseinandersetzung letzten Endes ging. „Silendum est[62])" war die Weisheit beider. Man drückte sich an diesen gefährlichen Fragen im Interesse des Friedens vorbei, weil man wußte, daß eine Klärung dieser Begriffe das System der „halben Lösungen und accomodamenti[63])", das der Italiener so sehr liebt, zu Fall gebracht hätte. Es war ganz selbstverständlich, daß noch zwei andere Schriften vom NS den Flammen überantwortet wurden, meine 1921 in Graz gehaltenen Akademikeransprachen, die unter dem Titel „Tatkatholizismus" erschienen waren, und vor allem die Schrift „Nietzsche und die moderne Welt". Letztere war ein Vortrag, den ich unter großem Andrang gebildeter Katholiken und Nationalsozialisten im Wiener Kulturbund 1937 sozusagen am Vorabend des Unterganges Österreichs gehalten hatte. Die Schrift über Nietzsche wurde wenige Tage nach dem Erscheinen in Rom von der italienischen Geheimpolizei konfisziert, weil der Duce eine Kritik seines „Lieblingsschriftstellers", dem er vieles zu verdanken hätte, in Rom nicht zulassen wolle.

Meine letzte gedruckte Schrift, eine in der Animakirche im März 1943 unter dem Titel „Das Vermächtnis unserer Gefallenen, Religion und Nation" gehaltene Predigt, wurde im deutschen Militärspital von Anagni verbrannt, nachdem der dortige Kommandant besonders folgende Stelle als „staatsfeindlich" bezeichnet hatte:

„Dieses Vermächtnis aber enthält drei Forderungen, die sie mit uns und wir mit ihnen als Treuhänder ihres letzten Willens an das Europa von morgen und deshalb auch an unser deutsches Vaterland richten. Man kann alle in dem einen Satz zusammenfassen:

Der Lebensraum von Staat und Nation
darf nicht zur Todeszone von Religion
und Kirche gemacht werden.

Daraus ergeben sich von selbst jene drei Forderungen, ohne deren Erfüllung eine wahre Freiheit der Persönlichkeit, Geistigkeit und

62) *„Man muß schweigen"*
63) *„der bequemen Auswege"*

Kultur, mit einem Worte ein menschenwürdiges Dasein, unmöglich ist.

1. Die Freiheit der Religion in Lehre und Kult. Dazu gehört, um nur eines herauszugreifen, die religiöse Jugenderziehung, ohne die auch die beste nationale Jugendführung keine solide Grundlage hat. Deshalb muß den Eltern das Recht gewährleistet sein, über die religiöse Erziehung ihrer Kinder frei entscheiden zu können. Sie haben die erste naturrechtlich gegebene Verantwortung und die erste heilige Pflicht, nicht der Staat und nicht die Volksgemeinschaft. Denn von den Eltern wird Gott einst in der Ewigkeit die Seelen ihrer Kinder zurückfordern. Wer immer also im Unterricht oder in der Jugendführung weltanschaulich das aushöhlt, untergräbt oder gar zerstört, was eine edle christliche Mutter und ein guter gläubiger Vater an religiösen Werten in die Herzen der eigenen Kinder hineingesenkt hat, ist ein Schädling seines Volkes und ein Totengräber der Freiheit und wahren Erziehung, weil er das geheiligte Recht der Familie antastet und sich an den Majestätsrechten Gottes vergreift.

2. Die Freiheit der Religion im Bekenntnis. Jeder muß in Staat und Volksgemeinschaft das Recht haben, nicht bloß still und verborgen, sondern vor aller Öffentlichkeit seine religiöse Weltanschauung zu bekennen und auszuüben. Niemand darf in seinem Berufe geschädigt, in seiner Laufbahn zurückgesetzt oder etwa gar zu einem Volks- und Staatsangehörigen 2. und 3. Grades degradiert werden, weil er seine Religions- und Kirchenzugehörigkeit offen bekennt.

3. Die Freiheit der Religion in Verteidigung durch Wort und Schrift. Wenn Gottesleugner, Kirchengegner und Christentumszerstörer für sich das Recht in Anspruch nehmen, in Presse und Gesellschaft gegen die Religion zu sprechen oder zu schreiben, so muß den Anhängern und treuen Bekennern der Religion Christi das Recht der öffentlichen Verteidigung ihrer Weltanschauung eingeräumt werden. Unsere Mindestforderung ist gleiches Recht für alle.

Das ist das Vermächtnis unserer Toten. Ein Millionenchor ruft aus der Ewigkeit besonders in diesem Monat, der der frommen und dankbaren Erinnerung an die gefallenen deutschen Soldaten geweiht ist, feierlich allen Völkern und deshalb auch unserer Nation die Mahnung ins Gedächtnis: ‚Wer Ohren hat, zu hören, der höre.‘ (Matthäus 11, 15.)

Nur in der Erfüllung dieses Vermächtnisses unserer Gefallenen liegt auch der wahre Sinn der Parole vom Kampf gegen den Bolschewismus. Waffenträger können in diesem Kampfe gegen die nihilistische Welt des Ostens nur jene sein, die sich mutig zu den Werten Nation und Religion bekennen, und niemand hat das Recht, von einem neuen, besseren Europa zu sprechen, der nicht dessen christliche Sendung bejaht und in der harmonischen Verbindung der drei größten Gedanken: Religion, Nation, soziales Bewußtsein, die Grundlagen der kommenden Zeit erblickt.

Daß dieses Testament unserer Toten kein leeres Wort bleibe, sondern wie eine Fackel das Dunkel der Zeit erhelle, ist unser heiliges Gelöbnis. Auch wenn niemand mehr die Gräber unserer Gefallenen im Fernen Osten betreuen kann, sie sind nicht vergessen, so einsam auch oft ihr Sterben war. Ihr Letzter Wille ist uns Verpflichtung, und keine Macht der Welt wird imstande sein, uns von diesen drei Forderungen abzubringen. Hier gibt es keine Kompromisse, kein Feilschen und kein Markten und keine diplomatische Verschleierung, sondern nur den mutigen Kampf. Denn wir tragen als Christen und als Deutsche, als gläubige Menschen, die Heimat und Vaterland lieben, ebenso wie sie ihrer Kirche die Treue halten, das Bewußtsein in uns, nur so am besten dem deutschen Volke und ganz Europa zu dienen. Das geloben wir. So wahr uns Gott helfe. Amen.“

Ein sehr kluger römischer Prälat, der Bernhard Shaws Drama „On the Rocks“ mit seinen Glossen für die politische Diktatur studiert hatte, sagte mir, als er vom Schicksal meiner Brüder und besonders von der harmonischen Zusammenarbeit von Vatikan und Fascio erfuhr: „Warum schreiben Sie nicht lieber Betrachtungs- oder Gebetbücher? Sie verdienen gut, ohne Neues sagen oder viel forschen zu müssen. Überdies bleiben Sie eine Persona grata“. Dieser vernünftige Rat eines Romkenners wurde mir leider zu spät erteilt; ich glaube allerdings, daß ich denselben angesichts meiner Charakteranlagen auch beim besten Willen nicht verwirklicht hätte.

Das war das Ende meiner Bücher, in denen ich zu den drei großen Zeitirrtümern Stellung genommen hatte. Damit war der Beweis erbracht, daß mein Werk über die Grundlagen des NS weit davon entfernt war, eine nazistische Propaganda treiben zu wollen, sondern vielmehr eine ehrliche, objektive und jeder Emigrantenpsychose fernstehende wissenschaftliche Kritik des NS an den Maßstäben christlicher Moral- und Staatsauffassung war. Zutiefst war ich überzeugt, daß diese machtvolle Bewegung, wenn sie nicht ihre Auseinandersetzungen mit der Religion aufgeben sollte, das ganze deutsche Volk in eine beispiellose Tragödie des Nihilismus hineinstürzen mußte, denn nichts war gefährlicher als eine Allianz von Rom und Weltjudentum, die damals fast in gleicher Weise das Opfer des Links-NS waren; dieser Zweifrontenkrieg mußte verhindert werden.

Jeder Mensch hat also seine Krisen und macht seine Erfahrungen auf weltanschaulichem, sexuellem oder rein religiösem Gebiet, wenn er nicht ein Teil der Masse bleiben, sondern sich ein eigenes Urteil bilden will. Ich habe aber erst in Rom verstehen gelernt, was religiöse Krisen bedeuten und wie sehr vor allem solche das ganze seelische Gleichgewicht eines Menschen erschüttern können. In Rom begann sich für mich im Herbst 1936, als ich von rein idealistischem Streben geleitet war, zwischen Christentum und der noch konservativen Richtung innerhalb des NS eine Abklärung wenigstens in den entscheidenden Fragen der Rassenlehre und des Konfessionalismus anzubahnen. Österreich konnte nicht als Glacis des nationalpolitischen Widerstandes benützt werden, um mit dem NS des Reiches kirchenpolitische Kämpfe auszutragen, nachdem mit Deutschland ein Konkordat abgeschlossen worden war, das allen kompromißlosen Gegnern autoritärer Staatsform auch politisch die Hände gebunden hatte. In den Kreisen Gebildeter mußte der Vorwurf diplomatischer Doppelzüngigkeit erhoben werden. Die Kirche kann nicht Vorspanndienste leisten für politische Systeme eines Staates, auch wenn sie mit Dollfuß eine Grundlage in der Enzyklika „Quadragesimo anno" suchen. In harten inneren Kämpfen lernte ich aber verstehen, daß die vatikanische Politik ein Drittes Reich, in dem der nationale Gedanke über die Trennung der Konfessionen, also den limes Romanus, hinwegschritt, schwer fördern konnte, aus Gründen des heutigen Kirchenrechts und teilweiser reiner Selbsterhaltung in der jetzigen Form. Wenn nicht einem konfessionellen Indifferentismus Vorschub geleistet werden sollte, mußte die Kirche dagegen Stellung nehmen, auch wenn sie sich keinen großen Enderfolg versprechen konnte, denn die Einheitsschule steht auch im Programm aller sozialistischen Parteien in Staaten mit konfessionell gemischter Bevölkerung.

Ostern ist wieder gekommen. Man merkt in der römischen Landschaft nicht viel vom Frühling. Ein regnerischer Tag. Ununterbrochen sind Arbeiter an der Kuppel von Sankt Peter beschäftigt, um die letzten Vorbereitungen für die Festbeleuchtung am Abend zu beendigen. Ein Konvertit mit dem religiösen Radikalismus der Neubekehrten, der im Freiheitskampf der Ukrainer an führender Stelle gestanden und tiefe Einblicke in das neue Rußland gemacht hatte, drängte sich mit mir durch die Menschenmassen zum Petersdom. Er kannte das politische und wirtschaftliche Leben, nachdem er in seine Wirklichkeiten hineingeschaut hatte. Auch ihn fesselte das Schauspiel „Sankt Peter im Licht", wie sich die Umrisse der Kuppel immer gewaltiger dehnten und Hunderte von Lichtern den Himmel erhellten. Dann begann er, als ob er ein Prophet werden wollte, zu sprechen, während er auf den Vatikan hinzeigte: „Hat diese Welt in ihrer jetzigen Form noch eine Zukunft in Europa, oder ist sie im Tramonto?[63a]) Sind es ‚inbalsamatori di un passato'[63b]) oder ist das heilige Feuer nur verborgen? Wird eine andere Zeit kommen, in der die Wunder der Technik und des sozialen Kollektivstaates von höchster Außenkultur ungeahnte neue Lebensaspekte der Menschheit bringen werden und alle Religionen an der Aufklärung des Westens untergehen*)? — Einst wurden viele von der Kirche festgehaltene Auffassungen des Mittelalters durch das Weltbild des Kopernikus und die klassische Physik zertrümmert und eine Kulturwende herbeigeführt, die das ganze Denken und Handeln der Neuzeit bestimmend beeinflußt hat. Werden die moderne Physik und Biologie mit der Strahlenforschung zu einer Umwertung des Denkens führen oder das materialistische Weltbild der mechanistischen Physik überwinden?

Werden unter neuen Entdeckungen und ständigen Fortschritten die alten Weltanschauungen wie die Mauern von Jericho zusammenbrechen? Mit den Machtmitteln der kommenden Propaganda, die Radio, Fernsehen und Strahlenwirkungen in bisher ungeahnten

*) K. v. Neergaard, „Die Aufgabe des 20. Jahrhunderts. Das neue Weltbild der modernen Physik", Erlenbach-Zürich, Verlag Eugen Rentsch, 1940.

[63a]) *Untergang*
[63b]) *„Leichenbestatter (wörtl. Einbalsamierer) einer Vergangenheit"*

Ausmaßen zur Verfügung stellen, werden wenige Diktatoren Millionen von Menschen mit unbeschränkter Gewalt beherrschen und sie wie willenlose Figuren, obwohl diese Opfer noch immer von Freiheit und Demokratie sprechen, auf dem Schachbrett der Geschichte herumschieben. Die Legionen moderner Cäsaren werden Kontinente mittels der Technik beherrschen, ohne daß ein Widerstand noch möglich sein wird. Eine entseelte Epoche der Menschheitsgeschichte wird anbrechen, die für metaphysisches und religiöses Denken keinen Sinn mehr hat. Standardisierte Menschen mit eiserner Maske, die nur leben und nichts als leben wollen, sind der Typus von morgen.

Sie werden die Religionen nicht mehr verfolgen, da letztere von selbst eines sanften Todes sterben, wie die Schatten der Nacht vor der Morgensonne zerfließen, denn gegenüber dem Staatskollektivismus und dem Fortschritt von Technik, Chemie und Biologie werden die Religionen versagen, da sie keine neue soziale bessere Organisation der Völker herbeiführen, sondern nur auf andere Welten vertrösten können. Wenn man dem kommenden Geschlechte von Erbschuld, Sünde, Erlösung und Buße sprechen wird, wird ihm der Sinn dieser Begriffe und Worte nicht mehr verständlich sein. Langsam werden die alten Dome in Museen verwandelt und, wenn Religionsdiener noch über die Straßen gehen, wird die Jugend fragen, welchen Anteil sie am produktiven Leben des Volkes haben. Der Wunderglaube des Alten Testamentes wird in Sagen und Märchen noch weiterleben, und selbst die Großtaten Christi werden nur mehr Vergangenheit sein. Es ist zu lange her, daß diese Wunder in einem fernen Lande geschehen sind. Die Welt hat sich seitdem unerhörte Tiefenblicke in die Gesetze des Weltalls erobert. Sie ist stolz auf ihre Triumphe der Wissenschaft, auch wenn diese den meisten Menschen die Freiheit des Willens rauben. Was wird der arme Idealist aus Nazareth, der alle zu Brüdern machen wollte, den Menschen des neuen, ehernen Zeitalters, das jenseits von Gut und Böse steht, noch bieten können? Es müßte ein neues Wunder von ungeheuren Dimensionen geschehen, das gegenüber den entschleierten Geheimnissen kommender Naturkräfte in Technik und Strahlenforschung noch Eindruck macht. Es müßte alle Wissenschaft zuschanden machen, so daß alle Knie mit Gewalt sich vor seiner Größe beugen. Nur ein neues Pfingstwunder könnte die Herzen noch bezwingen. Im Zeitalter der Diktatoren der Technik wird manchen das Sterben der

Kirchen und Religionen noch immer zu langsam erfolgen, denn noch werden sich Menschen vor der Welt in das stille Dunkel der Kirchen flüchten, um Trost und Frieden in ihren seelischen Konflikten von höheren Mächten zu erflehen. Das bloße Dasein von Gottgläubigen wird aber wie ein Fremdkörper störend wirken in einer Welt, die nur aus Gegenwart besteht und alle Tore zum Jenseits fest verriegelt hat. Dann wird sich eine Armee von Antichristen aus allen Ländern in Rom versammeln, um auch das letzte Sinnbild einer vergangenen religiösen Epoche der abendländischen Menschheit, St. Peter, zu stürmen. Es soll das größte archäologische Museum und der Friedhof der christlichen Geschichte Europas werden. Eine allgemeine Flucht wird beim Herannahen dieses Unterganges im Vatikanstaat einsetzen. Prunkvolle amerikanische Wagen mit Koffern, Kardinälen und Prälaten, übervoll beladen, fahren im Blitztempo zum nächsten Flugplatz, nur eines im Auge: Fliehen um jeden Preis. Dann wird der Papst, umgeben von wenigen Getreuen, die noch zurückgeblieben sind, sich nach St. Peter hinabbegeben. Die alten Tore des Domes springen auf, und eine Armee von Bettlern, Krüppeln, Blinden, Lahmen und Bresthaften dringt in die erhabenen Kirchenräume, die früher eleganten Uniformen und irdische Pracht gesehen haben. Nur diese Armee soll in alle Teile Europas hinausgesandt werden, als Nuntien der Liebe Christi und der Frohbotschaft einer wahren Humanitas, als die Militia charitatis der Endzeit. Diese Armen an Körper und Geist hat sich der letzte Papst zu den Aposteln eines neuen Sozialchristentums erwählt. Wird es wenigstens ihnen gelingen, eine zu Eis erstarrte, durch die verblüffenden Erfolge der Technik entgeisterte Menschheit, die sich mit „panem et circenses[64])“ begnügt, nochmals für Christus und seine Kirche zu begeistern? Sinken den Legionen des Antichrists die Waffen aus den Händen? Wollen sie noch an das Evangelium von Nazareth und damit an die Ideale ihrer Kindheit glauben? In dankbarer Gesinnung die Sendung der von Christus gestifteten Kirche für die gesamte Menschheit anerkennen? Oder ist diese Erwartung nur die Phantasie religiöser Idealisten, weil sich in Kirche und geschichtlich gewordenem Christentum nichts mehr ändern kann, auch wenn der Untergang unmittelbar vor der Türe steht und die allgemeine Liquidation des Christen-

[64]) *„Brot und Zirkusspiele“*

tums beginnen würde? Doch nein, Papst und Kurie werden immer dasselbe bleiben, wie immer die Jahrhunderte sich ablösen! Auch der Hofstaat des Vatikans hat seine festen Formen gefunden und wird sich im wesentlichen nicht mehr ändern, aber einmal wird der Endkampf zweier Welten ausgetragen ..."

Während er immer leidenschaftlicher sich in diese von modernen französischen Schriftstellern herübergeholten Gedankengänge hineinsprach, die den Gegenstand eines Filmes „Il tramonto[65])", den er drehen wollte, bildeten, drängte sich ein besonders bedauernswerter Typ jener armen Brüder, die ich kennengelernt hatte, durch die Via della Conciliazione zum Petersplatz. Es war ein früherer Ordensgeistlicher, der wegen schwerer Vergehen ausgestoßen wurde, ohne aber wegen seiner Vergangenheit einen „Episcopus benevolus[65a])" im Sinne des Kirchenrechtes finden zu können. So lebte er von Almosen, die ihm gütige Menschen in Rom von Zeit zu Zeit schenkten. Ich selbst war einer seiner Wohltäter. Obwohl vom Messelesen kirchlich ausgeschlossen, ging er täglich von einer Kirche zur anderen, um mit Messen seinen bescheidenen Lebensunterhalt zu bestreiten und nicht auf der Straße ganz verhungern zu müssen. Er war wirklich ganz heruntergekommen in Kleidung, Gesichtsausdruck und seelischer Haltung. Wiederholt zelebrierte er auch im Petersdom, bis er eines Tages durch seelische und körperliche Erschöpfung an den Stufen gerade dieser Kirche zusammenbrach und in eine Klinik gebracht wurde, wo ich ihn und seine ganze traurige Geschichte kennenlernen konnte. Er war ein Sohn der Straße geworden im Talar, von allen gemieden, ein Strandgut. Ich konnte ihn nicht mehr retten. Es war zu spät. Verbitterung und Lebenshaß hatten seine Seele zu sehr vergiftet. Am Ostertag fand ich ihn wieder. „Fröhliche Ostern, Christus ist erstanden", so grüßte er uns. „Der kommt nicht mehr zurück, auch nicht für Sie", antwortete mein Begleiter. „Die erste Grabtafel hat er mit göttlicher Kraft durchbrochen, um in die Unsterblichkeit alles Großen emporzusteigen. Fanatische Rechtsverdreher, die göttliche und menschliche Satzungen verwechselten, politisierende Rabbiner und eine Camorra, die von beiden lebte und selbst wieder den Volkshaufen

[65]) *„der Untergang"*
[65a]) *einen „gütigen Bischof"*

betrog, hat ihn ans Kreuz geschlagen. Als er die Freiheit der Kinder Gottes von willkürlichen menschlichen Vorschriften predigte, die Freiheit der Wahrheit und des Gewissens, wurde er das Opfer der Straße, die im Dienste von Dunkelmännern arbeiten mußten. Die zweite Grabtafel wird er nicht mehr zerbrechen, denn Geschlechter und Jahrhunderte haben sie gemauert. Der kommt nicht wieder." Wie spitze Messer schlugen diese Worte in die lebensmüde, wunde Seele des armen Bruders. „Er kommt nicht wieder, auch nicht für mich." In diesem Augenblick fegte ein eisiger Schauer die letzten Lichter aus den Pechpfannen der Kuppel von Sankt Peter. Ein Stern nach dem anderen erlosch am Himmel. Dann fiel eine rabenschwarze tiefe Nacht über die Erde, um alle Leiden und Freuden der Menschen zu überdecken.

8. Rom im Zweiten Weltkrieg

Die deutsche Besetzung. Die österreichische Frage im Ausland. Ein Waffenstillstandsversuch Weihnachten 1943.

Der Faschismus, der aus einem Cocktail von Kleinbürgertum, Frontkämpfern, Intellektuellen, Kapitalisten und Arbeitern zunächst mit einem ganz revolutionären Programm*) (Abschaffung der Dynastie, Trennung von Kirche und Staat, radikale Umgestaltung der politischen und wirtschaftlichen Grundlage der Gesellschaft) bald starke Wandlungen in seinen ersten Forderungen erlebte, hat nie tiefe Wurzeln in der Seele des italienischen Volkes geschlagen. Zweifellos hat diese italienische Bewegung bis zum Lateranvertrag eine merkwürdige innere Entwicklung erlebt. Freimaurer, Futuristen, Syndikalisten, Monarchisten, einander widerstrebende Elemente von rechts nach links bildeten die erste Gruppe in Mailand (21. März 1919, Piazza San Sepolcro). Auch der später als demokratisches Opfer gefeierte Orchesterdirigent Arturo Toscanini konnte darin nicht fehlen. Beseitigung der Monarchie, Befreiung Italiens vom politischen Einfluß des Vatikans usw. waren die ersten Programmpunkte. Später wurde immer mehr Wasser hineingegossen — die Sturheit führender Kreise des NS hat eine ähnliche Entwicklung unmöglich gemacht. Niemand konnte eine Reihe großartiger Leistungen des Faschismus auf sozialem Gebiete leugnen, allein er ist trotz des „Ministeriums der Körperschaften" nie zu einer konsequent sozialistischen Linie mit der Vorherrschaft der Arbeiterwelt gekommen. Zu viele Nutznießer, Opportunisten aller Schattierungen, Kapitalisten alten und neuen Stiles und Adelige hatten sich in diese Bewegung hineingeschmuggelt, um sie für ihre selbstsüchtigen Ziele auszunützen. Es bedurfte nur größerer außenpolitischer, vor allem militärischer Mißerfolge, um den ganzen Parteiapparat trotz äußerer Massenkundgebungen und geharnischter Rede vom Balkon des Palazzo Venezia ins Wanken zu bringen. Der Deutsche ist länger bei der Stange geblieben, da er aus der preußischen Militärdisziplin

*) Vgl. David Wielkie. „Was ist Faschismus?", London 1930.

den Treuekomplex auch über die Weimarer Zeit hinübergerettet hat. Es gibt noch keine objektiv geschriebene Geschichtsdarstellung des Faschismus. Einzelne bereits veröffentlichte Tagebücher (Ciano) machen den Eindruck posthumer Rettung. Viele wichtige Urkunden sind längst verschwunden, vielleicht auch gestohlen oder als Kriegsbeute von alliierten Stellen weggeschleppt worden*). Aufstieg, Niedergang und Ende so mächtiger Bewegungen, wie sie an sich Faschismus und Nationalsozialismus waren, können nur — abgesehen von der Weltlage — aus der Psyche und Mentalität der betreffenden Völker ihre letzte Erklärung finden. Der Italiener ist in seiner religiösen Haltung stark Gefühlsmensch, durch Überlieferung und gesellschaftlichen Zwang gebunden, ohne das Bedürfnis zu empfinden, viel über die Problematik des religiös Weltanschaulichen tiefer nachzudenken. Nur selten findet man deshalb völlig religionslose Italiener, wohl solche, die antiklerikal sind, für „preti" und „frati[66])", besonders für den Vatikan, in dem sie ein politisches Machtgebilde sehen, das ihre Ruhe stört, kein liebes Wort finden. Allein auch wenn man Sozialisten, Kommunisten und Freimaurer Italiens nach ihrer Religion fragen würde, wäre die selbstverständliche Antwort in den meisten Fällen, selbst wenn sie jahrelang keine Sakramente mehr empfangen: „Io sono romano cattolico[67]) **)." Der Italiener ist aber auf politischem Gebiet ein nüchtern denkender Levantiner, der Clanmensch, wie alle Mittelmeervölker. Politische Bewegungen, Programme und Strömungen werden nicht nach ihren inneren Werten, sondern nach Erfolg und persönlichem Nutzen beurteilt. So lebt in nicht wenigen Italienern, wenn sie Politiker welcher Farbe immer werden, etwas vom Erbe Machiavellis weiter: Richtig und politisch erlaubt ist, was der Nation Vorteile bringt. Nur so kann man die widerspruchsvolle Haltung in der Triester Frage und gleichzeitig jene gegenüber Südtirol verstehen, also einem italienischen und einem rein deutschen Gebiet. Der Erfolg entscheidet

---

*) Dazu gehören die von Churchill an Mussolini geschriebenen Briefe, die ersterer aus dem Familienarchiv in Predappio nach einer geheimnisvollen Flugzeuglandung bald nach der Niederlage Italiens an sich brachte.

[66]) *Diese beiden Worte werden von antiklerikalen Italienern verächtlich gebraucht wie etwa unsere Wörter „die Pfarrer und die Klosterbrüder"*

[67]) *„Ich bin römisch-katholisch"*

**) Humorvoll hat diese schwachen Seiten Guarreschi in seinem Buch „Don Camillo e Peppone" geschildert.

 „Santa Maria dell' Anima" — Aquarell von Henrique de Arnoldi

Santa Maria dele' Anima

über Wert und Unwert. Zum ersten Mal erlebten wir es in Rom anläßlich des Feldzuges gegen Abessinien. Solange Tag für Tag Siegesmeldungen von Presse und Radio weitergegeben werden konnten, herrschte Begeisterung. Als der Feldzug über die ursprüngliche Berechnung hinaus sich in die Länge zog und größere Erfolge bis zum radikalen Angriff der Generäle Badoglio und besonders Grazianis ausblieben, merkte man deutlich, wie das ganze politische System des Faschismus ins Wanken geriet. In viel größerem Ausmaße wiederholte sich dies während des Zweiten Weltkrieges, in den Italien durch den Größenwahn des Duce, allen Warnungen des Vatikans und Spaniens zum Trotz und ungeachtet der Gegenvorstellungen Berlins, das keine Ausweitung des Konfliktes, vor allem keine neuen Fronten mehr wünschen konnte, hineingerissen worden ist*). Dazu kam, daß Italien weder militärisch noch propagandistisch vorbereitet war. Der ruhmvollen Tapferkeit besonders der aus Norditalien und Sardinien stammenden Truppen entsprach weder das Waffenmaterial noch die gesamte Ausrüstung, in der auch bald Sabotagehandlungen festgestellt wurden**). Überdies hetzten von den Radiostationen in Moskau, Paris und London aus emigrierte, vom Faschismus gestürzte italienische Politiker, die unter dem Beifall Nordamerikas mit den Schlagworten Demokratie, Freiheit und Persönlichkeit arbeiteten. Die Aufgaben waren auch unendlich groß und forderten heldenhafte Gesinnung. Für Opfer, wie sie das deutsche Volk nur aus Liebe zum Vaterland und weniger für den NS jahrelang bewundernswert getragen hatte, war Italien auch wirtschaftlich kaum in der Lage. Die Mißerfolge am Balkan, auf dem nur rasch herbeigeholte deutsche Truppen einen völligen Zusammenbruch verhinderten, die durch das Klima stark beeinträchtigte Teilnahme italienischer Divisionen an der russischen Front, wo tapfere Italiener mit unsäglichen Opfern trotzdem nicht geringe Zeit durchgehalten haben, das alles schuf langsam, aber immer fühlbarer eine Mißstimmung im Lande, aber noch mehr in Rom, wo sich bald der richtige

*) Vgl. darüber Cavagni.

**) Vgl. die Lieferung von Wasser statt Benzin (!) an die in Libyen kämpfenden Soldaten. Antonio Trizzino, Navi e poltrone (= Die Übergabe von Augusta und die Versenkung italienischer Schlachtschiffe), Verlag Longanesi, Mailand 1952. Der Verfasser, ein Marineoffizier, wurde in einem langen Prozeßverfahren wegen nicht genügenden Beweismaterials verurteilt, später aber mit vielen anderen amnestiert.

Slogan fand: „È una guerra non sentita[68])“, demgegenüber die wenigen in faschistischen Ausbildungskursen herangezogenen Studenten und Arditi innerlich nicht gewachsen waren. Der Einbruch Rosenbergscher Religionsfeindlichkeit über Farinacci in das katholische Italien, Judenhaß, Kirchenverfolgung im Reich und eine in verschiedenen Teilen Italiens vielleicht noch aus der österreichischen Besatzungszeit übernommene Deutschfeindlichkeit lieferten die Waffen, um das Volk in eine immer größere Distanz gegenüber dem Faschismus zu drängen. Niemand hat dieses klarer beurteilt als der deutsche Quirinalbotschafter von Hassell, der in einem Geheimbericht an Hitler die Unmöglichkeit einer Teilnahme Italiens am Krieg und auch die geringe Verankerung des faschistischen Staatsideals im italienischen Volk nachdrücklich betonte. Ein Angestellter der deutschen Botschaft hat ihm eine Abschrift aus dem Schreibtisch gestohlen und dem Duce übermittelt, worauf letzterer die Abberufung Hassells als „persona non grata[69])“ in Berlin forderte. Ich habe diesem weitblickenden Diplomaten, der nicht ein gewöhnlicher Briefträger der Partei, sondern Diener einer hohen Geisteskultur war und dank seiner gediegenen preußischen Vorbildung im Außenamt die gewöhnlichen vom Parteigremium zum Außendienst beorderten Kollegen weit übertraf, als erster und einziger in Rom ein Beileidschreiben geschickt mit dem aufrichtigen Wunsch seiner späteren Verwendung auf einem höheren verantwortungsvollen Posten. So kam er vor seiner Abreise von Rom zu mir, um Dank zu sagen und sein Herz auszuschütten. Er hatte ja, als ich ihm mein Buch „Die Grundlagen des NS“ überreichte, das prophetische Wort gesprochen: „Sie werden, wie heute die Lage ist, zwischen zwei Mühlsteinen, Partei und Vatikan, zerrieben werden.“ Er war ein wahrer Deutscher bester Prägung, dessen späteres Ende alle seine Romfreunde tief erschütterte, denn er verdiente es nicht. Er liebte Deutschland, aber nicht die Canaille, die sich neben hochanständigen Parteimitgliedern, auch SS-Persönlichkeiten, an die Spitze gedrängt hatte.

Anfang September 1939 suchte der Vatikan, als die Kriegsgefahr immer größer wurde, sich in die außenpolitische Auseinandersetzung

---

[68]) *Es ist ein Krieg, der (vom Volk) innerlich nicht bejaht wurde*
[69]) *eine unerwünschte — hier: in Ungnade gefallene — Persönlichkeit*

zwischen Deutschland und Polen mit einem vernünftigen Programm einzuschalten, das weder den Beifall der maßgebenden Stellen des NS, die „mit dem Erbfeind Deutschlands“ — wie später unter ähnlichen Vorwänden mit Frankreich — „abrechnen wollten“, fand noch jenen der späteren Alliierten und vor allem nicht der polnischen von England beeinflußten Regierung. Diese Friedensbotschaft wurde durch Kardinalstaatssekretär Maglione, der bereit war, für diese Aufgabe eigens nach Berlin und Warschau zu reisen, den Regierungen von Italien, Frankreich, Deutschland, Polen und Großbritannien auf dem Wege der betreffenden Vatikanvertretungen überreicht, denn bis zum letzten Augenblick hoffte Pius XII. auf eine friedliche Lösung — wieviel Unheil wäre der Welt erspart geblieben! Diese Botschaft lautete: „Der Heilige Vater kann die Hoffnung nicht aufgeben, daß die im Gange befindlichen Verhandlungen zu einer gerechten und friedlichen Lösung führen können, welche die ganze Welt unaufhörlich erfleht. Seine Heiligkeit bittet daher im Namen Gottes die Regierungen Deutschlands und Polens, alles zu tun, um jeden Zwischenfall zu vermeiden und sich jeder Maßnahme zu enthalten, die geeignet wäre, die gegenwärtige Spannung zu verschärfen. Er bittet die Regierungen von England, Frankreich und Italien, diese seine Bitte zu unterstützen.“ Die Vorschläge selbst waren („Times“, London, 1. September auf Grund zuverlässiger Nachrichten) folgende:

„1. Ein kurzfristiger Waffenstillstand von 10 bis 14 Tagen zwischen Deutschland und Polen.

2. Während dieser Zeit sollen sich die beiden Staaten verpflichten, keine militärischen Handlungen vorzunehmen und den Spannungszustand nicht weiter zu verschlimmern.

3. Während dieser Zeit würde eine allgemeine Konferenz einberufen, an der die wichtigsten interessierten Staaten, die Nachbarstaaten Polens und Deutschlands, sowie neutrale Länder (Belgien, Holland, Schweiz) vertreten wären.

4. Die Vereinigten Staaten und der Vatikan, die am Konflikt nicht direkt interessiert sind, würden ebenfalls vertreten sein.“

Unklar wird wohl für immer bleiben, welche Stellen am Scheitern dieser vornehmen Friedenssendung Pius XII. besonders beteiligt waren. Unklar wird auch für immer die Rolle Canaris bleiben, des Chefs des deutschen militärischen Abwehrdienstes, der in Rom über M.-Bayern das Bindeglied zum Vatikan und später zu alliierten diplomatischen Stellen fand. Nunmehr schaltete sich Nordamerika ein mit der Sendung eines Vatikanbotschafters in der Person Myron Taylors, dessen mysteriöse Tätigkeit eine entscheidende Wendung herbeiführen sollte. Der von ihm später mit Zustimmung des Weißen Hauses veröffentlichte Briefwechsel zwischen Pius XII. und Roosevelt*) zeigt, um welche schwierigen Fragen und Probleme (Rassen-, Kirchenverfolgung, Demokratie, Parteidiktatur) damals gerungen wurde und wie Pius XII. selbst bestrebt war, gegenüber nordamerikanischen Auffassungen über den Bolschewismus, als die „kleinere Gefahr", eine reservierte vorsichtige Haltung einzunehmen.

Brief Roosevelts, 3. September 1941:

„In den Vereinigten Staaten sind Anhänger vieler Kirchen, die meinen, daß in Rußland eine rein kommunistische Herrschaft bestehe. Nach meiner Überzeugung ist Rußland beherrscht von einer eisernen Diktatur, nicht mehr und nicht weniger als jene in Deutschland. Ich glaube aber, daß die russische weniger gefährlich ist für die Rettung der anderen Völker und daß auch der Bestand Rußlands weniger gefährlich ist als die deutsche Diktatur für die Kirchen und die menschliche Gesellschaft im allgemeinen."

Auf jeden Fall zeigte Pius XII. vor dem Fall Stalingrads viel Verständnis für den letzten Sinn des deutschen Kampfes gegen den Osten, während andere in Rom, getäuscht durch die Gedanken von Davies**) und ermuntert durch geschickt ausgelegte angebliche Voraussagen der Madonna von Fatima, von einem erfolgreich geführten Krieg an der Seite Rußlands, die Bekehrung, Missionierung(!) des russischen Volkes und in letzter Schau sogar die Union der dortigen orientalischen Kirchen erhofften! Mehrere geschickt verfaßte Abhandlungen des politisch immer wendigen „Osservatore Romano" halfen diesen Auffassungen nach, die sich bald als Utopie und Unkenntnis der russischen Seele erwiesen haben. Osten und Westen

*) Wartime Correspondence, New York 1947; Bendiscioli Mario, La politica della Santa Sede, Firenze (La nuova Italia) 1939.

**) Nordamerikanischer Botschafter in Moskau.

sind zwei in sich völlig verschiedene Welten, die sich in Jahrhunderten auseinandergelebt haben.

NS und Faschismus hatten aber selbst für Rom, d. h. für den Vatikan, zu viele Waffen und Angriffsmöglichkeiten geschmiedet, mit denen nunmehr gegen sie der geistige Kampf ausgetragen und eine neue Front errichtet werden mußte. In dieser Atmosphäre reiften die Dinge sozusagen schicksalhaft, denn das aus Nordamerika auf diplomatischen Wegen nach Rom gebrachte Geld ermöglichte eine großzügige Untergrundbewegung, um beide Systeme zu erschüttern und schließlich auf den Schlachtfeldern zu stürzen. Die Schlagworte „Demokratie, Gleichheit aller Menschen, Freiheit der Persönlichkeit", die teils aus dem Wörterbuch der Freimaurerei übernommen wurden, konnten unmöglich ihre Wirkung verfehlen, nachdem — töricht genug — der Faschismus auch in der Rassenfrage den NS zu kopieren begann, während in Italien niemand, am wenigsten die römische Kirche, ein Judenproblem kannte, denn längst sind die mittelalterlichen Judengesetze vergessen. Längst hat das kirchliche Rechtsbuch im Sinne der Französischen Revolution und des folgenden Liberalismus einen dicken Strich hinter die Vergangenheit gemacht aus der wohlverstandenen Begründung, daß in letzter Schau jeder Rassenhaß das Christentum selbst als „semitisches" Erzeugnis treffen müsse. Nur mehr im Ehehindernis der Kultverschiedenheit (can. 1070) lebt etwas von der Auffassung vergangener Jahrhunderte weiter, während tatsächlich davon immer ohne Schwierigkeiten dispensiert wird. Auch der Italiener liebt den Juden nicht, aber da mancher als halber Levantiner besonders im Süden etwas von dessen Wesen in sich fühlt, haßt und verfolgt er ihn nicht. Er betrachtet ihn vielmehr als ein Stück des eigenen Volkstums. So konnten die Juden Gabriele d'Annunzio (recte Rappaport) und Finzi einen wesentlichen Anteil an der Gründung des Faschismus haben. So konnte der Chef der italienischen Freimaurerloge an den Empfängen des Duce teilnehmen. So konnten Pitigrilli und Moravia (recte Pinkerle) durch ihre Schriften der italienischen Jugend die Ideale aus den Herzen reißen, ohne daß jemand daran besonderen Anstoß nahm. Erst der vom NS nach Italien importierte Haß gegen Juden, Freimaurer und katholische Kirche hat diese Einheitsfront geschaffen und von Rom aus die Welt aufhorchen lassen für die letzten Auseinandersetzungen, um die es dem NS ging. Kein Ort war so geeignet, um diesen Kampf zu führen, wie Rom. Als Taylor nach mehreren Jahren wieder abberufen wurde, wurde er in den 33. Grad der Freimaurer aufgenommen — wie eine spanische Zeitung bemerkte —, zum Dank für seine Verdienste. Mit der Ernennung Taylors als Sonderbotschafter Roosevelts (religiöse Kirchenfragen waren in Nordamerika nicht zu ordnen) begann die politische Tätigkeit der vom Faschismus ausgeschalteten italienischen Katholiken (Partei der Popolari) zunächst in den stillen Räumen kirchlicher Anstalten, Klöster und exterritorialer Besitzungen des Vatikans. Man kann deshalb der Kirche keinen Vorwurf machen, denn NS und Faschismus haben durch ihre törichte Religionspolitik den Kampf geradezu herausgefordert. Wie während des Ersten Weltkrieges mußten sich die Kirchenpolitiker des Vatikans die Frage stellen: Was hat derselbe von einem Siege dieses Deutschlands zu erwarten? So konnte die Sendung Taylors nach Rom nur eine politische sein: Italiens Streitkraft auszuschalten, diesen Staat zu neutralisieren, wenn er nicht — vom Freimaurer König Viktor Emanuel beeinflußt — offen auf die alliierte Seite treten wollte; und auch die Politik des Vatikans mit jener Nordamerikas zu koordinieren, so daß die starken religiösen Kräfte der Weltkirche als neue Front zu jenen der anderen Feinde des NS und Faschismus eingeschaltet werden konnten. Unermeßliche Vorteile ergaben sich zunächst daraus, nachdem durch den Lateranvertrag, den der Faschismus geschlossen hatte, zahlreiche Gebäude exterritorial, der Polizei nicht greifbar gemacht wurden und auch die Möglichkeit großer Finanzaktionen, der Gebrauch von Fernsendern und der modernen Mittel ermöglicht waren. Alles dieses konnte, geschickt ausgewertet, von entscheidendem Einfluß auf Kriegsführung und Massenbeeinflussung werden. Schließlich wurde auch der Bolschewismus in Rußland in der Presse Roms als eine rein soziale Bewegung umgedeutet. Maßgebend hat dazu beigetragen, das heutige Rußland als den kleineren Gegner im Vergleich zum NS Deutschlands hinzustellen, und das mit Dokumenten des Weißen Hauses zusammengestellte Buch des naiven nordamerikanischen Botschafters in Moskau, Davies*), in dem die orientalische Kirche durch ihre Rückständigkeit auf sozialem Gebiet

*) Verlag in deutscher Sprache, Verlag Steinberg, Zürich 1943.

und ihre Unterwürfigkeit gegenüber dem Zarismus ungeachtet der Forderungen der Arbeiterschaft als reaktionär und mitschuldig (!) an den späteren Zuständen hingestellt wurde. Deutlich zeigte sich diese Umstellung in den Abhandlungen des „Osservatore Romano"*), der auf einmal eine nach Hunderttausenden zählenden Auflage hatte! Seine moralisierenden, zwiespältigen Artikel, in denen nichts mehr von der Unterdrückung der Kirche in Rußland (!), sondern nur mehr ständig von jenen in Deutschland aufgelösten kirchlichen und halbkirchlichen Organisationen die Rede war, konnten die seelische Auswirkung nicht verfehlen. Ein merkwürdiges politisches Gebilde war auch der von Taylor finanzierte Film „Pastor Angelicus = Pius XII.", in dem alles Deutsche gestrichen war. Er löste, als ich zur Erstaufführung eingeladen wurde, in mir, aber auch in anderen Bedenken aus, die ich auch schriftlich der italienischen katholischen Stelle übermittelte. Zweifellos diente er nicht dazu, die militärische und geistige Widerstandskraft des an sich schon für Heroismus schwachen Römertums zu festigen. Bald schaltete sich die Weltorganisation des Jewish Joint ein, die mit gewaltigen Geldmitteln über Rom das aus Deutschland geflüchtete oder in Italien gefährdete Judentum nach Übersee schleuste oder gegen Bezahlung in Klöstern, kirchlichen Anstalten und exterritorialen Gebäuden versteckte. So wurde Rom ganz von selbst ein Mittelpunkt des Nachrichtendienstes und der Spionage, die Metropole des weltanschaulichen Widerstandes gegen die Irrtümer des NS und Faschismus. Es wiederholte sich aber in viel größeren Ausmaßen das betrübende Schauspiel aus der Zeit des Ersten Weltkrieges, in dem Rom nach außen die Überparteilichkeit und unbedingte Neutralität betonte, während tatsächlich die Kurie im Lager der Feinde der Mittelmächte stand, zu denen das damals noch als „katholisch" geltende Kaisertum Österreich gehörte. Viel ärger trat das wieder hervor — diesmal durch die kirchenfeindliche Politik des NS und der Farinacci-Richtung innerhalb des Faschismus wesentlich verursacht — nach 1939, sobald der persönliche Vertreter Roosevelts beim Vatikan, Mister Taylor, seine Tätigkeit aufnehmen konnte. Während deutsche und italienische Soldaten in schwersten Abwehrkämpfen gegen die bolschewistische Übermacht an der Ostfront verbluteten, um Europa vor einem

*) Aufschlußreich waren die Bemerkungen im „Il Regime Fascista", 24. März 1941.

Vordringen des Kommunismus zu bewahren, reichten sich in Rom Katholiken und Kommunisten die Hände, um ihre eigenen Brüder und noch mehr preiszugeben. „Hanno 4 faccie, come le stagioni dell'anno[69a])", sagte mir damals auf meine Einwände ein genauer Kenner dieser merkwürdigen, aus Widersprüchen zusammengestellten Welt. Wie heldenhaft steht aber diesen Kulissenschiebern die Persönlichkeit des jungen Franziskaners gegenüber, der nach 1945 von der Ostfront zurückgekehrt, mit seinen Kameraden, die nunmehr in der Reihe der „Kriegsverbrecher" von kommunistischen und christlichen Demokraten eingereiht, als freiwilliger Gefangener das Schicksal derselben auf der Insel Procida teilte. Die Hoffnung, während des Zweiten Weltkrieges, ähnlich wie in der Zeit des Risorgimento, den kirchenfeindlichen, national denkenden Italienern durch eine Zusammenarbeit im Widerstand die antiklerikalen Waffen aus den Händen zu schlagen, erfüllte sich nicht, man vergaß aber, daß gegenüber dem modernen Kommunismus die Garibaldianergarde weltanschaulich eine spießbürgerliche Sache geworden war. Zu Tausenden wurden in Rom Identitätsausweise mit falschen Namen verteilt, von denen ich selbst nicht wenige in Händen hatte, um sie an religiös oder rassisch, aber nicht politisch Verfolgte weiterzugeben. Man kann, wie bereits gesagt, dem Vatikan nicht große Vorwürfe machen. Er befand sich mit seiner Politik in einem Dilemma. Da eine übernationale Weltkirche religiös kompromißlos, politisch aber gegenüber allen Parteien nur opportunistisch regiert werden kann, war nach dem Urteil der Moraltheologen die Frage des „minus malum[70])" entscheidend. Parteien, Herrscher und Führer kommen und verschwinden. Die Weltkirche hat eine Dauersendung und kann sich an Staatsformen und politische Gebilde, wie einer der klügsten Päpste, Leo XIII., als Richtlinie späteren Jahrhunderten hinterlassen hat, nur so lange binden, als diese die religiöse Sendung der Kirche nicht hemmen. Es kann für eine Weltkirche keine andere Politik geben, da sie als „vollkommene Gesellschaft" selbst eine totalitäre Macht darstellt, die seit der Mitte des 19. Jahrhunderts alles, auch soziale Fragen, in ihr Gebiet einbezieht und deshalb ein Staat im Staate ist. Als der Substitut des Päpstlichen Staatssekre-

---

[69a]) *„Sie haben 4 Gesichter wie die Jahreszeiten"*

[70]) *„das kleinere Übel" (richtig wäre die Wortfolge „malum minus" und nicht „minus malum")*

tariats Monsignore Montini mich persönlich in der Anima aufsuchte und mir das Angebot machte, die humanitäre Betreuung der Juden in Rom und Umgebung zu übernehmen, also in der Anima eine Art Filiale des Jewish Joint zu errichten, mußte ich ihm leider eine ablehnende Antwort geben, nachdem zu oft in unserem Kolleg deutsche Persönlichkeiten aller Richtungen verkehrten und so eine Gefahr für diese und das ganze an sich bedeutende Werk der Rettung der Verfolgten darstellen konnte. So übernahm diese Sache über meinen Vorschlag das Generalat der P., das später vom Joint für alle geleisteten Hilfsdienste eine große Entschädigung erhielt. Vielleicht hatte ich einen Fehler gemacht, dieses jüdische Flüchtlingswerk nicht in der Anima zu zentralisieren, denn bald zogen sich viele Kreise von der Anima zurück. Während früher Kardinal Canali, für den ich oft dringende Arbeiten rasch erledigte, wiederholt zu mir auf Besuch kam — eine alte Freundschaft mit seinem verstorbenen Gönner Kardinalstaatssekretär Merry del Val verband uns —, hörte das alles auf einmal auf, und die erste indirekte Warnung war das Antworttelegramm des Staatssekretariats auf meinen Glückwunsch an den Papst zum Weihnachtsfest 1939. Es hatte außen die Adresse: Al Collegio ariano (!) dell'Anima.[71]) Damit war die Klarheit von selbst gegeben. Mittelpunkt des Widerstandes gegen Faschismus und NS wurden der päpstliche Lateranpalast, in dem einst Mussolini mit Kardinal Gasparri den bekannten Vertrag unterzeichnet hatte, und in der Via Po die fürstliche Villa des reichen Turiner Industriellen und früheren Senators Isaias Levi, in der ein vatikanisches Hilfskomitee für rassisch und politisch Verfolgte unter dem Vorsitz des Erzbischofs Riberi (er stammte aus dem Fürstentum Monaco) als Hilfssektion der Apostolischen Nuntiatur Italiens gegründet wurde. Österreichischerseits arbeiteten darin eine Ordensschwester vom heiligen Vinzenz von Paul und ein Wiener-rumänischer Jude Schm., dessen Schwester mit einem SS-Angehörigen in Mailand verheiratet, auf meine Verwendung, ohne belästigt zu werden, nach 1945 in die Heimat als Widerständlerin zurückkehren konnte. Im ersteren, der mit einem Geheimsender ausgestattet war, trafen sich die Männer von morgen, von blut-rot, rosa und schwarz in allen Farben politischer Orientierung, im letzteren war besonders

[71]) *„An das arische (!) Kolleg der Anima"*

ein belgischer Kapuziner Benoit tätig, der später den Ehrentitel „Pater Hebraeorum[72])" erhielt. Im Generalat der Kapuziner, Via Sicilia, hatte das geheime jüdische Hilfskomitee „Delasem" seinen Sitz, das unter dem Vorsitz des genannten Benoit (früher französischer Militärgeistlicher bis zur Niederlage seines Vaterlandes, dann nach Marseille und Rom geflüchtet) eine weitausgreifende Tätigkeit entfaltete. Eine unternehmungslustige, tapfere Persönlichkeit, die Tausende von Juden gerettet hat, wie zahlreiche später erschienene Abhandlungen und besonders der ihm verliehene Ehrentitel „Pater Hebraeorum" beweisen („Israel"; „Le Monde juif"; „Anthologie juive"). Sein Werk war auch der Übertritt des Rabbiners Zolli in Rom zur katholischen Kirche.

Die Geschichte des Risorgimento wiederholte sich in eigenartigen Neubildungen. Während im öffentlichen Leben die Begriffe Loyalität, Treue und Wahrhaftigkeit immer mehr ins Schattenhafte versanken, waren die zahlreichen Ansprachen Pius' XII. in den Jahren 1939—43 ein diplomatischer Lichtschimmer über einem Meer des Grauens auf den Schlachtfeldern und im Hinterland, da in letzter Hinsicht hauptsächlich durch die Schuld der Religionsfeindlichkeit innerhalb des NS und Faschismus die moralischen Grundlagen ins Wanken geraten waren. Nun hatte der NS nicht bloß einen militärischen Zweifrontenkrieg zu führen, sondern eine dritte, viel gefährlichere Front von geistigem und wirtschaftlichem Format, denn Judentum, Freimaurerei und Weltkirche waren bedroht.

Die Geschichte Roms während der deutschen Besatzungszeit und überhaupt nach dem Kriegseintritt Italiens ist wissenschaftlich noch nicht geschrieben. Sie wird düstere Seiten, aber nicht minder solche vornehmster vaterländischer Gesinnung von Italienern enthalten. Vieles, was nach 1945 besonders in Rom darüber geschrieben worden ist, macht den Eindruck legendärer, opportunistischer Geschichtsdarstellung, so die übertrieben wiedergegebenen Nachrichten über Judenabschleppungen (1007 von 13.000 = 7 Prozent), über angebliche feste Pläne, den Papst mit seinem Hofstaat in Deutschland zu internieren mit all den filmartigen rührseligen Szenen, die zuletzt noch die römische Wochenschrift „L'Europeo", 1953, Nr. 47, aufwärmte. Richtig ist nur, daß eine Evakuierung der männlichen

---

[72]) *„Vater der Juden"*

Bevölkerung Roms (vom 25. bis zum 60. Lebensjahr) als Vergeltung für das Attentat in der Via Rasella geplant, aber auf Drängen des Chefs des deutschen Sicherheitsdienstes in Rom, Obersturmbannführers Herbert Kappler, und des Feldmarschalls Kesselring, die beide später von den Alliierten schwer verfolgt wurden, unterblieb. Ein klares Bild über diese Monate erhält man aus den eidesstattlichen Erklärungen des deutschen Generalkonsuls Möllhausen (15. Mai 1953), des deutschen Polizeibeamten Domizlaff (23. Juni 1953), des italienischen Generalmajors Presti, früherer Befehlshaber der „offenen Stadt Rom" (27. Juni 1953), und des Feldmarschalls Kesselring (10. April 1953). Besonders die Judenaktion hatte mit den in Rom stationierten Militär- und Polizeistellen nicht das geringste zu tun. Sie ging vielmehr auf das „Kommando" Dannecker (Berlin), beziehungsweise den General der Waffen-SS, Karl Wolff, zurück, der später ein Alibi suchte. Wertvolle Aufschlüsse gibt darüber das Buch des obengenannten deutschen Generalkonsuls „La carta perdente[73])".

Um nur einiges herauszunehmen: In unmittelbarer Nähe der Anima, auf dem Glockenturm der Kirche Sant'Agnese am Navonaplatz, war mit Zustimmung des Fürsten Doria Panfili (Frau Engländerin) eine geheime Sendestation untergebracht, die von Italienern der deutschen Geheimpolizei angezeigt wurde. Heute erinnert eine Gedenktafel in dieser Kirche an den italienischen Leutnant Maurizio Giglio, der von diesem Kirchturm aus die Spionage mit den Alliierten besorgte. Dieser war an sich vielleicht ein ehrenwerter Idealist, wie es an solchen in der italienischen Widerstandsbewegung nicht fehlte, die meinten, mit der Vertreibung der Deutschen und der Vernichtung der Achse Berlin-Rom die Freiheit ihres Vaterlandes zu erreichen, was die späteren Erfahrungen mit den Alliierten als Selbsttäuschung bewiesen haben; die Zusammenarbeit von christlichen Demokraten mit Kommunisten entsprach nicht der Weisung Pius' XI. in seinem Weltrundschreiben „Der Kommunismus ist innerlich pervers, und man kann auf keinem (!) Gebiet mit ihm eine Zusammenarbeit zulassen, wenn man die christliche Gesellschaftsordnung retten will."

Entgegen den ausdrücklichen Bestimmungen des Vicegerente[73a]) Erzbischof Traglia anläßlich einer Versammlung der römischen Pfar-

---

[73]) *„Die verlierende Karte"*

[73a]) *So heißt der Generalvikar, dem die Seelsorge von Rom unterstellt ist.*

rer, nichts zu tun oder zu erlauben, was der Erklärung Roms zur offenen Stadt widerspricht, haben nicht wenige Welt- und Ordensgeistliche hinter den Kulissen und teils ganz offen eifrig in der Widerstandsbewegung mitgetan, mit frommen Worten und mit Waffenlieferungen, so daß die Beziehungen zwischen deutscher Besatzung und dem einfachen römischen Volk sich immer mehr verschärfen mußten. Ein typischer Fall war jener des Klosterbruders Morosini, der nach 1945 zum Märtyrer der nationalen Erhebung erhoben wurde, weil er in seiner Klosterzelle Waffen und Munition für die Partisanen versteckt hatte. Ein deutsches Feldgericht verurteilte ihn in der Festung Boccea als Saboteur zum Tode — Russen und die Humanitätsprediger Nordamerikas (vgl. Korea) hätten nicht anders gehandelt; so wiederholten sich die Vorgänge des Risorgimento, als sich einander völlig entgegengesetzte Richtungen mit kirchlichen Elementen Italiens verbanden, letztere weniger aus ehrlichem nationalem Empfinden, sondern, um bei der Verteilung der Beute im politischen Leben nicht zu kurz zu kommen.

Das Attentat der beiden Studenten Calamandrei und Bentivegna am Nachmittag des 23. März 1944, dem 33 Südtiroler aus dem Polizeibataillon „Bolzano" zum Opfer fielen, war ein Beispiel*).

Ein Blick in die Akten des Ersten Weltkrieges zeigt mit einer zu großen Klarheit, daß Rom auch damals nicht im Lager der Mittelmächte, sondern ihrer Gegner stand, und daß die nach außen immer wieder betonte neutrale Linie der Wahrheit nicht entsprach. Es genügt, die Abhandlungen des „Osservatore Romano" der Jahre 1914—18 zu lesen. Dasselbe wiederholte sich im Zweiten Weltkrieg, in dem, durch die törichte Kulturpolitik des NS beeinflußt, die Haltung des Vatikans eindeutig gegen das Dritte Reich Stellung bezogen hatte, obwohl diesmal das kommunistische Rußland sich unter den verbündeten Mächten befand und die römische Kirche von diesem nicht das geringste zu erhoffen hatte. So entstand die Einheitsbarriere im Ausland und bald auch im Inland, nachdem Deutschland und das faschistische Italien durch eine verfehlte Rassen- und Religionspolitik den Kredit eingebüßt hatten. Wie tief bedauerlich war das alles in der Rückschau! Wie viele Gewissenskonflikte entstanden notwendigerweise in den Herzen jener, die Nation und Vaterland

*) Moellhausen, „La carta perdente", Roma, 1948, Edizione Sestante, Paolo Monelli, Roma 1943.

die Treue zu halten sich — trotz aller Enttäuschungen — für verpflichtet hielten. Am 24. Juli 1942 hatte ich noch folgende Eingabe an Papst Pius XII. im Interesse einer kirchenpolitischen Befriedung gerichtet:

„Mein Gewissen drängt mich, die folgende Angelegenheit in aller Ehrfurcht, aber mit jener Offenheit, die Sie gewiß von Bischöfen verlangen, zu unterbreiten. Die kirchlichen Verhältnisse im ehemaligen Österreich werden immer gefahrdrohender, da die Jugend dem Einfluß gewissenloser Lehrer ausgeliefert ist, die in den Volksschulen sogenannten Religionsunterricht erteilen, tatsächlich aber diese Stunden benützen, um das ganze Wirrwarr des NS — besonders der rassischen Weltanschauung — in die Herzen der unschuldigen Kinder hineinzutragen. Die Folgen sind unabsehbar. Brave, noch katholische Lehrerinnen leiden unsagbar unter diesem Seelenkonflikt, da sie einerseits Religionsunterricht vom Staate aus erteilen müssen, der mit dieser Heuchelei nach außen eine gute Figur machen will, andererseits verdammt wird, diesen Unterricht in einem, alle christliche Religion völlig zerstörenden Sinn auszuwerten. Im Altreich sind die Verhältnisse noch etwas besser, während Österreich der Tummelplatz aller christentumsfeindlichen Elemente geworden ist, besonders seitdem Baldur von Schirach, selbst ein sogenannter ‚Deutschgläubiger', erbarmungslos die Herzen der Jugend der Kirche entfremdet. Dieser innere Kampf wird aber noch gefördert durch das fast völlige Fehlen führender Kämpfergestalten im höheren österreichischen Klerus. Die NS-Partei hat die Taktik, die Besetzung der vakanten Bistümer in jeder Weise in Berlin nach dem bewährten Grundsatz zu hintertreiben, daß die Herde um so leichter zu zerstreuen ist, wenn eine starke Führung fehlt. Katholiken, die mich in den letzten Wochen aus Österreich besucht haben, haben ihr Herz ausgeschüttet und mir ihre Gewissensnot geklagt und gesagt, die guten Katholiken dortselbst glauben, daß ‚der Heilige Stuhl sich nicht mehr um sie kümmere, sondern aus einer gewissen Animosität wegen des seinerzeitigen Abstimmungsergebnisses im Jahre 1938 die Bevölkerung einfach ihrem Schicksal überlasse' — ein hartes Wort, das mich zutiefst getroffen hat. Ich bin überzeugt, daß es unbegründet ist, ich würde aber meine Pflicht als Katholik, Österreicher und Bischof nicht erfüllen, wenn ich diesen Schmerzensschrei nicht weitergeben

würde. Es geht ums Ganze, und deshalb müßte eine starke Hand die noch treugebliebenen Elemente sammeln und führen. In allen Diözesen Österreichs sind mit Ausnahme von Innsbruck, Klagenfurt und Linz nur alte Menschen in der Verwaltung, die auch bei bestem Willen dem Rhythmus der Zeit unmöglich gewachsen sein können. So ist die arme verlassene katholische Jugend ganz ohne inneren Halt. Sie sieht keinen Kampf und muß den Eindruck haben, daß die katholische Kirche in Österreich zu den abtretenden Kräften der Geschichte gehört.

Ich bitte deshalb dringendst, E. H. mögen so bald als nur irgendwie möglich — wenn Berlin nicht will, auch ohne Berlin —, und zwar gleichzeitig die Bischöfe für Klagenfurt, Linz und Salzburg ernennen, um den Katholiken in Österreich öffentlich zu zeigen, daß Rom sich interessiert und die Kirche dortselbst nicht der Willkür des NS überläßt. Da die Gültigkeit des österreichischen Konkordats — wenigstens in der Auffassung des Rechtsbuches von Alfredo Ottaviani, Assessor des Heiligen Offiziums — ‚Compendium iuris publici ecclesiastici'[74] kaum zu halten ist, tritt hier einfach, weil zwischen Staat und Kirche ein Rechtsvakuum besteht, das ius divinum des Obersten Hirten der Kirche ein, selbständig, auch ohne frühere Fühlungnahme mit staatlichen Machthabern, aus den Lebensinteressen des Katholizismus heraus, Bischöfe zu ernennen.

Verzeihen Sie mir die offene Sprache, aber mir blutet das Herz, wenn ich die Berichte ausgezeichneter österreichischer Katholiken vernehme, die aus Kummer und Seelennot Licht und Führung in diesem tiefen Dunkel suchen, das über Österreich gekommen ist."

Wie im Risorgimento entstand die Partisanenbewegung Italiens, deren wirkliche Geschichte wohl kaum je geschrieben werden kann, da die Belege für ihre Finanzierung verschwunden sind. Man kann sie aber nicht vergleichen mit dem Risorgimento, das ein nationales Ideal hatte: den staatlichen Zusammenschluß aller Italiener und die Vertreibung der fremden Besatzungsmacht Österreichs. Letztere wollte einen Dauerzustand schaffen (ein zerspaltenes Italien), während die deutsche Armee in Italien 1942 nur ein Provisorium darstellte, das — wie immer der Krieg ausging — von selbst aufhören

[74]) *„Lehrbuch des öffentlichen Kirchenrechtes"*

mußte. So ist auch die moralische Beurteilung dieser beiden Bewegungen verschieden. Die erstere strebte die unbedingte Freiheit von jeder Fremdherrschaft an, die letztere wechselte nur dieselbe. Das erste war sittlich erlaubt, das letzte umstritten. Die Weltkirche stand in diesen entscheidenden Jahren bis zum Juli 1943, als Mussolini in der Villa Savoia verhaftet wurde, zwischen Scylla und Karybdis. Auf der einen Seite die Diktatur Deutschlands und Italiens, auf der anderen die Demokratie Nordamerikas mit allen erdenkbaren Freiheiten für Gute und Böse. Nachdem Berlin in unbegreiflicher Torheit jede Verständigung abgelehnt hatte oder auf die Zeit nach dem Kriegsende hinausschieben wollte, mußte der Vatikan in jenes Lager schwenken, das ihm mehr für die Zukunft versprach, und das konnte nur Nordamerika sein. Die römische Weltkirche wählte, gezwungen durch die Verhältnisse das „minus malum", die Zusammenarbeit mit den Alliierten, hinter denen als düsterer Schatten, aber als augenblicklicher Verbündeter der russische Bolschewismus stand, hoffend, diesen „Dämon" später weltanschaulich wenigstens neutralisieren zu können, obwohl Geschichte und Wesenheit des Ostens eine nur zu deutliche gegenteilige Antwort und Mahnung gaben*) und überdies das päpstliche Weltrundschreiben vom Jahre 1937 gegen den Kommunismus vor dieser merkwürdigen Allianz abraten mußte. Allein strategische Erwägungen zwangen damals die Alliierten und den Vatikan zu dieser Politik, die sich später als verfehlt erweisen sollte. Der Zusammenhang von Kommunisten und „christlichen" Demokraten in der Widerstandsbewegung rächte sich bald. Es war eine Selbsttäuschung. Eine augenblickliche Taktik des Opportunismus, die den klassischen Worten Pius' XI. vom 19. März 1937 (Enzyklika „Divini Redemptoris") in jeder Weise widersprach: „Die Kommunisten suchen sogar durch Trug und List in katholische und andere religiöse Vereinigungen einzudringen. So laden sie, ohne auch nur irgendwie von ihren ruchlosen Grundsätzen abzugehen, die Katholiken ein, mit ihnen auf dem sogenannten humanitären und karitativen Gebiet zusammenzuarbeiten, und machen gelegentlich Vorschläge, die in allem dem christlichen Geist und der Lehre der Kirche entsprechen. Anderswo verbreiten sie mit heuchlerischer Miene die Meinung, daß der Kommunismus in Ländern

*) Gary MacEoin, „Der Kampf des Kommunismus gegen die Religion", deutsche Ausgabe Verlag Paul Pattloch, Aschaffenburg.

mit tieferem Glauben und höherer Kultur eine andere, mildere Form annehmen werde; daß er den religiösen Kult nicht behindern und daß er die Gewissensfreiheit achten werde. Es gibt sogar solche, die sich auf gewisse, jüngst in der Sowjetunion eingeführte Änderungen berufen, um daraus den Schluß zu ziehen, der Kommunismus sei daran, seinen grundsätzlichen Kampf gegen Gott aufzugeben.

Sorget dafür, daß sich die Gläubigen nicht täuschen lassen. Der Kommunismus ist in seinem innersten Kern schlecht, und man darf sich auf keinem Gebiet mit ihm auf Zusammenarbeit einlassen, wer immer die christliche Kultur retten will. Und wenn manche Getäuschte zum Siege des Kommunismus in ihrem Lande beitragen würden, gerade sie werden als erste Opfer ihres Irrtums fallen!"

Das stärkste Hetzorgan war in diesen sorgenvollen Monaten für jeden in Rom lebenden Deutschen oder Haltung bewahrenden Italiener die Zeitung der kommunistischen Partei „L'Unità", die seit der Nummer 16 (19. September 1943) immer stärker die Jugend zu Gewaltakten gegen deutsches Militär aufreizte, nachdem Marschall Badoglio den Befehl erteilt hatte: „Tötet die Deutschen!" Überall tauchten nunmehr in Italien die ehemaligen Spanienkämpfer der roten internationalen Brigade auf, um dem neuen politischen Leben Italiens die „demokratische" Linie zu geben*). Die Atmosphäre Roms wurde täglich vergifteter durch Pressemeldungen über Verhaftungen von Geistlichen, Schließung von Schulen und Klöstern in Deutschland und den besetzten Gebieten, während die früheren heftigen Angriffe russischer und englischer Stellen (ganz übel war das Buch des Verfassers Wells, „Crux Ansata", 1942, mit einer unglaublichen Hetze gegen die römische Kirche) ganz aufhörten. Nur das NS-Deutschland und dieses allein erschien als der Hauptfeind von Christentum und Kirche.

Während sich Klöster und kirchliche Anstalten mit den Elementen von morgen bevölkerten und sich überall die „pressopochisti[75])" bemerkbar machten, wie einmal Mussolini die opportunistischen Nutznießer der Partei geistvoll genannt hatte, befanden sich ungezählte Katholiken Italiens und Deutschlands, die ihr Vaterland liebten

---

*) Der eigentliche Inspirator und spätere Abgeordnete Togliatti befand sich wohlgeborgen in Moskau.

[75]) *„Leute, die nur beiläufig (‚Press-a-poco') mitmachen"*

und dessen Sorgen trotz aller Fehler des NS und Faschismus, die auch später hätten verbessert werden können, in einem schweren Gewissenskonflikt. Hier wollte, besonders im September 1943, kein Moraltheologe eine Antwort geben*). Äußerungen, wie jene eines hohen kirchlichen Würdenträgers, dessen Kathedrale später von einem Luftangriff der Alliierten fast ganz zerstört wurde, „Wir müssen den Krieg verlieren, sonst werden wir diese Kanaille nicht los**), waren ein Stich ins Herz aller wahrhaft nationalen und vaterländischen Katholiken. Ich persönlich habe immer für den Sieg Deutschlands und Italiens gebetet, unbekümmert um manche höchst betrübenswerte und schärfstens zu verurteilende Begleiterscheinungen der beiden großen politischen Bewegungen, denn Kampf und Sieg betrafen nicht Hitler oder NS, sondern Deutschland, Italien und die Zukunft von ganz Europa.

Ich habe immer für den Sieg Deutschlands gebetet und auch in diesem Sinne gepredigt***) und geschrieben, dessen schäme ich mich nicht, auch nicht nach der Niederlage Deutschlands, die das Werk der Übermacht war, denn der Zweite Weltkrieg hatte mit der Person Hitlers, auch wenn er Polen angriff und damit die schon längst seit 1918 in Europa vorhandene politische Krise auslöste, wenig zu tun. Dieser wäre auch ohne ihn gekommen, um die überall vorstoßende Macht des Kommunismus aller Farben und Schattierungen zu brechen und um Europa nach dem naturrechtlichen Grundsatz national einheitlicher Staaten neu zu ordnen, nachdem längst Frankreich und Italien darin vorangegangen waren. Hitler wäre ebenso wie Mussolini nach einem Siege mit der Partei durch eine Militärdiktatur leicht

---

*) Eine Ausnahme machte unter den Kirchenfürsten Italiens der Mailänder Kardinal Schuster, der 1944 die Alliierten vor den Folgen einer Preisgabe Deutschlands an die Sowjetunion öffentlich warnte.

**) Ganz ähnlich sprach der Basler protestantische Theologieprofessor Barth.

***) Aus der Predigt beim Militärgottesdienst in Spezia am 8. Februar 1942: „Nehmen wir den Fall an, daß Rußland die Grenzen Deutschlands überschreiten könnte; die Folgen sind nicht abzusehen, das Reich wäre das erste Opfer; dann würde mit Hilfe des Kommunismus ein Land nach dem anderen vergiftet werden, um das Erbe vergangener Jahrhunderte zu zerstören. Mit tiefer Ergriffenheit lesen wir die Tagesmeldungen über den heldenhaften Kampf der deutschen und italienischen Truppen an der Ostfront. Es ist ein Epos, geschrieben mit dem Blute der Besten dieser Völker auf den unsterblichen Blättern großer Geschichte. Wie viele Opfer unbekannter Soldaten sind allein in der Kälte des russischen Winters geblieben. Gigantisch ist die Aufgabe, die von der Vorsehung beiden Völkern übergeben worden ist. Möge stets der Gedanke an solche Opfer uns festigen im Gebet für Vaterland und Reich, für die Einheit des deutschen Volkes, damit uns jenes erspart bleibe, was Spanien in den Tagen der bolschewistischen Gewaltherrschaft erleben mußte ...“.

zu entfernen gewesen, wenn die Alliierten rechtzeitig den tieferen Sinn des Zweiten Weltkrieges erfaßt hätten.

Mir war der Sieg Deutschlands trotz der religiösen Kämpfe, die schließlich nach Kriegsende schon durch die wirklichen Frontkämpfer irgendwelche Kompromißlösungen gefunden hätten, erwünschter als jenes, was im Falle einer Niederlage die gesamte deutsche und italienische Nation bedrohte. Was würde allein der Sieg über den russischen Bolschewismus für die Kultur von ganz Europa und darüber hinaus bedeutet haben! Ein Erfolg dieser merkwürdigen Mischung von Gegnern konnte nur ein Pyrrhussieg werden, der keine Frage lösen und niemandem für die Dauer wirklich nützen konnte; es war vielmehr der Emporstieg Sowjetrußlands zur beherrschenden Weltmacht.

In dieser zweifelhaften moralischen Atmosphäre Roms kamen der Juli und September 1943, die entscheidenden Monate, die Italien in zwei Lager spalten sollten, um die militärische und politische Widerstandskraft zu schwächen. Nachdem überall die Partisanenbewegung, teilweise von Geistlichen begleitet, ihre auflösende Tätigkeit begonnen hatte, war die vollständige militärische und polizeiliche Besetzung Roms durch deutsche Kräfte eine unvermeidliche Folge, nachdem Kommunisten und politische Unterwelt durch die Wühlarbeit der vorausgehenden Jahre seit 1939 in den Sattel gehoben waren. Nun ging das prophetische Wort in Erfüllung, das Pius XI. schon am 6. Oktober 1933 in der Privataudienz dem damaligen Apostolischen Administrator von Schneidemühl, Prälat Hartz, gesagt hatte:*) „Das deutsche Volk ist ein tüchtiges, ernstes und arbeitsames Volk; aber das, was jetzt mit der Rassentheorie geschieht, ist eine Sünde. Sagen Sie das dem Papen. Ist denn nicht Christus ein Jude gewesen und Maria? Waren es nicht die Apostel? Diese Rassengesetze richten sich unmittelbar gegen das Christentum! ... Wie lächerlich macht sich Deutschland vor der ganzen Welt! ... Das Volk ist gut, aber seine Führer sind schlecht ... Das Reich befindet sich in einem Zustande des Rausches. Hoffen wir, daß die Ernüchterung bald komme. Man kann sein Prestige unter den Nationen bald verlieren, und Deutschland ist auf dem Wege dazu; aber es wird sehr schwer sein, dasselbe wieder zurückzugewinnen."

*) Aufzeichnungen meiner persönlichen Tagebücher.

So richtig diese Worte waren, konnte leider die andere Tatsache nicht abgeleugnet werden, daß trotz der späteren Verurteilung (1937) des Kommunismus ausgerechnet in diesem katholischen Lande in der Partisanenbewegung gerade diese Richtung mit sicher 60 Prozent die stärkste von ganz Westeuropa geworden ist. So hatte die deutsche Besatzungsbehörde einen überaus schwierigen Stand, denn überall, wo sie gegen kommunistische Sabotage kämpfen mußte, traf sie auf ein Trio, nämlich Demokraten christlicher und freimaurerischer Farbe, die mit Kommunisten zusammenarbeiteten. So wird die Frage der wirklichen Neutralität des Vatikans geschichtlich nie einwandfrei beantwortet werden können, da auch die betreffenden Geheimdokumente nie in ihrem Gesamtinhalt ohne Kürzungen und Auslassungen der Wissenschaft zugänglich gemacht werden. Jeder in diesen traurigen Jahren in Rom Lebende fühlte es aber, daß etwas nicht in Ordnung sein konnte schon wegen der vielen in vatikanische Paläste geflohenen Personen, die unbeschwert und kontrollos Dienste für andere übernahmen. Die äußere Entschuldigung (abgesehen von den Fehlern des NS und Faschismus) waren die Worte: „La guerra non fu sentita — la guerra per noi non esiste[76])“; besser hat aber bereits Talleyrand die treffenden Worte gefunden: „Ich habe nie ein Regime verraten, sondern nur die Machthaber, die sich selbst verrieten, rechtzeitig verlassen.“ Als ich am Abend des denkwürdigen Julitages 1943 von einer Bischofsweihe in Magliano (Sabina) zurückkehrte, mußte ich am Corso Umberto schon nach wenigen Metern von der Straße abbiegen. Es war unmöglich weiterzufahren, denn das ganze Pflaster war mit Abzeichen der faschistischen Partei bedeckt. Hunderte müssen sich (meistens Intellektuelle und Kleinbürgertum) die Abzeichen von ihrem Rock, die sie früher noch mit Stolz getragen hatten, gerissen haben, um dieselben nunmehr nach dem Sturze Mussolinis auf die Straße zu werfen, zu bespucken und zu zertreten. „Io ero già sempre contro il fascio ... ci hanno forzato divenire membro[77]).“ Ein anderer schrie laut in die begeisterte Masse, die nunmehr den Sieg Italiens erhoffte: „Finalmente siamo liberi da questa canaglia[78])“ — es war die große Stunde

[76]) *„Der Krieg wurde innerlich nicht bejaht, daher existiert dieser Krieg für uns nicht“*

[77]) *„Ich war schon von jeher gegen den Faschismus ... man hat mich gezwungen, Parteimitglied zu werden“*

[78]) *„Endlich sind wir frei von dieser Canaille“*

der ersten freiwilligen Epuration. Ein Malaparte fehlte, um diese Tragikomödie mit dichterischen Worten festzuhalten. Die erste große Verdemütigung, der bald andere folgen sollten. Ein Schwächeanfall, der die Masse bei jedem politischen Szenenwechsel der Geschichte begleitete, — „Io ero sempre già antifascista[79])" —, das wurde die Losung von morgen, um sich reinzuwaschen. Die deutsche Nationalkirche der Anima blieb aber auch, seitdem Italien in den Krieg eingetreten war, ein Mittelpunkt religiöser Betreuung für die deutschen Soldaten. Wiederholte Gottesdienste in Rom, Alassio, Livorno, Spezia, Neapel, Ostia, Venezia suchten in den Herzen dieser bedauernswerten Militärs Religion, Gottesfurcht und den Glauben an die römische Kirche aufrechtzuerhalten. Manche deutsche Kommandanten wirkten nicht mehr mit, andere wollten (ohne Erfolg) diese Funktionen abschwächen, aber die Teilnahme war in vielen Orten rührend, obwohl vom Berliner Feldbischof, der unfähig war, keine Richtlinien ausgegeben wurden, sondern alles nur dem Zufall und guten Willen überlassen war. Zahlreiche deutsche Soldaten nahmen trotzdem teil*), ebenso wie auch viele zur Papstaudienz gingen, ohne sich um gegenteilige Weisungen fanatischer SS-Angehöriger zu kümmern. Und immer fand Pius XII. die richtigen Worte herzlicher Teilnahme und des Mitgefühls, so daß kaum einer nicht tief beeindruckt die Säle des Vatikans verlassen hat. Viele haben mir nachher gestanden, es seien die denkwürdigsten Augenblicke ihres Lebens gewesen. Natürlich fehlte es auch nicht an Gegenströmungen im katholischen Lager Roms. So wurde ein von mir geplanter Gottesdienst in der Anima für die an der russischen Front gefallenen deutschen und italienischen Soldaten durch den „Osservatore Romano" sabotiert, der die Ankündigung dieser Trauermesse mit durchschraffiertem Text brachte, der keinen Zweifel über die bereits mit den Gegnern Deutschlands geschlossene Allianz wenigstens dieser Zeitungsschreiber aufkommen ließ.

Auch mein für diesen Gottesdienst bestimmtes Gebet, das ich wegen der Drucklegung mit der kirchlichen Genehmigung seitens des Vikariates in Rom versehen lassen wollte, wurde über Weisung des Päpstlichen Staatssekretariates mit der Begründung abgelehnt:

---

[79]) *„Ich war immer schon Antifaschist"*

*) Darüber die abfälligen Bemerkungen im Kriegstagebuch von Goebbels (16. Dezember 1943).

„Per noi la guerra non esiste[80].“ Der Jesuit Leiber, den ich diesbezüglich interpellierte, weil — nach der Schrift zu schließen — er die lächerlich ausgetüftelten, eines simplen Dorfschulmeisters alten Stiles würdigen Randbemerkungen für das römische Vikariat zu meinem Gebet gemacht hatte, antwortete mir in einem Brief, daß „Rußland in gewisser Hinsicht einen heiligen (!) Krieg für das Vaterland führe“. Weiter konnte man wohl nicht gehen im Haß gegen Deutschland. Auch der weitere Versuch einer Gedächtnisfeier in der Animakirche für die an der Ostfront in gemeinsamem Kampf gefallenen deutschen und italienischen Soldaten, bei der die Accademia Reale die S. Cecilia Bruckners e-Moll-Messe aufführen sollte, wurde von allen Seiten verhindert. Rom sollte nach außen den Eindruck der Neutralität machen, während hinter den Kulissen bereits die alliierte Front aufgerichtet worden war. Bald setzte auch eine rührige Propaganda ein, die vor allem die Zerstörung von Montecassino auf das Konto der deutschen Soldaten (!) schob und dieselbe als ein „ewiges Schandmal“ deutscher Barbarei erklärte. Der hochverdiente Abt war gerecht genug, um bereits am 16. Februar 1944 schriftlich diese Anklage als vollständig ungerechtfertigt zurückzuweisen: „Nell'interno del Monastero e per tutto il suo cerchio perimetrale non esistevano apprestamenti difensivi germanici, nè truppe, nè mezzi bellici di qualsiasi specie[81].“ Dieses altehrwürdige, durch Geschichte und Kultur berühmte Kloster war nur das Opfer alliierter Luftangriffe, die, weil von gutbezahlten Negern geführt, für solche Denkmäler (vgl. die Angriffe auf Dresden, Münster — trotz des streitbaren dortigen Bischofs Galen! —, Frankfurt, Würzburg usw.) keine Rücksicht kannten. In dem 1950 veröffentlichten Buche „Calculated Risks“ aus der Feder des amerikanischen Heerführers Generalleutnant Mark W. Clark wird die Bombardierung und hierdurch erfolgte Zerstörung des Benediktinerklosters Montecassino als „tragischer Fehler (!)“ bezeichnet, die aber auf Drängen des neuseeländischen kommandierenden Generals Freyberg durchgeführt worden sei, dessen Sohn sich in den Vatikan geflüchtet hatte! Generalleutnant Clark berichtet den grauenhaften Vorgang, der

[80]) *„Für uns existiert der Krieg nicht“*

[81]) *„Im Inneren des Klosters und in seinem ganzen Umkreis waren weder deutsche Verteidigungsanlagen, noch (deutsche) Truppen, noch Kriegswaffen irgendwelcher Art“*

an Bestialität kaum etwas zu wünschen übrig ließ, folgendermaßen: „Ich war einer der alliierten Befehlshaber an der (italienischen) Front, dem aber das Gebiet von Cassino verantwortlich unterstand, und sagte damals schon, es sei kein Beweis vorhanden, daß die Deutschen die Abtei für militärische Zwecke mißbrauchten. Ich erkläre auch jetzt wieder: Es ist unleugbar bewiesen, daß sich zu keiner Zeit irgendwelche deutsche Soldaten innerhalb des Klosters aufgehalten haben, mit Ausnahme von solchen, die lediglich zur Krankenpflege oder zu Besichtigungszwecken nach dort kamen.

Deshalb war die Bombardierung des Klosters vom Standpunkt der Propaganda nicht nur ein unnotwendiger und psychologischer Fehler, sondern vielmehr ein Fehler größten Ausmaßes der militärischen Taktik. Unsere Aufgabe wurde ganz bedeutend erschwert, und zwar durch große Verluste an Menschen, Kriegsmaterial und Zeit." — Fünf Jahre nach Kriegsende ist die Wahrheit also doch an den Tag gekommen! Ich habe während der deutschen Besatzung Roms treffliche deutsche Menschen kennengelernt, die Generäle Stahel, Mältzer, von Rintelen, die Botschafter Mackensen und Weizsäcker, den Gesandten Wemmer beim Vatikan*), die alle ihr Bestes getan haben, um ein erträgliches Verhältnis zwischen der italienischen Regierung und den deutschen Soldaten zu schaffen, den Oberst von Veltheim, Verbindungsoffizier zwischen den beiden Hauptquartieren, der mir über 500 Schutzausweise für Klöster und kirchliche Anstalten übergab, wodurch mehrere Tausende, darunter nicht wenige Juden, gerettet wurden (ich habe diese Identitätskarten teilweise an den Neffen des Papstes Carlo Pacelli weitergegeben), die Standortskommandanten und eine Reihe von Mitgliedern der Geheimpolizei, die in Rom mit ihrem Chef Oberst Kappler eine überaus harte, wenig beneidenswerte Aufgabe durchzuführen hatten und die ungeachtet ihrer äußerst schwierigen Stellung im Feindesland ein Übermaß von Geduld, Rücksichtnahme und Zurückhaltung aufbrachten.

Mein Brief vom 16. Oktober 1943 an General Stahel:

---

*) Ludwig Wemmer, Hauptreferent der Vatikanbotschaft in Angelegenheit der Sicherung Roms als offene Stadt. Durch seinen Einfluß wurden nicht wenige Urteile gegen in Rom tätige Partisanen gemildert oder gnadenweise seitens der deutschen Militärbehörde und Polizei abgeändert. Bezeichnend war, daß ihm das Auswärtige Amt in Berlin die Weisung erteilt hatte, den Verkehr mit dem Vatikan „auf das dienstlich notwendige Maß" zu beschränken.

„Eben berichtet mir eine hohe vatikanische Stelle aus der unmittelbaren Umgebung des Heiligen Vaters (Neffe Pacelli), daß heute morgen die Verhaftungen von Juden italienischer Staatsangehörigkeit begonnen haben. Im Interesse eines guten Einvernehmens ersuche ich eine Ordre zu geben, daß diese Verhaftungen in Rom und Umgebung sofort eingestellt werden. Ich fürchte mit Recht, daß der Papst sonst öffentlich dagegen Stellung nehmen wird, was der schon vorhandenen deutschfeindlichen Stimmung als Waffe dienen wird. Da in nicht zu ferner Zeit das Reich den Vatikan für bestimmte Vermittlung benützen muß — bereits im März wurde getastet —, würde der Sache Deutschlands überaus geschadet, wenn diese Judenverfolgungen zu einem Dissens führen müßten.“

Botschafter Rahn hat wiederholt vermittelnd eingegriffen, um ungeachtet der von einzelnen italienischen Geistlichen unterstützten Partisanenarbeit, die dem ganzen Krieg ein völlig anderes Gesicht gab, schwere Schäden zu verhindern oder Härten zu mildern, die unvermeidlich überall dort auftraten, wo ein Krieg hinter den Hecken und nicht mit offenem Visier von Freischärlern gegen reguläre Soldaten geführt wurde. Leider ist mein Versuch gescheitert, diesem Botschafter, der einer der besten war, die das Dritte Reich hatte, eine Sonderaudienz bei Pius XII. zu vermitteln. Dieselbe sollte in den Loggien Raffaels wie ein zufälliges Zusammentreffen erfolgen, wenn der Papst nachmittag aus den Gärten in seine Wohnung zurückkehrte. Wer diese Audienz, die der Anbahnung kirchenpolitischer Befriedung (also einer Fortsetzung jener vom März 1938) dienen sollte, verhindert hat, ist nie herausgekommen. Eine äußerst delikate Frage war auch jene der Ernennung italienischer Geistlicher als Militärkapläne für die Partisanen. Die diesbezügliche Auffassung der bischöflichen Kurien von Mailand, Brescia und Bergamo war widersprechend. Aus einem Brief des Feldmarschalls Rommel, den ich in Händen hatte, sah man aber, wie stark kompromittiert manche italienische Geistliche waren und wie jedes Kriegsgericht, ob deutsch oder alliiert, in solchen Fällen aus Selbsterhaltungspflicht nur mit schwersten Strafen vorgehen konnte.

Im Vatikan fehlte nichts an Lebensmitteln, Papier und Kohlen noch an Radiosendungen in die Welt hinaus. Selbst die an sich völkerrechtlich nicht exterritorialen Privatwohnungen der Kardinäle in gewöhnlichen italienischen Häusern wurden unberührt gelassen, obwohl der deutsche Geheimdienst wußte, welche Elemente in denselben versteckt waren. Wenn es Klöstern an Lebensmitteln mangelte, dann teilten sie mit Recht das Schicksal des gewöhnlichen Volkes in allen Kriegszeiten, was immer die militärische Macht auch sein kann. Die Generäle Mältzer und Stahel sind, wie ich aus wiederholter Vermittlung feststellen kann, in einer Weise vatikanischen Ersuchen nachgekommen, die oft eine Schädigung militärischer Interessen Deutschlands darstellten. Nur in seltensten Fällen griff deutsche oder über ihren Auftrag italienische Polizei gegenüber Geistlichen ein, so im Kloster von Sankt Paul vor den Mauern und in der Via Pompea Magno, wo es zu toll zuging. Während bei Tag Dutzende von „Gegnern“ in den Zellen hockten und über neue Pläne des Verrates Zusammenkünfte hielten, waren sie bei Nacht auf der Verkehrsstraße von Rom zur Kriegsfront von Montecassino tätig, um durch Ausstreuen von spitzen Nägeln und Sprengstoffen die deutschen Militärlastwagen, die die kämpfenden Truppen zu versorgen hatten, zu schädigen. Welche Militärmacht der Welt hätte da nicht eingegriffen!

Die Generäle Stahel und Mältzer übertrafen sich, soweit es militärische Rücksichten zuließen, an Entgegenkommen gegenüber allen Wünschen, die das damalige Verbindungsorgan des Vatikans, der Salvatorianergeneral Pfeiffer, vorbrachte. Leider sind seine Aufzeichnungen und jene des Feldmarschalls Kesselring nicht veröffentlicht. Viele Italiener fühlten aber die Schmach des 8. September 1943.

Nicht alle Italiener dachten und handelten wie Badoglio. Viele senkten die Augen aus Scham über diesen zweiten Verrat in ihrer neueren Geschichte. Tapfer hat sich die italienische Division „Monterosa“ gehalten, ein leuchtendes Beispiel politischer Anständigkeit und Treue im Sumpf, tapfer ein Marschall Graziani, den ich im Gefängnis des Forte Boccea (Rom) nach dem Gottesdienst sprechen konnte.

Im Gewissen völlig verwirrt durch das eines „doppiogiuoco[82])“ und Macchiavellis würdigen Wortes: „La guerra continua[83])“ kamen nicht wenige zu mir mit der Frage: „Was sollen wir machen? Nach

[82]) *„Doppelspiel“*
[83]) *„Der Krieg geht weiter“*

Norden mitgehen? Bleiben?" Ich habe alle an die zuständigen Moraltheologen verwiesen, die aber gerade in diesen tragischen Augenblicken keine Formel bereit hatten oder mit eisglatten Antworten diplomatisch ausgewichen sind. Tatsache aber ist, daß die deutschen Soldaten mit verschwindenden Ausnahmen in ganz Italien keinen schlechten Eindruck hinterlassen haben. Wenn Italiener sich mit mir vertraulich aussprachen, mußten sie die Anständigkeit des deutschen Militärs zugeben, das streng, aber gerecht war, obwohl allen die Tatsache bekannt war, daß Klöster und religiöse Häuser mit Flüchtlingen oft zweifelhafter Herkunft überfüllt waren. Selbst die päpstliche Palatingarde hatte einen unglaublichen Zulauf von Elementen, die nicht aus und nicht ein wußten. Man sah nicht mehr den tiefsten Sinn des Krieges, den Kampf gegen das asiatische Barbarentum, sondern beurteilte alles nur mehr nach den sich selbst bereichernden faschistischen Hierarchen, die den Idealismus der Jugend für ihre persönlichen Zwecke mißbrauchten, und nach Gestalten wie Farinacci, Streicher und dem literarischen Bohemien Rosenberg, die das Ansehen Italiens und Deutschlands beschmutzt hatten*). So begann in Rom ein allgemeiner Verfall des Denkens, und die höchsten Werte, Vaterland und Nation, wurden Gegenstand des Marktens zufälliger opportunistischer Geschäftspolitik. Tatsache ist und bleibt, daß während der deutschen Besatzungszeit in Italien kein einziger Italiener in der Ausübung seiner religiösen Pflichten auch nur irgendwie von deutschen Stellen gehindert wurde; alles Seelsorgliche ging seinen alten gewohnten Gang.

Vom 9. September 1943 an wurde die Lage in Rom aber immer gespannter und unerträglicher, denn die Deutschen verloren in Rom täglich durchschnittlich einen Soldaten im unterirdischen Krieg der Partisanen. Verzweifelt äußerte sich Generalleutnant Mältzer: „Es riecht an allen Ecken Roms nach Dynamit." Überfälle auf Lazarette fanden laufend statt. Auf dem Wege von der Front bei Montecassino über die Via Cassialina nach Rom stauten sich in wüstem Durcheinander Nachschubfahrzeuge und Munitionskolonnen vor gesprengten Straßen und Eisenbahnübergängen. In deutschen

*) Von Mussolini veranlaßt, schrieb Orestano im Februar 1943 eine treffliche Abhandlung über die Zukunft Europas, um in Deutschland die kirchenpolitische Befriedung anzuregen und so die gefährlichen Auswirkungen der weltanschaulichen Kämpfe auf Italien abzuschwächen.

Dienststellen, Omnibussen und Kaffees fanden deutsche Kriminalbeamte Koffer mit Zeitzündern. Rom war keine neutrale Stadt, noch weniger eine Insel des Friedens, sondern ein Mittelpunkt des Kampfes um die Macht von morgen, dessen Seele Palmiro Togliatti, Ercole Erioli war, der seine Ausbildung in Moskau erhalten hatte. Sein Generalstabschef war Giorgio Amendola, eine umstrittene Persönlichkeit. Als Katholik fühlte man die verdemütigende Lage Roms, der Hauptstadt der Christenheit angesichts dieser unwürdigen Haltung in einem Krieg, der in letzter Schau gegen eine kommunistische Vorherrschaft in Europa und damit auch in Italien geführt wurde. Wie eine Bombe wirkte in Rom die Erschießung von 335 Personen, die vom Führerhauptquartier im Sinne der allgemeinen Kriegsordnung befohlen worden war, am 24. März 1944 nachmittags in den Höhlen von Ardeatino unter Führung des SD-Polizeikommandanten von Rom, Herbert Kappler, der später verurteilt wurde. Nicht vergessen kann ich hier einen ganz inoffiziellen (aber mit begrenzter Zustimmung von Stellen in Salò) unternommenen Versuch eines Waffenstillstandes im Dezember 1943 über die englische Gesandtschaft Osborne und den Stellvertreter Taylors, die sich beide in den Vatikan geflüchtet hatten. Mittelsperson war der treffliche, deutschfreundliche Prämonstratensergeneral aus Belgien, Abt Noots, der mich auf diesem Gang begleitete.

Aufzeichnungen meiner Tagebücher: Ein Weihnachts-Waffenstillstand (1. Dezember 1943), überreicht dem Gesandten Osborne und Titman beim Vatikan auf Grund eines geheimen Berichtes des Obersten beim deutschen Hauptquartier und des Divisionspfarrers Joh. M. nicht ohne Zustimmung des Kommandos Süd über Strömungen in der hohen Generalität. (Einen ähnlichen Versuch hatte im Ersten Weltkrieg Papst Benedikt XV. unternommen, der erfolglos blieb, weil jeder der beiden Kriegsführenden von seinem Siege überzeugt war, wenn auch die Wirklichkeit eine andere Auffassung berichtete.)

Die Dauer des Krieges muß unbedingt abgekürzt werden aus verschiedenen besorgniserregenden Gründen:

1. Die Bedrängnisse aller Nationen in den vom Reich besetzten Gebieten werden von Tag zu Tag verhängnisvoller, Hunger, Verfall der Sitten, Eindringen von revolutionären Ideen bis zur völligen Anarchie greifen immer mehr um sich.

2. In Deutschland hat Hitler seit vier Monaten keine politische Persönlichkeit mehr zu Beratungen zugezogen, sondern auf militärischem, politischem und diplomatischem Gebiet die ganze Verantwortung auf die eigenen Schultern genommen. Dadurch entsteht eine Lage, die unter der hohen Generalität und den Vertretern der deutschen Diplomatie nicht ohne psychologische Folgen bleiben wird. Eine solche Spannung zwischen Hitler und den genannten Stellen sollte für eine baldmöglichste Beendigung des Krieges ausgenützt werden.

3. Die große Gefahr für Deutschland ist die drohende völlige Anarchie von morgen, falls die Luftangriffe im augenblicklichen Ausmaß andauern oder sogar an Zahl und Heftigkeit zunehmen. Darum kann man auch kein solides und gut organisiertes Österreich aufbauen, solange an den Reichsgrenzen die Gefahr der Anarchie die innere Politik Österreichs ständig bedroht. Österreich müßte im Interesse einer zukünftigen gesunden Politik Europas zwei Aufgaben haben. Es müßte ein Bollwerk sein im Wiederaufbau der mitteleuropäischen Politik gegen alle revolutionären Elemente, mögen sie von Deutschland oder vom Kommunismus herkommen. Sonst hätten England und die Vereinigten Staaten auch im Falle des Wiedererstehens von Österreich militärisch gesiegt, niemals aber in politischer Hinsicht.

4. Das deutsche Volk ist waffenlos und kann nicht viel gegen Hitler unternehmen, aber es wartet auf eine straffe Hand, die wenigstens den Weg weist, wie man zu Bedingungen kommen kann, die das Einstellen der Feindseligkeiten zuwege bringen. Eine vorsichtige Taktik von seiten der Alliierten könnte in wenigen Tagen in Deutschland, vor allem in der Wehrmacht, die ganze Stimmung ändern, wenn man beispielsweise über die Schweizer Regierung dem Außenministerium in Berlin folgende Präliminarbedingungen für einen Waffenstillstand (unter gleichzeitiger Bekanntgabe des ganzen Wortlautes im Radio und durch Millionen von Flugblättern über den deutschen Städten) unterbreiten würde und im Falle der Nichtannahme dieser Bedingungen innerhalb von drei Tagen drohen würde, daß die Luftangriffe verschlimmert werden würden bis zur völligen Verwüstung aller bedeutenderen deutschen Städte und daß die hiermit zugebilligten Bedingungen in Zukunft nicht mehr in Betracht kommen könnten:

A. Die Bildung einer neuen Regierung in Deutschland, bestehend aus Generälen und hohen Offizieren der deutschen Wehrmacht, bis das Volk selbst durch einen freien Volksentscheid sich die endgültige Staatsform wählen kann.

B. Der Rückzug aller deutschen Truppen aus allen besetzten Ländern bis zur Reichsgrenze vom 1. März 1938.

C. Die sofortige Befreiung aller Inhaftierten, die in Konzentrationslagern oder Gefängnissen aus religiösen, rassengesetzlichen oder antihitlerianischen Gründen festgehalten sind unter Ausnahme von allgemeiner Verbrechen schuldigen Personen.

D. Die Auslieferung der kriegsverantwortlichen Personen, die im ersten Verzeichnis der Alliierten Nationen enthalten sind.

Ein solcher Vorschlag unmittelbar vor der Papstansprache anläßlich des Weihnachtsfestes würde in Deutschland und auch in den besetzten Ländern zweifellos schwerste psychologische Folgen haben. Das Reich würde von der Anarchie gerettet werden, die kein politischer Vorteil für die Alliierten sein kann. Augenblicklich ist die moralische Lage der deutschen Innenfront erschüttert, und darum muß eiligst gehandelt werden. Es wäre eine wahre „Pax Romana[84])!“

Ergebnis:

1. Der amerikanische Geschäftsträger Titman beim Vatikan hielt es für unmöglich, diesen Vorschlag in Washington durchzubringen, seitdem Roosevelt die Parole von der bedingungslosen Kapitulation geprägt habe.

2. Der englische Gesandte Osborne meinte, daß die österreichische Frage nur zweiten oder dritten Ranges sei, entscheidend sei die endgültige Niederlage Deutschlands auf Grund einer Kapitulation ohne Bedingung und Hinterhalt.

3. Papst Pius XII. erklärte, wie mir sein Neffe Principe Pacelli berichtete, daß der Heilige Stuhl jeder Staatsform gegenüber neutral bleiben wolle. Tatsächlich war die folgende Weihnachtsansprache an das Kardinalkolleg farblos und rein karitativ.

Im Lichte dieses ersten, leider mißglückten Versuches erschienen alle folgenden als wertlos, so auch das ähnlichen Zielen dienen wollende Attentat vom 20. Juli 1944, nachdem keinem der teil-

---

[84]) *(ein wahrer) „römischer Friede“*

nehmenden Offiziere seitens der Alliierten auch nur irgendwelche feste Zusagen für den Fall ihres Erfolges gemacht worden waren. So blieb es eine Herostratustat. Die Westverbündeten waren der gerissenen Politik Stalins auf den Leim gegangen. So hat damals, die verfahrene Lage der Alliierten erfassend, Kardinal Faulhaber „dem Führer seine und aller bayerischen Bischöfe Glückwünsche zur Errettung aus großer Gefahr zum Ausdruck gebracht. Im Anschluß an den feierlichen Gottesdienst im Liebfrauendom zu München wurde ein Tedeum abgehalten, um der göttlichen Vorsehung im Namen der Erzdiözese zu danken, daß der Führer dem verbrecherischen Anschlag glücklich entronnen ist" („Münchener Katholische Kirchenzeitung", 22. Juli 1944).

Ähnlich, wenn nicht noch klarer, das „Kirchliche Amtsblatt" für die evangelisch-lutherische Landeskirche Hannovers (Ausgabe 11 vom 21. Juli 1944).

Es war kein Erfolg, und der Kampf gegen die deutsche Armee ging in Italien weiter. Wo immer es aber, besonders im Raume von Bologna, zu schweren Zusammenstößen mit dem deutschen Militär gekommen ist, hatte das gewöhnliche italienische Volk keinen Anteil, das vielfach rührende Beispiel opferfreudiger Hilfe und treuer Anhänglichkeit zeigte. Es war vielmehr die Wühlarbeit der im Widerstand einträchtig zusammenarbeitenden Kommunisten, Sozialisten und sogenannten „christlichen" Widerständler. Unvergessen bleibt die Rettung von kirchlichen Kunstschätzen (Gaeta, Montecassino, Chieti), die trotz anderer viel wichtigerer rein militärischer Interessen durchgeführt werden konnte. Mit welcher Sorgfalt oft kirchliche Kunstschätze und Bibliotheken gerettet wurden, wird einmal die Geschichte ans Tageslicht bringen, sobald ein freies Wort möglich ist. Es wird die Ehrenrettung der deutschen Besatzungsarmee in Italien werden, soweit dieselbe überhaupt einer solchen bedürfen sollte. Aber die unermüdliche Tätigkeit Taylors, der NS und Faschismus als das größere Übel gegenüber Moskau hinstellte und mit Schreckphantomen die Geistlichkeit Italiens auf dem Wege der Presse einschüchterte, hatte ihre Erfolge, so wie im Ersten Weltkrieg in Rom das lutherische Preußen als das größere Übel gegenüber dem bolschewistischen Moskau hingestellt wurde. Gegenüber solcher Meinung gab es keine Waffen mehr, nachdem Berlin kirchenpolitisch völlig versagt hatte. Aber was in diesen schwierigen Tagen tief betrübend war, das war die doppelzüngige Haltung einer Reihe von in Rom lebenden Emigranten. So wie in Frankreich Paul Levine (alias Levi), der Schweizer Kommunist Max Bedacht (Prozeß Alger Hiss) bei Roosevelt und Stalin gleichzeitig arbeiteten und schwerwiegendste Entscheidungen herbeiführten, unter denen heute Millionen von Menschen leiden müssen, so war es auch in Rom, wo Vertreter des „doppiogiuoco“[84a]) ihr unsauberes Handwerk ausübten. Eine Jüdin (Panthera) überlieferte Italiener der deutschen Polizei, ein Wiener Jude arbeitete für den Secret Service, ein anderer in der gleichen Wohnung für den deutschen Sicherheitsdienst, während der erstere später auf Rußland umsattelte und gleichzeitig der römischen Quästur Nachrichten übergab. Die moralische Verwirrung aller anständigen Menschen in Italien wurde noch größer, als Badoglio am 13. Oktober*) Deutschland im Auftrage des Königs Viktor Emanuel den Krieg erklärte „In Italia non vi sará pace finchè un solo tedesco calcherà il nostro suolo... volgere in fuga l'odiato tedesco[85]).“ Schon früher hatte die römische Sektion der italienischen kommunistischen Partei (12. März 1944) in einem Flugblatt erklärt: „Cattolici (!), democratici (!), socialisti, comunisti, antifascisti, uniamori tutti per cacciare i tedeschi da Roma[86]).“ Die Tätigkeit der geheimen deutschen Staatspolizei, an deren Spitze Oberstleutnant Herbert Kappler stand, wurde um so schwieriger, weil auch italienische Geistliche in der Uniform der Partisanen Waffen und Munition versteckten, ohne sich viel um Moralbücher zu kümmern (eine umstrittene Gestalt war der Ordensgeistliche Giuseppe Morosini, in dessen Kolleg in der Via Pompeo Magno Waffen, kompromittierende Schriften und ein Geheimsender von einem Kommando der SS gefunden wurden). Erschütternd war das Schicksal von 32 deutschen Soldaten, die in der Via Rasella das Opfer eines Bombenattentates wurden. 32 deutsche Polizeisoldaten

*) Der Luftangriff auf Rom (Times, London 27. Oktober 1943), der unter „Druck“ der öffentlichen Meinung als Vergeltung für jenen auf Malta erfolgte, wirkte wie ein moralischer Zusammenbruch der Bevölkerung, obwohl er nicht im entferntesten zu vergleichen war mit jenen unübersehbaren Opfern, die deutsche Städte auszuhalten hatten.

84a) *Doppelspiel*

85) *„In Italien wird es keinen Frieden geben, solange nur ein einziger Deutscher unsere Scholle zertritt (calcare, von den verwüstenden Hufen der Pferde gebraucht)... verjagt den verhaßten Deutschen!“*

86) *„Katholiken, Demokraten, Sozialisten, Kommunisten, Antifaschisten — alle sind eines Sinnes, die Deutschen aus Rom zu verjagen“ (im Originalmanuskript steht der Ausdruck „uniamori“, richtig müßte es wahrscheinlich heißen „unanimi“)*

(meistens Südtiroler) wurden damals in diesem sorgfältig vorbereiteten Anschlag durch eine Höllenmaschine zerfetzt. Die Agentin namens Carla Capponi, die mit kommunistischen Funktionären dieses Attentat vorbereitet hatte, erhielt 1945 in Rom für diese Handlung die goldene Tapferkeitsmedaille. Die 335 Italiener, die als Repressalie von der SS erschossen wurden, waren zum Großteil bereits zum Tode verurteilte Partisanen. Darunter befand sich zu meinem Schmerz auch mein Mechaniker, der in seinem Geschäfte kommunistische Propagandaschriften zur Verteilung deponiert hatte — eine Handlung, die ich von diesem nach außen stets verläßlichen Menschen nie für möglich gehalten hätte. Meine Vermittlung für ihn kam zu spät. Diese Vergeltungsmaßnahme gegen dieses Attentat entsprach übrigens dem § 358 der amerikanischen Landkriegsregeln von 1940, wonach Geiselnahme und Geiseltötung zum Zweck der Sicherheit der eigenen Truppen ausdrücklich als statthaft erklärt wurde. Vergeblich war die in allen größeren Straßen Roms angebrachte Meldung, es mögen sich, um Strafmaßnahmen zu verhindern, die eigentlichen Attentäter freiwillig melden. Niemand, weder der Kommunistenführer Togliatti (später italienischer Abgeordneter) noch sein ausführendes Organ brachte den Mut auf, das Leben anderer zu retten. Was hätte die russische Armee in einem solchen Falle gemacht?*) Was Engländer und Amerikaner? (vgl. Korea!) Großartig waren auch die Versprechungen, die von englisch-amerikanischen Flugzeugen über die Front von Nettuno über unsere deutschen Stellungen abgeworfen wurden: „Lege alle Waffen ab, auch dein Seitengewehr — gleichgültig unter welchen Umständen und auch welchen Gründen (!), wenn du in Gefangenschaft gerätst, die Angelsachsen behandeln ihre Kriegsgefangenen immer (!) ‚fair', das heißt ritterlich und anständig, kein einziger Soldat ist jemals für die Taten seiner Führer verantwortlich gemacht worden. Du wirst vom Gegner als Soldat, das heißt anständig und korrekt, behandelt, entsprechend dem Genfer Abkommen (sofortige Ent-

*) Der Zweite Weltkrieg war auch bei den Alliierten nichts anderes als die Rückkehr von der Zivilisation zur Barbarei. Trefflich und sehr offenherzig hat dieses Generalmajor John Fuller, mit Liddell-Hart der bekannteste englische Militärschriftsteller, in seinem Werke „Der 2. Weltkrieg", (Humboldt-Verlag, Wien und Stuttgart) hervorgehoben, und Harry Hopkins, in „La seconda guerra nei documenti segreti", Roma 1949 (Gazzanti), die wenigen Bücher neben Kurt Assman „Deutsche Schicksalsjahre" und Brockhaus, die wegen ihrer gerechten Darstellung verdienen, ganz gelesen zu werden.

fernung aus der Kampfzone, gleiche Verpflegung wie alliierte Truppen, regelmäßiger Briefverkehr mit der Heimat und nach Kriegsende möglichst baldige Heimkehr!)." Äußerst verdienstvoll wird aber für immer in der Geschichte die Zusammenarbeit Pius' XII. mit deutschen und alliierten Stellen bleiben, um Rom, das zur „città aperta[87])" erklärt worden war, vor der Zerstörung zu bewahren, die nicht von der deutschen, aber wohl von der feindlichen Luftwaffe drohte*). So kamen in ständigen Spannungen und Gefahren die ersten Junitage 1944 mit dem Einzug der alliierten Armee, die von einem Stab Angestellter der verschiedenen Geheimdienste begleitet war. Aus sicherem Versteck krochen ungezählte politisch Entthronte, Emigranten und Spione hervor, die bis dahin sich bei höchsten Stellen verborgen gehalten hatten und nunmehr ihre Haßpsalmen in der Presse Roms gegen alles Deutsche niederschreiben konnten. Eine unglaublich traurige Zeit brach an — allein nicht zum Glück des wahren Italieners, der in diesen Tagen sein Antlitz verhüllen mußte. Eine Verwirrung aller geistigen und sittlichen Begriffe setzte ein, die schon in einen neuen Krieg ihre tiefen Schatten vorauswirft, ein beispielloses Pharisäertum unter humanitär-religiöser Maske und politischer Doppelmoral.

Unter diesen Auspizien huldigten am 6. Juni 1944 (zwei Tage nach dem Eintreffen der alliierten Truppen) Zehntausende, ein Konglomerat von Menschen aller politischen Richtungen, am Petersplatz Pius XII., dem „defensor civitatis[88])". Neben den blutroten Fahnen der Kommunisten flatterten jene der Widerständler mit dem „Movimento di liberazione italiana[89]) *)", jubelten Geistliche in roten Schärpen dem Nachfolger Petri zu, der alle väterlich ermahnte, Haß, Rache und Verfolgung durch Bruderliebe nunmehr zu ersetzen. Zweimal mußte der Papst auf der Loggia erscheinen, um alle zu segnen, während der deutsche Vatikanbotschafter Ernst Weizsäcker aus

---

[87]) *(zur) „offenen Stadt"*

*) Bekannt sind die Worte des Generalfeldmarschalls Kesselring, die er meinem Vertreter sagte: „Ich werde meinen Namen nicht vor der Geschichte mit dem Vorwurf belasten, die Zerstörung Roms mitverursacht zu haben."

[88]) *„Verteidiger des Staates"*

[89]) *„italienische Befreiungsbewegung"*

*) Sein Hauptquartier hatte es während der deutschen Besatzung im päpstlichen Seminar des Laterans, wie General Bencivenga im Prozeß gegen Marschall Graziani am 26. September 1948 öffentlich vor Gericht erklärte.

der Villa Bonaparte in der Via Piave, um feindlichen Kundgebungen des Haufens zu entgehen, in den Vatikan übersiedelte, ebenso wie der japanische Botschafter und jene Nordamerikas und Englands wieder in die nunmehr „alliierte“ Stadt Rom zurückkehrten, wo der amerikanische Major Butterby das Polizeikommando übernahm. Schon wenige Jahre darauf hat die kommunistische Zeitung „Unità“ anläßlich der Schilderung der Kämpfe um die Befreiung Roms danklos von der Tätigkeit Pius' XII. keine Notiz mehr genommen. Die von katholischen Idealisten durch die großherzige Unterstützung des Vatikans erhoffte „Wandlung“ innerhalb der sozialistisch-kommunistischen Partei war nicht eingetroffen. Nichts hatte sich geändert, nur die Farben der Banner waren andere geworden. Wer in der Widerstandsbewegung früher Vatikan und Kirche feindlich war, blieb es, und wer es nicht war, den hat auch keine Caritas seelisch besiegt, denn die Gegensätze reichen tiefer hinab. Nicht bloß Soldaten, sondern Weltanschauungen standen sich in diesem Zweiten Weltkrieg gegenüber, von denen eine untergehen müßte. Zu bezeichnend war das Benehmen verschiedener, von deutschen Gerichten 1943/44 verurteilter Partisanen*) — es ist ein De profundis menschlicher Geschichte. Rom war gegenüber anderen Städten — von Deutschland nicht zu sprechen — im großen und ganzen fast unversehrt geblieben, aber seine politische Moral war in Trümmer gegangen. Ein tiefer Abgrund tat sich auf zwischen dem noch wahrhaft katholischen Teil der Bevölkerung und den Vertretern des zynischen Egoismus, den nur augenblicklicher Vorteil lockte und denen Ideale wie Vaterland und Nation inhaltslose Begriffe geworden waren, mit denen man keine Geschäfte machen konnte. Das Antlitz der Stadt war anders geworden. Breiteste Schichten der Jugend hatten den Glauben an Ideale in der geistigen Verworrenheit vergangener Jahre verloren. Was sind heute all die kleinen Eroberungen des Christentums in Europa mit dem Wiedererstehen alter Vereine und Organisationen gegenüber den gewaltigen Verlusten in jugendlichen Herzen des Westens, von den enormen Opfern im Osten nicht mehr zu sprechen. Nun wimmelte es in ganz Italien an Fascio- und NS-Tötern! Jeder wollte an der Befreiung des Landes von Deut-

*) „Lettere di condannati a morte della Resistenza italiana“, Ausgabe Einaudi, Milano 1952, von 112 Personen starben 52 Katholiken, 30 als offene Feinde der Religion, 30 haben sich weltanschaulich vor dem Tode nicht geäußert.

schen dabei gewesen sein. Dabei hatten die meisten nur bei versperrten Türen kritisiert und gemeckert oder auf exterritorialem vatikanischem, der deutschen Polizei nicht zugänglichem Boden den Widerstand geschürt, und das alles erst, nachdem das Pendel an der Waage nicht mehr schwankte, sondern das Kriegsglück sich gewendet hatte. Wer sich die Mühe nehmen würde, auch nur einen Teil der Tagebücher, Rechtfertigungsschriften, Memoiren und Zeitungsartikel dieser Lindwurmjäger durchzublättern, würde an schmerzlichen Gefühlen nicht vorbeikommen, daß die Bibel recht hat, wenn sie (Ekkli 4, 32) den Rat erteilt, daß es besser ist, mit dem Strom zu schwimmen, wenn man äußeren Erfolg haben will. Bald nach dem Eintreffen des alliierten Geheimdienstes hatte ich wiederholte Besuche desselben wegen meines Buches „Die Grundlagen des NS". Das Schlagwort vom „Nazibischof" in Rom kursierte an diesen Stellen, bis ich mich in einer Denkschrift verteidigte und die Überprüfer gerecht genug waren, den Sinn dieses Werkes zu beurteilen als eine Kritik der Bewegung vom Standpunkt des Christentums. Charakterstärke, Haltung und Tapferkeit sind in diesen unmittelbaren Nachkriegsjahren selten geworden. Viele Deutsche wurden wahllos in die KZ-Lager von Padula und Terni abgeschoben, andere in ihren Wohnungen belästigt, bis allmählich der „buon senso[90])" des wahren italienischen Volkes über alle Haßgesänge alttestamentlicher Propheten den Sieg davontrug. Langsam begann man auch, im Heer der Widerständler das Korn von der Spreu, bezahltes Menschentum vom reinen Idealisten, zu scheiden. Menschlich rührende Beispiele vornehmster italienischer Gesinnung gegenüber Deutschen deckten die Wunden vergangener Jahre wieder zu. Auch die Partisanenbewegung liquidierte sich moralisch wie jene der Carbonari in der Zeit des Risorgimento. Viele wollten bald nicht mehr dabei gewesen sein, um nicht gegenüber den von der russischen Front heimkehrenden italienischen Soldaten als kompromittiert zu gelten, da man diesen Kämpfern in den Rücken gefallen war. Schließlich siegte in vielen Herzen das „christliche Anstandsbewußtsein", die Objektivität des Urteils, der nationale, echt vaterländische Gedanke, der — das Vergangene begrabend — realpolitisch nur mehr an Wiederaufbau und Zukunft dachte, nachdem auch ein demokrati-

---

[90]) *„der gesunde Sinn"*

sches Europa nur durch die Mitarbeit der Deutschen Bestand und Sicherheit haben kann. Nach dem Fehlschlag des Weihnachtswaffenstillstandes und den vergeblichen Bemühungen einer kirchenpolitischen Befriedung wandte ich mich blutenden Herzens dem Schicksal meiner engeren Heimat, Österreich, zu, dem die Alliierten durch die Moskauer Erklärung die Zurückgewinnung der staatlichen Selbständigkeit versprochen hatten, so diplomatisch unklar im einzelnen die betreffenden Worte auch waren. Das Schicksal dieses Staates ist tragisch. Er ist ein Torso vergangener Herrlichkeit, geschaffen vom Haß der Alliierten und der Nachbarvölker. Österreich hatte seit 1918 seine eigentliche Sendung, das heißt seine Staatsidee in Europa, verloren, um die Jugend begeistern zu können. Es war von den Alliierten nur errichtet worden, um es gegen Deutschland auszuspielen und ein sogenanntes österreichisches Nationalbewußtsein zu schaffen. Dank der klugen deutschgerichteten Politik Seipels, des einzigen wahren Staatsmannes, den dieses Land hatte, gelang diese perverse Absicht der Alliierten nicht. Mächtige Kundgebungen spontaner Art zugunsten des Anschlusses an Deutschland, längst bevor der NS bestand (die christlichsoziale Partei ging allen voran), zeigten das wahre Gesicht und nicht die Maske Österreichs. So blieb es ein Torso vergangener Sendung und Aufgabe im Donauraum. Man kann heute fragen, welches Recht die Alliierten hatten, einem Volk die nationale Einheit zu verhindern? Hier müßte die Kirche katholischer und protestantischer Farbe der Jugend das Banner der Gerechtigkeit und Selbstbestimmung vorantragen — allein, wo sind diese Persönlichkeiten? Sie fehlen gewiß nicht, allein sie werden mundtot gemacht. Eine zweite Schweiz, ein Pufferstaat? Das war sinnlos im Zeitalter der Luftwaffe, die im Fortschritt der Technik den österreichischen Raum in wenigen Minuten überqueren und schachmatt setzen kann. Die Geschichte des Saint-Germain-Österreich ist deshalb bis 1938 ein Trauerspiel. Die überhastete Improvisation der Zerstückelung des uralten Reiches an der Donau war nicht Auflösung, sondern vor allem für die deutschen Stämme Vergewaltigung geworden, denn sie wurden um das versprochene Recht auf Selbstbestimmung betrogen. Dieser Untergang der Habsburgermonarchie war eine Herostratustat, die allen mehr Unglück als Vorteile gebracht hat und in den Jahren nach 1918 teuer genug bezahlt werden mußte. Damit begann die Ära der Balkanisierung

Mitteleuropas und in logischer Folge der nicht früher endende Kampf um eine auf rechtlicher und sittlicher Weltordnung basierende Völkerbefriedung durch endliche Beachtung des Grundrechtes auf nationale Selbstbestimmung für Europas Kulturvölker. Nachdem dieser unselige Friedensvertrag eine Revision in Aussicht gestellt hatte, waren die ersten Volksabstimmungen Österreichs nach 1918, besonders in den Westprovinzen, ein überwältigender Sieg des Anschlußgedankens an das Reich. Auch die Sozialistische Partei war nicht dagegen, solange in Deutschland ihre Parteigenossen eine führende Stellung in der Regierung einnahmen und sogar ein Sozialist, Eberth, bis zur Würde des Reichspräsidenten emporsteigen konnte. Erst das Erstarken einer nationalen deutschen Bewegung im Reich änderte den außenpolitischen Kurs des österreichischen Sozialismus. Der andere Plan eines Donaubundes war in der Wirklichkeit nicht durchführbar, nachdem der Freimaurer Massaryk, der Verräter König Karls (Horthy) und der serbisch-orientalische König Alexander ängstlich unter dem Schutz von Frankreich und England über den Bestand der Kleinen Entente wachten, die keinen anderen Zweck hatte, als ein Erstarken Deutschlands durch einen allenfalls gegebenen Anschluß Österreichs zu verhindern. Der einzige geniale Staatsmann des Nachkriegsösterreichs, Seipel, versuchte, dieses lecke Schiff durch die Wirren der Jahre 1918—30 zu steuern, ohne sich zu einer wahren neuen Staatsidee durchringen zu können. Ergreifend ist sein diesbezüglicher Brief an den deutschen Weihbischof Frind in Prag, in dem er seine Gewissensnot aussprach, ob dieses Österreich nicht eine Aufgabe habe oder seine eigene Arbeit ohne Dauer sei. Der Gedanke mancher Politiker, den Katholizismus als Ersatz für eine wahre Staatsidee Österreichs hinzustellen, war eine Täuschung, denn auch in diesem Lande ist das aktive religiöse Leben in Städten und Märkten — und nur diese sind für große politische Aktionen entscheidend — schon während des Ersten Weltkrieges stark zurückgegangen. Es gab nur eine Alternative, wenn man nicht die Wirklichkeit leugnen wollte: der Zusammenschluß mit Deutschland zu einem national einheitlichen, föderativ aufgebauten Staat oder ein wirtschaftlicher Donaubund mit Tschechen, Ungarn, Südslawen und mit Triest als Freihafen mit Zollunion und einem allen gemeinsamen Staatsrat. Eine solche wirtschaftlich-politische Lösung hatte mit einer „monarchischen Restauration“ nichts zu tun. Alles andere war Geld-, Zeit- und Kräftevergeudung, nachdem die Welt von morgen nur mit großen Wirtschaftsräumen rechnen kann, sollten nicht kleine Staaten in einem vergeblich geführten Rivalitätskampf um die Weltmärkte verbluten. Das Interesse an einem neuen Österreich, das keine Restitutio ad integrum sein sollte, führte in Rom schon längst vor dem Eintreffen der Alliierten mehrere Österreicher, die früher in verantwortungsvollen Stellen gewesen waren, zusammen, um ein karitatives Hilfskomitee für die eigenen Landsleute zu gründen, das bei der Machtübernahme der Alliierten in Rom sofort in Tätigkeit treten konnte. Trotz politischer Gegensätze der einzelnen Mitglieder dieses Komitees, in dem zunächst christliche Demokraten, Sozialisten, Kommunisten und Liberale (Monarchisten) friedlich zusammenhalfen, konnte bald viel Erfreuliches geleistet werden, nachdem der amerikanische Polizeikommissär mich bevollmächtigte, die Ausweiskarten für Österreicher zu unterfertigen. Ich habe gegen tausend unterschrieben, aber weitherzig nicht wenige Reichsdeutsche miteinbezogen, um sie in diesen schwierigen Monaten vor KZ und Gefängnis zu bewahren. Im Einverständnis mit mehreren Landsleuten arbeitete ich auch eine Denkschrift aus im Sinne einer Donauwirtschaftsföderation (L'avvenire dell'Austria[91]).

Als wir diese Schrift an maßgebende Stellen weiterleiteten, kam eine Reihe zustimmender Antworten*). Nur eine Stelle schwieg — Rußland. Auf Umwegen ersuchte mich das englische Kommando in Rom, bei der Sowjetvertretung in der Via Gaeta zu sondieren, wie man sich in Moskau ein zukünftiges Österreich vorstelle. Meine Aufnahme dortselbst war liebenswürdig. Ein junger Botschaftsrat, der ausgezeichnet die deutsche Sprache beherrschte, sagte mir: „Wir haben noch keine Weisungen, da diese Frage vom Politbüro noch nicht überprüft worden ist." Leider hat sich dieses österreichische Hilfskomitee Roms, das heißt einige Elemente, teilweise von alliierten Spionagestellen für ein häßliches Denunziantentum der Landsleute in Österreich mißbrauchen lassen. Als mir durch einen „Vertrauensbruch" die dortselbst (!) ausgearbeitete Liste aller maßgebenden Mitglieder des NS und der SS in den einzelnen (!)

---

[91]) *„die Zukunft Österreichs"*

*) Churchill, Roosevelt, Attlee, Generalleutnant W. Clark, um nur die wichtigsten zu nennen.

Provinzen Österreichs in die Hand kam*), trennte ich mich sofort von dieser durch Alliierte geförderten Gesellschaft, um nicht meine Hände zu beschmutzen. Es war tief bedauerlich, daß solches möglich war, denn das römische Komitee der Österreicher hatte keine offizielle Verbindung mit jenem von London (Austrian Free World Movement), in dem kommunistische Juden die Vorherrschaft hatten, und das längere Zeit, solange das russische Narkotin wirkte, sich der Unterstützung alliierter Stellen erfreute. Das österreichische Hilfskomitee in Rom war zu 90 Prozent aus anständigen Elementen zusammengesetzt. Das zeigte sich bald, als unter den Österreichern (287 Wähler) eine geheime Abstimmung über ihre politische Stellungnahme durchgeführt wurde. Das Ergebnis war sehr klar**). Um jeder niederträchtigen Handlung an eigenen Landsleuten entgegenzuarbeiten, richtete ich einen Aufruf an alle in Rom lebenden Österreicher, in dem folgende Stellen aber nicht den Beifall mancher Verirrter finden konnten (Juli 1944):

„Österreichs Bestand kann auch für die Dauer nicht von einem Gefühlsantagonismus gegen das deutsche Volk leben. Sehr richtig hat Stalin, dieser nüchterne Politiker, in seiner Ansprache an die Armee Rußlands am 23. Februar 1942 über die russischen Kriegsziele erklärt: ‚Die Hitler kommen und gehen, aber das deutsche Volk und der deutsche Staat bleiben bestehen. Wir haben keinen Haß gegen das deutsche Volk an sich, dazu sind wir nicht fähig.'

Österreich ist und bleibt deshalb trotz aller feinen, aus dem Romanischen und Slawischen übernommenen Nuancen, die den Österreicher besonders vom Norddeutschen vorteilhaft unterscheiden, ein Land und Staat von deutscher Kultur. Sein Nachbar ist und bleibt das deutsche Volk. Letzteres wird ungeachtet der Tragödie sich wieder emporarbeiten zu einem in Europa geachteten politischen Faktor: denn es ist ein arbeitsfrohes, diszipliniertes und pflichtbewußtes Volk, das nur eine gescheiterte Führung in wahrhaft demokratischer Gesinnung haben muß. Ohne die deutsche Nation gibt es kein beruhigtes Europa; denn die deutsche Frage ist die Frage an sich. Um so wichtiger ist es, daß es allen Eventualitäten der nächsten

*) Nicht wenige derselben kamen später in die Gefängnisse von Wolfsberg und Mauthausen als Opfer dieses bezahlten Denunziantentums.

**) Christdemokraten 90 Prozent, Sozialisten 6 Prozent, Liberale und Kommunisten 4 Prozent (Abstimmung August 1944 in Rom!).

dreißig Jahre aus eigener Kraft gewachsen ist. Österreich aber sollte andererseits geradezu die vornehmste Verkörperung deutscher Art werden, da hier Kultureinflüsse aus dem Süden und Osten die Härten des deutschen Charakters glücklicherweise mildern können.

In Österreich sollte für linksradikale Richtungen der Politik kein alles beherrschender Platz sein. Das entspricht gar nicht dem österreichischen Charakter und würde nur schaden. Ausgleich aller politischen Strömungen durch eine aus christlichem Geiste geformte Mittelpartei ist der goldene Weg zum inneren Frieden. Wahre Demokratie kennt keine Radikalismen, sondern nur harmonische Zusammenarbeit. Gerade aus dieser Erwägung heraus sollten auch die Österreicher im Ausland sich nicht gegenseitig bekämpfen, sondern aus den ungeheueren Erschütterungen der Jahre 1938—45 gelernt haben, daß die Einigkeit in der Liebe zum Vaterland viel wichtiger ist als die besten Parteiprogramme. Der Aufbau Österreichs kann nach Jahren des Hasses, der Rache und Zerstörung nur in Liebe, Gerechtigkeit und Freiheit erfolgen. Das ständige Anprangern und Denunzieren von eigenen Landsleuten ist kein Zeichen vornehmer Gesinnung, von Christentum gar nicht zu reden. So wie die Reichsdeutschen — von jenen rühmlichen Ausnahmen abgesehen, die in Konzentrationslagern und Gefängnissen gelitten oder in der Freiheitsfront offen gekämpft haben — müssen auch viele Österreicher ein „Nostra culpa“ sprechen: viele Sozialisten, die so lange für den Anschluß waren, als in Deutschland ihre Partei die Hauptposten einnahm, jene Kommunisten, die in die Partei des NS eingetreten sind, statt in den Schützengräben der Innenpolitik ohne Rast zu kämpfen, viele Heimwehrleute, die durch ihre autoritäre, der wahren Demokratie widersprechende Haltung dem NS in Österreich manche Wege bereitet haben, und endlich alle jene, die mit Namen wie Hirtenberger Waffenschmuggel, Phönixversicherungsskandal, Bosel, Mandel und Castiglione irgendwie verbandelt waren. Das einzige richtige ist, hinter die Vergangenheit einen dicken Strich zu ziehen, aber jene zu treffen, die sich während der NS-Gewaltherrschaft am Leben, an Gesundheit, Vermögen und Familie ihrer Landsleute wirklich versündigt haben. Möge hier nicht der Grundsatz gelten: „Die kleinen Diebe hängt man, die großen läßt man laufen.“

Dieser Aufruf verfehlte bei allen sauberen österreichischen Elementen nicht seine Wirkung, sobald sie auf die Entwicklung des politischen Verhältnisses zwischen Österreich und Deutschland in den Jahren 1918—38 ruhig und leidenschaftslos zurückblickten. Das Verhältnis Österreichs zu Deutschland war in den ersten Jahren nach 1918 ein vollständig klares, nachdem eine monarchistische Restauration sich als Selbsttäuschung erwiesen hatte und andererseits die Alliierten Österreich im Jänner 1938 völlig im Stich gelassen hatten*). Vergeblich war das durch den Hauptschriftleiter der „Reichspost", Funder, Papst Pius XI. überreichte dringliche Promemoria des Bundeskanzlers Schuschnigg über eine Vermittlung des Heiligen Stuhles bei den Regierungen von Frankreich, Italien und England, um den Zusammenbruch zu verhindern — darauf ist wohl nie eine Antwort gekommen, obwohl diese letzte Denkschrift eine erschütternde Sprache hatte. Dasselbe machte der österreichische Episkopat ohne den geringsten Erfolg. England (Chamberlain) zeigte sich an einer Vermittlungsaktion desinteressiert, Frankreich, das gerade wieder einmal eine seiner Ministerkrisen hatte, erklärte, sich der Haltung Mussolinis anzuschließen**). Es hat heute vielleicht wenig Sinn, sich die Frage zu stellen, was geschehen wäre, wenn die anderen Mächte damals Österreich nicht im Stich gelassen hätten, aber daß sie es taten, ist eine Feststellung, die man immer wieder mit voller Klarheit in der Öffentlichkeit betonen muß. Die Verantwortung für das Chaos im Donauraum lastet in erster Linie auf England und Frankreich. Kardinalerzbischof Piffl sagte mir wiederholt: „Ich bin für einen Zusammenschluß, aber nicht für einen Anschluß, der gleichzeitig der Abschluß der ganzen österreichischen Geschichte wäre, aber ich danke Gott, wenn ich das alles nicht erleben muß." Der Frage „Österreich-Deutschland" waren überdies klare, eindeutige Beschlüsse und Erklärungen maßgebender österreichischer Körperschaften und Persönlichkeiten den Märztagen 1938 vorausgegangen.

Die österreichische Nationalversammlung vom 6. September 1919 legte ausgerechnet unter dem Vorsitz des damaligen sozialistischen

---

*) Treffend waren die Ausführungen von Robert Ingrim, „Der Griff nach Österreich", Europa-Verlag, Zürich 1940; und Gustav Steinbauer, „Ich war Verteidiger in Nürnberg, ein Urkundenbeitrag zum Kampf um Österreich", Klagenfurt 1950 (Verteidiger von Seyss-Inquart).

**) Charles A. Gulick (Professor für Nationalökonomie an der Universität von Kalifornien), „Österreich von Habsburg zu Hitler", 1947 (University of California Press), trotz des großen vom Verfasser verwendeten Materials mit Vorsicht zu beurteilen.

Bundeskanzlers Karl Renner feierliche Verwahrung ein, daß der Friedensvertrag von Saint-Germain Österreich das Selbstbestimmungsrecht genommen hatte, „eine Versündigung an den heiligsten (!) Rechten einer Nation". Politiker haben in allen Zeiten mit der Vergeßlichkeit der breiten Masse gerechnet, doch ist es im Interesse der Wahrheit gut, von Zeit zu Zeit gewisse Dinge in Erinnerung zu bringen. Seipel selbst erklärte am 9. Juni 1928 in einem Interview, das er der „Neuen Freien Presse" gab:

„Wie ich zum Anschluß stehe? Ich will ganz aufrichtig antworten: Heute schon sind wir mit Deutschland in viel höherem Maße als in rein staatsrechtlichem Sinne verbunden, unlösbar verbunden. Irgendeine Kombination, die Deutschland ausschließt, kommt für uns in aller Zukunft nicht in Frage, aus wirtschaftlichen und gefühlsmäßigen und tausend anderen Gründen.")*

Die beste Erklärung, sozusagen einen Kommentar, hat zu dieser Rede des bedeutenden österreichischen Staatsmannes ein Franzose, Tibal, gegeben. Nach seiner urkundenmäßig belegten Auffassung wurde Österreich absichtlich zerstückelt und zu einem Zwergstaat entmachtet, um es wirtschaftlich und kulturell besser in die Hände zu bekommen. Der französische Professor A. Tibal hat in seiner „Histoire diplomatique contemporaine" den wahren und letzten Grund der Anschlußfeindlichkeit Frankreichs genannt, wenn er schreibt:

„Man sah das Los der Österreicher als in Beziehung zu dem stehend, was die Hauptsorge der Großen, in erster Linie der Franzosen, auf der Konferenz bildete: Die zukünftige Rolle der Deutschen in Europa. Wegen dieses Zusammenhanges mit der deutschen Frage haben sich Franzosen vom ersten Tag an dem Anschluß absolut widersetzt."

Die Seele des wahren österreichischen Volkes, soweit es nicht vom Ausland bezahlt oder von sentimentalen Gefühlen der Vergangenheit beherrscht ist, hat darauf immer ganz anders geantwortet.

---

*) Seipel wiederholte diese Gedanken mit aller Offenheit am 27. Juni 1928 in einer Parlamentsrede bei seiner Antwort an die Kleine Entente: „Niemals werden wir glauben, daß die mitteleuropäische Frage gelöst ist, wenn der größte Teil, der Mitteleuropa ausfüllt, das Deutsche Reich, bei dieser Lösung nicht dabei ist."

Vergleiche das „Treuebekenntnis“ des Österreichisch-Deutschen Volksbundes aus dem Jahre 1928:

„Heute, zehn Jahre nach dem 12. November 1918, und immerdar halten wir in Treue fest an dem Beschluß: ‚Deutsch-Österreich ist ein Bestandteil der Deutschen Republik‘ und bekräftigen ihn durch unsere Unterschrift.“

Hunderttausende gaben ihre Unterschrift, darunter mehr als zwei Drittel der National- und Bundesräte der Bundesversammlung, und bekannten sich zum Anschlußgedanken. (Also eine verfassungsmäßige Mehrheit!). Unter ihnen befanden sich nicht weniger als 21 Christlichsoziale National- und Bundesräte.

Bundespräsident Wilhelm Miklas schrieb in seinem Neujahrsgruß 1929 an die christlichsozialen Zeitungen:

„. . . wenn uns auch Grenzpfähle trennen, wir gehören doch alle zusammen zu einem Volke!“

Bei der Weihe der Kufsteiner Heldenorgel im Mai 1931:

„. . . sie künde aber auch, daß die Zeit des deutschen Bruderkampfes, in der auf den Schlachtfeldern Deutsche wider Deutsche standen, für immer vorbei ist und daß alle deutschen Stämme in Ost und West, in Süd und Nord für immer einig bleiben wollen. Oh möchte doch die Welt so recht verstehen, daß diese Einigkeit des deutschen Volkes, des großen Volkes der Mitte, zugleich auch Voraussetzung und stärkstes Unterpfand eines dauerhaften Friedens Europas ist.“

Unterrichtsminister Dr. Schuschnigg am 22. November 1929:

„Dem Zusammenschluß, der einzigen staatsrechtlichen Möglichkeit, die dem Föderalismus Rechnung trägt, vorzugreifen, zunächst auf wirtschaftlichem, vor allem aber auf rein kulturellem Gebiete, können weder die Friedensverträge noch die Grenzen verhindern . . .“

Bundeskanzler a. D. Ramek im „Anschluß“ vom 16. Juli 1929:

„Wir Österreicher aber erfüllen unserem Volke gegenüber ein sittliches Gebot, wenn wir unentwegt für den Anschluß unserer Heimat an das große deutsche Vaterland ringen und dieses Ziel mit heißer Sehnsucht erstreben.“

Minister a. D. Dr. Mataja im „Anschluß" vom 16. Juli 1927: *„Die Länder, aus denen das heutige Österreich besteht, sind samt und sonders aus dem Deutschen Reich herausgeschnitten. Österreich könnte der Meinung sein, daß es seine große und keineswegs beendete Kulturmission nach dem Südosten am zweckmäßigsten als staatsrechtliches Glied des Deutschen Reiches aufnehmen sollte. ... Deshalb verlangt das Programm der Christlichsozialen Partei vom 29. November 1926 ‚die Ausgestaltung des Verhältnisses zum Deutschen Reich auf Grund des Selbstbestimmungsrechtes'... Der Anschluß Österreichs an Deutschland würde selbstverständlich die österreichische Mission, die Kulturmission Österreichs nach dem Südosten, in keiner Weise beeinträchtigen. Die innige Verbindung mit der deutschen Kultur würde durch den Anschluß befestigt und gewährleistet."*

Fürst Starhemberg, Wahlaufruf der Heimwehren von 1930: *„Über allem aber steht als letztes und höchstes Ziel der Zusammenschluß aller deutschen Stämme zu einem einigen christlichen, nationalen und sozialen starken deutschen Reich."*

Der Begeisterung, mit der 1945 die Wiener Bevölkerung, an ihrer Spitze der Kardinal, den Einzug der russischen Armee als die „Befreier" Österreichs begrüßte, genau wie sieben Jahre vorher in den Märztagen mit jubelndem Beifall Hunderttausende auf der Ringstraße jenen Hitlers und seiner Soldaten, folgte bald die Ernüchterung, das Erwachen, denn was die Alliierten (mit Ausnahme der Russen) wollten, war nichts anderes als eine Neuauflage des Saint-Germain-Österreich, also eine Restauration, aber in schlechteren Formen, denn diesmal wurde das Land durchsetzt von den Spionageorganen der vier Besatzungsmächte, deren Einfluß so weit ging, daß selbst der bloße Besitz von NS-Literatur mit Kerker (!) bedroht wurde. In diesem Zustand dämmert die Bevölkerung dahin, nachdem die Ideale „Nation" und „Reichsgedanke" aus den Herzen gerissen waren. Nur Nordtirol brachte bereits bei der Abstimmung des Jahres 1946 die wahre Gesinnung der tiefer Denkenden und nicht von der augenblicklichen politischen Konjunktur lebenden Österreicher zum Ausdruck: Zum ersten Mal ist damals in der französischen Besetzungszone Österreichs (Tirol-Vorarlberg) die öffentliche Meinung erforscht worden. Es wurden unter anderem folgende Fragen gestellt:

Frage: Glauben Sie, daß Österreich fähig ist, innerhalb seiner jetzigen Grenzen zu leben?

Antwort: Ja: 21 Prozent. Nein: 78 Prozent. Ohne Meinung: 1 Prozent.

Im Falle der negativen Antwort auf die obige Frage; welche Lösung würden Sie vorschlagen?

Antworten: Anschluß deutscher Staaten: 10 Prozent. Anschluß von Donaustaaten: 8 Prozent. Andere Lösungen (darunter Anschluß Südtirols): 69 Prozent. Ohne Meinung: 13 Prozent.

Dieses Urteil eines Teiles der Bevölkerung Österreichs stand im Gegensatz zu merkwürdigen Schriftstellern, die mit dem Schlagwort „Die österreichische Nation“ eine völlig künstliche Konstruktion schaffen wollten, um diese verunglückte Neuauflage vor dem Urteil der Naiven zu begründen. Ich habe in meinem Werk „Die Grundlagen des NS“ (1936) diese irrige Auffassung mit den Worten abgelehnt, daß es wohl österreichische Charaktereigenschaften, aber keine eigene Nation gibt, denn der Österreicher ist und bleibt der Deutsche im österreichischen Raum.

So kann man auch, was Österreich, diesen kleinen Teil Europas, betrifft, beim Anblick der politischen Kunst der drei „Großen“ und ihrer Anhänger an das Wort der Bibel denken: „Stultorum infinitus est numerus — die Zahl der Toren hat kein Ende“ (Eccle 1,15).

9. Kirchenpolitische Befriedungsversuche im Dritten Reich 1938, 1942

Ohne das geringste selbst zu veranlassen, bin ich schicksalsmäßig in die beiden letzten Versuche hineingeraten, im NS eine kirchenpolitische Befriedung herbeizuführen oder wenigstens anzubahnen. Nach dem päpstlichen Weltrundschreiben „Mit brennender Sorge" vom März 1937 waren alle Brücken abgebrochen und Tore verrammelt. Die Lage verschärfte sich, die Fronten versteiften sich, und die Verhältnisse wurden noch schlimmer als früher. Der einzige Vorteil — kirchlich gesprochen — war, daß nunmehr gläubige Protestanten mit den Katholiken in einer Einheitsfront sich zusammenfinden konnten, konfessionelle Gegensätze übersehend und nur das beiden gemeinsame christliche Erbgut in den Vordergrund stellend, als Gegenstand gemeinsamer Verteidigung.

Nach dem triumphalen Einzug in Österreich, im März 1938, machte Hitler, nach seiner Ankunft in Wien, den Versuch, über Österreich die kirchenpolitischen Fragen für ganz Deutschland zu ordnen. Er betonte in einer Aussprache mit Bürckel, daß er vergeblich sich bemüht hätte, mit der protestantischen Kirche des Reiches eine friedliche Lösung herbeizuführen. Das sei unmöglich geworden, weil keine höchste für alle maßgebende Stelle vorhanden sei, mit der man Bindungen eingehen könne. „Zum Kirchenministerium habe ich kein Vertrauen, diese Leute sind der Sache nicht gewachsen. Ich will deshalb eine Verständigung mit Ihrer Kirche. Arbeiten Sie mir Pläne aus" (Aussprache auch Ende Jänner auf dem Obersalzberg mit Papen). Im Katholizismus halte er das wesentlich leichter, weil eine letzte Autorität entscheidend und alle verpflichtend sprechen könne. Auch in der Frage der katholischen Jugenderziehung und -bewegung wünsche er einen Weg, wie ihn der Faschismus in Italien*) gefunden hatte.

---

*) Hier war ein weitgehender Rückzug der römischen Kurie auch hinsichtlich führender Mitglieder der Katholischen Aktion erfolgt. Es war das Vermittlungswerk des

In dieser Auffassung wurde Hitler durch eine Reihe österreichischer Mitglieder des NS bestärkt, die treudeutsch, aber nicht minder katholisch bleiben wollten*). Seine Aussprache mit Kardinalerzbischof Innitzer im Hotel „Imperial“ brachte keine konkreten Ergebnisse. Bereits am 8. Februar 1938 hatte der deutschfreundliche Pariser Weihbischof und Generalvikar Beaussart in seiner Audienz bei Papst Pius XI. versucht, von Papen und mir beeinflußt, im Vatikan den Boden vorzubereiten und gewisse Punkte einer eventuellen Entspannung zu nennen (Änderung mehrerer Artikel des Konkordats, Staat sichert zu: Religionsunterricht in Volks- und Mittelschulen durch Priester, die politisch nicht bestraft oder verdächtigt sind, Möglichkeit der Errichtung von Privatschulen unter staatlicher Aufsicht und Kontrolle in erster Linie zur Heranziehung künftiger Welt- und Ordensgeistlicher, nur rein religiöse Kundgebungen, keine konfessionellen Berufsorganisationen und Sportvereine; Rom duldet — wie im österreichischen Konkordat — Einheitsschulen, wenn in diesen Religionsunterricht erteilt wird durch Personen, die von der Kirche genehmigt werden, also ein Mindestprogramm, um den toten Punkt zu überwinden und wieder in eine gegenseitige Aussprache zu kommen). Pius XI. war aber damals bereits schwer leidend. Er weinte, ohne sich vor seinem Besucher Weihbischof Beaussart der Tränen zu schämen, und erwiderte immer wieder die Worte: „Wir können an die Treue im NS nicht glauben, Ci hanno maltratato mentre Noi abbiamo trattato[92]).“ Aus der ganzen Sache, die eine wesentliche Entgiftung der besonders vom Auslande, nicht zuletzt in Rom durch deutsche und österreichische Emigranten in der Presse geführten Propaganda bedeuten mußte, kam nichts heraus. Es war eine versäumte Gelegenheit.

Voller Hoffnung kehrte aber Kardinal Innitzer vom Hotel „Imperial“, wo die Aussprache zwischen ihm und Hitler stattgefunden hatte, in seine Residenz zurück, als ihn unerwartet der Befehl von

---

Jesuitenpaters Tacchi-Venturi in Rom. Die Korrespondenz Hitler — Reichsstatthalter Bürckel — Kardinal Innitzer über diese Konferenz im Mai 1938 und die daran sich anschließenden Verhandlungen wurden dank der Vermittlung mehrerer Persönlichkeiten vor den Zugriffen unberufener „Geschichtsschreiber“ sichergestellt.

*) Das Hirtenschreiben des österreichischen Gesamtepiskopats über den Anschluß Österreichs „als der Erfüllung der Sehnsucht eines Jahrhunderts“ bestärkte Hitler wesentlich in seinem Bestreben.

[92]) *„Sie haben uns schlecht behandelt, während wir verhandelt haben“*

Rom traf, sofort „ad audiendum verbum[93])“ sich in den Vatikan zu begeben. Ich habe ihn auf dieser schmerzlichen Fahrt begleitet und in den Vorzimmern des Papstes den Verlauf der stürmischen Auseinandersetzung verfolgt. Schließlich mußte er, wie Heinrich IV. in Canossa, nachgeben und eine neue Erklärung unterschreiben, die noch am folgenden Tage, als er bereits Rom verlassen hatte, im „Osservatore Romano“ erscheinen mußte. Sie war eine Desavouierung des österreichischen Episkopats im Weltforum, andererseits eine Rechtsklarstellung hinsichtlich des österreichischen Konkordats, das auch weiterhin nach dem Grundsatz „pacta sunt servanda[94])“ in Geltung sei. Es konnte nicht anders kommen, denn gleich nach der ersten Verlautbarung der österreichischen Bischöfe hatte sich der reichsdeutsche Jesuit H. Muckermann im Vatikanradio eingeschaltet und einen heftigen Angriff gegen die österreichischen Bischöfe wegen „Knochenerweichung“ in der Abendsendung gestartet. Mehrere Stunden vorher hatte ein Korrespondent der „Berliner Börsenzeitung“ Abzüge dieser Sendung, die infolge ihrer Schärfe großes Mißbehagen bei der deutschen Botschaft auslöste, in der Geschäftsleitung der „Stampa estera“ unter die internationalen Presseleute verteilt. Als ich in der deutschen Nationalkirche der Anima die Gemeinde zu einem Gottesdienst eingeladen hatte, um dem Herrgott zu danken, „daß beim Anschluß kein Blut vergossen wurde“, erhielt ich vom Vatikan die Weisung, daß in Rom eine solche religiöse Feier nicht abgehalten werden darf. „Il Santo Padre si oppone a una tale funzione[95])“. So war an sich eine klare Linie geschaffen. Erst die Veröffentlichung der noch verborgenen Dokumente und Briefe über die Ereignisse in Linz und Wien während des Hitleraufenthalts und jener über die erste Tätigkeit des späteren Reichsstatthalters Bürckel würden größere Klarheit in der Frage bringen, woher die ersten Widerstände gekommen sind, um diesen Versuch zur Versöhnung unmöglich zu machen. Als ich bei der großen Hemmafeier in Gurk (Kärnten) Ende Juni 1938 den Gottesdienst gehalten hatte — es handelte sich um die päpstliche Bestätigung eines jahrhundertealten Kultus dieser Seligen (die betreffende Bulle wurde mir nicht mitgegeben „um nicht kirchenpolitische Schwierigkeiten herbeizuführen“) —,

---

[93]) *„zum Anhören des Wortes“ (des Papstes)*
[94]) *„Verträge sind einzuhalten“*
[95]) *„Der Heilige Vater ist gegen eine solche religiöse Feier“*

kam unerwartet ein Beauftragter Bürckels von Wien mit der Anfrage, ob ich zu einer geheimen Aussprache bereit wäre*). Es wunderte mich, denn der Wortlaut meiner später auch im Druck erschienenen Predigt in diesem herrlichen romanischen Dom von Gurk konnte einen Zweifel über meine Haltung nicht aufkommen lassen:

„Katholische Männer und Frauen von Kärnten! Nicht selten frage ich mich beim Lesen der Berichte aus Rußland, die mir der Märtyrerbischof Sloskan erst vor wenigen Jahren überbrachte, nachdem er über zehn Jahre in den sibirischen Kerkern Rußlands geschmachtet hat, und sein Angesicht die tiefen Spuren der Gefangenschaft verkündete: ‚Wird das Christentum einer solchen satanisch organisierten Macht für die Dauer wohl gewachsen sein?‘ Dann blicke ich zurück auf die vergangenen Jahrhunderte der Geschichte des Christentums und sage mir: ‚Es wird der Tag kommen, an dem auch diese bolschewistische Welt als die größte Lüge und der größte Betrug der Geschichte zusammenbricht.‘ Was ist denn der Bolschewismus? Ich habe den armen Bischof noch immer vor mir, der heute bereits unter den Toten weilt, dem die Gefangenschaft, Not und Mühe, die er in Rußland erlebt hat, das Leben verkürzt haben. Was ist Bolschewismus? Nichts anderes als teuflischer Haß gegen das Christentum. Er erzählte mir von den Dynamitsprengungen der Kirchen und deren Umwandlung in Kinos und Stätten für Volksversammlungen. Den Priestern wurden, um sie auszuhungern, Lebensmittelkarten verweigert, weil sie kein Recht hätten, vom Staate etwas zu bekommen. Er erzählte mir, wie Männer und Frauen, die zum Gottesdienst kamen, vom Kirchtore weggeschleppt wurden, ohne daß man jemals erfahren hätte, wohin sie gebracht wurden. Als ich den Bericht dieses ehrwürdigen Märtyrerbischofs moderner Zeit gehört hatte, dachte ich mir: ‚Es gab Zeiten, in denen die Kirche reich, angesehen und von Fürsten und Mächten dieser Erde umworben war. Heute trägt die Kirche keine Krone von Diamanten, aber die Tränen Ungezählter, ob ihres Glaubens Gemarterter sind der kostbare Perlenschmuck ihres Diadems.‘ Mit Recht konnte dieser Bischof seinen Bericht über Rußland mit den ergreifenden Worten schließen: ‚Wenn man das Blut, das seit 1916 dort darüber vergos-

*) Anregung und Vermittlung gingen aus von Prinzessin Schönburg-Hartenstein.

sen wurde, sammeln wollte und die Tränen der Tausende von Opfern dieses Christentumhasses, der zerstörten Familienexistenzen, wenn die Weheschreie zu hören wären aus den Kerkern Rußlands, dann würde jedes frohe Leben in Europa ersterben, und die Menschen würden sagen: ‚Bewahre uns Gott, daß nicht auch wir ein solches Schicksal erleben müssen.'

Drei Nationen waren von der Vorsehung auserwählt, um den Kampf gegen die Welt des Bolschewismus zu führen. Die edle italienische Nation, das ritterliche Spanien und unser deutsches Volk. Der Bolschewismus ist nicht umsonst in Rußland an die Macht gekommen. Er steht an den Osttoren Europas, damit jene, die Augen haben, sehen und die, die Ohren haben, hören lernen. Wo immer in einem Staate das Christentum untergeht, erwacht das Barbarentum. Drei Nationen haben diese Aufgabe erhalten, den Bolschewismus, in welchen Formen er auch sich präsentieren mag, zu bekämpfen und vernichtend zu schlagen. Dieser Kampf muß geführt werden, wenn wir Kultur, Zivilisation und überhaupt ein geistiges Leben in Europa erhalten wollen. Der Kampf ist groß und schwer, denn es ist eine geistige Auseinandersetzung von zwei Weltanschauungen. Dieser Kampf muß gewonnen werden, denn Sieg oder Untergang sind hier entscheidend für die Zukunft, für einen neuen Aufstieg oder Untergang für immer. In diesem Kampfe können aber nur jene Bannerträger sein, die den Sinn dieses weltanschaulichen Kampfes erfaßt haben, der in letzter Hinsicht ein Kampf für oder gegen die Person Jesu Christi ist. Wo immer Bolschewisten zur Macht kamen, zerstörten sie nicht etwa Stadions, Theater und Kunstsammlungen, sondern Kirchen und Kreuze. Die Menschen, die von ihnen vernichtet wurden, waren in erster Linie Priester und Ordensleute und unter der Laienwelt die treuesten Bekenner der Kirche. Ob protestantisch, orthodox oder katholisch, das spielt im Kampfe der Bolschewiken keine Rolle. Es genügt für ihren Vernichtungshaß, daß die Opfer überhaupt Christen sind. Unser Gebet steigt deshalb in dieser ehrwürdigen alten deutschen Kirche zum Himmel empor, daß diese drei Nationen Europas diesen Kampf glücklich zu Ende führen. Es ist eine große entscheidungsvolle Zeit, ein schwerer Kampf der Geister, aber ein notwendiger Kampf, weil es um die Zukunft und Größe dieser drei herrlichen Nationen und damit von ganz Europa geht. Für diesen Kampf, der von Rußland seinen Feuer-

Kriegerdenkmal; Kapelle in der Kirche

schein über Europa wirft, wollen wir ein Gebet zum Himmel senden: ‚Herr, bleib bei uns, es darf nicht Abend werden. Bleibe mit deinem Christentum in Europa unter allen Völkern, die deiner Religion soviel Edles und Großes in der Vergangenheit zu verdanken hatten. Bleibe auch im deutschen Volk, das im Lichte des Christentums groß geworden ist.' "

Erst nachdem der Kärntner Bischof Adam Hefter, dessen Gast ich in jenen Tagen war, seine Zustimmung gegeben hatte, fuhr ich nach Wien, wo ein SS-Mann mich in die Villa Bürckels begleitete und in Gegenwart mehrerer führender Persönlichkeiten des österreichischen NS*) (später wurden alle vom Linksflügel ausgeschaltet) die wichtigsten Fragen der Kirchenpolitik besprochen wurden. Auf beiden Seiten wurde die Überzeugung ausgesprochen, daß eine baldige religiöse Befriedung in Österreich wesentlich den Weg zu einer Gesamtbereinigung der kirchenpolitischen Probleme Deutschlands fördern würde. Ich habe meine Bereitwilligkeit ausgesprochen, diese Bestrebungen in Rom an den höchsten Stellen zu fördern, da ich den gegenwärtigen Zustand, rein staatspolitisch gesprochen, für eine Gefahr der deutschen Volkseinheit betrachte. Der österreichische NS war radikal ohne jede Hemmung und Rücksicht gegenüber Staatsinteressen. Ich erklärte, die Verhältnisse im nationalen Lager in Österreich noch aus meiner Tätigkeit als Grazer Universitätsprofessor zu kennen, ob Reichskommissar Bürckel sich aber gegenüber dem linksradikalen, halb bolschewistisch eingestellten Flügel im österreichischen NS durchsetzen könne, bezweifle ich, worauf Bürckel erwiderte: „Wenn Hitler die Unterschrift gibt, ist die Sache erledigt. Das kann innerhalb von 24 Stunden erfolgen." In Schlagworten habe ich diese Verhandlung in meinen Tagebüchern aufgezeichnet, ebenso wie jene in Rom mit Kardinalstaatssekretär Pacelli.

Am nächsten Morgen hatte ich mit den Vertrauensmännern des Reichskommissars im Hotel „Meisl-Schaden" eine mehrstündige Besprechung, bei der mir auch einige Grundlinien einer Verständigung vorgelegt wurden, die aber, weil von im Kirchenrecht un-

---

*) Minister Klausner, bekannt aus den Kärntner Freiheitskämpfen, Dr. Himr, Pressereferent des Bayrischen Reichsstatthalters von Epp, Privatsekretär für religiöse Befriedung Pischtiak (SS).

erfahrenen Personen gemacht, in verschiedenen Dingen viel zu unsicher gefaßt waren und die vielleicht, statt zu einer wirklichen, beiderseits loyal verstandenen Befriedung zu führen, eher Anlässe zu neuen Mißverständnissen und Reibungen gegeben hätten. Vom Anfang an war es mein Grundsatz: „Es darf keine Sieger und keinen Besiegten geben. Nichts verlangen und nichts zusagen, was man nicht auch wirklich ehrlich durchführen kann." Gleich nach meiner Rückkehr in Rom habe ich in diesem Sinne gearbeitet und den Boden vorbereitet, wobei ich bemerken mußte, daß es größter Klugheit bedarf, um überhaupt einen Schritt vorwärtszukommen, da man im Vatikan jeden Glauben verloren hat, daß Verträge und Abmachungen von der Partei gehalten würden.

Erinnerungen an meine kirchenpolitische Aussprache mit Reichskommissar Bürckel, Wien, 1. Juli 1938:

I. Ausgangspunkt der Aussprache, Bürckels Äußerungen: „Kaas, eine Gefahr in Rom. Deutschfeindliche Gesinnung des Papstes und der römischen Monsignori, ‚Osservatore', Radio, Einfluß des französischen Botschafters, Museenschließung anläßlich des Romaufenthaltes Hitlers, Material in Händen der Gestapo. Erklärung des Vatikans gegenüber der Anschlußzustimmung der österreichischen Bischöfe kalt-juristisch, ohne Verständnis für die schwierige Lage in Österreich. Konkordat Österreichs? Besser Strich machen und neu beginnen: Abgrenzung der gegenseitigen Kompetenzen. Der Wiener Kardinal nach Rom zitiert: Sie sind ein Optimist, ich glaube nicht an den Frieden, auch wenn wir wollen. Der Vatikan haßt das deutsche Volk und will die deutsche Einheit wieder zerstören, um Deutschland in konfessionelle Gebiete aufzuspalten. Es ist die alte Politik Roms, die wir aus den Zeiten Richelieus kennen. Einkreisung und Opportunitäten. Ich will dem Führer den religiösen Frieden in Österreich schenken, aber es ist die letzte Stunde, ich habe selbst Schwierigkeiten in der Partei gegenüber dem Linksflügel."

Dann folgten seine Vorschläge: Die Partei verspricht: keine Förderung der Abfallsbewegung, kein Kampf gegen das Christentum in Unterricht, Presse, Jugendbewegung, Parteiversammlungen, energisches Vorgehen gegen Parteigenossen, die dagegenhandeln.

Kirche verspricht: a) Einfluß auf Geistliche und Laien im Sinne einer positiven Haltung gegenüber der Partei, Vorgehen gegen Geistliche, die sich gegen die Erklärung verfehlen, b) Unterstützung der Siedlungsaktion durch Abgabe von kirchlichem Grund und Boden (besonders wurde der große Besitz des Stiftes Klosterneuburg in der Bannmeile Wiens genannt) in gegenseitiger Vereinbarung und entsprechender Entscheidung.

Treuhänder für die religiöse Befriedung ist Österreich. Unterschrift Hitlers gesichert. (Bereits auf Deutschland hinaus gerichtet!!)

Meine Ergänzungen zu diesem Vorschlage:

1. Die Rechtspersönlichkeit der katholischen Kirche bleibt unverändert gewahrt.

2. Keine Änderung im Besitz derselben ohne gegenseitige freundschaftliche Vereinbarung.

3. Beibehaltung des Religionsunterrichtes in den Schulen im bisherigen Ausmaß.

4. Rein religiöse Vereinsblätter und Zeitschriften genießen den Schutz des Staates und sind nur von den berufenen kirchlichen Stellen abhängig.

5. Erhaltung der Privatschulen, die der Heranbildung von Priestern und Ordensleuten dienen und von Kindern besucht werden, deren Eltern nicht staatlich angestellt sind.

6. Katholische Laien dürfen wegen ihres Bekenntnisses und der Ausübung ihrer Religion nicht benachteiligt werden.

7. Die Doppelzugehörigkeit zu rein religiösen Vereinen und Parteiorganisation ist gestattet.

8. Hat Kraft, wenn Hitler und Rom ihre Zustimmung geben!!

Der Kampf stärkt die linksradikale Richtung immer mehr.

Meine zweiten Vorschläge:

1. Absetzung eines Großteils der sogenannten Kommissare, die kirchliche Gebäude, Anstalten und Presseunternehmen „verwalten". Vorher strenge Überprüfung ihrer Geschäftsgebarung. Fast alle haben ihr „Gehalt" selbst festgesetzt. Viele haben derart schlampig und gewissenlos einst blühende katholische Unternehmungen geleitet, daß diese heute vor dem wirtschaftlichen Untergang stehen. (Tatsächlich wurden sechs nach Dachau gebracht).

2. Zurückgabe des gestohlenen kirchlichen Eigentums, das unter allen möglichen „Rechts"-Titeln sequestriert worden ist. Was besonders mit den katholischen Pressevereinsanstalten, die mit dem Gelde des Klerus bereits vor dem Weltkriege gekauft worden sind, geschehen ist, ist Piratentum, würdig der Zustände Rußlands. Das genaue Verzeichnis dieser gestohlenen Häuser und Gegenstände (Admonter Kunstschatz) kann jederzeit bei den zuständigen bischöflichen Behörden eingesehen werden.

3. Wiedereröffnung der bischöflichen Knabenseminarien, die kirchliches Eigentum sind. Entweder dieselben zurückgeben oder eine angemessene Geldablösung, ebenso bei katholischen Vereinshäusern und sonstigen Anstalten.

4. Einsetzung einer geheimen Kommission durch den Führer, der dies März 1938 selbst wünschte, wie ich durch K. im Hotel „Imperial" erfuhr, um für Österreich, das Sudetengebiet und das ganze Reich ein religiöses Befriedungsprogramm auszuarbeiten. Das Kirchenministerium in Berlin ist für eine solche Aufgabe nicht geeignet, da mehrere von der Kirche abgefallene oder aus ihr irgendwie ausgetretene katholische Priester dortselbst Beamte sind, die im vorhinein vom Heiligen Stuhl und dem gesamten Episkopat abgelehnt würden (so zum Beispiel Ministerialrat Roth, Geistlicher der Diözese München!). Ebenso müßten die bisherigen religiösen Vertrauensmänner des Reichskommissars Bürckel, einschließlich des Erzabtes Klotz von Salzburg, der vom Vatikan abgelehnt würde, ausgeschaltet werden. Genaue Kenntnis der schwierigen kirchenpolitischen Probleme, des römischen Bodens und vor allem diplomatisches Fingerspitzengefühl sind unerläßliche Vorbedingungen für eine solche Kommission.

5. In diesem Zusammenhang wäre es nicht unvorteilhaft, einen Wechsel in der reichsdeutschen Botschaft beim Heiligen Stuhl vorzunehmen, durch Ernennung des angeblich langjährigen Parteigenossen Fürst Schönburg-Hartenstein, der das Vertrauen der Partei hat und schon infolge seines Namens (sein Onkel war letzter österreichisch-ungarischer Botschafter beim Vatikan, mit dem höchsten päpstlichen Orden, dem „Christus-Orden", ausgezeichnet) auf dem kirchlichen und weltlichen Parkett Roms noch am besten vorwärtskäme, um den Weg für einen modus vivendi zwischen Deutschland und dem Heiligen Stuhl freizulegen.

6. Nach dem Eingreifen des Führers gegen diese Elemente, die in Österreich und im Ausland die Parteibewegung und die deutsche nationale Sache kompromittieren, ist andererseits eine allgemeine Amnestie dringend notwendig, um die Stimmung der österreichischen Bevölkerung zu bessern. Täglich werden die anständigsten Menschen, die früher nichts als ihre Pflicht getan haben, in die Kerker eingeliefert und unwürdig behandelt! Ist dieses Nationalsozialismus?

7. Eine Pflicht der Menschlichkeit ist es ferner, daß endlich angeblich politischen Gefangenen in den Polizeigefängnissen und in Dachau wenigstens die Möglichkeit eines Gottesdienstes gegeben wird, selbst wenn ohne Predigt. Die Berichte sind erschütternd, denn nicht einmal in der Todesstunde und bei schwerer Erkrankung wird Geistlichen der Zutritt gestattet (auch mir wurde der Besuch von eingekerkerten Freunden dortselbst 1939 verboten).

8. Ein Kulturdokument ist auch der Septembererlaß des Wiener Gesundheitsamtes! Darnach darf kein Geistlicher einen Kranken in den Spitälern besuchen, wenn dieser nicht vorher schriftlich (!) eine Erklärung abgegeben hat, welche Sakramente er empfangen will (ob er beichten will, ist besonders zu vermerken!). Dieses Gesuch um einen Priester muß vorher vom behördlichen Spitalarzt und dem Spitaldirektor genehmigt werden, erst dann erhält ein Geistlicher vom Portier (!) dieses Spitals die Erlaubnis, den Kranken zu besuchen. Wenn Sakramente zu spenden sind, muß der betreffende Kranke aus dem gemeinsamen Saal weggebracht werden (!) — man denke an Schwerkranke! —, damit kein anderer Kranker in seinen religiösen (!) Gefühlen verletzt wird.

III. Bürckel — stark beeindruckt durch diese offene Aussprache — schlägt vor, einen Modus vivendi in der Form einer gegenseitigen Erklärung zu finden, wobei im vorhinein das Konkordat als Sache der Regierung zwischen Rom und Berlin betrachtet wird.

Bedenken des Kardinals Pacelli:*)

1. Lamenti, Pessimismus, hoffen gar nichts. [Sind das Alterserscheinungen? Eingaben liest fast niemand, nur persönlicher Kontakt.]**)

2. Warten hilft auch nichts. [Die Partei kann nur in einem Blut-

*) Meine Aussprache mit ihm am 10. Juli 1938 (Tagebücher).

**) [ ] = waren meine Erwiderungen.

bad untergehen, dann noch schlechter, Missionierung und Heranziehung einer neuen christlichen Führerschicht.]

3. [NS ist Frontkämpferbewegung gegen Versailles etc.]

4. Mißtrauen, ob sie es halten oder nicht? [Nochmals einen Versuch, dann Kampf bis ans Ende.]

5. [In cruce salus,[95a]) kein Machtstreben, sondern Liebe.]

Es war trotzdem möglich, in mühevollen, mehrere Wochen dauernden Verhandlungen eine Formel auszuarbeiten, die Kardinal Pacelli als geeignete Grundlage für einen Modus vivendi zunächst für Österreich bezeichnete. Hervorragende Verdienste hatte dabei Erzbischof Waitz von Salzburg, der trotz seiner legitimistischen Vergangenheit und seiner 75 Jahre mit einem bespiellosen Optimismus dreimal nach Rom gekommen war und wesentlich zur langsamen Entspannung mithelfen wollte. Das erste Mal hatte er, obwohl er seine Reise im Interesse Gesamtdeutschlands unternahm, an der deutsch-italienischen Grenze eine genaue Gepäcksuntersuchung, wobei ihm alles abgenommen worden ist. Auf seinen Protest antwortete ihm das Berliner Kirchenministerium, er möge den Nachweis erbringen, warum Bischöfe anders behandelt werden sollten als gewöhnliche Volksgenossen!! Der einzige, der aber immer wieder an einem Erfolg zweifelte, war Papst Pius XI., und der Verlauf dieses Versuches hat nur ihm Recht gegeben. Während noch die Verhandlungen geführt wurden, wurde in rücksichtslosester Weise in allen Diözesen Österreichs alles zerstört, was den Gegenstand der Befriedungsaktion bilden sollte. Selbst wenn man den Bestand von Privatschulen innerhalb des NS für unmöglich hält — im italienischen Faschismus sind dieselben kein Hindernis —, wurden altehrwürdige Kulturstätten barbarisch zerstört: Benediktinergymnasium in Kremsmünster, das Jahrhunderte wervollste Arbeit geleistet hat, die theologische Fakultät in Innsbruck, an der über 200 Amerikaner, Schweizer, Rumänen, Polen, Südslawen usw. studierten und die einen Weltruf im Katholizismus hatte, wurden aufgehoben — trotz der gegenteiligen Zusage von Berlin (!) — hier wurde einfach frech in Wien gelogen —, sämtliche Knabenseminare wurden aufgehoben, große Pressevereinsanstalten in schamlosester Weise enteignet; aus den Klöstern Mariazell, St. Lambrecht wurden die Geistlichen von kommissarischen Verwaltern (!) hinausgeworfen; trotz

95a) *„Am Kreuz ist Heil"*

dieser jeder Kultur hohnsprechenden Handlungen wurden in einer nur gläubigen Christen möglichen Geduld auch von Rom aus die Verhandlungen fortgesetzt, weil ich persönlich immer erklärte, daß Reichskommissar Bürckel die besten, loyalsten Absichten der Verständigung habe und nur die bolschewistische Richtung innerhalb des österreichischen NS Sonderfriedensversuche absichtlich sabotiert, der er leider nicht gewachsen ist. Unterdessen ging die Liquidation alles dessen, was überhaupt katholischerseits in einem Jahrhundert geschaffen worden war, ohne jede Verständigung der Bischöfe vor sich. Langsam wurde im katholischen Klerus eine Stimmung geschaffen, die sagte, mit solchen Methoden kann man keine Verständigung herbeiführen. Zum Überfluß riefen noch die in diplomatischen Formen und ebenso in kirchenpolitischen Fragen völlig unerfahrenen religiösen Berater des österreichischen Reichskommissars telefonisch (!) Kardinalstaatssekretär Pacelli an, um die Beschleunigung der Verhandlungen zu fordern. Er ließ ihnen mit vollem Recht durch seinen Sekretär sagen, daß er es sich verbitte, in seiner Stellung telefonisch in einer solchen Angelegenheit angerufen zu werden. Trotz dieser Entgleisungen und des ständigen unheimlichen religionsfeindlichen Anwachsens der linksradikalen religionsfeindlichen Richtung im österreichischen NS erklärten sich die gesamten österreichischen Bischöfe bereit, sich mit Reichskommissar Bürckel am 7. September zu einer gemeinsamen Besprechung zu versammeln, um den von ihm selbst inaugurierten Befriedungsversuch zu einem positiven Ergebnis zu führen. Am gleichen Tag aber, an dem diese Besprechung stattfinden sollte, erschienen mehrere staatliche Verordnungen, die in rücksichtsloser Weise auf dem Gebiete der Schule, Knabenseminarien usw. alles das einseitig „verordneten", was nachmittags Gegenstand der gemeinsamen vertrauensvollen Verhandlungen bilden sollte. Empört über eine solche kulturlose Behandlung übermittelten die österreichischen Bischöfe dem Reichskommissar, der das Opfer der Radikalisten in Wien geworden war*), daß sie es mit ihrer Ehre als unvereinbar halten, weiter zu verhandeln. Als der Sekretär des Kardinals diesen Brief ins Parlament überbrachte, er-

*) Auf Grund einer Zusage, die Bürckel mir gemacht hatte, wurden 6 oder 8 dieser Elemente nach Dachau gebracht, da ihre bolschewistische Haltung einwandfrei nachgewiesen werden konnte. Leider ist es bei dieser Zahl geblieben. Fast alle diese Elemente waren auch moralisch belastet.

klärten die dort befindlichen Beamten: „Wir lassen den Indianerhäuptling Innitzer bestens grüßen (!!).“

Kardinal Innitzer protestierte gegen diese Behandlung beim Reichskommissar, ohne je eine Antwort zu erhalten.

Soweit der Bericht meiner Tagebücher über diese Verhandlungen, bei denen auf der Seite der Kirche loyalste Haltung festzustellen war, während gleichzeitig auf der Gegenseite mit Lügen, Verdrehungen und Gewaltakten ein wahrer Rechtsbolschewismus in Österreich eingeführt worden ist. Der Heilige Vater hatte Recht behalten, als er bei Beginn dieser Verhandlungen erklärte, er habe jedes Vertrauen verloren. Man müsse ganz im Gegensatz zur Zeit vor 1933 sagen: „Fides Germanica, nulla fides[96]).“

Das Schlußkapitel dieser „Friedensaktion“ war der Sturm des organisierten Straßengesindels von Wien in der Nacht vom 8. auf den 9. Oktober, wobei das erzbischöfliche Palais erbrochen und die Wohnungseinrichtung des Kardinals von Wien auf die Straße geworfen und in Brand gesteckt wurde (vgl. Meldung der United Press, die durch die gesamte Weltpresse ging).

Dieser erste kirchenpolitische Befriedungsversuch erhält eine eigenartige Ergänzung durch folgende eidesstattliche Erklärung:*)

„Ich, Karl Kaufmann, zur Zeit wohnhaft Hamburg-Duvenstelt, Ziegelhof, ehemaliger Gauleiter von Hamburg, erkläre folgendes an Eidesstatt: Ich war mit dem verstorbenen ehemaligen Gauleiter des Gaues Saarpfalz, Josef Bürckel, eng befreundet. Nach dem Anschluß Österreich im Jahre 1938 wurde der damalige Gauleiter Bürckel von Adolf Hitler zum Reichskommissar für Österreich ernannt. In dieser Eigenschaft bat mich Bürckel, ihn bei der Vorbereitung und Durchführung der Volksabstimmung in Österreich zu unterstützen. In dieser Zeit gab mir Gauleiter Bürckel seine Absicht bekannt, in Zusammenarbeit mit dem Kardinalerzbischof von Wien, Innitzer, eine Verständigung zwischen Staat und Kirche in Österreich und darüber hinaus im Reich herbeizuführen. Bürckel hat mich in die Einzelheiten dieses Planes sowie über seine Verhandlungen mit dem Kardinalerzbischof von Wien und dem österreichischen Klerus eingeweiht. Auch über seine Besprechungen in dieser Ange-

---

96) *„Deutsche Treue — keine Treue“*

*) Brief vom 10. Februar 1951 („in meinem Besitz“, wie der Verfasser handschriftlich angibt).

legenheit mit Adolf Hitler hat mich Bürckel eingehend unterrichtet. Desgleichen erhielt ich Einblick in die diesbezügliche Korrespondenz, die zwischen dem damaligen Reichskommissar Bürckel und dem Kardinalerzbischof einerseits und Adolf Hitler andererseits geführt wurde. Wenn die Absichten Bürckels damals nach ernsthaften Bemühungen nicht zu den beabsichtigten Ergebnissen geführt haben, so lag dies an der Haltung und negativen Einschaltung des damaligen Reichsführers SS und seiner Zeitung ‚Das Schwarze Korps'. Es ist mir bekannt, daß sowohl der damalige Reichskommissar Bürckel wie auch der Kardinalerzbischof von Wien durch die Intervention des Reichsführers SS und der Stellungnahme seiner Zeitung, die zu einem schweren Konflikt führten, in eine äußerst schwierige Lage gerieten."

Die heute noch vorhandenen Original-Unterlagen geben einwandfrei Zeugnis für die oben geschilderten Absichten des ehemaligen Reichskommissars für Österreich, Josef Bürckel, und des Kardinalerzbischofs von Wien. Es war eine versäumte, große Möglichkeit, etwas für ganz Deutschland zu erreichen als ein Minimalprogramm christlicher Forderung in politischen Totalitätssystemen, natürlich nicht im Sinne engherziger Kurialisten, die Konkordate mit allen Artikeln ungeändert für Jahrhunderte festhalten möchten, wohl aber vom Standpunkt weitherzigen Entgegenkommens und einer Liquidation konfessioneller Parteipolitik, um den Angriffsabsichten des Linksflügels innerhalb des NS die Spitze abzubrechen. Deutsche Emigranten im Ausland, besonders in Rom, denen ein überkonfessionell geeinigtes starkes deutsches Reich unwillkommen war, längst bevor es einen NS gegeben hat, waren nicht minder für das Scheitern verantwortlich als Himmler, der sich später in Rom bei der Versammlung der SS in den Räumen der Hertziana rühmte, aus der Kirche (er war ein katholischer Bayer) ausgetreten zu sein, weil er in Rom den konfessionellen Spaltpilz deutscher Einheit sah!

Während dieser erste Versuch also kein Echo im Vatikan fand, obwohl der Kirchenkampf noch nicht seine schärfste Form angenommen hatte, und immerhin aus christlich-realpolitischer Schau das „Sperare contra spem",[96a]) menschlich gesprochen, nicht abgewiesen werden konnte, war der zweite und letzte Versuch umschattet von

[96a]) *„Hoffen gegen (jede) Hoffnung"*

Kriegsereignissen, als von alliierter Seite über Deutschland bereits das Todesurteil gefällt worden war.

Am 15. Oktober 1942 kam der SS-Obersturmbannführer Dr. M. mit folgendem Einführungsschreiben*) zu mir:

„Der Überbringer dieses Schreibens ist mein guter Bekannter, den ich sehr schätze. Er reist nach Rom und möchte bei dieser Gelegenheit in ganz unverbindlicher privater Weise sich über die Möglichkeiten einer Bereinigung und eventuellen Neuordnung der Beziehungen zwischen Staat und Kirche in Deutschland informieren. Über dieses Thema haben wir öfters unverbindlich verhandelt, und es ist nach Meinung von Dr. M. augenblicklich nicht ausgeschlossen, daß der Moment zu konkreten Unterhaltungen in dieser Richtung erfolgreich sein könnte. Ich wäre (Ew. Exzellenz) sehr innig dankbar, wenn Sie es für möglich halten würden, Dr. M. über die in Rom bestehenden Stimmungen, Auffassungen und Tendenzen zu informieren und ihm auch Gelegenheit geben könnten, mit einflußreichen, solchen Gedanken zugänglichen Persönlichkeiten in Verbindung zu treten. Es handelt sich hiebei natürlich nur um eine rein private, unverbindliche Fühlungnahme, die aber, wenn mit Vertrauen angefaßt und mit Vertrauen beantwortet, erfreuliche Ergebnisse mit der Zeit bringen könnte. Darf ich sehr bitten, die ganze Angelegenheit als besonders vertraulich behandeln zu wollen, um nicht Gegeneinwirkungen streng intransigenter, namentlich deutscher Kreise hervorzurufen . . .

Georg Herzog zu Mecklenburg."

Später richtete Georg Herzog von Mecklenburg an mich persönlich ein Schreiben mit folgendem Wortlaut:

„Mon cher Monsieur et ami,

Après un bien long silence je m'adresse cette fois à Vous en introduisant le Dr. V. M. qui occupe une position de distinction et de confiance auprès d'une Haute Autorité Allemande. Le Dr. Meyer est un grand ami à moi, homme de beaucoup de mérites, trèsintéressê aux questions ecclésiatiques avec les meilleures intentions; il a toute ma confiance et je Vous serais extrêmement reconnaissant si Vous

*) Für eine Persönlichkeit des Vatikans: Berlin-Dahlem, le 25 février 1943 Nikischstraße 4.

puviez l'informer un peu des différents groupements et courants actuels et les différentes nuances autour et dans la curie de Rome et s'il Vous était possible de lui aider en quelque sorte.

J'espère que Vous allez bien et que nous pourrons nous revoir bientôt en des circonstances plus satisfaisantes. Agreez, cher ami, l'assurance de mes sentiments les plus amicaux et dévoués.

Georges Duc de Mecklenbourg."

Vorangegangen war auch mein bereits im Oktober 1939 dem deutschen Vatikanbotschafter von Bergen für den Reichsaußenminister von Ribbentrop übergebenes folgendes Gutachten:

„*Warum ist eine kirchenpolitische Befriedung gerade gegenwärtig dringend notwendig?*

I. Außenpolitische Gründe

1. Die starke antideutsche Stimmung in Nord- und Südamerika wird wesentlich gefördert durch die ständigen Pressemeldungen, daß im Reich die christlichen Kirchen sich in einem Daseinskampf befinden und ihre Tätigkeit langsam abgewürgt wird, während rein negative weltanschauliche Neugründungen wie die Deutsche Glaubensbewegung und ähnliche Strömungen dem Bolschewismus von morgen die Wege bereiteten.

2. Über die gegenwärtige antideutsche Stimmung in Spanien und Portugal kann nichts hinwegtäuschen, seitdem die dortigen führenden Persönlichkeiten gesprochen haben. Sie geht zurück auf die Furcht einer langsamen Bolschewisierung Deutschlands als Auswirkung des Russenpaktes.

3. Auch in der englischen und französischen Pressepropaganda, deren Einfluß bis zum ‚Osservatore Romano', dem offiziösen Organ des Vatikans, reicht, ist der Kirchenkampf ein Mittel, um die ‚Gerechtigkeit' des jetzigen Krieges gegen das Reich zu verteidigen.

4. Die wahre Stimmung des italienischen Volkes gegen Deutschland ist beeinflußt und getrübt durch die Furcht einer weiteren kulturellen Auswirkung des russischen Einflusses auf religiösem Gebiete. Tatsache ist, daß das gesamte von Polen an Rußland abgetrennte Gebiet bereits in religiöser Hinsicht in einem bolschewistisch-kommunistischen Zersetzungszustand sich befindet. Die Zahl der wahren Freunde Deutschlands im Ausland wird immer geringer, besonders, seitdem der Russenpakt in geschickter Weise gegen das

Reich propagandistisch von den Feinden Deutschlands ausgewertet wird.

5. Die Auswirkung der Südtiroler Rückwanderung ins Reich hat besonders den dortigen Klerus, der zu 90 Prozent deutsch-national eingestellt ist und durch zwei Jahrzehnte wesentlich das Deutschtum dortselbst gestützt hat, wegen der Unsicherheit ihrer Zukunft im Reich tief getroffen. Eine Reihe von ihnen steht bereits in Verhandlungen, um in die Schweiz, nach Brasilien oder Irland auszuwandern, um den religiösen Kämpfen in Deutschland zu entfliehen. Dazu kommt das Schicksal der alten, ein Jahrtausend Geschichte zählenden Diözese Brixen, deren jetziger Bischof eine Säule deutscher Gesinnung war.

II. Innenpolitische Gründe

1. Der jetzige chaotische Zustand von einem Dutzend verschiedener Kirchenverträge ist nicht bloß unvereinbar mit der Zentralisierung der Staatsgewalt, sondern eine unmittelbare Gefahr eines neuerlichen Separatismus, der bei langer Dauer des Krieges ganz von selbst erwachsen wird. Ein einiges Deutschland braucht auch eine einheitliche Regelung der kirchenpolitischen Fragen.

2. In den verschiedenen Teilen des Reiches hängt die Lage der Kirche vielfach nur vom betreffenden Gauleiter ab. Was der eine zugibt, zerstört der andere. Eine allgemeine Rechtsunsicherheit hat um sich gegriffen, und weil jede Appellationsmöglichkeit fehlt, die schließlich die Grundlage des Rechtslebens ist, bereitet sich eine stille Rechtsbolschewisierung vor. Die traurigsten beispiellosen Verhältnisse mit völliger Willkür und Rechtslosigkeit herrschen in der Ostmark und im Sudetengau, obwohl gerade im letzteren Gebiete die katholische Geistlichkeit zum Teil jahrelang in der Henlein-Partei aktiv tätig gewesen ist.

3. Die kirchenpolitischen Fragen in den neuen deutschen Provinzen Pomeranien und Gnesen-Posen müssen baldigst geregelt werden, um die Bildung einer stillen Opposition vom Kirchlichen her unmöglich zu machen. Diese Gebiete sind zum Großteil von tief religiös gesinnten Menschen bewohnt, die sich nur dann in die neuen politischen Verhältnisse hineinfinden werden, wenn eine vernünftige Kirchenpolitik gemacht ist.

4. Vor allem sind auch hier die sogenannten kommissarischen

Verwalter jener zahlreichen Klöster in der Ostmark zu nennen, die als ehrwürdige deutsche Kulturstätten teilweise mit ihrer Geschichte noch in die Karolingerzeit zurückreichen (Altenburg, Wilhering, Stams, Admont, Lambrecht) und die unschätzbare Kunstwerte durch alle Kriegswirren der Jahrhunderte in die Gegenwart gerettet haben. Heute sind sie der Willkür und Rücksichtslosigkeit eines Kommissars ausgeliefert, der niemand Verantwortung gibt und keiner Kontrolle untersteht. Da wie in Rußland gegen diese Kommissare keine Appellationsinstanz vorhanden ist, wird jede Rechtssicherheit erschüttert, und ein Gangstertum breitet sich aus, das das Ansehen der Nationalsozialistischen Partei schwer mißbraucht und mit wertvollem Nationaleigentum nach Belieben schalten kann.

Möge sich niemand in Berlin durch unrichtige oder unvollständige Berichte diplomatischer Vertretungen über die wahre Weltgesinnung gegenüber dem deutschen Volke hinwegtäuschen.

Die Blockade des Deutschenhasses, die durch die weltanschaulichen Kämpfe der letzten Jahre mitverursacht ist, muß im Interesse des Reiches durchbrochen werden. Es gibt nur ein wirksames Mittel, und das ist die kirchenpolitische Befriedung im Innern Deutschlands durch ein Programm, das die kirchlichen Verhältnisse in Südamerika, in den Vereinigten Staaten, in Portugal und Frankreich (freie Kirchen, freier Staat) in gewisser Hinsicht als Muster heranzieht, aber deutschen Verhältnissen anpaßt. Trotz wohlwollender Trennung von der Kirche und Staat arbeiten in den genannten Staaten Kirche und Staatsgewalt harmonisch nebeneinander, die diplomatischen Vertretungen beim Vatikan bestehen, und der Staatsgewalt droht vom Kirchlichen her keine Opposition. Irgendwelche Antipropaganda kann deshalb auch von der ausländischen Weltpresse gegen eine solche moderne Neuregelung nicht gemacht werden. Sie würde vielmehr die Krönung der innenpolitischen Staatseinheit darstellen. Es muß natürlich jeder sogenannte Canossagang vermieden werden, und das ist gut möglich, wenn die Verhandlungen vollständig geheim und zunächst unter einem anderen Titel mit dem Vatikan geführt werden. Ganz von selbst ergeben sich dann die weiteren Fragen. Es würde eine Konvention genügen, bei der die eigentliche und größere Arbeit (Durchführungsverordnung) die deutschen Diözesen mit dem Vatikan zu lösen hätten. Als geeignete Person für diese Verhandlungen muß jemand genommen werden, der Rom genau kennt, dortselbst bereits Verbindungen mit dem Papst besitzt und überhaupt sich allgemeinen Ansehens erfreut und größere Erfahrung auf kirchenpolitischem Gebiete besitzt. Die Verhandlungen müßten kurze Zeit dauern, bis Weihnachten spätestens abgeschlossen sein und als Überraschung der Weltmeinung bekanntgegeben werden. Durch eine kirchenpolitische Neuorganisierung des Reiches würde nicht bloß im Reiche selbst eine festgeschlossene Einheit geschaffen, sondern auch außerhalb desselben den Gegnern des Deutschtums die gefährliche Waffe des Russenpaktes aus den Händen geschlagen werden. Eine solche Befriedung würde wie eine Bombe im Auslande einschlagen und die jetzige Blockade des Reiches bedeutend erschweren."

Dazu kam mein unmittelbar an Hitler durch Prinz ...[96b]) 1941 überreichter Lagebericht:

1. Unterdrückung der katholischen Presse. Ende Mai mußten sämtliche katholischen Sonntagsblätter, sogar das Organ des Feldbischofs für Soldaten und Feldgeistliche, das in nationaler Haltung erstklassig war, sowie alle führenden Zeitschriften wie „Hochland" und „Stimmen der Zeit" ihr Erscheinen einstellen. Ebenso sind ganze Serien von katholischen Verlagswerken vom Buchhandel ausgeschlossen. Verbot der Versendung von religiösem Lesestoff an die Front. Andererseits freie Bahn für Presseerzeugnisse, die Religion, Christentum und Kirche maßlos herabsetzen und verleumden, wie das Buch „Mönche vor Gericht" und Corvins „Pfaffenspiegel", das vor 1933 die Kommunisten (!) — in den Buchhandlungen Berlins — propagierten! Seit 1938 ist immer stärker der ganze Schlamm religionsfeindlicher Bücher und Schriften kommunistischer Herkunft in die deutsche Jugend eingedrungen, die früher in den NS-Monatsheften schärfstens als Ausdruck bolschewistischer Geisteshaltung verurteilt worden waren.

2. Die Maßnahmen gegen die Kirche unter den an Deutschland gefallenen Slowenen. Die Einziehung alles Kirchengutes in dem an das Reich angegliederten Teil von Polen, besonders im Warthegau: alles mit Ausnahme der im Gebrauch stehenden Kirchen und von im Dienst

---

[96b]) *Im Originalmanuskript fehlt der Name.*

stehenden Seelsorgegeistlichen bewohnten Pfarrhäuser. Sogar Verbot von Kollekten, wenn die Pfarreien sich nicht als Privatvereine formen, die weder mit einem Bischof noch mit dem Heiligen Stuhl Verbindung unterhalten.

3. Äußerste Erschwerung der Krankenseelsorge: Nur wenn der Kranke den Priester ausdrücklich verlangt und angibt, was er von ihm will, kann der Geistliche zu der vom Arzt (!) bestimmten Stunde den Kranken besuchen. Die Dienstpflegenden dürfen mit dem Kranken von sich aus über religiöse Angelegenheiten nicht sprechen. Die Verordnung hat Geltung für alle, auch für die katholischen Krankenhäuser.

4. Aufhebung von Ordensniederlassungen (Abteien, Missionszentralen, wissenschaftlichen Instituten, Frauenklöstern, auch des beschaulichen Lebens). Eine Zusammenstellung, die aber nicht Anspruch macht auf Vollständigkeit, gibt 73 Niederlassungen an! Die Wegnahme erfolgte in den allermeisten Fällen auf Grund der Einziehung von „staats- und volksfeindlichem" Vermögen, wegen „Staatsfeindlichkeit", „staatsfeindlicher Gesinnung", ohne nähere Angabe, ohne Prozeß und Appellationsmöglichkeit, die zu den primitivsten Forderungen jeder Rechtspflege gehört!

Die im Vorausgehenden angeführten Dinge, die teils durch das Gehege der deutschfeindlichen Auslandspropaganda gegangen sind, deshalb vielleicht gefärbt und jedenfalls einer nüchternen Überprüfung bedürfen, erhalten aber eine Bestätigung durch die nicht zu leugnende Tatsache, daß seit 1939 zahlreiche führende Persönlichkeiten der Partei (besonders Gauleiter), darunter auch solche im Ausland, aus der protestantischen oder katholischen Kirche ausgetreten sind, ihre Kinder nicht mehr taufen und nicht mehr den christlichen Religionsunterricht in den Schulen besuchen lassen — in Salzburg allein ist ein Teil der Mitglieder der Landesregierung abgefallen. Tatsache ist ferner, daß in Fabriken, innerhalb der Lehrerschaft (Wien!) und auch der Armee wiederholt Zirkulare herumgereicht wurden (im Auftrag welcher Stelle???), in denen zum Austritt aus der betreffenden Religion aufgefordert wurde. Der geringe tatsächliche Erfolg ist andererseits der beste Beweis, daß das deutsche Volk diese vor 1933 von den Sozialisten geübte antireligiöse Hetze durchaus abgelehnt hat und als eine Störung des inneren Friedens betrachtete. Ein Wort würde genügen, um dieser zweifellos

WILHELMO ENCKENVOIRTIO BRABANTINO S.R.E. PRESB. CARD. QVI PLVRI-
MIS RO. REIP. MAGISTRATIB. ET GERMANIAE PROCVRATIONE INTEGERR. FVNCTVS
AB HADRIANO VI. PONT. MAX. CVIVS ITEM RES ADMINISTRAVERAT LIBELLIS DAN-
DIS ET ECC. DERTVSEN. PRAEFECTVS ET IN CARDD. COLLEG. CLARO BENIVOLENTIAE
DEINDE ETIAM A CLEMEN. VII. ECC. TRAIECTEN. HONESTATVS EST CAROLO V. IMP.

vom russischen Bolschewismus geförderten Unterwanderung des NS*) ein rasches Ende zu bereiten.

Unter den am schwersten Betroffenen sind gerade die Missionsorden. Die Missionskongregation von St. Ottilien, Mutterhaus mit allen Tochtergründungen, ist ganz eingezogen. Ebenso haben die Steyler Patres alle oder fast alle Häuser verloren, auch Steyl selbst und St. Gabriel-Mödling. Beide Genossenschaften hatten die größten Verdienste um den deutschen Namen im Ausland. Die Steyler Missionäre bekamen von der kirchlichen Leitung dreißig Vikariate überwiesen, denen jetzt der Nährboden vollkommen entzogen ist. Ihre blühenden Anstalten werden Italiener, Franzosen, Engländer und Amerikaner übernehmen.

5. Man hört, daß die katholischen Priester in den Konzentrationslagern sehr hart behandelt werden. Die polnischen Priester und Ordensleute, die in Haft genommen oder deportiert wurden, gibt man auf 2500 an, von denen gut die Hälfte nicht mehr lebe.

Wiederholt hört man im Ausland als Begründung dieses den Marxismus weit übertreffenden Kirchenkampfes die Worte zitieren, die Rosenberg 1938 in Nürnberg gesagt haben soll: „Ich spreche auch im Namen des Führers, wenn ich erkläre, daß sowohl die katholische wie die protestantische Kirche aus dem Leben des deutschen Volkes verschwinden müsse."

Die deutschen Jesuiten sollen als „wehrunwürdig" vom Heer ausgeschlossen bzw. aus ihm entlassen werden. Die Verordnung ist, jedenfalls teilweise, schon bekanntgegeben. Von den deutschen Jesuiten stehen zur Zeit rund 500 im Felde. Sie haben sich gut geführt, Anerkennung gefunden, nicht wenige sind verwundet oder ausgezeichnet. Falls die Verordnung ganz zur Ausführung kommt, wissen die Oberen nicht, wo sie die Heimkehrenden unterbringen sollen, da die noch verbliebenen, nur mehr kleinen Niederlassungen für die Zahl in keiner Weise ausreichen. Die meisten größeren Häuser sind bereits geschlossen.

Besonders rücksichtslos werden diese Klosteraufhebungen durchgeführt im Warthegau, in Tirol, Trier, Steiermark, Innsbruck und in Bayern überhaupt. Meistens vollziehen sich Mitteilung der Auf-

*) Etwas ganz Ähnliches erlebten wir im Faschismus, dessen Geheimpolizei „Ovra" von Kommunisten durchsetzt wurde.

hebung und tatsächliche Räumung innerhalb kürzester Frist, oft weniger Stunden, ohne daß die davon betroffenen Ordensleute etwas zum Lebensunterhalt mitnehmen können. Sie werden einfach wie Schwerverbrecher hinausgestoßen, ohne daß sich jemand darum kümmert, wovon sie leben werden. Besonders hart trifft diese Rücksichtslosigkeit die alten und kranken Ordensleute, die überdies in den meisten Fällen auch keine Verwandten mehr in der Welt haben, also rein nur auf barmherzige Menschen angewiesen sind. In allen möglichen Familien findet man heute derart verstoßene Ordensleute — nicht einmal in der Zeit der Josefinischen Klosteraufhebung wurde so vorgegangen. Barbarisch war die Vertreibung der Benediktiner in Seckau, der Krankenschwestern (Elisabethinen) in Graz, denen die mit ihren eigenen mühsam ersparten Geldern erbaute völlig neue chirurgische Operationsanstalt unter allen unsauberen Vorwänden abgepreßt wurde. Ganz erbärmlich war auch die Behandlung der Ordensleute in Marburg (Untersteiermark), wo überdies die Domherren „Straßen kehren" mußten — so die Meldung, die aus Laibach über die ganze katholische Welt hinausgegangen ist. Da es überhaupt keine Appellationsinstanz gibt und die zur Verwaltung des Klostervermögens und deren Kunstschätze ernannten jungen Kommissare meistens hemmungslose Menschen sind, die nur gut leben wollen und von niemandem in ihrer Geschäftsführung überprüft werden — Bürckel hat mir persönlich, als ich am 1. Juli 1938 in einer Aussprache zu Wien ihn darauf aufmerksam machte, zugestanden, er habe bereits mehrere Kommissare Österreichs wegen ihrer verbrecherischen Selbstbereicherung nach Dachau einliefern lassen —, lösen sich alle Rechtsbegriffe und bildet sich eine Unsicherheit, die immer in der Geschichte der beste Nährboden der Unzufriedenheit war. Als letzte beschämende Tatsache sei noch die Behandlung der im Ausland befindlichen reichsdeutschen Geistlichen genannt, die mit Juden und Staatsfeinden auf dieselbe Stufe gestellt werden und in den meisten Fällen nicht mehr ins Reich zurückgelassen werden auf Grund einer geheimen Instruktion an die Konsularbehörden des Auslandes. Auch diese Degradation von Staatsbürgern, denen man zu 90 Prozent nicht das geringste im Ausland vorwerfen kann, die im Gegenteil dem deutschen Namen Ehre bereiten, wirkt sich zuungunsten des Reiches aus. Alle diese deutschen Geistlichen müssen in von Nichtdeutschen geleiteten Ordenshäusern, also auf Kosten anderer Nationen im Ausland (viele in Italien!) erhalten werden, was nicht geringe Kritik gegen Deutschland zur Folge hat. Diese überaus törichte kirchenpolitische Lage mitten in einer Zeit, in der das Reich im In- und noch mehr im Ausland den Einsatz aller seiner Bürger ausnahmslos notwendig hätte, hat zweifellos sehr unerfreuliche Folgen:

1. Innenpolitisch wird die Einheitsfront geschwächt. Die Verbitterung über ungezählte Ungerechtigkeiten kann auf die Dauer nicht mit Gewalt niedergehalten werden. Es kommt der Augenblick, in dem es sich rächen wird, daß man zu lange die kirchenkämpferischen Wühlmäuse die Innenfront zernagen ließ. Liebe und Treue kann man nicht kommandieren, beide müssen auf dem Wege der Gerechtigkeit gewonnen werden.

2. Außenpolitisch wird dieser Kirchenkampf, der in der jetzigen Kriegszeit viel ärger geworden ist, als er noch 1939 war, von den Feinden im Auslande sehr geschickt gegen das Reich ausgenützt. So wird auch in Italien eine Atmosphäre geschaffen, die den Reichsinteressen unmöglich nützen kann, wenn man die Weltlage weitblickend über die Reichsgrenzen beurteilt. Es ist jenes psychologische Moment, auf das keine Staatspolitik verzichten kann. Vor allem wird der Kampf gegen den Bolschewismus unter Berücksichtigung des oben geschilderten Religionskampfes von nichtdeutschen Ausländern nicht ernst genommen, sondern rein „politisch“ gewertet.

Was müßte also geschehen?

1. Sofortige Sistierung aller weiteren Klosteraufhebungen und gleichzeitige Einsetzung einer eigenen Kommission, bestehend aus je einem Vertreter der Geheimen Staatspolizei, der Wehrmacht, des Innenministeriums und des Episkopats. Ohne das Gutachten dieser Kommission dürfte kein Kloster aufgehoben oder beschlagnahmt werden; ferner müßte Klosterobern das Recht eingeräumt werden, an diese Kommission Berufung einzulegen. Sie allein überprüft die Tätigkeit der Kommissare, besonders auch hinsichtlich der Wahrung des Kunstbesitzes, und sie allein weist älteren Ordensleuten Pensionen an.

2. Erlaß eines Staatsgesetzes über die Einführung der obligaten deutschen Einheitsschule im ganzen von Deutschen bewohnten Gebiet mit 1. September, und zwar mit zwei wichtigen Ergänzungen: a) Der christliche Religionsunterricht wird im bisherigen Ausmaß

auch weiterhin an Unter- und Oberschulen erteilt, und zwar ausschließlich von Geistlichen, die vom betreffenden Bischof ernannt werden und die staatspolitisch positiv eingestellt sein müssen. b) Für die Heranbildung von Welt- und Ordensgeistlichen wird die Errichtung von Konvikten in den einzelnen Diözesen gestattet, deren Zöglinge aber die deutsche staatliche Einheitsschule besuchen müssen, einschließlich Sport und nationalpolitischem Unterricht. Die Einheit Deutschlands ist unmöglich, solange konfessionelle Grenzpfähle staatspolitisch höher eingeschätzt werden als die Einheit der Nation. Das hat mit Dogma und religiösem Indifferentismus nicht das geringste zu tun. Diese Schwierigkeiten des Konfessionalismus gegen die politische und nationale Einheit des Volkes auszunützen, haben die Feinde innen und außen wohl verstanden, denn die Wunde unseres Volkes ist und bleibt die konfessionelle Spaltung, die nicht Luther allein herbeigeführt hat, sondern auch die Kurialpolitik unter dem Medizäerpapst Klemens VII. mit ihrer reichsgegnerischen Haltung und ständigen Störung Kaiser Karls V., um Frankreichs Machtstellung in Europa als jener der „Natio christianissima" zu fördern, ferner die deutschen Fürsten protestantischer und katholischer Richtung, denen das Heil und die Größe der deutschen Nation weniger wichtig war als ihre religiös geschickt getarnten persönlichen Sonderinteressen und Machtkomplexe. In späteren Jahrhunderten wurde in kritischen Augenblicken des deutschen Volkes diese Wunde immer wieder vom Ausland her aufgerissen. Als längst Fürsten und Herrscher vom Thron gestoßen waren, besorgten die Erhaltung und Vertiefung dieser Spaltung die Reichsfeinde aller Farben und Religionen im Ausland, denen ein innerlich zerrissenes und geschwächtes Volk erwünschter sein mußte als ein solches in einheitlicher, kraftbewußter, nationaler Würde. In dieses Gebiet gehört deshalb die Frage einer konfessionellen Schule, die in rein katholischen Ländern kein Problem, im deutschen Volk, wenn nicht klug gelöst, ein Verhängnis und politisch untragbar werden kann. Da weder Luthers Werk noch jenes der Gegenreformation im deutschen Lebensraum gänzlich siegte, blieb als schicksalhaftes Erbe die weltanschauliche Trennung, die das größte Unglück eines Volkes ist. Die Geschichte Polens und der Ukraine (Ruthenen) würde unter diesem Gesichtspunkt, objektiv geschrieben, genug Beweise dafür erbringen. Zu leicht werden einseitige konfessionelle Auffassungen und Lehren unter dem Titel und Schutz der Religion gegen eine alle unterschiedslos verbindende nationale Reichsidee ausgenützt und damit der Aufstieg eines Volkes verhindert, und nur selten erfassen rein konfessionell denkende Menschen, daß sie schließlich das Opfer des Auslandes gegen ihre eigene Nation geworden sind*).

3. Die Ernennung eines außerordentlichen Bevollmächtigten und persönlichen Referenten des Führers in kirchenpolitischen Fragen. Dieser müßte in Kürze den Kontakt mit dem Vatikan aufnehmen, was wesentlich leichter sein wird, wenn bereits vorher die unter 1 und 2 genannten Voraussetzungen gelegt sind. Dieser Referent mit dem Rang eines Gesandten**) dürfte nur dem Führer unmittelbar (also nicht dem Außenamt oder Kirchenministerium) unterstehen und müßte deshalb auch mit besonderen Vollmachten versehen sein. Seine Aufgabe wäre es, in unmittelbarer Aussprache mit dem Heiligen Vater in großen Zügen die Grundlagen zu schaffen für eine provisorische Regelung der Kirchenfragen innerhalb des Reiches. Es bestehen heute über sechs Kirchenverträge im deutschen Raum, was für die Dauer unmöglich der Reichseinheit nützen kann. Einen eigentlichen definitiven Staatsvertrag wird der Vatikan vor Kriegsende nicht eingehen. Es genügt aber eine provisorische Regelung, deren Gegenstand sein müßten:

a) Die baldige Ernennung der Bischöfe in den vakanten Diözesen Köln, Prag, Brünn (deutsches Grenzland), Paderborn, Klagenfurt, Aachen, Linz, Innsbruck. Von diesen sind staatspolitisch besonders die erstgenannten sehr wichtig. Es ist unmöglich, diese Fragen als irrelevant zu betrachten.

b) Die Einsetzung einer gemischten staatlich-kirchlichen Kommission zur Überprüfung der seit 1933 einer Regelung bedürftigen Fragen, um für den späteren Vertrag das notwendige Material zu besitzen.

Wenn es erlaubt ist, Vorschläge hinsichtlich der zum persönlichen Referenten des Führers zu ernennenden Person zu machen, so denke ich an folgende:

---

*) Eine rühmliche Ausnahme in der Beurteilung der deutschen Geschichte unter diesem Gesichtspunkt macht das Werk von Barraclough, Factors of Germain history (1947).

**) Dieser Vorschlag wurde mit der Ernennung von Dr. W. verwirklicht, doch war die Wahl der Person nicht glücklich.

1. Major der Luftwaffe, ...[96c]), (seit 1939 der deutschen Quirinalbotschaft zugeteilt). Erst vor wenigen Wochen hatte er auf meine Vermittlung eine lange Privataudienz beim Heiligen Vater und hatte davon auch durch Generalkonsul Wüster den Außenminister von Ribbentropp verständigt. Er kennt das römische Parkett bereits, ist gut beim Papst eingeführt. Seine Ernennung würde auch nach außen kein Aufsehen erregen, er müßte nur von der Quirinalbotschaft zur Vatikanbotschaft mit dem Rang eines Gesandten versetzt werden.

2. ...[96d]) Dieser Schritt des Führers würde eine wesentliche Entspannung bedeuten, und, ich bin überzeugt, angesichts der noch immer deutschfeindlichen Haltung des gegenwärtigen Papstes, in kurzer Zeit viel dazu beitragen, um die antideutsche, immer wieder aus dem Kirchenkampfe gespeiste Propaganda im Auslande zu schwächen.

Auch dieser Versuch, der mit der Ernennung dieser Vertrauensperson Dr. M. zum außerordentlichen Gesandten und Beauftragten „hoc in casu" beim Heiligen Stuhl begonnen werden sollte (bereits war eine Flugkarte Rom—Berlin übermittelt!), scheiterte am linksradikalen sozialistischen, von Kommunisten durchsetzten Flügel des NS im März 1943. Das Schicksal dieses SS-Obersturmbannführers war erschütternd, wie ich aus seiner späteren Mitteilung erfahren mußte:

„Ich war mir von Anfang an darüber vollkommen im klaren, daß ich beim Scheitern meiner Aufgabe mein Leben aufs Spiel setzte. Nach meiner christlichen Auffassung war aber das Ziel den Einsatz des Lebens wert."

Er ist längst in die Ewigkeit gegangen, wie Bürckel durch den Tod dem Nürnberger Gericht entgangen ist.

Die große Lehre der Geschichte ist, daß der NS sein Ende verdient hat, daß man jede parteipolitische Staatstotalität — ob links oder rechts — ablehnen muß, da sie religiös versagen, daß die Demokratie trotz mancher Schwächen diesen vorzuziehen ist und daß die Kirche am besten außerhalb der reinen Politik ihre Sendung verwirklicht, das mahnende Gewissen der Menschheit zu bleiben.

Mit Ergriffenheit denke ich oft an die Worte des früheren Vize-

---

[96c]) *Name im Manuskript vom Verfasser unleserlich gemacht.*

[96d]) *Vier Namen wurden nachträglich vom Verfasser unkenntlich gemacht.*

gouverneurs von Polen, Generalleutnant der SS Otto von Wächter, der überall nach Kriegsende verfolgt, geächtet und bedroht, einsam, fern seiner Familie mit fünf Kindern, vom amerikanischen Geheimdienst vergiftet (?), in Castelgandolfo, im römischen Heiligen-Geist-Spital, in meinen Armen seine Seele aushauchte: „Ach, wie bedauere ich es, daß wir Nationalsozialisten nicht eine Verständigung mit der Kirche gefunden haben!" Dieses Bekenntnis eines sterbenden SS-Mannes an höchster Stelle möge der deutschen Jugend stets Mahnung und Richtung sein.

10. Menschliche Irrwege oder Zukunftsträume?

„Die Kirche lieben, heißt auch ihre Wunden sehen, aber daran nicht scheitern, sondern religiöser und innerlich vertiefter werden.“
Rosmini

Nach mittelalterlichen Legenden, die teilweise im Brevier weiterleben, gab es Heilige, die „ab incunabulis“, also gleichsam bereits mit der Geburt, solche waren. Der moderne Mensch bringt dafür wenig Verständnis und Glauben auf. Ihm stehen Kämpfergestalten und Persönlichkeiten wie Augustinus, Ignatius, Camillus oder eine Maria von Magdala seelisch näher, sie erscheinen ihm wahrscheinlicher. Ihre Heiligkeit war ein Emporreifen aus Irrtum und Dunkel des Lebens in eine reine, höhere Sphäre menschlichen Daseins. Eine ständige innerliche Läuterung, denn Irrtum und Sünde gehören geheimnisvoll irgendwie in das Gebiet göttlicher Gnade und Vorsehung, wie ohne Nacht, Sturm und Gewitter ein sonniger Tag nicht mehr als Gnade und Geschenk empfunden würde. So gibt es wohl nur wenige Menschen, die auf normalen Geleisen an die Tore der Ewigkeit gelangen. Fast alle schreiten auf Umwegen in die Harmonie des Einsseins mit dem Göttlichen. Das Studium der Heiligenleben, wenn sie vom Standpunkt moderner Geschichtsbetrachtung und Seelenforschung geschrieben sind, wird deshalb auch für ungläubige Menschen stets etwas vom Herrlichsten und Trostvollsten in frohen und noch mehr in trüben Stunden des Lebens sein. Nur die Heiligen sind die wahren Lichtträger der Menschheit, die Säulen, auf denen Kirche und Christentum ruhen. Während ihrer irdischen Pilgerfahrt als Idealisten oft abgelehnt, gemieden oder selbst von ihren eigenen Leuten verurteilt, tragen sie nach ihrem Tode die Gloriole echtester Unsterblichkeit.

So habe ich mich in den langen Jahren meines Priestertums oft in ihr Leben versenkt und gefühlt, was die Menschheit diesen Gestalten zu verdanken hat. Ohne sie würde auch das Christentum wie so viele alte Religionen im Laufe der Jahrhunderte längst erstarrt sein. Seiner Vitalität beraubt, hätte Christi Werk geendigt in machtgieriger bürokratischer Kirchenverwaltung ohne Herz, Schwung und Seele. Was sind ferner einzelnen Heiligen gegenüber die Lebensbilder von Dichtern, Politikern, Heerführern, Gelehrten, auch wenn sie in das Pantheon der Weltgeschichte eingetreten sind? Vieles von ihrem Schaffen ist nur Asche, Eitelkeit, Selbstsucht und Gier nach Ruhm, Ehre, Macht, Vermögen. Nachdem ich die grandiose Darstellung der Papstgeschichte in den Werken von Pastor, Ranke und Gregorovius sozusagen an Ort und Stelle gleichsam betrachtend gelesen hatte, flüchtete ich mich vor vielen Armseligkeiten in die dem modernen Betriebsmenschen so fremd gewordene Welt der Heiligen. Die Bücher von Nigg, Görres, Fülop-Müller und Balthasar Ursus[96e]) öffneten mir neue Horizonte, enthüllten letzte Geheimnisse und Rätsel, die man so selten auch in sonst gut geschriebenen Heiligengeschichten findet. Aber auch, wenn der einzelne Durchschnittschrist kilometerweit vom Idealismus dieser begnadeten und auserwählten Gestalten entfernt bleibt, jeder hat schließlich die Aufgabe, die Welt zu überwinden, emporzureifen in Niederlagen, Versuchungen und Kämpfen, den Blick zu den Sternen nie zu verlieren, Fehler, Irrwege und Irrtümer vor seinem Gewissen einzugestehen, um am Lebensabend nicht mit leeren Händen und einem vergeudeten religiösen Kapital vor den Richterstuhl einer gerechten, aber auch barmherzigen Gottheit treten zu können. An Irrwegen hat es auch in meinem Leben wahrlich nicht gemangelt; vielleicht waren mehrere zugleich Zukunftsträume, die erst in fernen Zeiten ihre Verwirklichung finden.

Mein erster Irrtum, der bereits ein Zukunftstraum sein sollte, kam von der modernen Bibelkritik protestantischer und fortschrittlicher katholischer Forscher wie Delitzsch, Wellhausen, Lagrange, Loisy, Holzhey, Hummelauer, die alle vom offiziellen Rom verurteilt oder mindestens Jahrzehnte hindurch als der kirchlichen Überlieferung nicht entsprechend abgelehnt wurden. Unter dem geistigen Einfluß dieser bedeutenden Forscher begann ich nach meiner Rückkehr aus dem Orient im Spätherbst 1913 die Vorarbeiten zu meinem Werk „Die alttestamentliche Bibel im Lichte von Klima, Landschaft, Nation und Rasse". Es sollte eine Weiterführung und gleichzeitig Untermauerung der Lehre vom relativen Zeit- und Ortsbedingten dieser Schriften sein. Ich arbeitete fieberhaft, kam aber bald zu Schlußfolgerungen, die über jene von Lagrange hinausgingen und zweifellos im Lager der konservativen, überlieferungsgebundenen Bibel-

[96e]) *Richtig: Urs von Balthasar*

erklärer einen Sturm der Entrüstung hervorgerufen und wohl auch die Indizierung bewirkt hätten, nachdem unter Pius X. selbständige Äußerungen oft unterbunden wurden. Man wollte entscheidende Probleme nicht sehen oder flüchtete sich aus Furcht vor Schlußfolgerungen in das wichtige Gebiet — allein grundsätzlich betrachtet — reiner Literaturkritik. In den langen Jahren, die seit Pius X. vergangen sind, hat sich aber auch im katholischen Lager nicht wenig geändert. Die Auffassungen der Bibelkommission unter ihm und seinem Nachfolger sind teils unsicher geworden. Ins Wanken geraten durch den diplomatisch dehnbar, aber wissenschaftlich umstrittenen Begriff der „Literarischen Form", unter der sich jeder etwas vorstellen kann. Heute sehe ich aber trotz dieses Zugeständnisses auf dem Gebiet der Bibelkritik die Gefahren viel klarer, wenn man weiter nachgeben würde. Religions- und Dogmengeschichte, die auch im Weltanschaulichen mit natürlichen Entwicklungsperioden rechnen, die an feste allgemeine Gesetze (Landschaft, Nation, Rasse, Klima) gebunden sind, würden der Bibel vieles vom Offenbarungs- und übernatürlichen Charakter nehmen; denn es ist schwierig, Grenzlinien zu ziehen zwischen Erdgebundenem und aus anderen Regionen Stammendem, zwischen Ewigem und Vergänglichem. Die alttestamentlichen Bücher sind ja auch die politisch-nationale Geschichte des Judentums, das in der Antike neben den Römern eine großartige messianische Welteroberungs- und Beherrschungsidee vertrat, ein absolutistisch-autoritäres Staatssystem, umschimmert vom Glanze der Theokratie. Zweifellos sind Christentum und die religiös-sittliche Welt des Alten Testamentes wie alles, das durch Menschenhände ging, auch natürlichen Gesetzen der Entwicklung unterworfen. Beide sind nicht auf einer einsamen weltfernen Insel des Ozeans entstanden, sondern haben zahlreiche Gedanken und Auffassungen aus dem religiösen Lebensstrom aller Völker des Ostens und der Mittelmeerländer in sich aufgenommen. Auch die Geschichtsbetrachtung auf rassischer Grundlage, so unsicher heute noch manches in dieser neuen Wissenschaft ist und so viele Anfangsfehler sie begleiten, wird in nicht zu ferner Zeit manche folgenschwere Umwälzungen in der Betrachtung des Aufstiegs und Niederganges aller Kulturen herbeiführen. Das Geschichtsbild, das so oft zu stark vom Dämmerlicht rein übernatürlicher Lebensschau bestimmt ist, rückt damit in das unbarmherzige Licht einer neuen, vergleichenden, sich langsam von Niedrigem zu Höherem entwickelnden Kulturbetrachtung, die früher nicht bekannt war, aber heute auch vor der Beurteilung der religiösen Entwicklung der Völker nicht haltmachen will. Mit dem Auge des modernen wissenschaftlichen Evolutionisten betrachtet, erklären sich fast alle Dinge der alttestamentlichen Bibel einfach im Rahmen der vergleichenden Religionsgeschichte der umgebenden Völker. Zahlreiche Parallelen und untereinander oft völlig gleichende Vorstellungen (besonders auf nationalem Gebiet) finden sich in den Kulturen der Babylonier, Ägypter, anderer semitischer Völker und der Etrusker. Daß auf einzelnen Gebieten — es sind nur wenige — eine gewisse Verfeinerung in der Schätzung des Menschenlebens von Sklaven, Kriegsgefangenen und Arbeitern eintrat, erklärt sich von selbst. Wie verlockend sind deshalb die Schlußfolgerungen besonders für die Beurteilung der alttestamentlichen Bücher, deren absoluter Wahrheits- und Geltungswert auf ein Minimum beschränkt würde. Wie wenig würde übrigbleiben, was man als zeitlose Wahrheit annehmen kann, abgesehen vom Glauben an ein einziges höchstes Wesen statt der Vielgötterei, besser gesagt, der Vergötterung der Naturkräfte durch die übrigen antiken Völker. So fehlt bis heute eine von hoher Warte geschriebene geistesgeschichtliche Darstellung dieser Bücher vom Standpunkt der folgerichtig durchdachten Evolutionsgesetze aller Kulturen, die vor keinem Volk und Weltbild haltmachen. Lange quälten mich diese Auffassungen, bis ich erkannte, daß nach kirchlicher Lehre Landschaft, Rasse und Nation von nebensächlicher Bedeutung für die Bibelerklärung sind. Sie duldet keine Relativität, auch wenn die Wissenschaft eine andere Sprache reden will, sondern nur absolute Wahrheiten, unabhängig von den Gesetzen natürlicher Geschichtsentwicklung. Christentum und alttestamentliche Bibel müssen vielmehr etwas Untrennbares, Ganzes und Organisches bleiben, in dem alle Glieder mit feinsten Fäden zusammenhängen. Man kann in einer solchen Erklärung kaum Gebiete herausnehmen, ohne das ganze kunstvolle Gewebe zu gefährden. Deshalb ist es besser, die Augen zu schließen vor einer modernen Betrachtung dieser ehrwürdigen Bücher längst vergangener Zeiten und alle Zweifel und Fragen in dem demütigen Bekenntnis „Ignoramus et ignorabimus[97])“ zum

---

[97]) *„Wir wissen (es) nicht und wir werden (es) nicht wissen“*

Verstummen zu bringen, bis ein wissenschaftlich klarer, einwandfreier und eindeutiger Begriff der Bibelinspiration gegeben wird, der den Gesetzen natürlicher Entwicklung und göttlicher Herkunft in harmonischer Formulierung Rechnung trägt, während alle bisherigen nur Umschreibungen von diplomatischer Geschmeidigkeit sind, die Schwierigkeiten ausweichen wollen; denn sie sind entstanden in Zeiten, denen vergleichende Religionsgeschichte und der Beitrag von Landschaft, Nation und Rasse zum Werden, Aufstieg und Niedergang der Kulturen noch völlig fremde Welten waren.

Irrwege und Zukunftsträume begegnen sich ferner auf der Ebene geschichtskultureller Lebensbetrachtung, wenn man das schwierige und delikate Kapitel „Religion, römische Kirche und politische Parteien", befreit von jeder Oberflächlichkeit und durch augenblickliche Verhältnisse bedingte Urteile, tiefer betrachtet. Jahrhunderte hindurch hat Rom (die Ostkirche Rußlands tat dasselbe gegenüber dem Zarentum) einen katholischen Fürstenabsolutismus mit Leibeigenrecht, Unterdrückung der Arbeiterschaft als Klasse, Verhinderung jeder freien Meinung geduldet, gebilligt und selbst verteidigt, als Lamennais als erster die Forderung demokratischer Staatsführung in seinen Büchern vertrat. Es gab Zeiten, in denen der sogenannte politische Katholizismus, das heißt die in konfessionellen Parteien organisierten Katholiken, von Rom gebilligt und gefördert wurden, obwohl sie in Deutschland die Reichsidee bekämpften (Windhorst — Bismarck) und nach 1918 aus rein konfessioneller Weltbetrachtung den Separatismus und partikularistische Länderabsonderungen zum großen Schaden deutscher nationaler Einheit gegenüber dem Auslande nicht immer mit Entschiedenheit ablehnte (Saargebiet, Elsaß). Bei anderen Religionen spielt aber dieser Fragenkomplex nicht eine solche Rolle, denn sie sind gleichzeitig Nationalgeschichte oder wenigstens — weil innerhalb ihres betreffenden Staates ihre oberste Leitung besitzend — viel enger mit Staats- und Nationalinteressen verflochten als die römische Kirche mit einem zentralistischen Machtapparat bürokratischer Formung, für dessen Geschichte die Jahre 1870 (Vatikanische Kirchenversammlung), 1890 (Weltrundschreiben des Papstes Leo XIII. „Sapientiae christianae") und 1929 (Gründung des Vatikanstaates durch den Faschismus) von nicht geringer Bedeutung geworden sind. Das Jahr 1870 birgt in sich die Gefahr des Überhandnehmens eines beamteten

Kirchentums, das auf dem Umweg über päpstliche Nuntien, die besonders seit 1929 Zwittergestalten mit halb religiösem, halb politischem Auftrag geworden sind, ferner über Vertreter des beim Vatikan beglaubigten Diplomatischen Corps nicht unschwer die Initiative lähmt, das Bewußtsein der Selbstverantwortung des Gewissens schwächt und besonders die Geistlichkeit in eine Haltung ohne Rückgrat und Freimut hineindrängen kann. So entstand trotz scheinbar äußerlich gut gelungener Treuekundgebungen für Rom eine „Malaise" unter den geistig besonders regen Katholiken Frankreichs, während in Deutschland und Nordamerika, von kleinen Staaten und Nationen abgesehen, dieses Problem noch nicht empfunden wird. Um so leichter sind Übergriffe möglich, weil die Kirchenversammlung 1870 aufgelöst wurde, bevor noch eine klare Umschreibung und Umgrenzung der römischen Machtbefugnisse jenseits des Dogmas damals von den Bischöfen der verschiedenen Länder, besonders jenen der Opposition, besprochen werden konnte. Unvermeidlich ist die Gefahr, daß die Hierarchie in ihrer durch Stifter und Urchristentum gegebenen Stellung beschränkt und zu vortragenden Räten der verschiedenen päpstlichen Behörden herabgedrückt werden kann, wie mir der hochbetagte, im Kurialdienst aufgewachsene Kardinalbischof Sibilia, der sich in einem ständigen Kampf mit der Studienkongregation wegen seines Diözesanseminars in Magliano befand, einmal sagte: „Noi diventiamo lentamente funzionari[98])". Das wäre ein betrübendes Bekenntnis, wenn das „Sentire cum Ecclesia[99])" mit Servilismus verwechselt würde, das eine freudige, hingebende Arbeit in der Kirche langsam aushöhlen müßte. Religionen müssen, wenn sie nicht im Fortschritt des geistigen Denkens trotz der klassischen Schönheit ihrer Liturgie und ergreifenden Symbolik ihrer Glaubenslehren versteinern wollen, auch ein freies Wort der Kritik und gegenteiligen begründeten Meinung ertragen, wenn sie nur aus einem Herzen gläubiger Erhebung hervorgehen. Die Entscheidung der päpstlichen Bibelkommission vom Jahre 19 . .[99a]) hat manches, nicht alles geklärt, der Fragenkomplex ist zu schwierig, ich aber füge mich der Kirche; sie und nicht die Gelehrten hat über den Sinn der heiligen Schriften zu entscheiden.

---

[98]) *„Wir werden allmählich Funktionäre"*
[99]) *„mit der Kirche mitfühlen"*
[99a]) *Vom Verfasser offengelassen*

Ein umstrittenes Gebiet ist ferner der sogenannte Romanismus, das heißt die Italienisierung der Kurie, der, wenn auch von einzelnen Schriftstellern des Faschismus gesteigert, nur ein politischer Mythos von Phrasen bleiben mußte, ohne in der Zentralregierung der Kirche entscheidend hervorzutreten*). Das Wort Dantes „Roma donde Cristo è Romano[100])“ ist in einem ganz anderen Sinne gesprochen worden. Es war das Verdienst Pius' XII., nach 1945 einen Versuch, wenn auch nur in bescheidenem Ausmaß, gemacht zu haben, der Weltkirchenregierung Roms ein übernationales Gesicht zu geben, vielleicht zum Ärger mancher Kurialisten, die ähnlich wie Staatssekretär Antonelli dachten, der auf das Bedenken des nordamerikanischen Präsidenten Lincoln über das nationale Mißverständnis in den kirchlichen Zentralstellen, humorvoll gegenüber seinem Privatsekretär erwiderte: „È proprio un matto, impossibile, nessuno fin oggi ha così pensato[101]).“ Zweifellos hatte die jahrhundertelange Vorherrschaft der italienischen Nation im Zentralapparat der Kirche etwas Mitschuld an der Trennung der Ostkirchen und schließlich an der Revolte Luthers, die ohne nationale Resentiments (vgl. die „Gravamina Nationis Germanicae“) niemals dieses Ausmaß eines „Odium Romae[102])“ angenommen hätte. Ungeachtet vieler Bedenken muß man aber heute sagen, daß auch die von manchen angeregte Internationalisierung der römischen Kurie praktisch eine Unmöglichkeit ist. Weder Franzosen noch Spanier oder Deutsche haben in der Vergangenheit der Weltkirche Päpste von überragender Größe und völkerverbindender Genialität gegeben. Es waren manchesmal Durchschnittsmenschen, was unvermeidlich ist, einige wenige dem Christentum — wie Alexander VI. — schädlich. Allein

---

*) Bodrero Emilio, Studiosi e artisti italiani a Pio XII. (Vaticano 1943): „Successione autentica e perché romana, legittima dell'Impero romano é l'Impero cattolico e il Papa sa in se incarnare di entrambe lo spirito imperiale.“ *„Das Bodrero-Zitat beginnt derart abrupt, daß eine Übersetzung seines ersten Teiles unmöglich ist, wohl aber kann der zweite Teil, auf dem das Hauptgewicht der Aussage liegt, übersetzt werden wie folgt: Der Papst weiß den Geist von beidem (nämlich vom römischen und vom christlichen Kaisertum) in sich zu verkörpern (wörtlich: zu inkarnieren).“* Schon längst vor ihm sagte Crispi zum Sondergesandten Leo XIII., Monsignore Costantini: „Il Papato è una istitutione italiana“. *Das Papsttum ist eine italienische Einrichtung.* (9. Februar 1894, Diario des Geheimsekretärs Marchese Alessanddo Cuccioli.)

[100]) *„... Rom, und daher ist Christus ein Römer“ (leider ist dieses Dante-Zitat allzu fragmentarisch zitiert, um seinen genauen Sinn erkennen zu können)*

[101]) *„Er ist ein ganzer Narr — unmöglich, niemand hat bis heute an so etwas gedacht“*

[102]) *„(eines) Romhasses“*

sie werden überragt und in den Schatten gestellt von großartigen Persönlichkeiten, die in schwierigsten Jahren der Kirchengeschichte ihre Fähigkeit der Regierung tatsächlich bewiesen haben. Es genügt, an Leo XIII. zu erinnern, der als erster die Indifferenz der römischen Kirche gegenüber Staatsformen als Grundsatz vatikanischer Kirchenpolitik im Gegensatz zu seinen Vorgängern festgelegt hat. So verschieden auch die religiöse Haltung der Italiener gegenüber den Nordmenschen ist, ebenso groß ist ihre Fähigkeit und Kunst, durch alle Wirrnisse der Zeit das Schiff der Kirche mit dem angeborenen „buon senso equilibrato“[120a]) des Lateiners zu lenken, der darin das Erbe von Jahrhunderten verkörpert. Der Nordmensch wühlt im formlosen und irrationalen Halbdunkel. Mit seiner Vorliebe für Kritik und Problematik ist er ein ständiges Element der Unruhe, der aus jeder Frage eine Metaphysik macht und faustisch das Suchen der Wahrheit ihrem Besitz vorzieht, während vieles in der Religion (Erbsünde, Dreifaltigkeit, Jungfrauengeburt, Auferstehung) wissenschaftlich nicht beweisbar ist, sondern mit demütigem Herzen gläubig angenommen werden muß. Der Italiener denkt im Weltanschaulichen problemlos, unkompliziert. Er geht auf das Wesentliche, das er sogleich intuitiv erfaßt, ohne das Bedürfnis, in die Tiefe des Zweifels vorzustoßen, wobei er der Macht der Tradition gegenuber der Unsicherheit des menschlichen Ringens um die Wahrheit den Vorzug gibt. Die religiöse Berufung des Nordmenschen liegt in dieser Unruhe seines Wesens, aber diese ist gleichzeitig die Unmöglichkeit einer obersten Kirchenführung, die dem menschlichen Fortschritt nicht vorangehen kann, sondern ihm langsam mit „piedi di piombo[103])“ folgt, um nicht alles ins Wanken zu bringen. So mußten — das ist die tragische Kehrseite — notwendigerweise in der römischen Weltkirche Geister, die ihrer Zeit vorangeeilt sind, scheitern und zunächst „erledigt“ werden, auch wenn spätere Jahrhunderte ihr Lebenswerk unter dem Druck geänderter Verhältnisse anerkennen mußten. Klassisch sind Fälle wie Galilei — Bellarmin — Kopernikus — Scultetti (sein Grab ist in der Animakirche), die Auflösung der Indianerreduktionen im Jesuitenstaat Paraguay, deren großartige Sozialreform, auf andere Staaten angewandt, den späteren Marxismus überflüssig gemacht hätte — Lamen-

---

102a) *„guten ausgeglichen Sinn“*
103) *„mit bleiernen Füßen“*

nais (heute lebt die Weltkirche in fast allen Staaten von den demokratischen Dogmen dieses Franzosen) — Rosmini — Franz Xaver Kraus — Bischof Bonomelli (die römische Frage!) — Ehrhard — Hermann Schell — Holzhey — Lagrange — Schnitzer und nicht wenige andere. Und so wird es übermorgen mit jenen sein, die auf dem Gebiet der sozialen Eugenik, Rasse und Synthese von Nation und Religion Wege beschreiten, die dem traditionsmäßigen Denken neu und fremd erscheinen. Die römische Kirche hat ihre feste geschichtliche Form gefunden. Sie bedarf keiner Reform in Dogma und Moral*), wohl aber im Verhältnis zu Staat, Nation und politischen Parteien**). Es ist jene Frage, die tiefer hineinreicht in das politische Leben und Gewissen der Laien. Durch die früher genannte Weisung des Papstes Leo XIII. wurde eine gewisse freizügigere Haltung der römischen Kurie gegenüber Staatsformen festgelegt, eine Anpassung an Verhältnisse, die man nicht mehr ändern kann. Zwischen der mittelalterlichen Auffassung der römischen Kurialisten, wie sie in der Lehre von den zwei Schwertern niedergelegt ist, bis zum Weltrundschreiben des Papstes Leo XIII. über den Staat ist ein weiter Weg menschlicher Geschichtsentwicklung zurückgelegt. Wo immer aber die römische Kurie — geschützt von einer politischen Mehrheit der Katholiken — in einem Staate ihre Grundsätze durchführen könnte, müßte sie notwendigerweise über rein demokratische Erwägungen hinaus ihrer eigenen autoritär-totalitären Auffassung auch innerhalb des betreffenden Staates zum Durchbruch verhelfen, wie das mit Spanien abgeschlossene Konkordat klar beweist. Die Welt von heute ist nicht mehr jene, die Pius IX. in seinem Syllabus (Verurteilung der Lehre „freie Kirche im freien Staat“) vor sich hatte.

Grundsätzlich diesen schwierigen Fragenkomplex betrachtet, ist es zweifelsohne richtig, daß Religion und Staat harmonisch zusammenarbeiten sollten, allein längst sind katholische Herrscher von sich christlich nennenden Parteien verdrängt. Ferner hat sich, um den Einfluß des Sozialismus unter katholischen Arbeitern zu brechen, nach Leo XIII. ein formales katholisches Sozialprogramm unter dem Einfluß bedeutender Wissenschaftler (Hitze, Biederlack, Pesch)

*) Lesenswert ist die von einem Ordensgeistlichen Paulus Bernardus (Anonym) im Jahre 1930 in Rom verbreitete Schrift „De quibusdam rebus in ecclesiastico regimine emendandis.“

**) Letzteres in Österreich nach 1945 glücklich gelöst.

herausentwickelt. Überdies hat der Katholizismus in einzelnen Staaten (besonders Deutschland) ganz neu organisierte Formen unter der Jugendbewegung geschaffen, die im Gegensatz zur stillen Arbeit der von Jesuiten geleiteten marianischen Kongregationen mit flatternden Bannern auf die Straße gehen, was in Totalitätsstaaten (auch unter Dollfuß!) ganz von selbst Gegensätze, Auseinandersetzungen und schwierige Kämpfe geradezu herausfordert, die mit Christus und seinem Evangelium oft wenig zu tun haben. Es ist vielmehr die politisch militante Kirche, die mit anderen ähnlichen organisierten Parteien zusammenstößt. Hier einen neuen Weg zu finden, der in Nationalstaaten nur ein solcher des Kompromisses mit gegenseitigen Verzichten sein kann, war im Dritten Reich der Wunsch nicht weniger Katholiken*), denen die vielen katholischen Vereinsgeneralsekretariate nicht als Fortschritt, sondern vielmehr als Hemmschuh einer vertieften religiösen Kultur erschienen sind. Es ist ferner unmöglich, daß die Kirche ein Staat im Staate ist, aber ebenso unmöglich, daß sie zur Dienerin vorübergehender politischer Parteien herabsinkt, wenn sie nicht ihre Glaubhaftigkeit vor ernsten, das religiöse Problem annehmenden Gläubigen verlieren will. Sie und niemand anderer ist die moralische Macht. Die römische Kurie ist nicht daran interessiert, ob ein Volk national geeint ist und in der Weltpolitik eine imponierende Kraft darstellt, es ist auch nicht ihre Aufgabe. Ihr Interesse ist, was menschlich natürlich und gerecht ist, die Erhaltung konfessioneller Grenzen aus Selbsterhaltungstrieb. Ob Deutschlands Fahnen auf den Weltmeeren Geltung haben, ob ein kraftvoll aufwärtsstrebendes, in seinem politischen und nationalen Denken selbständiges Reich im Herzen

---

*) Einige deutsche Theologen hatten den Mut in diesen entscheidenden Jahren, die Probleme Nation und Weltkirche zu berühren, kein Franz Xaver Kraus war in ihren Reihen zu finden; kluge positive Worte fanden aber die katholischen Hochschullehrer Adam (Tübingen), Lortz, Barion und besonders Schmaus, letzterer in seinem Vortrag „Katholischer Glaube und NS“ vor der Fachschaft der katholischen Theologen in Münster, 13. Juli 1934. Sonst war es nur ein sich Verschanzen hinter alten Überlieferungsstellungen, ohne das befreiende Wort für die Zukunft tapfer zu finden, wie teilweise auch die Schrift des ungarischen Bischofs Graf Mikes von Szombathely, „Kommunismus und Nationalismus im Lichte der Weltanschauung“ (Vortrag im Wiener Kulturbund, 30. Okt. 1934). Schon die Zusammenstellung beider in eine Parallelerscheinung (!) war eine verunglückte Sache, denn beide können Antipoden sein, weil ihre Ursachen wesentlich verschiedener Art sind. Viel gründlicher ist Eugen Lemberg, „Geschichte des Nationalsozialismus in Europa“, Stuttgart 1950 (seine Behauptung, daß „großräumige Wirtschaftskategorien“ den nationalstaatlichen Gedanken als überholt erscheinen lassen, ist diskutierbar, denn die Nation ist auch ein biologisch-naturrechtlicher Wert).

Europas war, das ist kein Gegenstand der Sorge, weil die Interessensphären völlig verschieden sind. Das Glück der Völker liegt aber nur in der Synthese von Nation, Religion und einem von den wirren Gedankengängen des Karl Marx geläuterten Sozialismus. Zu viele Einflüsse wirken überdies (vgl. die Geschichte Roms während des Zweiten Weltkrieges mit der kaum neutralen Haltung) durch Botschaften, Gesandtschaften und ausländische Nuntien zusammen, um nationale Bewegungen in Mißkredit zu bringen, Schwierigkeiten der Innenpolitik durch konfessionelle Gegensätze und Streitigkeiten zu verschärfen und damit Uneinigkeit im betreffenden Volke zu fördern. Diesbezüglich ist zwangsläufig die Staatspolitik, so wesentlich verschieden sie im einzelnen sein mag, in der Geschichte oft dieselbe der drei großen internationalen Machtkomplexe, des Judentums, der Freimaurerei und Roms. Das Problem „römische Kirche, Staat und Politik" wird heute fast nur in Frankreich tiefer empfunden*), wo man die Haltung der Kurie gegenüber links (Sillon), rechts (Action française) am eigenen Leibe erfahren hat. So ist die Lage heute so, daß die römische Kirchenpolitik von einem Zwiespalt lebt, denn was sie unter Demokratie (Mehrparteiensystem) versteht, ist nicht ganz der tiefere Sinn modernen Denkens, in dem alle Religionen als „gleichberechtigt" betrachtet werden**).

Der Verfasser dieser Romerinnerungen hat in seinem Buch „Die Grundlagen des NS" für den sogenannten politischen Katholizismus noch innerhalb gewisser Grenzen eine Lanze gebrochen, weil derselbe zum Beispiel in Preußen um die Gleichberechtigung der Katholiken im öffentlichen Leben mit Recht kämpfen mußte; nach den Erfahrungen der beiden letzten Jahrzehnte erscheint aber eine konfessionelle Partei in religiös gemischten Staaten wie ein Spaltpilz und fast immer und überall als Gegner einer starken nationalen Reichsidee. Heute möchte aber der Verfasser sogar den Beinamen „christlich" für demokratische Bewegungen ablehnen. Denn nur zu oft ist unter dem Druck der Verhältnisse und auch beim besten

*) Jean Guitton, „L'Eglise et la Liberté", Paris 1952 (Vortrag gehalten in der „Semaine des Intellectuelles catholiques"), ähnliche Gedanken bei den Jesuiten Daniélou, Rouquette, ferner bei Y. Congar, „Vraie et fausse Reforme dans l'Eglise", Paris 1952 (Editions du Cerf).

**) Das spanische Konkordat 1953 bestätigt den 6. Artikel der Verfassung Spaniens: „Andere Zeremonien oder äußere Kundgebungen als jene der katholischen Religion sind nicht erlaubt."

Willen vieler wirklich christlich lebender Politiker dieser edle Beiname eine Gefahr des Mißbrauches von Christus und Religion für Aufgaben, für die beide nicht bestimmt sind*). Der moderne Staat verlangt eine Neuorientierung mit neuen Formen für das Verhältnis Weltanschauung und Politik: Eine aufrichtige, wohlwollende Haltung gegenüber allen Religionen, ohne sich mit irgendwelcher enger zu verbinden, mit anderen Worten ihre verfassungsmäßig gesicherte Autonomie und ihre Ausschaltung aus dem politischen Raum; wobei man kirchlicherseits weitgehende Zugeständnisse machen sollte in Fragen, die letzten Endes nicht für wahre Religiosität entscheidend sein müssen (fakultative Zivilehe, interkonfessionelle Staatsschule mit Religionsunterricht). Eine christliche Staats- oder Soziallehre im strengen Sinn kann aus der Bibel nicht abgeleitet werden. Letztere nimmt vielmehr die Staats- und Wirtschaftsform als eine geschichtliche Gegebenheit. Sie billigt die alttestamentliche absolutistische Königsgewalt, die sich trotz religiöser Tarnung oft wenig unterschied von der Tyrannis der Nachbarvölker. Sie sagt nichts über die Rechtsgültigkeit der römischen Besatzungsmacht in Palästina und wie weit das eigene Volk in dieser politischen Form noch Rechte und Ansprüche hat. Mit anderen Worten, sie sucht nur unmittelbar und dieses auch erst seit Christus, durch Grundsätze von Gerechtigkeit und Brudergesinnung über Stand, Beruf und Nation hinaus die unvermeidlichen menschlichen Armseligkeiten einer jeden Staatspolitik zu verkleinern. Es ist deshalb abwegig und politische Sophistik, Christentum, Evangelium und soziale Politik in eine zu enge Bindung zu bringen. Es sollte keinen kirchlichen Integralismus im sozialen und politischen Leben von Nationen und Staaten moderner Form geben und andererseits auch keine Diktatur, welcher Farbe immer, sondern nur eine Demokratie im Sinn des Zweiparteiensystems nach englisch-nordamerikanischem Vorbild mit Links- und Rechtsrichtung, das heißt einer Opposition, die jede Majorisierung unmöglich machen kann. Diktaturen politischer und weltanschaulicher

*) Schon das päpstliche Weltrundschreiben vom 10. Jänner 1890 „Sapientiae christianae“ hat gewissen drohenden Entwicklungen, die eines Tages kommen, durch die treffenden Worte vorgegriffen: „Die Kirche hat die Pflicht, sich nicht zum Handlanger der Parteien zu machen und sich auch nicht sklavisch den ständig wandelbaren Forderungen der Politiker zur Verfügung zu stellen ... Die Kirche an eine Partei ketten und wünschen, daß sie mithelfe, politische Gegner zu überwinden, heißt die Religion enorm mißbrauchen“ (Civiltà Cattolica, 1915, 55).

Art mit allen Mitteln zu bekämpfen, muß die nach den traurigen Erfahrungen mit dem NS besondere Sendung eines echten freien Christenmenschen sein. Politische Staatsformen sind nur zeitgeschichtlich bedingt, kein Dogma. Keine, welcher Art diese Form auch sein möge, könnte man gleichsam kanonisieren; aber auch wenn es übertrieben ist, mit Maritain*) (ähnlich wie früher Benda) Evangelium (!) und Demokratie als eine unlösbare Einheit geschichtlich (!) nachweisen zu wollen kann immerhin für Zeiten nur dieselbe als die einzig entsprechende, auch die religiöse Freiheit sichernde Form politischer Staatsführung bezeichnet werden. Das Christentum und damit die Kirche hat deshalb heute eine unendlich größere Sendung als in vergangenen Jahrhunderten mit den Gedanken vornehmer Humanität, sozialer Gerechtigkeit, der Bruderliebe und des selbstlosen Dienstes an den Armen; die Welt vor der Macht des Kapitalismus und andererseits des Marxismus zu retten, den Glauben an höhere geistige Werte in der menschlichen Gesellschaft gegenüber allen überraschenden Fortschritten der Technik von morgen zu retten und mitten in dieser erhabenen Sendung niemals selbst ein „Instrumentum Regni" zu werden. Das Herausziehen der Religionen aus dem Tageskampf und den Programmen der politischen Parteien durch die schließlich der Charta der Menschenrechte entsprechende Autonomie würde eine neue Zeit für das Verhältnis von Staaten und Religionsbekenntnissen herbeiführen, würde auch dem Geiste der UNESCO entsprechen, wobei zu beachten ist, daß bereits das österreichische Staatsgrundgesetz vom 21. Dezember 1867, Artikel 15, eine solche Autonomie einführen wollte. („Jede kirchliche und religiöse Genossenschaft, die vom Staate anerkannt ist, hat das Recht der öffentlichen und gemeinsamen Ausübung des Kultus. Sie ordnet und verwaltet autonom ihre inneren Angelegenheiten und ist im Besitz ihrer Einrichtungen, Stiftungen und Vermögenswerte für die Zwecke des Kultus, des Unterrichts und die Wohltätigkeit staatlich geschützt. Im übrigen untersteht sie wie jede andere Gesellschaft den Staatsgesetzen.") Ein solches Gesetz zum Verfassungsartikel

*) Maritain, „Cristianesimo e democrazia", 1942 zum ersten Mal veröffentlicht, Neuauflage in italienischer Sprache 1950, Edizione di Comunità. Bedeutend tiefer haben über diese Frage geschrieben Guglielmo Ferrero (1920, Raccolti di scritti) und Ernesto Vercesi, „Il movimento cattolico in Italia". Eigene Wege beschreiten Labreille-André Siegfried, „Les forces religieuses et la vie politique", Paris 1951 (unbeschwert von Bibelkenntnis) und Beonio Brocchieri, „La politica del cristianesimo", Milano 1951.

erhoben, macht jedes Konkordat überflüssig, und die Konfessionen würden in vieler Hinsicht aus dem innenpolitischen Kampf der Parteien herausgezogen. So würde es die moderne Sendung der christlichen Religionen sein, fähige, junge Laien in einer Art Ordensburgen als „Militia socialis Christi[104])" zu bilden. Diese jungen Laien könnten später in jede Partei eintreten, die nicht grundsätzlich gottlos ist, weil keine von den beiden demokratischen Richtungen als „kirchlich" zu bezeichnen ist, um mittelbar durch ihr Leben und ihre klaren Grundsätze sozialer Gerechtigkeit und Bruderliebe das öffentliche Leben im Sinne eines modernen gereiften Humanitätsideals zu missionieren.

Ein wahrhaft christliches Zeitalter, wie es der Jesuitenredner Lombardi*) mit einem beglückenden Optimismus nach 1945 verkündete, wird kaum mehr kommen. So wie es vielleicht nie ein solches für längere Dauer gegeben hat, ausgenommen innerhalb der kleinen Gemeinden des Urchristentums, die aber die Welt nicht beeinflussen oder ändern konnten. Das Leben wird immer Kampf zwischen Licht und Schatten, ein Streben nach höheren und besseren Formen kultureller Entwicklung sein. „Der Untergang des Abendlandes, die Ankunft eines Antichrists, die Bekehrung Rußlands" sind nur in die Massen hineingeworfene Schlagworte. Richtig ist nur das eine, daß man von einem „Ende der Neuzeit" (Romano Guardini) sprechen kann, denn zwei Weltkriege, Faschismus, Nationalsozialismus und Bolschewismus waren gleichsam Erdstöße, die gezeigt haben, daß im Innern alles in Bewegung geraten ist, daß Fragen gelöst werden müssen, die seit der Französischen Revolution, die nur eine kleinbürgerliche Angelegenheit gewesen war, infoge Mechanisierung von Arbeiter- und Bevölkerungsmassen eine großzügige Neuordnung verlangen, wenn nicht mit dem gegenwärtigen Zeitalter in wenigen Jahrzehnten auch Religionen und Christentum als sozialkulturformende Kräfte versinken sollten, was das größte

---

[104]) *„soziale Miliz Christi"*

*) „Per un mondo nuovo", vgl. dazu die Besprechung von Richard Gutzwiller in der Schweizer Halbmonatsschrift „Orientierung" und besonders die tiefschürfenden hervorragenden Werke von R. H. Tawney, „Religion, Frühkapitalismus", Sammlung Dalp, Bern, Verlag A. Francke, und Dobretsbergers Werk über Kirche und Sozialismus mit geschichtlichen Belegen über die ständigen Widersprüche von Theorie und Praxis (offizielle Theologie der Scholastik im Spätmittelalter und Nichtdurchführung der Gesetze über Wucher im Geschäftsleben der Christen).

Unglück aller bedeuten würde. Man kann die vorausgehenden Gedanken vom Ende „christlicher" Parteien, von der wohlwollend verstandenen Trennung von Kirche und Staat und von der „Militia socialis Christi" als Utopien und Zukunftsträume eines weltfremden Idealisten bezeichnen. Allein sie werden eines Tages Wirklichkeit sein. Denn die Kirchen haben keinen unmittelbaren politischen Auftrag, sondern die Sendung, die menschlichen Charaktere vornehmer, selbstloser und gegenüber den Mitbrüdern gerechter zu erziehen; eine Elite jener Menschen heranzubilden, die — nicht geblendet vom Zeitalter der Technik und Massenbeeinflussung — den Blick zum Ewigen freihält und aus dieser überweltlichen Gesinnung heraus mitarbeitet, um die soziale Gerechtigkeit auf Erden mit allen Mitteln zu erzwingen. Viele Verfolgungen, die heute die Kirche wegen früherer Vermengung politischer und weltanschaulicher Ziele seitens der Gegner und auch jener im eigenen Lager erleiden muß, viele Verdächtigungen, als ob sie, nur von politischen Parteien gestützt, sich als Machtkomplex erhalten könne, werden dann an Schlagkraft verlieren. Sie würde vielleicht äußerlich — zahlenmäßig in der Konfessionsstatistik betrachtet — nicht mehr das sein, was sie heute für viele ist, ein Transparent, wohl aber eine Kampfgruppe im edelsten Sinne des Wortes für eine moderne Synthese von Religion, Nation und Sozialismus innerhalb einer geläuterten Demokratie; denn alle totalitären und autoritativen politischen Systeme, welcher Farbe immer, sind in ständiger Gefahr, das Opfer des Menschlichen und Allzumenschlichen zu werden, das heißt in Willkür, Unterdrückung gegenteiliger Meinungen und schließlich in der Tyrannis einer Art moderner Inquisition zu endigen, die keine Freiheit des Gewissens und persönlicher Entscheidung mehr kennt.

Protestantismus, Ostkirchen und Rom. Mit großer seelischer Erschütterung stand und betete ich im Sommer 1936 am Grabe Martin Luthers unter seiner Predigtkanzel in der stimmungsvollen gotischen Kirche zu Wittenberg, nachdem ich das prachtvolle Reformationsmuseum derselben Stadt besucht hatte, in dessen Gästebuch ich den Namen des Berliner Nuntius Eugen Pacelli eingetragen fand. Savonarolas und Luthers Persönlichkeiten stehen an der Wende von zwei Kulturepochen. Was beide, wie von einem Schicksal geführt, wollten, war in seinen Anfängen kein Dogmenstreit, sondern ein Aufschrei der Empörung tief christlicher Menschen beim Anblick des Renaissancechristentums, das zur Karikatur jeder Religion besonders am Hofe der Medici geworden war. Bei Luther war es überdies das national-bewußte Verlangen, dem deutschen Volk die absolute Gleichberechtigung innerhalb der Weltkirche gegenüber dem italienischen Hochklerus zurückzuerobern, der sich in rein wirtschaftliche Gebiete hineinmengte (Annaten, Romtaxen, Ablaßgelder); was ursachenmäßig viel mehr als zunächst reine Glaubensfragen die Abneigung gegen Rom und schließlich die gewaltsame Trennung herbeiführte. Daß es damals nicht gelang, rechtzeitig Kurie und Hierarchie wie das Klosterwesen im deutschen Raum der Zeitenwende entsprechend zu reformieren im Sinne einer Gleichberechtigung aller Nationen, wurde zum tragischen Verhängnis Europas und weit darüber hinaus. Seit Luther gibt es deshalb ein germanisch-nordisch und ein latein-romanisch empfundenes Christentum, dessen ersteres in Sekten gegliedert ohne festes Lehrsystem und ohne zentrale Führung viel mehr den Gesetzen des Werdens und Vergehens unterworfen ist als die römische Weltkirche. Luthers Persönlichkeit wird deshalb von Romanen, am wenigsten von Spaniern, nie verstanden und objektiv beurteilt werden können. Selbst in der deutschen Geschichtsforschung schwankt sein Charakterbild zwischen dem absolut ablehnenden des Dominikaners Heinrich Denifle und dem kompromißfreudigen des Jesuiten Grisar, der menschliche Züge im Reformator fand, bis zu den trefflichen Studien von Lortz und des Amerikaners Roland Bainton, die aber beide das Schwergewicht der Verantwortung für diese Kirchenspaltung nur auf Rom verlagerten. Die Glaubensspaltung wurde in jedem Fall durch das tragische Zusammentreffen von Ereignissen erzwungen; Luther selbst wurde von den Wogen geschichtlicher Entwicklung erfaßt, die stärker waren als seine Kraft. In einer radikaler reformierten Kirche, als es in Trient erfolgte, mußte Luther bleiben, das Verbindende statt das Trennende sehen, um die Einheit des Christentums wenigstens in Europa zu retten*).

Es war merkwürdig, daß ausgerechnet unter einem deutschen Papst (Leo IX., Dagisburg aus dem Elsaß) die Ostkirche sich endgültig (1054) von Rom trennte und daß wieder unter einem deutsch-

*) Vgl. „Der katholische Luther". Herausgegeben von Otto Hiltbrunner. Bibliographie und Register von Dr. Mordstein. Luther, „Die deutsche Tragödie 1521". Band 35 der Sammlung Dalp. Beide erschienen im Leo-Lehnen-Verlag, München 1952.

stämmigen Hadrian VI. der Norden zum Großteil von Rom Abschied nahm. Beiden ist es nicht gelungen, diese geschichtliche Entwicklung aufzuhalten. Gebildete italienische Schriftsteller liberaler Richtung sehen im Protestantismus nur Negatives, kein Suchen des Ewigen im Christentum, das der Schutt der Jahrhunderte mit menschlicher Armseligkeit immer wieder verdecken wollte. Nicht selten wurde ich in Italien gefragt, ob Protestanten auch Christen seien. In manchen Kreisen hat sich bis heute an Erfahrungen und Eindrücken wenig geändert, die der österreichische Ordensmann und spätere Heilige Klemens Maria Hofbauer in die folgenden bezeichnenden Worte zusammengefaßt hat:

„Seitdem ich als päpstlicher Abgesandter in Polen die religiösen Zustände der Katholiken und in Deutschland jene der Protestanten habe vergleichen können, ist es mir gewiß geworden, daß der Abfall von der Kirche eingetreten ist, weil die Deutschen das Bedürfnis hatten und haben, fromm zu sein. Nicht durch Ketzer und Philosophen, sondern durch Menschen, die wirklich nach einer Religion für das Herz verlangten, ist die Reformation verbreitet und erhalten. Ich habe das in Rom dem Papste und den Kardinälen gesagt, aber sie haben mir nicht geglaubt und halten fest daran, daß Feindschaft gegen die Religion es sei, welche die Reformation bewirkt habe. — Viel ließ sich Hofbauer dann von mir über die religiösen und kirchlichen Zustände Norddeutschlands erzählen, und segnend reichte der fromme und milde Greis mir bei dem Abschied die Hand .“

Seitdem hat sich aber vieles geändert, und Luther würde sich schmerzerfüllt abwenden, wenn er die geistige Verwirrung innerhalb weiter Kreise des von ihm gegründeten Protestantismus sehen könnte.

Die vielen Konferenzen, seitdem Kardinal Mercier den ersten kühnen Versuch unternommen hatte, mit Anglikanern in ein Gespräch zu kommen, waren oft ein Aneinander- und Vorbeireden, aber sie zeigten, wie weit man schon nach Luther sich von der alten Kirche getrennt hatte und wie merkwürdig heute die Worte des heiligen Cyprian aus dem 3. Jahrhundert sich zu verwirklichen beginnen:

---

*) Brief Perthes' vom 18. September 1816; vgl. Friedrich Perthes' Leben, 1851, 2. Band, Seite 126.

„Mag er sein, wer und wie er will. Wer nicht in der Kirche Christi ist, der ist auch kein Christ. Mag er sich auch brüsten, seine Philosophie oder Beredtsamkeit mit noch so viel stolzen Worten preisen. Wer weder an der brüderlichen Liebe noch an der kirchlichen Einheit festgehalten hat, der hat auch das verloren, was er früher besessen hat).“*

Der gemeinsame Daseinskampf[104a]) im Dritten Reich und das Ende des Zweiten Weltkrieges haben unter den Protestanten Versuche eines sich gegenseitigen Näherkommens in der Form einer ökumenischen Bewegung wieder neu belebt. Kreise um Simon-Höfer (Paderborn), Metzger-Laros (Augsburg) haben mit gleichgesinnten Nichtkatholiken neue Wege gesucht, um die Wunde des 16. Jahrhunderts zu schließen. Ist eine Verständigung möglich oder ist alles Selbsttäuschung und Zukunftstraum? Ist noch etwas gemeinsam aus dem Besitz der Urkirche und Bibelauslegung vom Protestantismus in unsere Gegenwart gerettet worden, um als Brücke zu dienen, oder hat das moderne Weltbild vieles vom theologischen Gedankengut Luthers wie durch eine chemische Säure zersetzt? Zweifellos stehen anglikanische und lutherische Kirche[104b]) — einschließlich den Kreis um Heiler (Marburg) — in wesentlichen Punkten dem Katholizismus viel näher als die reformierte, deren letztere einer „Wiederentdeckung der Kirchen“ nicht viel Sympathien entgegenbringt (K. Barth). Zweimal schien es, als wollte die Geschichte selbst der deutschen Nation und damit dem Nordmenschen die Hand entgegenstrecken, um innerhalb der Weltkirche als reformierendes Element wirksam zu werden. Es war unter Luther und dem Wiener Kongreß. Ersterer scheiterte am Mangel weitblickender deutscher kirchlicher Persönlichkeiten dieser Umbruchszeit und an der Unkenntnis der deutschen religiösen Bedürfnisse seitens Roms. Als reichlich spät die Trienter Kirchenversammlung eine Reform begann, vollzog sich dieselbe fast ohne Teilnahme deutschgesinnter Kirchenfürsten. Vieles in den Reformdekreten erhielt deshalb notwendigerweise einen romanischen, von Ordensgeistlichen zugerichteten Schnitt, und der Sieg der Gegenreformation mit dem aus Italien in den Norden ge-

*) 55. Brief, 24. Kapitel, geschrieben 251.

104a) *(gemeint ist der von Katholiken und Protestanten)*

104b) *Vgl. die Bücher von Asmussen, H. Schlier mit einer „neuen“ Sicht des Apostelamtes und des Sakramentalen in der Theologie.*

brachten Barock konnte den Zwiespalt nicht beseitigen. Als im Wiener Kongreß der Gedanke einer gesamtdeutschen Reichskirche, die nicht als Gegensatz zur päpstlichen Obergewalt gedacht war, besprochen wurde, scheiterte alles an dynastischen Interessen des Hauses Habsburg und am Kreis von Klemens Maria Hofbauer. Vielleicht waren die Jahre 1930/40 die letzte geschichtliche Möglichkeit innerhalb des deutschen Katholizismus, um aus allen Diözesanpartikularismen, die der Vergangenheit angehören, zu einer großen deutschen religiösen Tat im Interesse von Nation und Weltkirche zu schreiten. Daß auch letzteres nicht in Erfüllung ging, war wesentlich auf das Schuldkonto der Linksrichtung innerhalb des NS und der Emigranten im Ausland zu buchen. Eine starke deutsche Kirche hätte auch den großdeutschen Reichsgedanken bejaht und wesentlich mitgestützt. Während bei orientalischen Kirchen und Anglikanern die Frage eines Zusammenschlusses mit Rom fast nur eine solche der Annahme oder Ablehnung des päpstlichen Primates ist, während sonst auf weite Strecken wenige Unterschiede bestehen, müssen protestantische Kirchen, so wie heute ihre Entwicklung ist, eine vollständige Kapitulation über sich ergehen lassen, um katholisch werden zu können. Seit Luthers Tod hat ein ständiges Abbröckeln vom ursprünglichen gemeinsamen Erbgut der Urkirche begonnen, und wohl keiner der zwölf Apostel würde, wenn er heute auf diese Erde zurückkommen könnte, auch nur eine einzige Sekte als Ausdruck der christlichen Urbotschaft anerkennen. So kann es sich bei den Konferenzen und Aussprachen nur um eine fruchtbare Begegnung zwischen Katholiken und den von Rom getrennten Christen handeln, um „Gespräche über den Zaun", wie der Innsbrucker Jesuit und Hochschullehrer K. Rahner (Schweizer) schreibt*):

„Wer wollte zweifeln, daß wir für uns selbst, für unsere eigene vertiefte Glaubenserkenntnis von den evangelischen Theologen noch viel lernen können? Wer wollte im Ernst bestreiten, daß wir vieles aus der evangelischen Bibelerklärung gerade der letzten Jahrzehnte gelernt haben, nicht nur für die gelehrte Fachtheologie, sondern darüber hinaus, was wir de facto (wenn auch nicht de iure) bei unseren eigenen Theologen nicht hätten lernen können."

*) In der Zeitschrift „Wort und Wahrheit", Nr. 5, (1950) Seite 179.

Im Anschluß an meine Bekanntschaft mit dem Marburger Theologen Heiler, dem Förderer einer Art hochkirchlicher Bewegung innerhalb des deutschen Protestantismus, habe ich in meiner Eigenschaft als Mitglied der obersten päpstlichen Kongregation für die Erhaltung des Glaubens dem Heiligen Offizium im Jahre 1941 eine Denkschrift unterbreitet*), die in mehreren Fragen verfrühte Forderungen stellte. Ihr wesentlicher Inhalt ist folgender:

„Die Frage der Rückkehr ‚katholisierender' Protestanten zur Weltkirche ist schwierig und von großer Verantwortung. Die römische Kirche hat die Pflicht, alles, was nur möglich ist, zu tun, um dieselben mit Liebe und Klugheit zum gemeinsamen Vaterhaus zurückzuführen. Die Frage nach der besten diesbezüglichen Methode wurde wiederholt von trefflichen Bischöfen behandelt, die infolge des engen Zusammenlebens mit Protestanten auch besser ihre religiöse Mentalität kennen müssen als solche, die in einem ausschließlich katholischen Gebiet leben. Tatsachen sind folgende: Auf der einen Seite fürchten die Protestanten — und heute mehr als früher —, mit ihrer Rückkehr das Opfer einer „Latinisierung" zu werden, wie es vor der Veröffentlichung des kirchlichen Rechtsbuches (1918) gegenüber den orientalischen Kirchen geschah, denn erst der Kanon 1 verbot im Sinne der Kirchenpolitik Leos III. eine Änderung des Ritus, während besonders bis zur Mitte des 19. Jahrhunderts lateinische Gebräuche in den mit Rom sich vereinigenden betreffenden orientalischen Kirchen eingeführt wurden, so daß dieselben weder ganz Lateiner noch ganz Orientalen, sondern das Erzeugnis einer merkwürdigen religiösen Mischung wurden. Auf der anderen Seite hat auch der Heilige Stuhl nach den letzten Versuchen der Jesuiten im 16. und 17. Jahrhundert keine große Initiative mehr ergriffen, um die Rückkehr der Protestanten zu erleichtern. Es wurde der allgemeine Grundsatz des Kirchenrechtes angewandt, besonders hinsichtlich der Kirchendisziplin, um alles der augenblicklich geltenden Praxis anzupassen. Dieses ist eine gute Methode vom Standpunkt des Kirchenrechtes, aber nicht von jenem der Seelsorge, am allerwenigsten, wenn es sich um die Rückkehr eines protestantischen Pastors handelt. Man kam deshalb über einzelne Fälle nicht hinaus,

*) Römische Tagebücher, 23. Juni 1941.

während einer ganzen protestantischen Pfarrei oder Gemeinde mit ihrem Seelenhirten die Wege gleichsam versperrt erscheinen mußten. Die Protestanten von heute haben keine Verantwortung für die Reformation des 16. Jahrhunderts. Sie sind es gewohnheitsmäßig, wie in anderen Ländern eben jene durch Überlieferung und Familiengeschichte Katholiken sind. Die Gegenreformation, die auch einen politischen Hintergrund hatte, da es sich um die Wahrung des Besitzstandes der beiden Herrscherhäuser Habsburg und Wittelsbach handelte, ist nicht in die Tiefe der Probleme gestoßen, sondern wollte nur das Überkommene neu beleben. Es müßte deshalb in unseren Tagen die Initiative von Rom ausgehen, aber in einer Form, in der jeder Schein eines ‚unificare, nivellare, centralizzare, dominare'[105]) vermieden werden sollte, denn es ist der ständige Vorwurf bei allen protestantischen Schriftstellern in Deutschland, England und anderen Ländern, daß ‚Rom den nationaleigenen religiösen Genius der nichtlateinischen Völker zerstöre'. Andere betrachten, weil sie ganz links stehen, die römische Kirche als einen Fremdkörper, der die nationale Geschichte anderer Völker nicht fördere, sondern schädige. Was soll angesichts dieser Vorwürfe und der katholisierenden Bestrebungen geschehen, um eine größere Rückkehr, besonders von Pastoren, durch einen hochherzigen Akt der Kirchendisziplin zu erleichtern? Nachdem letztere zum Teil nur das Ergebnis geschichtlicher Entwicklung ist, während das Dogma das wesentlich Bindende sein muß, scheint es nicht schwierig, eine taktische Linie zu finden, um die römische Mutterkirche anziehender für Protestanten zu gestalten.

a) Die Liturgie (Rituale und Privatmesse) in der Muttersprache der einzelnen Völker und das Latein nur auf die feierliche, gesungene Messe zu beschränken).*

b) Die Dezentralisation der Kirchenverwaltung, indem viele Dinge den Metropoliten oder Bischofskonferenzen überlassen werden, nachdem die Primaten (can. 271) nur mehr ein dekoratives

---

[105]) *„vereinheitlichen, nivellieren, zentralisieren, herrschen"*

*) Papst Pius XII. hat diesbezüglich später eine Reihe von Zugeständnissen unter dem Druck der liturgischen und nationalen Bewegung gemacht, aber auch ohne letztere weitgehend für China, wie man es vergeblich für Deutschland in den Tagen der Reformation erstrebte.

Element in der Gesamtkirche geworden sind. Diese Auffassung hat nichts zu tun mit einem geschichtlich überlebten Episkopalianismus, wohl aber mit der Tatsache, daß eine Weltkirche nicht das nationale Erwachen der Völker mit geschlossenen Augen betrachten kann, als ob sich seit Jahrhunderten nichts in der Menschheit geändert hätte. Jede Übertreibung ist ein Schaden, wenn die gleichen Bestimmungen auf alle unterschiedslos angewandt werden.

c) Wenn eine große protestantische Gemeinde mit ihrem Pastor übertreten sollte, ist die nächste Lösung, ihn zum Diakon zu weihen, auch wenn er Familie hat, während ein zölibater Priester für Messe und Beichtstuhl zur Verfügung steht, bis auch da eines Tages — immer Massenübertritt vorausgesetzt — eine Neuordnung berechtigt und durchführbar erscheint. Wohl verbietet can. 132 letzteres, allein bis zur spanischen Kirchenversammlung von Elvira (300) hatten Diakone ihre Familien, und heute werden solche von Rom ohne weiteres von der Verpflichtung zur Ehelosigkeit dispensiert, wenn sie in die Welt zurückkehren wollen. Der heutige Weg gegenüber Pastoren mit Familie, die konvertieren, ist keine Lösung, da solche auch keine ihrer Bildung entsprechende neue Beschäftigung finden, wenn sie ihr theologisches Amt aufgeben. Diakone aber auch mit Familie könnten heute vortreffliche Dienste leisten als Prediger, Jugenderzieher, Religionslehrer und in vielen Aufgaben der modernen Großstadtseelsorge. Viele Berufe, die heute oft nur am Zölibat scheitern, würden der Kirche für die immer größer werdende Tätigkeit geschenkt, um nicht bloß Heiden zu Christen zu machen, sondern die Christen Europas wieder zu rechristianisieren, was unendlich schwieriger und opfervoller als die erstere Arbeit ist. Es wäre zu bedauern, wenn im Falle eines Sieges der Alliierten die anglikanische Kirche die Initiative an sich reißen würde, um dem deutschen Protestantismus eine Organisation zu empfehlen, die jener des Anglikanismus ähnlich ist. Ich bitte also, eine Kommission von zuständigen Personen einzusetzen, bestehend aus Mitgliedern des Heiligen Offiziums und der Propaganda, um diese schwierige Frage grundsätzlich zu überprüfen und dem Heiligen Vater auch im Sinne einer Wiedererweckung des alten Diakonats konkrete Vorschläge unterbreiten zu können. Dieses habe ich geschrieben, sicut Episcopum decet ‚Aus keinem anderen Beweggrunde als jenem der Liebe zur Weltkirche'.“

Es läßt sich nicht leugnen, daß Rom unter Papst Pius XII. eine Reihe von wichtigen Entscheidungen gefällt hat, die das Problem „Protestantismus und Weltkirche" betreffen. Dazu gehören außer der bereits genannten Verdeutschung des Ritualbuches die Teilnahme katholischer Observer (Jesuiten) an mehreren ökumenischen Versammlungen, ferner die Weihe verheirateter protestantischer Pastoren zu katholischen Priestern, ohne diesen hinsichtlich der ehelichen Verpflichtungen irgendwelche Einschränkungen zu machen. Man könnte deshalb heute, da der Protestantismus in nicht wenigen seiner Bekenner am Scheideweg steht, die Frage stellen: „Quid adhuc?[106])" Was sollte Rom noch tun? Auf diese Frage zu antworten müßte die Aufgabe jener noch christusgläubigen und eine Kirche bejahenden Protestanten sein, die in unseren schicksalsbangen Zeiten fühlen, daß nur ein geeintes Christentum dieses ohne große Wunden überdauern kann und daß ein gespaltenes ohne Einheit von Lehre, Kult und Führung den Keim der Auflösung in sich trägt. Eine Weltkirche kann nicht bloße Liebesgemeinschaft sein, sie bedarf der Organisation, des Rechts der Führung und vor allem einer letzten höchsten Autorität, die nicht von menschlichen Zufälligkeiten getragen wird und die nicht bloß Symbol, sondern letzter Ausdruck und Sinn einer religiösen Weltgemeinschaft sein muß.

Kein Staat war so geeignet, das Problem der Ostkirchen*) von hoher Warte zu verfolgen wie die alte Habsburger-Völkermonarchie, denn nur auf ihrem Gebiet vollzogen sich im Laufe der Jahrhunderte die einzigen größeren Unionsbewegungen unter Ukrainern (Ruthenen), Rumänen und Serben (Kreutz-Kriševac), die auch den Ersten Weltkrieg überdauern konnten und teilweise bis in unsere Tage hineinreichen. Bei meinem Besuch 1917 in Sarajevo sprach ich über Vorschlag des bedeutenden katholischen Erzbischofs Stadler mit dem Metropoliten Letica der serbisch-orientalischen Kirche Bosniens über die Probleme der Union, nachdem besonders der Laibacher katholische Bischof Jeglič in einer optimistischen Hoffnung mir von der kommenden Union der Serben mit Rom im Falle

[106]) *„Was noch?"*

*) Gegenwärtig sind 23 von Rom getrennte Ostkirchen, darunter zwölf mit griechischer Liturgie; die Gesamtzahl dürfte gegen 150 Millionen sein, denen ungefähr sieben Millionen mit Rom wieder Unierte gegenüberstehen. Letztere wurden durch den Schlag Moskaus gegen die ruthenische Kirche stark vermindert. Genaue Angaben gibt es noch nicht.

des Unterganges der Habsburgermonarchie und Vereinigung aller Südslawen in einem einzigen Staate sprach! Es war leider eine fromme Selbsttäuschung im katholischen Lager. Erzbischof Letica war vorsichtig genug, um klaren Fragestellungen auszuweichen. Er selbst gehörte der Kaste des orientalischen Mönchsklerus an und bedauerte, daß seine Weltgeistlichen Familien hätten, was der Kirchendisziplin im Falle von Versagen solcher Pfarrer vom Standpunkt der Seelsorge nicht nütze. Er war für die allgemeine Einführung der Ehelosigkeit auch in der orientalischen Kirche, aber nur aus Gründen der verwaltungstechnischen Praxis, nicht etwa aus solchen der Mystik und theologischer Spekulation. Während der Weiterbestand des Protestantismus über vier Jahrhunderte mehr seinen Grund hat im religiösen Individualismus und Freiheitsdrang vieler Menschen gegen eine autoritäre Führung der Gewissen, ist jener der orientalischen Kirchen nach dem Untergang der sie schützenden Dynastien in Rußland, Serbien und Rumänien und trotz harter Verfolgung zuerst unter den Türken, später unter Kommunisten ein Kapitel, das zum Denken Anlaß geben sollte. Wenn diese Kirchen ungeachtet härtester Schicksalsschläge, Vermögensverluste, geistiger Knechtung und völliger Verlassenheit in keinem ihrer maßgebenden und entscheidenden kirchlichen Führerpersönlichkeiten öffentlich den Wunsch geäußert haben, sich mit Rom wenigstens in einer Kompromißformel zu verständigen, dann müssen die Gründe der Kirchenspaltung viel tiefer hinabreichen, als es von den Geschichtsforschern gesehen und zugegeben wird. Niemand kann die apostolische Sukzession des Episkopats dieser orientalischen Kirchen leugnen. Die Sakramente werden gültig, wenn auch unerlaubt gespendet. Während Luthers Tat eine Revolte darstellte, haben sich Ost- und Westkirche in einem langen geschichtlichen Werdegang einfach „auseinandergelebt“, so daß erstere das religiös-geistige Antlitz des Ostens und letztere jenes der Westkultur zu verkörpern scheinen. Einer der besten Kenner der orientalischen Kirchen, Bischof Stroßmeyer von Diakovar, betrachtete die Entscheidung der vatikanischen Kirchenversammlung (1870) mit dem Sieg der totalen Führung über den Weltepiskopat nicht bloß „korrigierend“, sondern „dirigierend“ als einen Todesstoß der Unionsbewegung und meinte, nur eine weitgehende Autonomie der Innenverwaltung dieser Ostkirchen wäre imstande, eine Annäherung nochmals herbeizuführen, nachdem Jahrhunderte seit der Abspaltung vergangen sind. Diese Auffassung wurde von Nichtkennern des Orients, zu denen wohl 80 Prozent der Anwesenden gehörten, nicht geteilt. Nachdem die Trennung durch die Ablehnung der ausschließlichen Primatialrechte Roms über alle Kirchen, Nationen und Christen hinweg verursacht worden war, müßte logischerweise die Union, weil sie nicht so sehr eine dogmatisch-liturgische als eine Rechtsfrage ist, durch eine öffentliche Unterwerfung unter diese römischen Primatialansprüche herbeigeführt werden.

So ist es zweifellos tief bedauerlich, daß diese vatikanische Kirchenversammlung beendigt werden mußte, bevor Begriff und Begrenzung beziehungsweise Anpassung dieses Primatanspruches an die neuen Zeiten überhaupt besprochen werden konnten. Noch bedauerlicher ist es aber, daß seit 1870 Kirchenbesuch und religiöses Denken in weitesten Kreisen der Jugend dieser orientalischen Kirchen einen erschreckenden Rückgang erlebt haben, so daß Unionsfragen nicht mehr in der Volksseele ein aufrichtiges Echo, Bedürfnis und Verständnis finden. Die Ursachen der Trennung müssen deshalb viel tiefer hinabreichen, wie aus den Beobachtungen der besten Kenner der Mentalität dieser Völker und Kirchen (Fallmeraier, Gelzer, Harnack) sich ganz von selbst ergibt. Die Unterschiede liegen nicht so sehr auf religiös-kirchenrechtlichem Gebiet, sondern auf jenem der Kulturen; Landschaft, Klima, national-politische Geschichte haben zwischen Ost und West auch eine wesentlich verschiedene Auffassung des Lebens selbst bewirkt. Weltüberwindung (Osten), Welteroberung und Beherrschung (Westen) stehen sich hier gegenüber. Beide sehen deshalb vieles mit ganz anderen Augen. Die Flucht in den Idealismus einer jenseitigen Welt, nachdem sich auf Erden wenig ändern läßt, und jene die Realität des Lebens, das heißt, die Welt christlich umzugestalten, sie neu zu formen. Ein Versuch, der nie ganz gelingt und immer wieder an der Unzulänglichkeit der menschlichen Natur scheitert. Der Ostmensch ist statisch, liebt religiös-mystische Spekulationen, die für das praktische Leben bedeutungslos sind und deshalb auch die Politik, welcher Farbe immer, nicht stören. Der Mittelmeermensch (Italiener), der in der Westkirche die Führung hat, ist formbildend und geborener Traditionalist, der alles in unabänderliche Begriffe und Rechtsnormen drängt. Welten trennen diese Völkergruppen. Christi Religion wäre, wenn in den ersten zehn Jahrhunderten der orientalische Teil die Vorherrschaft ausgeübt hätte, andere Wege gegangen. Längst hat deshalb Rom in kluger Taktik jeden Versuch einer Latinisierung in den Ostkirchen aufgegeben, nachdem die Uniaten-Gemeinden keinen neuen Weg bezeichnen. Der Weg zur Union der Massen ist verriegelt durch Ursachen, die über Christentum und Religion hinausreichen. Alle großen Religionen waren in der Geschichte der Abspaltung unterworfen, da Verstand, Gemüt, Wille ganz von selbst unterschiedliche Betrachtungen derselben Sache herbeiführen. Bei den Ostkirchen war es äußerlich betrachtet „Hochmut, Selbstherrlichkeit, Abhängigkeit von Landesfürsten und ähnliches"*), in Wirklichkeit, ohne daß dieselben sich dessen bewußt wurden, Kultur- und „Rassen"-Konflikte, so unklar heute noch vieles in dieser Schau wissenschaftlicher künftiger Arbeit sein kann. Vielleicht aus einer neuen Katastrophe von unerhört schrecklichen Ausmaßen mit Katakombenkirchen wird die Sehnsucht nach Einheit im Sinne des letzten Vermächtnisses Christi neue Wege suchen und finden, um den religiösen Gedanken überhaupt vor der Wucht einer alle überweltlichen Werte zerstörenden technisierten Zeit noch retten zu können. So wie heute die Dinge liegen, gehören Unionsfragen mehr in das Gebiet wissenschaftlicher Studien und inniger Gebete, um vom Himmel aus das einmal zu erreichen, was menschlich gesprochen unmöglich erscheint**). Vielleicht lebt in beiden Kirchen etwas von der Problematik „Gesetz und Freiheit" noch weiter, mit der Paulus in seinen Briefen so oft sich auseinandergesetzt hat, denn auch im Verhältnis von Staat und Kirche, Religion und Politik haben sich beide Kirchen sozusagen auseinanderentwickelt. Diese Fragen werden im Osten nicht so ernst und gründlich genommen wie im Westen, der aber durch seine autoritäre Kirchenführung mehr Schutz gegen Tyrannei und Terror bietet, als der östliche weltferne Mystizismus es sein kann, wobei man nicht leugnen kann, daß hinter den meisten theologischen Streitigkeiten vom 4. bis 7. Jahrhundert zwischen West- und Ostkirche (Monotheleten, Bilderkult) irgendwie politische Machtproben oder Kulturgegensätze beteiligt waren. Was in Jahrhunderten gereift und sich gegenseitig entfremdet

*) Manna, „I fratelli separati e Noi", Seite 355

**) Karl Friz (protest. Pastor), „Stimme der Ostkirche", Evangelisches Verlagswerk, Stuttgart 1950.

hat, kann in Jahrzehnten nicht geändert werden, so sehr man es wünschen muß, daß irgendwelche Verbindung wieder geschaffen wird*), denn ein in Kirchen, Konfessionen und Sekten aufgespaltenes Christentum wird kaum den technisierten Menschen von morgen erobern noch weniger seelisch bereichern. Niemals konnte aber Rom die Kirchen des Ostens vergessen. Diese ersten Verteidiger des Christentums gegen die heidnische Wissenschaft, diese ältesten Kirchenlehrer mit der frühesten Blüte des Mönchsideals; aber dieses sich gegenseitige Suchen und Meiden, Verurteilen und Verstehen, Hassen und Lieben gleicht einem Kreuzweg mit vielen Stationen. Es genügt, an den Expansionsdrang der Ostkirche im 13. und 14. Jahrhundert in Albanien, Dalmatien und bis weit hinein in das spätere Ungarn zu erinnern. Fast immer haben politische Rivalitäten zunächst serbischer und bulgarischer Machthaber die besten Unionsversuche entweder gefälscht, hinausgezogen oder nicht durchgeführt und bald zum Scheitern gebracht. Dazu kam, daß die gesamte Literatur, besonders der Südslawen und jene Rußlands, in den Jahrhunderten vor Luthers Werk ein getreues Abbild griechischer Kultur geworden war. So kämpften in den Unionsverhandlungen miteinander nicht mehr bloß rein theologische Fragen (Filioque, päpstlicher Primat, kanonische Wahl von Bischöfen und Klostervorstehern), sondern solche zweier Kulturen. Selbst die größten Theologen des Westens, Augustinus und Thomas, haben in der Ostkirche nie eigentlichen Anhang gewonnen. Es standen sich vielmehr Plato und Aristoteles gegenüber, die Alexandriner und die Scholastik, bis mit dem Hesychastenstreit die Westtheologie völlig erledigt wurde. Die letzte Spur des Lyoner Konzils, das ein vorübergehendes Eindringen scholastischer Gedankengänge in die Osttheologie, besonders von Kiew, herbeiführte, war mit 1298 beendet. In der Seele der Ostvölker haben diese Unionsversuche fast nirgends tiefere Wurzel gefaßt. Das ist bedauerlich — auch im Interesse der Westkirche, die dadurch ein anderes Bild in manchen Fragen erhalten mußte. Nach Brest-Litowsk (1596), das eine tiefgehende geistige Beeinflussung des Südwestens Rußlands durch die Westkirche erreichte, sind alle späteren Versuche fast nur mehr akademische Betrachtungen ohne Tiefe und Massenwirkung geblieben. Es hat

*) Inzwischen jedoch erfolgt durch das „Sekretariat für die Einheit der Kirchen" auf Weisung Papst Johannes' XXIII., eines vortrefflichen Kenners der Ostwelt.

sich vielmehr gezeigt, daß die Ostkirche auf kirchenrechtlichem Gebiete liberal und laizistisch zu denken begann, während sie dogmatisch-liturgisch einen rigoros konservativen Geist bewahrte, obwohl seit dem 19. Jahrhundert die protestantische Bibelforschung liberaler Richtung auch dort ihren Einzug gehalten hat. Die Intrigen Rußlands und Englands haben die Teilnahme der Ostkirchen am Vatikanum verhindert, so daß dortselbst die Unionsfrage gar nicht behandelt werden konnte. So sind alle Unionsversuche nur Meilensteine und Wegweiser kommender Zeiten geblieben, wobei nur das russische Volk mit seiner tiefen Seele geeignet bleibt, während Serben, Bulgaren und Rumänen, vom modernen Materialismus zerrissen, kaum mehr die notwendigen Voraussetzungen aufweisen werden, um die Frage einer Verständigung mit Rom in ihrer universellen Tragweite zu würdigen. Schuld und Verantwortung für die Trennung der Ostkirchen ist genau wie in der Ursprungszeit des Protestantismus auf beiden Seiten. Wenn der Rechtsbegriff des Kirchentums im Westen nicht im Sinn der östlichen Sobornostauffassung durch eine Kompromißlösung nach dem katholischen Kirchenbegriff der ersten fünf Jahrhunderte aufgelockert oder irgendwie ausgeglichen wird, so daß die Bischöfe die potestas propria (vgl. das Rundschreiben Leos XIII. „Satis cognitum[107])“, das leider nur ein Aktenstück geblieben ist) besitzen und nicht als Vikare des Papstes erscheinen, wie es nicht wenige Nuntien, gestützt durch die Auffassung westlicher Theologen über die Jurisdiktion, zum Schaden eines Gesamtchristentums verteidigen, ist und bleibt die Union nur ein frommes Gebet, Traum und Ideal tiefer veranlagter Christen, die mit dem Apostel in der Liebe die Einheit und Vollkommenheit sehen. Man kann mit wenigen Worten sagen: Rom müßte die Identifizierung mit der Westkultur besonders im Rechtssystem auf weite Strecken opfern, und die Ostkirche müßte ihrerseits denken, daß die Technik mit dem materialistischen Zeitalter von morgen, dessen grandiose Ausmaße heute noch niemand überblicken kann, beiden Kirchen, wenn sie nicht irgendwie über Trennendes zum Gemeinsamen gelangen, in weitesten Kreisen ihrer Völker einen sanften, aber sicheren Tod bereiten wird. Durch die Klugheit und den Weitblick des Papstes Johannes XXIII., dessen wertvollste Stütze der Jesuitenkardinal Bea ist, öffnen sich neue Wege.

[107]) *„eigene Gewalt“*

11. Abschied von Rom

„Was ist der Mensch, daß du seiner gedenkst, wie ein Schatten fliehen die Tage dahin."
(Ps. 8, 5).

„Ich will die Jahre des Lebens in der Bitterkeit meiner Seele überdenken."
(Ps. 38, 15).

Das alte deutsche Sprichwort, daß viele Tropfen den Stein aushöhlen, habe ich in meinem Lebensschicksal erfahren, je mehr die Jahre des Romaufenthaltes dahineilten. Langsam sind vom übergroßen Idealismus, mit dem ich vor fast dreißig Jahren in diese merkwürdige Stadt kam, die seit Jahrhunderten ein Gemisch von Politik und Religion ist, bald kleinere, bald größere Stücke abgebröckelt, bis am Ende fast nichts übrig geblieben ist. Wie oft hatte ich in Predigten, Ansprachen und Schriften, zuletzt noch bei der Enthüllung der Büste des Geschichtsschreibers der Päpste, Ludwig von Pastor, in der Deutschen Nationalkirche der Anima, im September 1950 die Gläubigen gebeten, in der römischen Kirche nur die ewigen und unvergänglichen Werte zu sehen und nicht das Menschliche und Allzumenschliche der römischen Kirchenleitung, das die Jahrhunderte mit so vielen Tragödien und Verzehrungen echter innerlicher Religiosität angefüllt hat, aber es ist leichter, mit schönen Worten zu predigen, Traktate über soziale Gerechtigkeit und Nächstenliebe zu schreiben, als an sich selbst Unrecht zu erfahren, ohne darüber religiös zu scheitern. Wie in einem Lagebericht mögen aus meinen „Römischen Tagebüchern" jene Leidensstationen aufgezählt werden, die mich schließlich von Rom innerlich und äußerlich vollständig zu trennen versucht haben — aber Leiden ist Gnade und Offenbarung, man erkennt dann Dinge und Zusammenhänge, die einem früher nicht aufgefallen sind.

1934. Mein zunächst deutsch im Tyrolia-Verlag, Innsbruck, dann in italienischer Sprache erschienenes Buch „Der Vatikan und die modernen Staaten"*) wurde nach seiner Veröffentlichung vom Vatikanischen Staatssekretariat mit der Bemerkung verboten: „Come

---

*) Die Übersetzung besorgte der Rektor der Päpstlichen Akademie für die Heranbildung von Kirchendiplomaten, der Neapolitaner Savini, weil nach seiner Kenntnis ein solches Werk in seinen Kreisen fehle.

si poteva dare l'Imprimatur a un tal libro, che non è opportuno?[108])“ — die kirchliche Druckgenehmigung hatte mir bereits das römische Kardinalvikariat schriftlich erteilt.

Beanstandet wurde folgender (in der italienischen Übersetzung bereits abgeschwächter) Text: „Viele Katholiken erwarten, daß nach den päpstlichen Weltrundschreiben über Familie und Erziehung nunmehr ein drittes folge, in dem die Hauptirrtümer unserer Zeit, radikaler Nationalismus, Staatstotalität und Rassenwahn, feierlich verurteilt werden.“ Merkwürdigerweise wurde fast zur gleichen Zeit mein Buch auch vom faschistischen Propagandaministerium verurteilt — es war jene glückliche Epoche, in der Vatikan und Faschismus (jenseits von späteren demokratischen Bedenken) harmonisch zusammenarbeiteten in der Unterdrückung jeder freieren, augenblicklich unerwünschten Meinung — dank des Jesuiten Tacchi-Venturi, der bis zum Einbruch Rosenbergscher Ideen zwischen beiden Machtsystemen geschickt jonglierend wirken konnte —, um nach 1944 als Belastung und Erinnerung an vergangene Zeiten versenkt zu werden. Mein Buch hat jedenfalls niemand mehr später gesehen; faschistische Polizei vernichtete alle noch greifbaren Exemplare beim Verleger Cuggiani, und das römische Kardinalvikariat hat das Seine dazu beigetragen, daß die wenigen noch geretteten Bücher „unauffindbar“ geworden sind.

1936. Mit nur heiler Not entging mein besonders umstrittenes Werk „Die Grundlagen des NS“, das Werk des „Hoftheologen der Partei“ (schriftlicher Bericht des Münchener Kardinals Faulhaber an das Staatssekretariat) der Indizierung. Überall wurde ich schon nach 1936 zurückgesetzt, als dieser Versuch der kirchenpolitischen Befriedung mißlungen war, ausgeschaltet selbst bei Kommissionen, die die Rassenfrage behandelten.

1938. Verbot Papst Pius XI., in der Deutschen Nationalkirche der Anima einen Gottesdienst nach dem Anschluß Österreichs an Großdeutschland zu halten. Ich glaubte dazu berechtigt zu sein, nachdem der österreichische Gesamtepiskopat in einer denkwürdigen öffentlichen Erklärung die Katholiken versichert hatte, „daß ein

---

[108]) *„Wie konnte man für ein nicht opportunes Buch die kirchliche Druckerlaubnis geben?“*

Jahrhundert deutscher Sehnsucht (!) seine Erfüllung gefunden hätte". Dagegen erklärte der vom Papst zu mir geschickte Kurialist des Staatssekretariats, als ich ihn fragte, warum im Gegensatz zur Haltung der gesamten österreichischen Bischöfe (auch jene, die bis 1938 immer dagegen waren, änderten in den Märztagen 1938 ihre Haltung) in Rom die Gemeinde der deutschsprachigen Katholiken nicht teilnehmen dürfe an der Freude des Abschlusses eines nur vom Ausland und den Feinden deutscher Größe seit 1918 geschürten Bruderstreites zwischen Deutschland und Österreich: „Nessun motivo si comunica, Il Santo Padre si oppone a una tale (!) funzione[109])".

1939. Ablehnung des neugewählten Papstes Eugenio Pacelli, weiterhin das Protektorat über die Deutsche Nationalstiftung der Anima beizubehalten „da es nicht römische Sitte sei" — das betreffende Gesuch war unterschrieben worden von drei Kardinälen (Breslau, München, Wien). Bald darauf folgte eine ganze Litanei von Nonnengemeinschaften und Ordenshäusern, deren Protektorat zum ersten Mal in der Geschichte ein Papst übernahm.

1939. Die nähere Erklärung zu dieser Ablehnung kam zu Weihnachten, als mein Glückwunsch an Pius XII. mit einem frostigen, vom Staatssekretär Maglione unterfertigten Telegramm erwidert wurde, das folgende jedem Postboten sichtbare Anschrift hatte: „Al Collegio ariano (!) dell'Anima[110])."

1942. Verbot der kirchlichen Druckgenehmigung für das von mir verfaßte Gebet, das beim feierlichen Gottesdienst in der Animakirche für die an der Ostfront gefallenen deutschen und italienischen Soldaten gesprochen werden sollte. Die Begründung des päpstlichen Staatssekretariats war folgende: „Per noi (!), la guerra non esiste[111])." „Warum sagen Sie das nicht öffentlich den Familien und Eltern Roms, die ihre Söhne im harten Kampf gegen den Bolschewismus eingesetzt wissen?" — das war meine Frage an den damaligen Vertreter des römischen Kardinalvikariats — eine Antwort konnte begreiflicherweise nicht gegeben werden.

[109]) *„Dafür wird kein Grund mitgeteilt — der Heilige Vater ist gegen eine solche Feier!"*

[110]) *„An das arische Kolleg der Anima"*

[111]) *„Für uns existiert d(ies)er Krieg nicht!"*

1944. Nach dem Eintreffen der Alliierten, denen ich mehrere Hausbesuche verdankte (SIS; Secret Service), habe ich nicht wenige Verdemütigungen auf mich nehmen müssen, so eine Drohung mit dem Kriegsgericht, weil ich deutsche Soldaten, die von der Front Nettuno völlig erschöpft zu mir geflüchtet waren (darunter der Sohn eines von NS ermordeten Kommunistenführers im Rheinland), nicht sofort den Militärbehörden „ausgeliefert" hätte. Überprüfung meines Buches „Die Grundlagen des NS".

Fast alle diese alliierten Spionageangestellten in Rom waren Berliner, Wiener, Budapester Emigrierte mit englischen Namen, ihre Sprache verriet sie beim ersten Zusammentreffen. Im Kolleg hatte sich ein Angehöriger des Foreign Office einquartiert, der ein echt wienerisches Deutsch sprach; auch er führte einen anderen Namen, hatte falsche Ausweisurkunden und war, wie er mir gestand, ein Graf Festetics aus Kroatien. Ich galt diesen „Kreuzfahrern" für ein „christliches" Europa als der deutschbewußte Bischof, der bei den Militärgottesdiensten in Rom, Genua, Venedig, Livorno, Alassio, Neapel und Ostia (jene in Sizilien wurden durch die militärischen Ereignisse unmöglich) für unsere Soldaten Worte des Dankes und Gebetes hatte. Was war dabei selbstverständlicher, als daß ich den Ehrentitel „der naz.-fasch. Bischof" erhalten mußte.

1945: Verlust meiner Grazer Hochschulprofessur unter den mit der (katholischen!) Volkspartei in Koalition stehenden Kommunisten, deren in Moskau ausgebildeter Vorsitzender Fischer damals Unterrichtsminister war. Nur mit größter Schwierigkeit gelang es mir, durch Vermittlung eines Rechtsanwaltes nach zweijährigem Kampfe dieselbe wieder zurückzuerhalten, ohne aber im Almanach der Hochschule weiter genannt zu werden, da dieses zu delikat (!) sei. Niemand unterstützte mich dabei aus jenem Lager, das immer behauptete, für „die Gerechtigkeit" im öffentlichen Leben zu kämpfen.

1946. Erste Aufforderung des Substituten am Päpstlichen Staatssekretariat Montini (sein Bruder war früher Abgeordneter der italienischen Volkspartei, später vom Faschismus verdrängt, nach 1945 wieder an die politische Macht gelangt), der Wiener Kardinal Innitzer möge auf meine Entfernung von der Anima „hinarbeiten", da ich wegen meiner positiven Einstellung gegenüber dem Dritten Reich unter den geänderten Verhältnissen, also im Zeitalter der „Demokratie“, für den Vatikan nicht mehr tragbar sei. Es war jene „selige“ Zeit, in der jeder, der sich zu Deutschland bekannt hatte, als Nazist bezeichnet wurde, um ihn vor der „demokratischen“ Öffentlichkeit zu erledigen — als Spruchkammern und Nürnberger Prozeß Haßwellen früherer KZler oder vom Thron gestoßener Politiker über Deutschland brachten und nur ganz wenige tapfere Stimmen (Erzbischof von Salzburg) gegen die Talmudisten im christlichen Lager sich an die Öffentlichkeit wagten, um ein rechtes Wort in der Verwirrung der Geister zu sprechen. Wer wollte damals nicht aus Opportunismus sich zum alttestamentlichen Bibelwort bekennen: „Nicht gegen den Strom schwimmen“ (Ekkli 4. 32). Vergessen waren die Glückwunschtelegramme des Kölner Erzbischofs Joseph Schulte an Adolf Hitler anläßlich der Jahreswende 1936, in dem „in tiefer Ehrerbietung“ ihm Gottes beständiger Schutz und reichster Segen gewünscht wird und noch mehr jenes des Vatikanberaters in deutschen Angelegenheiten Kaas, in dem der Führer der Deutschen mit aufrichtigen Glückwünschen bei der Machtübernahme begrüßt wurde. Selbst der „Osservatore Romano“ hatte damals den Mut, dieses Telegramm zu veröffentlichen.

1948. Meine zuerst in der argentinischen Monatsschrift „Der Weg“ (Buenos Aires) veröffentlichte, dann in der nationalgesinnten Presse Österreichs und Deutschlands verbreitete Abhandlung „3 Wünsche“ hat ein Monito des Päpstlichen Staatssekretariats zur Folge, das im Schlepptau alliierter Nachkriegspolitik stand und um so mehr Anlaß zum Einschreiten gegen solche nationale, militaristische Auffassungen hatte, da auch die englische sozialistische Arbeiterpartei (!) und das Wiener Außenamt gegen mich Verwahrung eingelegt hatten. Der betreffende, zu mir geschickte junge italienische Vatikan-Monsignore sagte sichtlich verlegen: „Wie konnten Sie einen solchen (!) Artikel schreiben, der der katholischen (!) Partei in Österreich schadet und das Emporkommen der unabhängigen Nationalen fördert? Der Vatikan will keine vierte Partei.“ Ich erklärte ihm, „keine Zeile zurückzunehmen, da ich überzeugt bin, daß schon nach fünf Jahren alle anständigen Deutschen so denken werden, wie ich vielleicht zu früh es ausgesprochen habe. Berichten Sie das Ihrem Auftraggeber.“ Sehr bezeichnend war die Verwarnung der Zeitung „Der

Alpenruf", welche meine Abhandlung veröffentlicht hatte, durch den österreichischen Kontrollrat unter SECA 49/68 vom 27. Mai 1949. Das Schreiben lautet im englischen Originaltext:

"The Allied Council, having become acquainted with the newspaper 'Der Alpenruf' and in particular with the article 'Rome 133 B. C. — Nuremberg 1949' in the issue of 9 April, has established that the above mentioned newspaper is violating the Allied Council decision of 1 October 1945 on 'The Democratic Press in Austria', which imposed on the democratic press the duty of conducting a resolute fight against Nazi, pan German militaristic ideology and doctrines at all their forms and aspects in political, social, cultural and economic life. In consequence of this you are warned that any further violation of this decision will lead to stricter sanctions against your newspaper as provided in § 4 of that decision.

F. T. Sillett
Chief Secretary."

In freier, aber sinngetreuer Übersetzung lautet das Schreiben:

„Der Alliierte Kontrollrat hat, nachdem er von der Zeitung ‚Der Alpenruf', insbesondere von dem am 9. April darin erschienenen Artikel ‚Rom 133 v. Chr. — Nürnberg 1949' Kenntnis genommen hatte, festgestellt, daß die angeführte Zeitung die Bestimmungen des Alliierten Rates vom 1. Oktober 1945 über ‚Die demokratische Presse in Österreich', durch die der demokratischen Presse aufgetragen wurde, einen entschiedenen Kampf gegen die Nazi, die pangermanistische militärische Ideologie und Doktrinen in allen ihren Formen und Zielsetzungen im politischen, sozialen, kulturellen und wirtschaftlichen Leben zu führen, verletzt hat. Infolgedessen werden Sie darauf aufmerksam gemacht, daß eine weitere Verletzung dieser Bestimmungen zu den strengsten Maßnahmen, die in § 4 dieser Bestimmungen vorgesehen sind, gegen ihre Zeitung führen.

F. T. Sillett,
Chefsekretär."

1949. Mittwoch in der Karwoche, Audienz von 400 österreichischen Pilgern einer Jugendorganisation, die von einem Jesuiten aus Wien nach Rom gebracht wurden. Da ich auf Ersuchen die Papstaudienz vermittelt hatte, glaubte ich nach alter Sitte auch diesen Pilgerzug in den Vatikan geleiten zu dürfen. Kaum in der Sala delle Benedizioni angekommen, erschien ein päpstlicher Kammerdiener (Laie), der in leidenschaftlicher, jeder Erziehung mangelnder Form mir erklärte: „Vostra presenza é qui indesiderata, se Lei (!) non va via, il Santo Padre non viene[112]) *)."

Welch schmachvolle Behandlung eines Bischofs! Als ich dagegen beim Papst über den Assessor des Heiligen Offiziums, dem ich fast zwei Jahrzehnte als Mitarbeiter angehörte, Verwahrung einlegte, erklärte ersterer, er wisse nichts von dieser Sache! Später erfuhr ich auf Umwegen, daß der betreffende Kammerdiener enge Beziehungen zum französischen Spionagedienst während des Krieges hatte — so zeigte eine politische Camorra, die sich unter Mißbrauch der Neutralität in den Vatikan eingenistet hatte, ihr wahres Antlitz auf einem religiösen Boden, der solchen entrückt sein müßte — allein Deutschland hatte den Krieg verloren und alles, was sich einst zum Dritten Reich bekannt hatte, war vogelfrei geworden.

1949. Im römischen Spital Santo Spirito starb in meinen Armen, von mir bis zum Ende betreut, der Vizegouverneur von Polen, Generalleutnant und Obersturmbannführer der SS, Freiherr von Wächter, der von alliierten und jüdischen Stellen überall gesucht wurde. Während sein Chef Frank in Nürnberg gehängt wurde, gelang es Wächter, nicht zuletzt auch dank der rührenden selbstlosen Mithilfe italienischer Ordensgeistlicher, unter fremdem Namen in Rom monatelang zu leben, bis er einer Vergiftung, die er selbst auf den amerikanischen Spionagedienst zurückführte (in diesem arbeitete in Rom ein früherer deutscher Major!) zum Opfer fiel. Wächter, der den Angriff der SS auf den Ballhausplatz im Juli 1934 kommandierte, bei dem der Bundeskanzler Engelbert Dollfuß gefallen war, bekannte mir vor seinem Tode: „Wie sehr bedauere ich es, daß der NS nicht zu einer Verständigung mit der Kirche gekommen ist. Vieles wäre heute ganz anders in Deutschland und Europa. Die Kraft des Bolschewismus wäre gebrochen."

---

[112]) *„Ihre Anwesenheit hier ist unerwünscht; wenn Sie nicht weggehen, kommt der Heilige Vater nicht!"*

*) In der Empfangshalle war mit Schweizer Pilgern die Krankenpflegerin des Papstes, Schwester Pasqualina!

Heftige Angriffe gegen meine Person in der Linkspresse Roms, später jener anderer Länder (auch Nordamerika konnte nicht fehlen), hatten eine Zitation in das Päpstliche Staatssekretariat bei Monsignore Montini zur Folge. Eine Verteidigung meiner Person im „Osservatore Romano" gegen die von einem Wiener entfesselte Hetzpropaganda, der während des Krieges im deutschen Sicherheitsdienst, nach 1944, Rußland, der römischen Quästur und dem italienischen Innenministerium als Spitzel diente, wurde mit der Bemerkung abgelehnt: „Non è opportuno, non si difende un Vescovo nazista[113])." Ich erklärte Monsignore Montini: „Wenn diese meine Handlung im Falle Wächter nicht Christentum, und zwar ein heroisches, darstellt, dann habe ich mich in der Wahl dieser Religion geirrt." Er verstummte, denn das Leisetreten, das Zusammenhacken in der Kirche, wenn Parteipolitiker, Diplomaten oder Zeitungsschreiber sich melden, sind das Bleigewicht gegen jede kühne Tat. So brachte ich zum Abschluß unserer langen Aussprache ihm die Worte Rosminis in Erinnerung, dieses großen italienischen Patrioten in der Zeit des Risorgimento, der als nationalbewußter Mensch übel genug in Rom und Gaeta von den Gegnern einer Italia unita behandelt wurde und schließlich bekennen mußte: „Qui rimane nient'altro che tacere e pregare[114])."

1950. Mein Versuch, ein gesamtdeutsches Pilgerkomitee in Rom zu gründen, scheitert am Kölner Kardinal Frings, der mir in einer wundervollen Vermanschung von Politik und Religion erklärt: „Ein solches Komitee ist mit Rücksicht auf die Alliierten (!) nicht möglich, da Ihre Person durch die Stellungnahme gegenüber dem Dritten Reich nach dessen Niederlage kompromittiert ist." Ich erwiderte ihm die wenigen Worte: „Seit wann regieren alliierte Stellen auch in die Kirche hinein?"

Meine Abhandlung „Der tiefere Sinn des Heiligen Jahres" (Schlußstrich unter die Vergangenheit aus wahrhaft christlicher Gesinnung, Freilassung der sogenannten Kriegsverbrecher und früheren Angehörigen des NS und Faschismus, wenn nicht wirklich nachweisbare Vergehen vorliegen, die im internationalen Recht festgelegt sind)

---

113) *„Es ist nicht opportun; für einen Nazi-Bischof gibt's keine Verteidigung"*
114) *„Hier bleibt nichts anderes übrig als zu schweigen und zu beten"*

wurde von der katholischen Wiener Zeitschrift „Die Furche" zurückgeschickt, weil die Veröffentlichung nicht opportun sei (die obengenannten Forderungen waren blau angestrichen, um ja keinen Zweifel über die Ursache der Ablehnung aufkommen zu lassen). Der Vatikanische Heilige-Jahr-Ausschuß, dem ich ebenfalls diese Abhandlung für seine Zeitschrift geschickt hatte, gab überhaupt keine Antwort — was zählte auch diesen Leuten ein national denkender Bischof, der keinen Opportunismus kennt. So wurde der Sinn des Heiligen Jahres, statt ein Wendepunkt wahrhaft christlicher Erneuerung und eine revolutionär in die Völker hinein wirkende Tat zu werden, nur in äußerliche Feierlichkeiten hinein verlegt, in große Massenkundgebungen, schöne Reden und Huldigungen, während in einsamen Zellen die von allen verlassenen deutschen Kriegsgefangenen in Frankreich, Belgien, Italien und in anderen Ländern, nicht wenige mit Ketten gefesselt, über den Mangel an tapferen Verteidigern christlicher Nächstenliebe, auch wenn sie politisch nicht opportun sein konnte, sich ihre Kommentare machen konnten.

1951. Nachdem während des Heiligen Jahres eine „kleine" Bischofskonferenz in der Anima abgehalten worden war, um die mit der Deutschen Nationalstiftung der Anima zusammenhängenden Fragen zu beraten (staatliches Protektorat, Mitgliedschaft des österreichischen Vatikangesandten im Verwaltungsrat, neues päpstliches Breve, Ernennung des jeweiligen Rektors), überreichte ich dem Berichterstatter Erzbischof Rohracher (Salzburg) zu seiner persönlichen Orientierung eine eingehende vertrauliche Denkschrift, in der alle Fragen, die nicht minder den deutschen Episkopat interessieren mußten, behandelt waren. Dabei trat ich für eine vollständige Verkirchlichung dieser altehrwürdigen Deutschen Nationalstiftung ein mit Ausschluß staatlicher Einflußnahme, nachdem Österreich nicht Nachfolgestaat der Habsburgermonarchie sein will und kann (vgl. die Vorbemerkungen des damaligen Bundeskanzlers Karl Renner zum Friedensvertrag von Saint-Germain). Heute ist es überdies beim ständigen Wechsel der Politik eine staatliche Einflußnahme auch sogenannter christlicher oder katholischer Parteien, die nur mit Opportunismus regieren und sich nur durch diese Taktik gegenüber anderen Richtungen an der Macht halten können, wenn sie nicht vom Haufen der Straße hinweggefegt werden wollen, viel besser, wenn so schwankende Kräfte ohne Linie vom Mitsprechen in einer gesamtdeutschen Stiftung ausgeschaltet werden. Es sei viel besser, ein neues päpstliches Breve vom Vatikan zu verlangen, das den geänderten Verhältnissen entspricht, während jenes von 1859 völlig veraltet und in vielen Belangen als naiv zu bezeichnen ist. Dieser Bericht war der Ausgangspunkt einer häßlichen Campagne, bei der auch der Wiener Nuntius Delle Piane nicht fehlen konnte, der das kleine, arm gewordene Österreich als eine Art Kolonialgebiet des Vatikans betrachtete, wie er es unter den Negern des Belgisch Kongo gewohnt war, bis Kardinalerzbischof von Mecheln dagegen Verwahrung einlegte. In Österreich war aber längst das Rückgrat selbständiger kirchlicher Haltung gegen die Präpotenz vatikanischer Stellen (seit) 1918 (?) gebrochen. So erklärt sich der Inhalt eines vom österreichischen Gesamtepiskopat an mich gerichteten Briefes (April 1951), der in der Form einer Erpressung abgefaßt war (von allen Bischöfen und Weihbischöfen unterschrieben, es fehlten nur Domkapitel und Mesner der Kathedralen), in dem mein „freiwilliger" Rücktritt gefordert wurde, um einen anderen auf diesen Posten zu bringen, der den österreichischen Standpunkt besser vertreten werde. Bezeichnend waren im Texte besonders folgende Worte:

„Wenn Sie unserer Aufforderung nicht freiwillig entsprechen, sind uns (!) in bezug auf den ehrenvollen (!) Abschluß Ihrer Wirksamkeit die Hände gebunden!"

Als ich diesen Brief dem Jesuitenpater Bea, Beichtvater des Papstes, zur Kenntnisnahme überreichte, erklärte er mir: „Diesen Brief haben die österreichischen Bischöfe nicht von selbst verfaßt, er wurde denselben vom Wiener Nuntius erpreßt." Wenige Monate darauf schrieb das Päpstliche Staatssekretariat an den Kardinalprotektor der Anima einen Brief mit der Mitteilung:

„Der Heilige Vater verlangte, daß der Bischof A. H. sich von der Anima entferne, nachdem der österreichische und deutsche Episkopat di consenso (!!) seine Entfernung befürwortet hätten."

Ich protestierte gegen diese Behauptung und wandte mich sofort an den Senior des deutschen Episkopats und früheren Vizerektor der Anima, Kardinalerzbischof Faulhaber (München), der mir berichtete, daß im Februar 1946 die Kardinäle von Köln, Berlin und Münster (die beiden letzteren waren meine Gäste (!) in der Anima und sagten mir davon kein Wort) gegen mich im Vatikan Stellung genommen hätten, da ich mich für das Dritte Reich und den Sieg Deutschlands eingesetzt und durch mein Buch „Die Grundlagen des NS" angesichts des Zusammenbruchs und der Niederlage öffentlich kompromittiert hätte! Kardinal Faulhaber aber bezeichnete in einer längeren Aussprache mit mir diese Anschuldigung als eine große Ungerechtigkeit, da mein Buch gerade wegen seiner Kompromißhaltung in mehreren Fragen (Rasse, Juden) von der Partei verboten wurde und der geheime Staatspolizist, der seinen Sekretär Th. verhaftete, bei der Hausdurchsuchung erklärte: „Haben Sie dieses Buch gelesen? Wissen Sie nicht, daß es gegen uns gerichtet war?" Mein erster Gedanke war, als ich die gütigen, objektiven Worte des Münchner Kardinals hörte, der an der Schwelle der Ewigkeit stehend keiner Intrige fähig war: Welch schmähliche Behandlung seitens der drei Herren im Purpur! Wird es die Kirche nicht noch einmal bereuen, mit den Alliierten aus konfessioneller enger Schau zum Untergang Großdeutschlands durch die moralische Unterwühlung der Front beigetragen zu haben, in der alle Kräfte einig und geschlossen zusammenhalten mußten? Wie immer in der Geschichte konnten Jesuiten in zwei Lagern nicht fehlen, so der Geheimsekretär des Papstes, Leiber, der gegen mich arbeitete, während der andere, Bea, zum Zweck einer Beilegung zu mir geschickt wurde, nachdem Kardinal Pizzardo mir erklärte, daß er persönlich keinen Einfluß auf die „Entourage[115]" des Papstes besitze, aber die ganze Sache als eine Ungerechtigkeit betrachte.

Es dauerte nicht lange, und zwei österreichische Bischöfe (Rohracher, Innitzer) schrieben mir, wohl angeekelt von solcher Handlungsweise, am 24. Jänner 1952 folgenden Brief, der einen Einblick in die Abgründe des Intrigantentums gibt:

„Es ist mir ein großes Bedürfnis, Eurer Exzellenz einige aufklärende Zeilen zu schreiben, und ich bitte, dieselben wohlwollend aufnehmen zu wollen. Beim letzten Besuch des Herrn Kardinals von Wien in Rom wurde ihm von hochstehender Seite der Gedanke

---

115) *„Umgebung"*

nahegelegt, einen Wechsel im Rektorat der Anima einzuleiten. Die hohe Persönlichkeit erklärte Seiner Eminenz, daß dies auch der Wunsch des Vatikans sei. Auf Grund jener Anregung kam jener Brief zustande, der von allen österreichischen Bischöfen unterschrieben und an Eure Exzellenz gerichtet war. Schon über die Verfassung des Briefes war ich ungehalten, weil bis zu jener Stunde ich das Referat hinsichtlich der Anima hatte und mich bemühte, die mir von Eurer Exzellenz in Rom mitgeteilten Ideen zu verwirklichen. Man hatte mir also in Wien das Referat einfach entwunden, und eines Tages kam ein Abgesandter von dort mit dem besagten Brief, der schon von den allermeisten österreichischen Bischöfen unterfertigt war. Ich sträubte mich lange, den Brief zu unterschreiben, weil ich auch mit seinem Inhalt und seiner Formulierung nicht einverstanden war. Nachdem mir aber bedeutet wurde, daß man in Rom einen solchen (!) Brief erwarte, unterschrieb ich mit Widerwillen.

Ich benütze die Angelegenheit, diesen Brief auf außerpostalischem Wege zukommen zu lassen, weil mir eben sehr viel daran liegt, daß wenigstens das Verhältnis meiner Person, aber auch das der übrigen österreichischen Bischöfe durch die Vorgeschichte aufgeklärt erscheint. Ich schreibe diesen Brief im ausdrücklichen Einverständnis mit Seiner Eminenz dem Kardinal in Wien. Genehmigen Eure Exzellenz den Ausdruck besonderer Verehrung und Dankbarkeit seitens

Ihres
dankbar ergebenen
(Gez.) † Andr. Rohrbacher,
Erzbischof."

Angeekelt von dieser politischen Camorra meldete ich Weihnachten 1951 dem österreichischen Vatikangesandten meinen Rücktritt mit Juli 1952. Am 44. Gedenktag meines Priestertums telefonierte mir Kardinal Pizzardo die vornehm christlich (!) gehaltene Frage: „Quando Lei va finalmente via. È un odio generale contro di Voi[116])!" Dann kam er zu mir, beschämt und sichtlich verlegen wie ein Schuldbewußter, und sagte: „Io sono purtroppo il Vostro

[116]) *„Wann gehen Sie endlich einmal weg? Es herrscht ein allgemeiner Haß gegen Sie!"*

involontario carnefice, è una ingiustizia però come Vescovo deve essere superiore della miseria umana[117]).“ Als er mir dann noch erklärte, daß gegen mich im Päpstlichen Staatssekretariat ein ganzes Dossier von Anklagen (!) vorliege, fragte ich ihn, ob ich nicht wie schließlich jeder, auch der größte Delinquent, das Recht hätte, den Inhalt zu erfahren und ein Gerichtsverfahren zu fordern mit Appellationsmöglichkeit; darauf war seine kalte, echt römische kurialistische Antwort: „Non è possibile[118]).“ So ist also der can. 2404 des allgemeinen kirchlichen Rechtsbuches (Mißbrauch der kirchlichen Gewalt) nur graue Theorie, ein Paragraph, den man gegen arme schutzlose Priester und gewöhnliche Bischöfe anwendet, niemals aber, wenn es sich um Nuntien, herrschsüchtige Kurialbeamte handelt, schon gar nicht, wenn es um Kardinäle geht. Ist es ein Verbrechen, alles bis zum Letzten versucht zu haben, um zu einer Kompromißlösung zwischen NS-Führung und der Kirche zu kommen? Sind also jene moralisch höher einzuschätzen, die von London, Paris und Moskau das Hinterland zersetzten*), während an der Ostfront deutsche Soldaten gegen das Vordringen bolschewistischer Truppen für Europa und damit auch für beide Kirchen kämpfend verbluteten und in diesem Kampfe dringend die geschlossene Einheit des eigenen Volkes im Hinterlande benötigten?

So schlug ich das Johannesevangelium auf mit den melancholischen Worten Christi: „In der Welt werdet ihr Trübsal leiden, aber seid getrost, ich habe die Welt überwunden;“ und dann ein Sammelwerk der Gedichte eines genialen protestantischen Pfarrers und Schriftstellers aus der ersten Nachkriegszeit, in dem sich folgende für meine Lage passenden Worte fanden:

„Leise, leise, schon ist das Herz auf der Reise
in ein fernes Land,
Leise löst' ich das Band, das mich dieser Erde
verkettet,
Jeder, der seine Seele rettet, reife heraus aus
der Unrast der Zeit,

---

117) *„Ich bin leider, ohne es zu wollen, Ihr Henker; es ist eine Ungerechtigkeit; doch als Bischof muß man über der menschlichen Armseligkeit stehen“ (so wird wohl „miseria“ hier gemeint sein)*

118) *„Es ist nicht möglich“*

*) Nomina sunt odiosa. *[Namen (zu nennen ist) odios], Übersetzung des Verlags*

Daß ihn Flügel der Sehnsucht tragen in jenes
selige Land,
In dem Gottes Güte und Liebe alles irdische Leid
überwand."

Ich erinnerte mich der tiefsinnigen Worte des Kardinalprotektors der Anima, Merry del Val, in der von ihm verfaßten, nur zum Privatgebrauch bestimmten Litanei von Demut: „Man solle Gott mehr danken für Verkennung, Heimsuchung, Ungerechtigkeit und Trübsal als für glückliche und sorglose Tage, denn nur Schmerz und Leiden bringen uns näher den Ufern einer reineren Welt."

Am 44. Gedenktag meines Priestertums, dem 19. Juli 1952, wurde ich so moralisch gezwungen, das Rektorat der Anima mit der erzwungenen Begründung „wegen schlechter Gesundheit" niederzulegen. Mit einem „De profundis clamavi ad Te Domine[119])" habe ich in aller Stille durch ein Nebenportal das Kolleg verlassen, ohne mich zu verabschieden, da ich im Interesse des Ansehens der Kurie und des österreichischen Episkopats kaum die näheren Umstände meines Hinauswurfes mitteilen konnte; es war ein richtiges Gewebe von Widersprüchen:

1. Der Papst: „Wir wünschen nicht seine Entfernung und haben damit nichts zu tun, stehen aber unter der ‚Pressione'[119a]) der österreichischen „Bischöfe."

2. Die österreichischen Bischöfe: „Wir nicht, aber wir stehen unter dem Druck des Vatikans."

3. Der Papst: „Er ist zu deutschgesinnt, war für Hitler eingestellt, überdies hat uns der 2. Brief der österreichischen Bischöfe verletzt" (Meldung des Staatssekretariats an P. B.).

4. Der österreichische Vatikanbotschafter: „Nicht die österreichischen Bischöfe, sondern die deutschen (!) verlangen Ihre Entfernung."

5. Die von mir befragten deutschen Bischöfe (darunter Kardinalerzbischof Faulhaber von München) wußten nichts von einem „consenso dell'Episcopato[120]) Deutschlands mit jenem von Österreich", wie ich im Brief des Substituten des päpstlichen Staatssekre-

---

[119]) *„Aus der Tiefe schreie ich zu Dir, Herr"*
[119a]) *„(unter dem) Druck"*
[120]) *„Übereinstimmung des (Deutschen) Episkopats mit . . ."*

20

tariats an den Kardinalprotektor der Anima (29. Oktober 1951) lesen konnte.

6. Der Kardinalerzbischof von Köln schickte mir als erster ein Dankschreiben im Namen des deutschen Episkopats, noch Ende 1950 erhielt ich von der Studienkongregation ein Belobigungsschreiben für meine Tätigkeit.

7. Am 12. Juli 1952 telefonische Aussprache mit Kardinal Pizzardo: Montini habe ihn verständigt, daß unbedingt meine Entfernung erfolgen muß. Erzbischöfe und Bischöfe Österreichs verlangen dieselbe, so müssen Sie, „è una vera ostilità . . .[121a])“, ich weiß, daß es ungerecht ist, ich bin sehr „addolorato[b])“, allein Sie müssen als Bischof „essere superiore delle miserie umane[c]).“

8. Das beste leistete sich der Jesuitenpater Leiber mit der Behauptung, daß ich einen Brief an Generalfeldmarschall Kesselring und an Stalin (!) geschrieben hätte. Derselbe Jesuit bezeichnete dem tapferen Vorkämpfer für die Rechte der vertriebenen deutschen Flüchtlinge, Reichenberger, gegenüber als einzige Lösung dieses Flüchtlingsproblems den Tod dieser unglücklichen Menschen!

9. „Wir österreichischen Bischöfe waren nicht daran schuld, sondern wurden nur vorgespannt. Die treibende Kraft war Kardinal Pizzardo, der uns österreichische Bischöfe quälte, Ihre Abberufung vom Heiligen Vater zu verlangen. Um die Gründe zu erfahren, haben sowohl Kardinal Innitzer als auch ich mich selbst darum bemüht. Beide wurden wir damit vertröstet, er werde die nötige Aufklärung geben und auch Akte vorweisen. Wer dieses Versprechen nicht erfüllt hat, war wieder der genannte Kardinal. Uns allen Bischöfen war diese Sache höchst unangenehm, und wir hätten sicher einen Weg gefunden, um alles ohne Aufsehen zu ordnen. Wir sind vor den Kopf gestoßen worden, und dem Heiligen Stuhl hat man auch nichts Angenehmes bereitet. Auch Ihr Vorfall zählt zu den Katastrophen, die Österreich getroffen haben.“

(Brief des Bischofs Pawlikowski von Graz, 22. Juni 1953.)

---

[121]) *a) „es ist eine richtige Feindseligkeit“*
b) „betrübt“
c) „über der menschlichen Armseligkeit stehen“

Man könnte ein Preisausschreiben machen, wenn man alle diese einander widersprechenden Aussagen miteinander vergleicht. Ein wahrer Abscheu erfaßte mich, und nur das Gebet rettete mich in diesen traurigsten Tagen meines Priestertums vor einem radikalen Bruch — „quis infirmatur si non ego...[122])" Gottes Barmherzigkeit und meiner seligen Mutter Gebet haben mir den Glauben und einen dürftigen Rest von Idealismus bewahrt, aber nicht für Rom, sondern für die Kirche der stillen Seelen.

Was bleibt also vom Leben übrig? Nichts als Eitelkeit, gutgemeinte Versuche und Spreu. In Rom dreißig Jahre gelebt zu haben ist Gnade, Verantwortung und Gewissensüberprüfung. Wer mit offenem Auge und nicht mit jenem eines Byzantiners von hier aus Welt und Kirche überblickt, wird ein innerlich freier Mensch, in dem das Ewige und Unvergängliche alles menschlich Zufällige, Niedrige und Armselige verdeckt. Manche und nicht die schlechtesten der Nationen sind an Rom weltanschaulich gescheitert oder in ihren Ideen flügellahm geworden. Andere sind in das Urchristentum der Katakomben geflüchtet. Manche, aber wohl nur wenige, sind dort innerliche Menschen geworden, die trotz Äußerlichkeiten und Menschenkult den Blick für das Wesentliche nicht verloren haben. Als ich diese Behandlung erfahren mußte, versank aber vor meinem Geiste eine Welt, an die ich von Kindheit geglaubt, der ich von Jugend an bis in mein Alter hinein den ganzen Idealismus, meine Arbeitskraft, jede Phase meines Herzens geweiht hatte. In der römischen Kirche ist oft die Gerechtigkeit ein Mythos, an den naive Menschen glauben, um dieses System zu halten? Eine unerhörte Versuchung kam über mich, dieser Welt für immer den Abschied zu geben. Doch da traten aus der Erinnerung die Schatten von Priesterschicksalen, die ich nicht aus tendenziösen Büchern, sondern aus Geschichtsurkunden tiefer kennengelernt hatte, die grausam, ohne Herz, mit kalt berechnender Politik des Opportunismus erledigt worden sind, trotzdem sie Charaktere und Vorkämpfer späterer Zeiten waren: Lamennais, Bischof Sailer (Regensburg), Rosmini, Strohmayer, Franz Xaver Kraus, Romulo Murri, Bonomelli, Bischof von Cremona, Bischof Prohaszka von Stuhlweißenburg, Rektor Lohninger der Anima. Wie ein Chor seliger Geister sprachen sie in

---

[122]) *„Wer wird schwach, wenn nicht ich"*

dieser schmerzlichen Stunde meines Lebens zu mir, daß auch in der Weltkirche dämonische Kräfte, ein immer wiederkehrendes herrschsüchtiges Pharisäertum bestehen wird, das Bleigewicht, so daß vieles nur schöne Phrase bleibt, ohne eine Welt zu erobern. Und dann kam ein anderer Chor, der mich innerlich abhielt, der Kirche, die meine geistige Mutter ist und bleiben soll, auch wenn hohe Mitglieder in ihr mich unwürdig und ungerecht behandelt haben, die Treue im 44. Jahre des Priestertums ganz zu kündigen: Es waren die Gestalten von fünf Jesuiten, die in diesen letzten Jahren meines Romaufenthaltes der römischen Kirche für immer Lebewohl gesagt hatten, um einen weltlichen Beruf zu ergreifen — ein unerhörter Vorgang in der Geschichte dieser streng organisierten Gesellschaft. Der erste ein angesehener, mir persönlich bekannter Professor der Sozialwissenschaften an der päpstlichen Hochschule Gregoriana, Tondi, ging nach einem vergeblichen Versuch, die christliche Demokratie Italiens mit dem MSI (eine Art Neofaschismus, besser gesagt eine vaterländische nationale Partei mit starker Führung gegen links) in Berührung zu bringen, unerwartet in das Lager der Kommunisten, ein Vorgang, der in der römischen Presse reichlich ausgenutzt wurde, bis der „Osservatore Romano", das Zeitungsorgan des Vatikans, das „beste" Mittel fand, diesen armen Teufel im Urteil der Menge durch Beschuldigungen auf sexuellem Gebiet zu „erledigen", die nie überprüft worden sind. Zwei andere, spanischer Nationalität, waren Beiräte des Jesuitengeneralats, die später von Argentinien aus heftig gegen Rom und ihre Ordensgesellschaft schrieben; ein vierter, Franzose, ein Gelehrter von Format, erhielt das Verbot, weiterhin wissenschaftlich etwas veröffentlichen zu können; der fünfte endlich, ein Nordamerikaner, wurde öffentlich von der Kirche ausgeschlossen. Wer von diesen nochmals zurückkehrt, weiß Gott allein, und niemand außer ihm kennt die letzte Begründung solcher Schritte. Sollte ich ähnliche Wege beschreiten im Sinne des Spruches „Roma vissuta — fede perduta[123])" oder das Unrecht in Demut und Geduld ertragen? Wie kaum in meinem Leben habe ich seelisch gekämpft und gerungen, um über diese Krise hinwegzukommen. So oft hatte ich in der obersten päpstlichen Behörde des Heiligen Offiziums in der Eigenschaft als „Difensore per incarico speciale"[123a]) arme Priester

---

123) *„Rom erlebt — den Glauben verloren"*
123a) *„Verteidiger durch Sonderbeauftragung"*

verteidigt — mir selbst aber wird eine solche Möglichkeit verwehrt? Also ein erzwungener Rücktritt, ohne Anklagen und Ankläger zu erfahren, ohne formellen Prozeß, ohne Verteidigung oder Appellation — mit der Verweigerung der primitivsten Forderungen des Naturrechtes, die höchstens ein ganz tief stehender Bolschewik seinen politischen Gegnern verweigert. Immer lauter wurden die Stimmen in mir lebendig, nicht bloß Rom, sondern der Kirche, die heute eine solche Führung hat, den Abschied zu geben und die kurze Lebensstrecke, die mir noch beschieden ist, fern von jeder Berührung mit ihr zu Ende zu gehen. Dann war es mir, als wenn ein Engel sprechen würde: Willst auch du der Kirche, die heute in einen Daseinskampf verwickelt ist, Wunden schlagen, diesen Jesuiten ähnlich, die heute das bekämpfen und niederbrennen, was sie gestern angebetet haben? Nein, wer aus dem Schiff der Kirche steigt, kommt in den Wellen um. Was würde die Menschheit ohne die Kirche und was die Kirche ohne Idealisten sein! Wenn ihr Licht verlöscht, diese Stimme verhallen und dieser helle Stern, den auch menschliche Niedertracht nicht um seinen ewigen Glanz bringen kann, für immer verschwinden sollte! Die dunkelste Nacht des Barbarentums würde hereinbrechen, viel grausamer als jene der fernen Antike, weil letztere noch an Götter glaubte, während der Mensch von morgen in Tempeln und Heiligtümern nur Erinnerungen vergangener und durch die Fortschritte der Technik überwundener Zeiten sehen wird. Die Kirche auch in ihren Wunden lieben, auch wenn der Staub der Geschichte und Jahrhunderte so vieles vom reinen selbstlosen Idealismus des Urchristentums im Mysterium iniquitatis[123b]) bedeckt hat. Wird die Kirche nicht immer Idealisten, Heilige, Heroen und andererseits Opportunisten und Pharisäer bis in die höchsten Stellen hinauf haben, weil nicht Engel, sondern armselige Menschen in ihr tätig sind und Christi heiliges Erbe verwalten müssen? Wird es nicht immer „falsi fratres[123c])" geben, die ihre Netze spinnen, künstliche Atmosphären schaffen, um einer selbstsüchtigen Clique auch in Christentum und Kirche einen Weg zur Macht freizulegen? Besteht aber wahre Charaktergröße nicht vielmehr darin, solchen Versuchungen nicht zu erliegen, sondern tapfer die gerade Linie festzuhalten? Während diese Gedanken mich

---

123b) *„Geheimnis der Schuld"*
123c) *„falsche Brüder"*

quälten und um meine religiöse Ruhe bringen wollten, da leuchteten plötzlich nochmals vor meiner Seele grandiose Persönlichkeiten auf, Heilige, wie ein Franz von Assisi, Josefus Calasanz, Vinzenz von Paul, Maria Ward, Johanna de Lestomac und viele andere, deren Leben ein ständiger Kreuzweg war, bis sie gereift nur im Ewigen den Frieden des Herzens gefunden hatten. Wer ihre Lebensgeschichte nur aus einseitigen Darstellungen kennt, würde ein ganz falsches Bild erhalten, als ob sie Außenseiter der Gesellschaft waren, die man mehr bewundern als nachahmen kann, nutzlose Menschen, die infolge von Enttäuschungen oder Lebensmüdigkeit sich vom Weltgetriebe zurückgezogen haben. Allein sie verkörpern das Zeitlose und Ewige, das Unentbehrliche und einzig Notwendige, das Wesentliche im Menschenleben in einer erschütternden Wirklichkeit, die heroische Lebensgestaltung aus dem Christentum bis in die letzten Schlußfolgerungen, die dort anfangen, wo fast alle anderen in ihrer menschlichen Schwäche und Begrenztheit aufhören. Nur in diesen offenbart sich das vorwärtsdrängende und alles umwälzende Element in der Kirche, die sie bewahrt vor jeder Ruhe, bequemen Lebensauffassung und pharisäischer Selbstzufriedenheit der Synagoge. Sie sind wie Sterne, die in der Dunkelheit auch kirchlichen Lebens leuchten und ihre eigenen Wege gehen, oft nicht verstanden, angefeindet, verurteilt, abgelehnt, solange sie lebten. Während ich mich so durch das wundervoll tiefe Buch von Hans Urs von Balthasar*) über die heilige Therese von Lisieux in das Leben dieser einzigartigen Persönlichkeit vertiefte, die so weit entfernt ist von jenem Kitsch, mit dem auch ihre Heiligsprechung sie umgeben wollte, kam göttlicher Friede und innere Ausgeglichenheit in mein Herz, die mich weit hinausschoben über allen Jammer menschlicher Enge und Armseligkeit, denn sie hatte vor fast dreißig Jahren die merkwürdigen Worte zu mir gesprochen: „Wenn du wüßtest, was dich in Rom erwartet, würdest du nicht beten, dahin zu kommen."

So sandte ich am Weihnachtsabend folgenden Brief ab, der mein Abschied von Rom für immer werden sollte:

---

*) Renè Fülöp Miller, „The saints who moved the world", 1951, vgl. Giovanni Papini, „Lettere agli uomini del Papa Celestino sesto", Firenze 1947, Verlag Da Vallecchi; Ida Friedericke Görres, „Brief über die Kirchen", Frankfurter Hefte, November 1946, Yves Congar, „Heiligkeit und Sünde in der Kirche", 1947, und nicht wenige Abhandlungen der katholischen Wochenschrift „Témoignage Chrétien" (Paris).

„Euere Heiligkeit,

Schon lange war es mein Herzenswunsch, allen irdischen Eitelkeiten den Abschied zu geben und die Zeit, die mir noch zugemessen ist, nur Gott und Werken der Frömmigkeit zu weihen. Die unwürdige, ungerechte, um nicht zu sagen pharisäische Behandlung meiner Person hat meinen religiösen Idealismus, mit dem ich 46 Jahre der römischen Kirche in Treue dienen wollte, erschüttert, meinen Glauben an eine Gerechtigkeit der römischen Kurie (vgl. can. 2214 und 2404) zerstört und eine tiefe Wunde in mein Herz geschlagen. Ich hoffte, durch viel Gebet und übergroße Arbeit (über 300 Gutachten konnte ich für das Heilige Offizium vom September 1952 bis Weihnachten 1953 ausarbeiten) in demütiger Gesinnung über diese religiöse Krise, die unverantwortliche und gewissenlose hohe klerikale Elemente ausgelöst haben, hinwegzugehen. Leider muß ich schmerzerfüllt gestehen, daß es mir nicht ganz gelungen ist. So möchte ich am heutigen Tage lieber auf meine bischöfliche Würde und die anderen Titel verzichten und ersuche, meinen Namen im päpstlichen Jahrbuch streichen zu lassen. Nie werde ich die Schlußworte seelisch überwinden und vergessen, die der Kardinalprotektor der Deutschen Nationalstiftung der Anima, Joseph Pizzardo, anläßlich meines Hinauswurfes aus diesem Kolleg gesagt hat: ‚E una ingiustizia, Io sono il Vostro involontario (!) carnefice però voi dovete essere sopra la miseria umana. Io non ho nessun influsso sull'entourage del Santo Padre, solamente i Gesuiti potrebbero intermediare[124])'. Und schließlich der telefonische Anruf des Vatikans ausgerechnet am 44. Tag meiner Priesterweihe: ‚Quando Lei va finalmente via? E un odio generale contro di Voi[125])'. Ist das also die Sprache des Christentums oder nicht vielmehr jene von Pharisäern und Karikaturen des Evangeliums? Was haben einfache Priester von einem solchen System der Willkürherrschaft zu erwarten, wenn Bischöfe dieser Behandlung ausgesetzt werden? Ich zweifle aber nicht, daß ein letzter ewiger Richter einst gerecht und barmherzig alles beur-

---

[124]) *„Es ist eine Ungerechtigkeit; ich bin, ohne es zu wollen, Ihr Henker; Sie müssen jedoch über der menschlichen Armseligkeit stehen. Ich habe keinen Einfluß auf die Umgebung des Heiligen Vaters; nur die Jesuiten könnten vermitteln"*

[125]) *„Wann gehen Sie endlich einmal weg? Es herrscht ein allgemeiner Haß gegen Sie"*

teilen wird, was ich geirrt haben sollte, und jenes, was ich auch an positiven Leistungen in den langen Jahren meines Priestertums mit schwachen Kräften und reiner Absicht getreu meinem Wahlspruch ‚Ecclesiae et Nationi[126])' zu vollbringen wenigstens bestrebt war. Schmerzerfüllt denke ich an die letzten Worte von Bonaiuti: ‚La Curia romana non ha un cuore[127])'. Ich persönlich muß aus eigener Lebenserfahrung noch dazufügen: ‚Tante volte anche non giustizia[128])'.

Mit diesen Worten verabschiede ich mich von
Eurer Heiligkeit
als letzter Diener in Christus."

Mit diesem Brief, auf den nie eine Antwort kam, und meinen letzten Randbemerkungen schließen meine Römischen Tagebücher: „Selig die harmlos Blinden, deren Augen niemand öffnet, und glücklich jeder, dem diese halb religiöse, halb politische Welt eine Terra incognita[129]) geblieben ist, denn er wird nichts vom Frieden und der Harmonie seiner Seele verlieren. Glücklich jeder Politiker, der sich von diesen Stellen wenig Ratschläge geben läßt, um eine national saubere Linie zu halten, denn zu viele fremde Diplomaten stören das Staatsekretariat, und dreimal glücklich jeder, der am Allzumenschlichen innerhalb Christentum und Kirche religiös nicht scheitert und — seine Seele rettend — sich aus der rauhen Wirklichkeit in die Welt des Evangeliums, der Urkirche und der Heiligen noch flüchten kann. Ich danke deshalb dem Allmächtigen, daß er mich an der Schwelle des 78. Lebensjahres durch viele Leiden und Trübsale, Enttäuschungen und bittere Erfahrungen sehend gemacht hat für die Wirklichkeiten des Lebens, daß vieles auch in Christentum und Kirche nur Eitelkeit, Geistesplage und Machtstreben ist und nur in Gott und den Rechtsansprüchen der Nation allein der Friede des Herzens gewonnen werden kann. Ihm allein sei deshalb Ruhm, Preis und Herrlichkeit von Ewigkeit zu Ewigkeit. Amen, Amen, Amen.

---

[126]) *„Der Kirche und der Nation"*
[127]) *„Die römische Kurie hat kein Herz"*
[128]) *„und oft auch keine Gerechtigkeit"*
[129]) *„ein unbekanntes Land"*

Nachwort des Verfassers

1. Mein Buch war keine Verteidigung des NS, sondern eine Überprüfung seines Programms und darüber hinaus ein Versuch, eine konservativ-nationale und sozialdenkende Richtung im NS zur Führung emporzubringen — im Gegensatz zu den herrschenden Linkskräften. Allein die Grundgedanken des Buches einer Verständigung zwischen Kirche und nationalem Bewußtsein werden nicht untergehen, sondern morgen jene sein, die allein imstande sein werden, ein christliches Europa, besser gesagt das Abendland, zu retten.

Der NS ist nur eine geschichtliche Bewegung und an seinen Fehlern zugrunde gegangen, aber dieses Buch geht weit darüber hinaus, es will die grundsätzliche Frage einer kommenden Zeit behandeln.

2. Es hat eine gewisse Zeit gegeben, in der die vatikanische Politik scheinbar opportunistisch beurteilt werden mußte. Damit ist keineswegs gesagt, daß dieses die natürliche gesetzmäßige Haltung des Vatikans sein müßte, die nicht geändert werden könnte. Der Vatikan hat leider zu oft aus menschlicher Schwäche in der Geschichte gegen vorwärtsstrebende Kräfte versagt. Beispiele sind Lamennais, Rosmini, Bonomelli, Romulo Murri, Ehrhard. Allein dieses Versagen ist keine Notwendigkeit, als müßte es so schicksalhaft bleiben, als könnte der Vatikan nur von einer opportunistischen Politik geführt werden. Seine Haltung gegenüber der liturgischen Bewegung von heute gibt mir das Vertrauen, daß eine andere Zeit kommen wird, in der die christlichen Kräfte mit jenen eines gesunden Volkstums und des sozialen Reformgedankens sich so verbinden, daß die Kirche die erste, wahre, führende Kraft ist, um alles Links- oder Rechtsradikale zurückzudrängen. Wenn auch meine Lebenserfahrung stark pessimistisch zu sein scheint, ich will schließlich am Ende meines Lebens doch ein bejahender Optimist bleiben, hoffend in die Zukunft blicken, weil die Welt ohne religiöse Kräfte nicht mehr vorwärtskommen kann.

3. Eine Verständigung Rom, Protestantismus, orientalische Kirchen

ist eine unbedingte Notwendigkeit, auch wenn Rom manches vom gegenwärtigen Kirchenrecht opfern müßte, was nicht Dogma, sondern nur zeitgeschichtliche Entwicklung ist — viel leichter mit der orientalischen Kirche, weil es sich hier nur um die Ernennung der Bischöfe handelt, ein Recht, das Rom in den ersten Jahrhunderten niemals ausübte; viel schwieriger beim Protestantismus, der zuviel Wortkult und demokratische Organisation ist, während der Katholizismus die aristokratische Auslegung der christlichen Lehre darstellt und deshalb von größter Wichtigkeit im Zeitalter autoritärer politischer Konstruktionen ist.

Grottaferrata, 26. März 1959 Hudal e. h.

Lebenslauf

von Bischof Dr. theol. et rer. bibl. ALOIS HUDAL

Geboren in Graz 31. 5. 1885; Eltern: Josef Hudal, Schuhmachermeister, und Anna geb. Wiser.

1896—1904: Gymnasialstudium am Fürstbischöflichen Gymnasium in Graz; Matura: 1904.

1904—1908: Theologiestudium an der Theologischen Fakultät der Grazer Universität.

19. 7. 1908: Empfang der Priesterweihe im Grazer Dom.

1908—1911: Kaplan in Kindberg; damals beschäftigte sich Hudal mit sozialen Problemen, vor allem mit der Arbeiterfrage, und bereitete das Doktorat in Theologie vor.

11. 1. 1911: Promotion zum Dr. theol. an der Grazer Universität.

1911—1913: Studienhalber in Rom (Studien am Päpstlichen Bibelinstitut), gleichzeitig wirkte Hudal als Kaplan an der Anima-Kirche und wohnte im Priesterkolleg der Anima.

9. 3. 1913: Verleihung des Doktorats für Bibelwissenschaften am Päpstlichen Bibelinstitut in Rom. Dissertation: Die religiösen und sittlichen Ideen des Spruchbuches, veröffentlicht Rom 1914.

19. 6. 1914: Habilitation an der Theologischen Fakultät der Grazer Universität für alttestamentliche Bibelwissenschaft.

1. 10. 1914: Ernennung zum Privatdozenten für alttestamentliche Bibelwissenschaft und Beginn der Lehrtätigkeit an der Theologischen Fakultät in Graz.

5. 12. 1919: Ernennung zum ao. Prof.; Übernahme der Lehrkanzel für Altes Testament an der Grazer Theologischen Fakultät.

1923: Ernennung zum ordentlichen Professor.

Von 1913—1916 war Hudal Subdirektor am Grazer Priesterseminar („Priesterhaus“).

Gegen Ende des Ersten Weltkrieges wirkte Hudal eine Zeitlang als Feldkurat.

Während des Ersten Weltkrieges kam Hudal mit der Orthodoxen Kirche in Berührung und beschäftigte sich mit den Ostkirchen; Frucht dieser Beschäftigung war das 1922 in Graz erschienene Buch mit dem Titel „Die serbisch-orthodoxe Nationalkirche/Beiträge zur Erforschung der orthodoxen Kirchen“.

Als 1917 beabsichtigt war, an der Wiener Universität eine Lehrkanzel für Liturgie, Verfassung und religiöses Leben der griechisch-slawischen Kirchen zu errichten, war Hudal für diese Professur ausersehen, doch kam es nicht zur Errichtung dieser Lehrkanzel.

Während seiner Tätigkeit an der Grazer Universität gründete Hudal in Graz die Leo-Gesellschaft, durch welche, hauptsächlich durch Vorträge, für das christliche Kultur- und Geistesleben ein breiteres Publikumsinteresse geweckt werden sollte. Zugleich rief Hudal in der Steiermark die Katholikentage ins Leben; die letzte von ihm geleitete Veranstaltung dieser Art war der gesamtsteirische Katholikentag zu Pfingsten 1923 in Graz.

Den entscheidenden Wendepunkt im Leben Hudals bedeutete seine Übersiedlung nach Rom im Jahre 1923; im Februar des genannten Jahres wurde Hudal zunächst zum Vizerektor des Anima-Kollegs ernannt, und noch im gleichen Jahre erfolgte seine Ernennung zum Rektor dieser Institution.

Als Anima-Rektor bemühte sich zunächst Hudal erfolgreich um die wirtschaftliche Reorganisation des Anima-Kollegs. Er war aber auch bestrebt, das Kolleg zu einem kulturellen und geistigen Zentrum zu machen: Er förderte maßgeblich den bereits bestehenden „Leseverein“, in dessen Rahmen laufend Vorträge wissenschaftlicher und kultureller Art veranstaltet wurden.

Außerdem trat er für die vorbildliche musikalische Gestaltung der sonntäglichen Hochämter an der Anima-Kirche ein, vor allem auch durch Gründung eines deutschen Kirchenchores.

Bedauerlicherweise hob Hudal jedoch das im Zuge des Cäcilianismus im vorigen Jahrhundert an der Anima gegründete und durch Stiftungen fundierte Sängerknabeninstitut auf, das in Zusammenarbeit mit Mitgliedern der Sixtinischen Kapelle bei den sonntäglichen Hochämtern laufend vorbildliche und vielbeachtete kirchenmusikalische Aufführungen veranstaltet hatte; dies ist um so mehr zu beklagen, als aus diesem Sängerknabeninstitut bedeutende Musiker zum Teil von Weltruf hervorgingen, wie etwa der Dirigent Bernardino Molinari.

In Rom wurde Hudal mit dem Nationalsozialismus bekannt, dessen rapider Aufstieg in den dreißiger Jahren ihn beeindruckte. Wohl um sich als Brückenbauer von der Kirche hin zum Nationalsozialismus anzubieten, schrieb er sein bekanntestes Buch „Die Grundlagen des Nationalsozialismus“, erschienen 1937 im Günther-Verlag, das in kirchlichen Kreisen viel Anstoß erregte, aber auch auf nationalsozialistischer Seite mit großem Mißtrauen aufgenommen wurde.

Damit war aber der Aufstieg Hudals in die hohe Hierarchie der Kirche (als Bischof oder Kardinal) besiegelt. Bereits 1923 zum päpstlichen Hausprälaten ernannt, konnte er 1933 nur noch die Würde eines Titularbischofs von Ela erreichen; später folgte noch der reine Ehrentitel „Päpstlicher Thronassistent“.

1952 resignierte Hudal als Rektor der Anima und zog sich in seine Privatvilla nach Grottaferrata bei Rom zurück.

Im Juli 1958 feierte Bischof Hudal sein Goldenes Priesterjubiläum im Dom von Graz; er hat nachher den Boden seiner Heimat nie wieder betreten. Die für Mai 1961 geplante feierliche Verleihung des Goldenen Doktordiploms (Erneuerung des vor 50 Jahren verliehenen Theologiedoktorats) an der Grazer Universität unterblieb nach einer heftigen Pressekampagne.

Am 13. Mai 1963 starb Hudal in der Klinik „Qui si sana“ in Rom und wurde am 16. 5. 1963 im Deutschen Friedhof „Campo Santo Teutonico“ in Rom, im Schatten der Kuppel von St. Peter, beigesetzt.

In den letzten Jahren war Hudal noch eifrig schriftstellerisch tätig; Er schrieb das vielbeachtete Buch „Die österreichische Vatikanbotschaft beim Heiligen Stuhl 1806—1918“ (München 1952) und beschäftigte sich mit der Abfassung seiner Memoiren, deren Art und Weise der Publikation nach seinem Tode er testamentarisch genau festlegte.

Literarische Werke*

Außer einer großen Anzahl von Aufsätzen verschiedenen Inhaltes, die in diversen Zeitschriften und Zeitungen erschienen sind, und mehreren Broschüren hat Hudal folgende größere Werke geschrieben:

Die religiösen und sittlichen Ideen des Spruchbuches, Rom 1914.

Soldatenpredigten, Graz und Leipzig 1917.

Einleitung in die heiligen Bücher des Alten Testamentes, Graz und Leipzig 1920; 6. Auflage bearbeitet von Franz Sauer, Graz-Wien 1948.

Die serbisch-orthodoxe Nationalkirche. Beiträge zur Erforschung der orthodoxen Kirchen, Graz 1922.

Tatkatholizismus. Graz 1923.

Missa papalis. Einführung in die Liturgie der feierlichen Papstmesse. 1925.

Das ewige Leben. Fastenpredigten, gehalten in der deutschen Nationalkirche S. Maria dell Anima, Graz, 1927.

S. Maria dell' Anima. Die deutsche Nationalkirche in Rom, Rom 1928.

Der Katholizismus in Österreich. Sein Wirken, Kämpfen und Hoffen, Tyrolia 1931

Vom deutschen Schaffen in Rom. Sammlung von Predigten, Vorträgen und Aufsätzen (Predigten, Ansprachen und Vorträge), Tyrolia 1933.

Die deutsche Kulturarbeit in Italien, Münster 1934.

Rom, Christentum und deutsches Volk, Tyrolia 1935.

Der Vatikan und die modernen Staaten, Tyrolia 1935.

Die Grundlagen des Nationalsozialismus, Günther, Leipzig, 1937.

Nietzsche und die moderne Welt, Rom 1937.

Die österreichische Vatikanbotschaft 1806—1918, München 1952.*)

---

*) Dieses Literaturverzeichnis und die meisten Daten des Lebenslaufes von Bischof Dr. Alois Hudal stellte Dr. Karl Klamminger, Archivar am Bischöflichen Ordinariat in Graz, zur Verfügung, wofür ihm bestens gedankt sei.

Register

Bildquellenverzeichnis:

Bild gegenüber Seite 192: Aquarell von Henrique de Arnoldi, alle anderen Fotos von Herbert Fried.

Fußnoten in „Kursiv“ sind jene, die der Autor auch im Original anbrachte, alle anderen Fußnoten, (die fortlaufend numeriert wurden) sind Übersetzungen, die der Verlag zum besseren Verständnis der Texte vornehmen ließ.

Gerechtigkeit für Bischof Hudal

Kein „braunes Schaf“, sondern ein wahrer Mann der Caritas

In einem stillen Winkel hinter der prachtvollen Piazza Navona in Rom träumt die Kirche Santa Maria dell'Anima vom Heiligen Römischen Reich Deutscher Nation. Zu dieser historischen Nationalstiftung aus dem 16. Jahrhundert zählt, gekrönt von drei Reichsadlern aus dem 15. Jahrhundert, auch ein Priesterkolleg für Studierende deutscher Zunge: „Anima – hier ist ein Stück Deutschland“, huldigte Alois Hudal, von 1928 bis 1952 Rektor des Kollegs, dem Genius loci. „Deutscher Geist in Rom. Möge es immer so bleiben!“[1]

Von Fred Duswald

Nach dem Zweiten Weltkrieg auf Grund alliierten Drucks vom Vatikan in die Wüste geschickt, starb der darob verbitterte Bischof 1963. Er ruht auf dem Campo Santo Teutonico, dem deutschen Friedhof der Ewigen Stadt. Gemeinsame Feinde der katholischen Kirche und des deutschen Volkes lassen ihn jedoch nicht in Frieden ruhen: Sie werfen ihm die Todsünde vor, gefährdeten Personen durch Fluchthilfe nach dem verlorenen Krieg das Leben gerettet zu haben. Als Buhmann unter den Bischöfen galt Hudal lange in der verzerrten Zeitgeschichte. Dann hat das dankbare Zeugnis eines neuseeländischen Generals, der auf der Flucht aus deutscher Gefangenschaft 1944 Unterschlupf in der Anima gefunden hatte,[2] den unberechtigt beschuldigten Hudal exkulpiert und eine Wende in der Bewertung des Bischofs eingeleitet.

Alois Hudal wurde 1885 in Graz geboren und 1908 zum Priester geweiht, 1911 zum Doktor der Theologie promoviert und 1919 zum Universitätsprofessor berufen. 1923 wurde Hudal Rektor der Anima und 1933 Titularbischof von Ela. Sein bischöflicher Wahlspruch „Ecclesiae et nationi“ („Für Kirche und Volk“) spiegelt Hudals inniges Verhältnis zur deutschen Nation wider, zu der er sich als Österreicher selbstverständlich zählte. Vom Aufstieg der Nationalsozialistischen Deutschen Arbeiterpartei und von den Anfangserfolgen ihres Führers fasziniert, veröffentlichte er 1937 eine Abhandlung über *Die Grundlagen des Nationalsozialismus.*[3] Hudal sieht das Dritte Reich zwar in historischem Zusammenhang mit dem Heiligen Römischen Reich Deutscher Nation, wehrt sich aber gegen Tendenzen, die den Katholizismus in seiner Substanz gefährden könnten. Er strebt daher einen christlichen NS an mit klarer Trennung von Politik (als Sache des NS) und Religion (als Bereich der Kirche), wobei das Reichskonkordat vom 20. Juli 1933 (*Reichsgesetzblatt* II, S. 679) einen solchen Ansatz nahelegt.

Solange der Nationalsozialismus ausschließlich politisch und sozial motiviert bleibt, ruft Hudal zur Beteiligung auf, zeigt sich die NS-Ideologie jedoch als Religionsersatz, dann habe die Kirche sie zurückzuweisen. Stark differenziert er in der Einschätzung der Vertreter der NSDAP, wobei er sich auf diejenigen stützen will, die ihrerseits eine Zusammenarbeit mit der Kirche suchen. Eine natürliche Gemeinsamkeit der Interessen sah Hudal in der Abwehr des Ostbolschewismus. Dem Buch voran stellte er das Molotow-Motto: Die Weltrevolution ist in der größten Gefahr, wenn es zur ideologischen und organisatorischen Verständigung zwischen der katholischen und der faschistischen Internationale kommen sollte. Die Komintern muß dieselbe verhindern, und auf deutschem Boden wird es zum Kampf zwischen diesen Mächten kommen.

In Erfüllung gingen bekanntlich nicht Hudals fromme Wünsche, sondern Molotows gottlose Suggestionen: Im Ringen um den rechten Weg des Nationalsozialismus behielten linke Scharfmacher die Oberhand: „Ich persönlich habe immer für den Sieg Deutschlands und Italiens gebetet, unbekümmert um manche höchst betrübenswerte und schärfstens zu verurteilende Begleiterscheinungen der beiden großen politischen Bewegungen“, hinterließ Hudal in seinen Erinnerungen, denn Kampf und Sieg betrafen nicht Hitler oder den NS, sondern Deutschland, Italien und die Zukunft von ganz Europa.[4]

Nach dem Abfall Italiens vom Achsenbündnis beschaffte er bei der deutschen Besatzungsbehörde 500 Schutzausweise für Klöster und kirchliche Anstalten, wodurch mehrere tausend Menschen, darunter nicht wenige Juden, gerettet wurden. Seine guten Beziehungen zum deutschen Vatikan-Botschafter Ernst von Weizsäcker und zum deutschen Stadtkommandanten General Stahel trugen maßgeblich zum Entgegenkommen bei, mit dem die Anliegen des Vatikans von deutschen Stellen in Rom behandelt wurden.[5]

Als die Alliierten das geräumte Rom am 4. Juni 1944 kampflos besetzen durften und eine britische Truppe unter den Dudelsackklängen der antipäpstlichen Komposition *Lillibullero* am Papst vorbeigezogen war, erhielt Hudal die Befugnis, Ausweiskarten für Österreicher zu unterfertigen: „Ich habe gegen tausend unterschrieben, aber weitherzig nicht wenige Reichsdeutsche miteinbezogen, um sie in diesen schwierigen Monaten vor KZ und Gefängnis zu bewahren."[6] In noch größerem Umfang gelang ihm dies als Leiter der österreichischen Abteilung des Päpstlichen Hilfswerks für ausländische Flüchtlinge. Er sei stolz darauf, Verfolgte mit Hilfe falscher Ausweispapiere ihren möglichen Peinigern entrissen und ihnen die Flucht in glücklichere Länder ermöglicht zu haben, betonte der Bischof.

Die Schiffspassagen seiner Schützlinge finanzierte Hudal aus Mitteln, die die amerikanische „National Catholic Welfare Conference" den nach Ländern gegliederten Hilfsorganisationen zufließen ließ. Die Pässe stellte das Internationale Rote Kreuz aus, um die Beschaffung der Einreisevisa bei den Konsulaten kümmerte sich Hudal.

Diese Hilfsbereitschaft kostete den Bischof schließlich seinen Ruf und die weitere Karriere. Böse Zungen, die die Zeitgeschichte verzerren, stiften sogar unter der Geistlichkeit Verwirrung: „Bischof Hudal war das einzige braune Schaf der katholischen Kirche im Bischofsrang", meinte der Salzburger Weihbischof Laun, weil er auf Grund seiner Verblendung manchen von ihm für harmlos gehaltenen Leuten zur Flucht verholfen habe.[7]

In Wahrheit war Hudal weder Schaf noch braun. Wohl hatte er sich für einen Nationalsozialismus mit menschlichem Antlitz eingesetzt, als Konsultor des Heiligen Offiziums aber auch dafür gesorgt, daß Alfred Rosenbergs *Mythus des 20. Jahrhunderts* und andere „ketzerische" Publikationen auf den Index[8] gesetzt wurden. Im Anschluß an den Anschluß, den der Bischof wie die Überzahl der Österreicher begrüßt hatte, wurde das Hudal-Buch beschlagnahmt.[9]

Wäre Hudal wirklich „Nazi"-Bischof gewesen, hätte sein unmittelbarer Anima-Nachfolger Jakob Weinbacher, der von den Nationalsozialisten politisch verfolgt worden war,[10] nicht das Vorwort zu den *Römischen Tagebüchern* geschrieben. Franz Wasner, dritter Nachfolger im Rektorat der Anima, war nach dem Anschluß mit der legendären Trapp-Familie[11] aus politischen Gründen emigriert,[12] ehrte aber dennoch das Andenken des Verewigten und enthüllte vorwurfsvoll an Hand eines Abschiedsbriefes aus dem Nachlaß, was in Hudals Seele in diesen seinen letzten Jahren vor sich ging.[13]

Hudals Fluchthilfe für Verfolgte nach dem Zweiten Weltkrieg war nichts anderes als angewandte Nächstenliebe. Niemanden hat er der irdischen Gerechtigkeit entzogen. Diese gab es nämlich nicht im Nazijagdrevier der Alliierten. Vor einem Kongreß von Strafrechtlern in Rom kritisierte Papst Pius XII. 1953: „Einem unbeteiligten Dritten bereitet es Unbehagen, wenn er sieht, wie nach Abschluß der Feindseligkeiten der Sieger den Besiegten wegen Kriegsverbrechen aburteilt, während sich der Sieger den Besiegten gegenüber ähnlicher Handlungen schuldig gemacht hat."

Auch Schuldige haben Anspruch auf ein faires Verfahren. Die Schauprozesse unter der Regie der verfahrensrechtlich unzuständigen USA aber beruhten großteils auf falschen Zeugenaussagen und erfolterten Geständnissen. In Verfahren zur Erreichung von Zielsetzungen wurden folgende Foltermethoden nachgewiesen: Dunkelhaft, ständige Störung der Nachtruhe, Vorbereitung der Verhöre durch Schläge mit Fäusten und Metallstangen, Fußtritte gegen Schienbeine und Geschlechtsteile, Überstreifen von blutverkrusteten, übelriechenden Kapuzen, stundenlanges Warten mit erhobenen Armen, brutale Mißhandlung mit schweren Verletzungen, Schläge und Tritte bis zur Bewußtlosigkeit, Scheinverhandlung als Schnellgericht mit Todesurteil bei Kruzifix und Kerzen mit falschen Zeugen, falschen Eiden, gefälschten schriftlichen Aussagen unter Mißbrauch amerikanischer Offiziersuniform, Scheinhinrichtung mit Anziehen des Stricks bis zum Eintritt der Bewußtlosigkeit nach Aufforderung zum Äußern des letzten Wortes, Versprechungen auf Strafmilderung und Freilassung im Falle der Niederschrift des gewünschten Geständnisses, Drohung mit Repressalien gegen Mütter, Schwestern, Frauen und Kinder, Beschimpfungen und Verhöhnung der Familienangehörigen. Gedeckt waren die Methoden durch Direktiven der US-Militärregierung vom 30. November 1945, in denen es hieß: Die Verfahren (vor den Gerichten der US-Militärregierung) sind im Hinblick auf die volle Erreichung dieser Zielsetzung (Schutz der US-Besatzungsstreitkräfte und Verfolgung der politischen, militärischen und administrativen Ziele) zu führen. Rechtliche und solche Gesichtspunkte, die das äußere Verfahren betreffen, dürfen dieses Ergebnis nicht beeinträchtigen.

Die Verfahren unter der Ägide der Alliierten waren daher menschenrechtswidrig (vgl. Art. 5, 8, 10, 11 AEMR). Sie waren mit Fehlern behaftet, von denen jeder einzelne Nichtigkeit bewirkt. Nicht Urteile wurden verkündet, sondern Nichturteile. Die Vollstreckung von Nichturteilen ist ein Verbrechen. Für diejenigen Menschen, denen Hudal zur Flucht verhalf, galt die Unschuldsvermutung (Art. 11 der Allgemeinen Erklärung der Menschenrechte). Und dieser entspricht auch die Unschuldsgewißheit bezüglich des Bischofs.

Genug des Rufmords: Es erstand dem Andenken des guten, nur von politisch Korrekten schlecht gemachten Hirten plötzlich ein unverdächtiger Ehrenretter: Unter der Überschrift „NS-Zeit: Zeitzeuge wirft neues Licht auf Bischof Hudal" berichtete „Kathpress": Ein Buch mit Erinnerungen eines neuseeländischen Generals wirft ein neues Licht auf die Rolle des österreichischen Bischofs Alois Hudal während des Zweiten Weltkriegs. Das Buch des ehemaligen Brigadegenerals John Burns mit dem Titel *Das Leben ist ein gewundener Pfad* wurde in Rom vorgestellt. In dem auf Tagebuchnotizen der Jahre 1942 bis 1944 beruhenden Buch zeichnet Burns seine Zeit als Kriegsgefangener in Italien nach und schildert, wie ihm gemeinsam mit einem Kameraden die Flucht gelang. Auf Umwegen seien sie ins deutsche Priesterseminar Santa Maria dell'Anima in Rom gekommen, wo ihnen Hudal als damaliger Rektor von 1943 bis 1944 Unterschlupf geboten habe. Burns äußert sich in seinen Erinnerungen durchweg positiv über Hudal, der nach dem Krieg wegen seiner Fluchthilfe für Nationalsozialisten in Verruf geriet. „Der Augenzeugenbericht sei ein wichtiges zeitgeschichtliches Dokument und verleiht der Figur des Bischofs ein neues Profil", meinte der Vorsitzende der Päpstlichen Geschichtskommission, Walter Brandmüller (25. September 2002). Die Öffnung des Hudal-Archivs im Herbst 2006 bestätigte denn auch, daß Etiketten wie „brauner Bischof" und „Fluchthelfer" den Blick auf Hudals komplexe Persönlichkeit verstellen.[14]

Für Wissende indessen war Alois Hudal zu keiner Zeit ein braunes Schaf, sondern stets ein guter Hirte mit weißer Weste, ein barmherziger Samariter, der ohne Ansehen von Person und Nationalität keinem die Tür wies, der in Not und Bedrängnis an diese klopfte.

Anmerkungen

1 Alois Hudal, *Römische Tagebücher. Lebensbeichte eines alten Bischofs*, Graz–Stuttgart 1976, S. 86.

2 John Burns, *Das Leben ist ein gewundener Pfad. Gefangennahme, Flucht, Entkommen und endgültige Zuflucht mit Hilfe der Familie Mattei von Montecello und Bischof Alois Hudal von Santa Maria dell'Anima in Rom*, Rom 2002 (Anima-Stimmen, Beiheft).

3 Alois Hudal, *Die Grundlagen des Nationalsozialismus. Eine ideengeschichtliche Untersuchung von katholischer Warte*, Leipzig–Wien 1937.

4 Alois Hudal, *Römische Tagebücher*, S. 209.

5 Ebenda, S. 214.

6 Ebenda, S. 229.

7 Weihbischof Andreas Laun an ARD/ORF, betreffend *Tatort*, 28. Mai 2000.

8 Der 1559 erstmals erschienene *Index Librorum Prohibitorum* war ein Verzeichnis der für jeden Katholiken bei Strafe der Exkommunikation verbotenen Bücher. Das Verzeichnis, das in seiner verbindlichen Form 1966 abgeschafft wurde, enthielt zuletzt etwa 6.000 verschiedene Titel.

9 Alois Hudal, *Römische Tagebücher*, S. 148.

10 Jakob Weinbacher (1901–1985) war als persönlicher Sekretär von Theodor Kardinal Innitzer unmittelbarer Zeuge, als verhetzte HJ am 8. Oktober 1938 das Erzbischöfliche Palais stürmte. Er war 1939 von der Geheimen Staatspolizei zeitweilig inhaftiert und von 1943 an 22 Monate in Polizeigewahrsam, wurde 1950–1952 und 1961–1969 Generalvikar in Wien und 1962 Weihbischof dortselbst und war dazwischen von 1952 bis 1961 als unmittelbarer Nachfolger von Hudal Rektor der Anima in Rom.

11 Korvettenkapitän Georg Ludwig Ritter von Trapp (1880–1947) war U-Boot-Held im Ersten Weltkrieg, wollte nicht in der deutschen Kriegsmarine dienen und emigrierte mit seiner Familie nach dem Österreich-Anschluß in die USA, wo die Trapp Family Singers unter der musikalischen Leitung des mitemigrierten Hausgeistlichen Franz Wasner weltbekannt wurde. Die Erfolgsgeschichte lieferte 1959 dem *Oklahoma*-Komponisten Richard Rogers den Stoff für das Broadway-Singspiel *The Sound of Music* und wurde 1965 von der 20th Century Fox verfilmt.

12 Franz Wasner (1907–1992), Priester, Missionar und Musiker, emigrierte 1938 mit der regimegegnerischen Trapp-Familie in die USA und leitete von 1967–1981 als Rektor die Anima in Rom.

13 Franz Wasner, „Torso aus der Anima", in: *Theologisch-Praktische Quartalschrift* 126, 1978, S. 61.

14 „Alois Hudal – ein Anti-Pacelli? Zur Diskussion um die Haltung des Vatikans gegenüber dem Nationalsozialismus", in: *Zeitschrift für Religions- und Geistesgeschichte,* 59, 2007, S. 61–89.

Weiterführende Literatur

Dieter A. Binder, „An der Schnittstelle der Rattenlinie. Alois Hudal (KV): Vom Hoftheologen der NSDAP zum Fluchthelfer für Kriegsverbrecher", in: *Studenten-Kurier* 4/2003, S. 14 f.

Christian Blankenstein, „Alois Hudal", in: Ders., *Die Merk-würdigen von Gestern und ihre Spuren im Heute. 15 Portraits aus Österreich,* Nordhausen 2012, S. 176–191.

Thomas Brechenmacher, „Alois Hudal – der braune Bischof?" in: *Freiburger Rundbrief* NF 2, 2007, S. 130 ff.

Karl-Joseph Hummel, „Alois Hudal, Franz von Papen, Eugenio Pacelli. Neue Quellen aus dem Anima-Archiv", in: Thomas Brechenmacher (Hg.), *Das Reichskonkordat 1933. Forschungsstand, Kontroversen, Dokumente,* Paderborn u.a. 2007 (Veröffentlichungen der Kommission für Zeitgeschichte, 109), S. 85–113.

Ernst Klee, *Persilscheine und falsche Pässe. Wie die Kirchen den Nazis halfen,* Frankfurt/M. 1991.

Rupert Klieber, „Der Grazer Diözesane und Anima-Rektor Alois Hudal (1885–1963) und seine Verortung im österreichischen Katholizismus der Jahre 1900 bis 1950", Beitrag zum *Tagungsband für das Internationale Symposium in Rom „Bischof Alois Hudal (1885–1963)". Wissenschaftliches Kolloquium aus Anlass der Öffnung des Hudal-Archivs im Archiv des Kollegiums Santa Maria dell'Anima am 6. und 7. Oktober 2006.*

Martin Lätzel, Art. „Hudal", in: *Biographisch-Bibliographisches Kirchenlexikon,* Bd. 21, 2003 , Sp. 687–692.

Markus Langer, *Alois Hudal. Bischof zwischen Kreuz und Hakenkreuz. Versuch einer Biographie,* phil. Diss., Universität Wien 1995.

Stefano Magni: „Hudal, il vescovo che cercò di christianizzare il nazismo", in: *La Nuova Bussola Quotidiana,* Monza, 1. Juni 2015

Johann Rainer, „Bischof Hudal und das Wiedererwachen Österreichs 1944 in Rom", in: Rudolf Zinnhobler, Dieter A. Binder, Rudolf Höfer, Michaela Kronthaler (Hg.), *Kirche in bewegter Zeit. Beiträge zur Geschichte der Kirche in der Zeit der Reformation und des 20. Jahrhunderts. Festschrift für Maximilian Liebmann zum 60. Geburtstag,* Graz 1994, S. 305–316.

Hansjakob Stehle, „Pässe vom Papst? Aus neu entdeckten Dokumenten: Warum alle Wege der Ex-Nazis nach Südamerika über Rom führten", in: *Die Zeit,* Nr. 19, 4. Mai 1984.

Hansjakob Stehle, „Bischof Hudal und SS-Führer Meyer. Ein kirchenpolitischer Friedensversuch 1942/43", in: *Vierteljahrshefte für Zeitgeschichte*, 37, 1989, S. 300–322.

Franz Wasner, „Torso aus der Anima", in: *Theologisch-Praktische Quartalschrift*, 126, 1978, S. 57–67.

„Virtuoser Grenzgänger, Historikertagung in Rom debattiert über Bischof Hudal und die Rattenlinie", in: *Die Tagespost*, 10. Oktober 2006.

„Hudal, der ‚braune Bischof': Deutsch, aber NS-Gegner. Der einstige Rektor der ‚Anima' in Rom zur Zeit der Päpste Pius XI. und XII.", in: *Die Presse*, Wien, 3. März 2012.

(akt. Fassung d. Artikels aus „Neue Ordnung" I/2012)